Müller · Wirklichkeit ohne Illusionen, Bd. 2

Band 1 erschien unter dem Titel:

„Wirklichkeit ohne Illusionen I –
Hilary Putnam und der Abschied vom Skeptizismus *oder*
Warum die Welt keine Computersimulation sein kann"

ISBN 3-89785-280-1

Olaf L. Müller

Wirklichkeit ohne Illusionen
Band 2

Metaphysik und semantische Stabilität

oder
Was es heisst, nach höheren
Wirklichkeiten zu fragen

mentis
PADERBORN

Als Habilitationsschrift auf Empfehlung der Philosophischen Fakultät der Georg-August-Universität Göttingen gedruckt mit Unterstützung der Deutschen Forschungsgemeinschaft

Einbandabbildung unter Verwendung eines Fotos aus der Ausstellung »art & brain« –
Mark Dion, Deutsches Museum Bonn.
© Deutsches Museum Bonn

Bibliographische Information Der Deutschen Bibliothek

Die Deutsche Bibliothek verzeichnet diese Publikation
in der Deutschen Nationalbibliographie; detaillierte
bibliographische Daten sind im Internet über
http://dnb.ddb.de abrufbar.

Gedruckt auf umweltfreundlichem, chlorfrei gebleichtem
und alterungsbeständigem Papier ⊚ ISO 9706

© 2003 mentis Verlag GmbH
Schulze-Delitzsch-Straße 19, D-33100 Paderborn
www.mentis.de

Alle Rechte vorbehalten. Dieses Werk sowie einzelne Teile desselben sind urheberrechtlich geschützt. Jede Verwertung in anderen als den gesetzlich zulässigen Fällen ist ohne vorherige Zustimmung des Verlages nicht zulässig.

Printed in Germany
Einbandgestaltung: Anna Braungart, Regensburg
Satz: Rhema – Tim Doherty, Münster [ChH] (www.rhema-verlag.de)
Druck: WB Druck, Rieden/Allgäu
ISBN 3-89785-281-0

Meiner Mutter

INHALT

BAND 1

Vorwort zu Band 1 und Band 2 xi

Einleitung xv

Der Argumentationsgang im Überblick xx

Kapitel I	Der Getäuschte	1
	1. Attrappen und Halluzinationen	1
	2. Träume	13
	3. Geträumte Wahrheiten	24
	4. Das Gehirn im Tank	29
	5. Hirnfreie Szenarien	34
Kapitel II	Erkenntnistheoretische Skepsis *pro und contra*	44
	6. Vom Irrtum in den Skeptizismus	44
	7. Strategien gegen den Skeptizismus	49
	8. Kontextualismus	63
	9. Putnams Beweis	73
Kapitel III	Disquotation	78
	10. Plädoyer für Disquotation	78
	11. Exkurs über das Urmeter	92
	12. Disquotation und die Erste Person	99
Kapitel IV	Externalismus	106
	13. Plädoyer für Externalismus	106
	14. Besuch auf der Zwerde	119
	15. Wie funktionieren Artnamen?	128
	16. Zwillingserde und eingetankte Gehirne .	138

Kapitel V	Verbesserungen des Beweises	144
	17. Ein logischer Schnitzer in Crispin Wrights Vierzeiler	144
	18. Der logisch zwingende Dreizeiler	151
	19. Irregeleitete Vorwürfe der Zirkularität	159
	20. Gibt es Tiger?	167
	21. Ausweg: Entweder gibt es Gehirne oder nicht	176
Kapitel VI	Einwände	184
	22. Skeptizistische Kritik am Externalismus	184
	23. Gehirne: Eine natürliche Art?	190
	24. Gibt es Wörter?	198
	25. Mit Beschreibungen gegen kausale Beschränkungen?	207
	26. Resümee und Ausblick	215

Anmerkung zum philosophischen Deutsch 222

Literatur 224

Register 234

BAND 2

Einleitung xi

Der Argumentationsgang im Überblick xix

Kapitel I	Gehirn im Tank wiederholt Beweis	1
	1. Der zentrale Einwand	1
	2. Mondlandschaft mit Augenfarben	6
	3. Übersetzung tanksprachlicher Beobachtungssätze	19
	4. Putnams Beweis übersetzen	27
Kapitel II	Warum sind wir nicht zufrieden?	43
	5. Die philosophische Sorge	43
	6. Schwierigkeiten mit dem Begriff des Indikators	50
	7. Können Indikatoren informativ sein?	59

| | | Inhalt | ix |

Kapitel III	Semantische Stabilität – Begriff und Existenznachweis	67
	8. Begriffserläuterungen	67
	9. Aussagenlogik	78
	10. Prädikatenlogik	83
	11. Mengenlehre	92
	12. Mathematik oder Nominalismus?	104

Kapitel IV	Vielzweckwörter	108
	13. Arten	108
	14. Spiele und Situationen	117
	15. Zuflucht zu Analogien?	123

Kapitel V	Lokalisierbarkeit	134
	16. Ist die Rede von materiellen Gegenständen semantisch stabil?	134
	17. Der physikalische Raum	147
	18. Metaphysische Spekulation über parallele Welten	159

Kapitel VI	Vorarbeiten für die eingetankte Selbstbeschreibung	176
	19. Horizontale und vertikale Spekulation in der Metaphysik	176
	20. Erfolg beim Bezeichnen mit Relationsausdrücken	191
	21. Eine semantisch stabile Vorsilbe	196
	22. Was sind Über-Katzen?	204

Kapitel VII	Metaphysische Spekulation statt erkenntnistheoretischer Skepsis	217
	23. Selbstbeschreibung des Gehirns im Tank	217
	24. Was vom Skeptizismus übrig bleibt	225
	25. Unser Selbstverständnis im Lichte metaphysischer Möglichkeiten oder Gibt es ein Weiterleben nach dem Tod?	233
	26. Resümee und Ausblick	252

Literatur ... 260

Register ... 271

EINLEITUNG

Klammheimlich hat gestern ein boshafter Spassvogel in Ihren Nachttrunk ein geschmacksneutrales Narkotikum gestreut, das direkt nach dem Einschlafen zu wirken begann. Sie waren allein zuhause, und so konnte niemand Alarm schlagen, als eine Bande von Chirurgen durch Ihr Schlafzimmerfenster einstieg, sich Ihres bewusstlosen Körpers bemächtigte und ihn in den Keller einer versteckten Klinik verschleppte. Die Chirurgen verloren keine Zeit. Sie sägten Ihren Schädel auf, um an Ihr Gehirn heranzukommen, das sie behutsam aus seiner Schale lösten und in eine Nährlösung gleiten liessen, damit es nicht abstirbt. Dann begann die Fummelarbeit. Die Ärzte identifizierten jede einzelne Nervenbahn, durch die Ihr Gehirn bis gestern mit Ihrem Restkörper Informationen ausgetauscht hatte: Sehnerven, Nerven für akustische Reize aus dem Gehör, aber auch Nerven, durch die das Hirn Steuersignale zur Bewegung seines Ex-Körpers gesandt hatte. Alle diese (bei der Operation durchtrennten) Nervenstränge verbanden die Doktoren mit einem Computer, in den sie zuvor mit Akribie sämtliche Fakten über Ihr Haus, Ihre Familie, Ihren Job usw. eingespeist hatten und in dem überdies ein geniales Programm zur Simulation von Nervenimpulsen geladen war. Als endlich die Wirkung des Narkotikums nachliess, starteten die Ärzte den Computer, und so meinten Sie, aus einem traumlosen Schlaf aufzuwachen. Der Simulationscomputer sorgte zuverlässig für den Anschein von Normalität. Er simulierte das Strecken Ihrer Glieder, den Kälte-Schock unter der Dusche, den Geruch Ihres Morgenkaffees und die haptischen Qualitäten des Buches, das Sie jetzt in den Händen zu halten wähnen ...

Doch das simulierte Idyll trügt. In Wirklichkeit ist Ihnen von Ihrer gestrigen Existenz nur das Gehirn geblieben; es schwimmt in einem Tank mit Nährflüssigkeit herum. Und bei Ihnen zuhause dampft nicht der Frühstückskaffee. Vielmehr durchstöbert die Kripo Ihre Küche nach den Spuren der Entführer, und zwar *genau* jetzt!

Haben Sie irgendeine Chance herauszufinden, ob unsere kleine Geschichte erfunden ist? Können Sie *wissen*, dass Sie kein körperloses

Gehirn im Tank sind, sondern dass Sie Hand und Fuss haben und soeben ein echtes Buch lesen? Die Antwort auf diese Fragen ist offenbar negativ. Keine denkbare Beobachtung kann ausschliessen, dass sie perfekt simuliert ist. Reden Sie sich nicht damit heraus, dass unsere Computer noch zu lahm wären, um die nötigen Simulationen in Echtzeit durchzurechnen! Denn wer garantiert Ihnen, ob nicht irgendwelche Genies gerade gestern ihre geheime Arbeit an einem nie dagewesenen Super-Computer abgeschlossen haben? Unsere Geschichte ist theoretisch denkbar; das genügt.

Treiben wir die Sache zum ärgsten. Vielleicht ist Ihr Gehirn nicht erst gestern in den Tank geraten, sondern steckte von Anbeginn in dieser traurigen Lage? Dann hätten Sie niemals einen eigenen Körper gehabt. Und vielleicht befinden sich Tank, Hirn und Computer gar nicht im Keller einer irdischen Klinik. Sie könnten ja auch irgendwo im Andromedanebel herumschweben, weit, weit weg von unserem Sonnensystem. Wie, wenn es die Erde gar nicht gäbe? Dann wären Sie das einzige denkende Wesen überhaupt! – Wer denn in diesem Fall den Simulationscomputer programmiert haben soll? Nun, die ganze Konfiguration könnte durch einen gigantischen Zufall entstanden sein: unwahrscheinlich, zugegeben – aber theoretisch denkbar. Oder?

Nicht denkbar, behauptet der amerikanische Philosoph Hilary Putnam. Zur Begründung dieser Behauptung hat er einen raffinierten, verwirrenden und völlig neuartigen Beweis gefunden, um den sich die Fachwelt seit zwanzig Jahren streitet. Der Streit ist leicht erklärlich. Hätte Putnam recht, so wäre dies eine philosophische Sensation historischen Ausmasses. Seit Beginn der Neuzeit ist es den Philosophen nicht gelungen, darzutun, dass wir genuines Wissen über unsere äussere Umgebung erzielen können. Die Krankheit heisst cartesischer Skeptizismus, und sie verläuft so: Wir können nicht ausschliessen, dass wir stets träumen oder andauernd von einem bösen Dämon getäuscht werden – oder dass wir seit jeher ein Gehirn im Tank sind. Also können wir auch nicht wissen, dass wir wirklich zwei Hände haben und genau jetzt ein Buch in diesen Händen halten. Also können wir überhaupt nichts über die Welt um uns herum wissen. Diese skandalöse Konklusion wäre abgeschmettert, wenn Putnams Beweis gegen die Gehirne im Tank funktionierte (und wenn er sich auf die anderen beiden skeptischen Hypothesen, die von Descartes stammen, übertragen liesse: auf ewige Träume und arglistige Dämonen).

Putnam braucht zwei sprachphilosophische Prämissen, um seinen Beweis ins Rollen zu bringen. Die erste Prämisse ist eine Binsenweisheit (die von Logikern als „Disquotation" bezeichnet wird):

(1) In meiner Sprache bezeichnet das Wort „Tiger" die Tiger.

Das versteht sich von selbst. Wenn ich von Tigern rede, meine ich Tiger. Was sonst! – Stärkere Aufmerksamkeit verdient Putnams zweite Prämisse:

(2) In der Sprache eines ewigen Gehirns im Tank bezeichnet das Wort „Tiger" *nicht* die Tiger.

Warum nicht die Tiger? Laut Annahme hat ein ewiges Gehirn im Tank keinerlei kausalen Kontakt zu echten Tigern. Da ginge es nicht mit rechten Dingen zu, wenn das Gehirn die Tiger trotzdem bezeichnen könnte. Sein Gebrauch des Worts „Tiger" müsste etwa durch irgendwelche geheimnisvollen nicht-kausalen Strahlen mit Tigern verbunden sein. Sprechen wäre eine übernatürliche Fähigkeit, eine Art Hexerei. Eine solche magische Auffassung von Sprache ist unhaltbar. Und wenn wir dieser magischen Auffassung widerstehen, dann akzeptieren wir eine – „externalistische" – Bedingung für Erfolg beim Bezeichnen: Ohne externe, kausale Verbindungen zu irgendwelchen Tigern kein Erfolg beim Bezeichnen mithilfe des Wortes „Tiger".

Sie fragen, was denn dann Gehirne im Tank mit ihrem Wort „Tiger" bezeichnen, angesichts des mangelnden kausalen Kontakts zu echten Tigern? Vermutlich jene Bit-Muster im Simulationscomputer, die für die Tiger-Visionen verantwortlich sind. (Dazu später mehr). Wie auch immer diese Bits und Bytes aussehen, es sind keine Tiger aus Fleisch und Blut. Nun beginnt der sensationell kurze Beweis. Aus den Prämissen (1) und (2) ergibt sich zwingend:

(3) Meine Sprache ist von der Sprache eines ewigen Gehirns im Tank verschieden.

Das ist logisch; laut (1) und (2) haben die beiden Sprachen verschiedene Eigenschaften, also können sie nicht identisch sein. Wenn der Täter kleine Füsse hat und der Gärtner grosse, dann war der Mörder nicht der Gärtner. Und da sind wir schon am Ziel. Aus (3) folgt, und zwar abermals zwingend:

(4) Ich bin nicht seit jeher ein Gehirn im Tank.

Wäre ich nämlich ein ewiges Gehirn im Tank, so spräche ich auch seine Sprache, im Widerspruch zu (3). Da (3) bereits bewiesen ist, kann ich nicht seit jeher ein Gehirn im Tank sein, Q.E.D.

Die Rekonstruktion des Beweises von Putnam, die ich Ihnen eben vorgeführt habe, hat Crispin Wright gefunden. Sie ist einfacher zu überblicken als die ursprüngliche Fassung, die von Putnam stammt; zwar enthält sie immer noch einige Lücken, aber sie gibt Putnams Grundidee auf verblüffend einfache Weise wieder.

Natürlich kann man viel gegen den Beweis sagen; im Band 1 unserer Untersuchung haben wir die logische Struktur des Beweises sowie seine beiden Voraussetzungen (Disquotation und Externalismus) akribisch erörtert. So haben wir (um nur ein Beispiel zu nennen) gefunden, dass es misslich ist, den Beweis ausgerechnet mit dem Wort „Tiger" zu führen: Denn was wird aus unserem schönen Gedankengang, wenn es z.B. keine Tiger gibt? (In der Diskussion mit der Skeptikerin muss man stets das äusserste befürchten). Es ist sicherer, in dem Beweis anstelle von „Tiger" überall das Wort „Gehirn" zu verwenden. Was aber, wenn es keine Gehirne gibt? Einfach: Wenn es keine Gehirne gibt, sind wir ganz sicher kein *Gehirn* im Tank. Putnams Resultat (4) bleibt auch dann unangefochten.

Damit habe ich das Hauptergebnis unserer Erörterungen aus Band 1 wiedergegeben. Wenn Sie sich für weitere Einwände gegen den Beweis, für eine genaue Begründung seiner sprachphilosophischen und logischen Voraussetzungen oder überhaupt für die erkenntnistheoretische Skeptizismus-Debatte interessieren, empfehle ich Ihnen die Lektüre dieses ersten Bandes meiner Untersuchung (dessen Überlegungen aber nicht für das Verständnis des vorliegenden Bandes erforderlich sind). Sie werden dort eine systematische, umfassende Abhandlung aller Einwände gegen den Beweis finden, die ich im Lauf der Jahre von Philosophen und Nicht-Philosophen gehört habe – abgesehen von einer einzigen Ausnahme: abgesehen von einem Einwand, mit dessen Diskussion ich den vorliegenden Band beginnen möchte.

Ich habe uns den Einwand für diesen Band 2 aufgespart, weil er meiner Ansicht nach am besten dem Unbehagen Ausdruck verleiht, das sich in den meisten von uns – selbst nach Beschwichtigung aller anderen Einwände – immer noch regen wird.

Der Einwand ist also robust und von hoher Allgemeinheit. Er besagt: In keiner denkbaren Fassungen kann Putnams Beweis stimmen. Denn es liegt klar zutage, dass ein eingetanktes Gehirn den Beweis (in jeder beliebigen Fassung) wortwörtlich wiederholen könnte. Es könnte ganz genau dieselben Gedanken durchspielen, die wir uns zurechtgelegt haben; und diese Gedanken wären aus seiner Sicht genauso überzeugend, wie sie uns überzeugend vorgekommen sind. Aber das eingetankte Gehirn würde sich in einen fatalen Irrtum stürzen, wenn es unseren Beweis nacherzählen würde. Es käme, so wie wir, zu dem Schluss, nicht im Tank zu stecken – und das, obwohl es dem Tank sein

Leben lang nicht entrinnen wird! Dürfen denn dann wir uns, endet der Einwand, auf ein Argument verlassen, das manche seiner Verwender (wie die Gehirne im Tank) so gefährlich auf Abwege lockt? Wäre das nicht leichtsinnig? Wer garantiert uns, dass wir nicht auch zu denen gehören, die von Putnams Beweis in die Irre geleitet worden sind und sich in falscher Sicherheit wiegen?

Wenn Sie diesen Einwand beunruhigend finden, dann halten Sie den richtigen Band unserer Untersuchung in Händen. Meine Antwort auf den Einwand wird fast nirgends auf Ergebnisse zurückgreifen, die im Band 1 herausgekommen sind, denn der augenblickliche Einwand lässt sich gegen jede, noch so raffinierte Fassung des Putnam-Beweises wenden. Die Details der Überlegungen aus Band 1 sind also für unser augenblickliches Thema unwichtig.

Der Einwand klingt niederschmetternd, und wir werden viel Mühe aufwenden müssen, um ihm gerecht zu werden. Es wird nicht reichen, ihn zu widerlegen so wie all die anderen Einwände, mit denen wir uns in Band 1 herumgeschlagen haben. Zwar wird es nötig und möglich sein, den Einwand zu widerlegen. Aber das wird deshalb nicht genügen, weil dadurch das berechtigte Unbehagen nicht verschwinden wird, dem der Einwand entspringt. Das Unbehagen kann durch die Widerlegung des Einwandes allenfalls zum Verstummen gebracht werden, mit logischer Gewalt und ohne philosophisches Gespür. Aber wenn das Unbehagen an Putnams Beweis nur verstummt und nicht verschwindet, haben wir nichts gewonnen.

Wir sollten dem Unbehagen die Sprache zurückgeben. Wenn ich recht liege, führt die angemessene Artikulation des Unbehagens nicht zu einem Einwand in der *erkenntnistheoretischen* Debatte um die Hypothese vom Gehirn im Tank, sondern in die *Metaphysik*. Unser Unbehagen gegen Putnams Beweis, so die Diagnose, hat überhaupt nichts mit der Frage zu tun, ob wir in Alltag und Naturwissenschaft zu wahren und gesicherten Meinungen gelangen können, sondern mit der Frage, ob es darüber hinaus noch etwas anderes zu wissen gilt: ob es einen anderen, höheren Bereich der Wirklichkeit gibt, der von unserem alltäglichen und wissenschaftlichen Wissen nicht berührt wird und der umgekehrt dieses Wissen nicht infrage stellt.

Gegen diese Art von Metaphysik hat sich die analytische Philosophie – in deren Tradition sich sowohl Putnams Beweis als auch die vorliegende Untersuchung bewegt – seit ihren Ursprüngen mit äusserstem Misstrauen gewehrt; der Ausruf „Das ist Metaphysik!" gilt in weiten Kreisen der analytischen Philosophie als vernichtendes Urteil.

Diese pessimistische Sicht der Dinge hat ihre Gründe. Unter der schützenden Decke namens Metaphysik können sich unklare Gedanken, Sprachmissbrauch und logische Fehler leichter multiplizieren als in vielen anderen Gebieten der Philosophie. Wer Metaphysik treiben will, könnte davon angesteckt werden. Aber das ist meiner Ansicht nach kein Grund, die Finger von der Sache zu lassen; es ist Grund für doppelte Sorgfalt. Wenn wir uns um Klarheit und logische Stringenz bemühen, müssen wir nicht über die Fallstricke stolpern, über die so viele Metaphysiker gestolpert sind.

Das möchte ich anhand der metaphysischen Frage vorzuführen versuchen, die im Gedankenspiel vom Gehirn im Tank verborgen ist. Wie wir sehen werden, ist es äusserst schwer, dieser Frage auch nur habhaft zu werden. Wir werden ihrer klaren Formulierung fast all unsere Energie dieses zweiten Teils der Untersuchung widmen. Ist der Aufwand übertrieben? Ich meine nicht. Nach all den schlechten Erfahrungen, die wir mit kaum verständlichen metaphysischen Systemen gemacht haben, ist schon eine einzige klare Frage Gold wert.

Woran erkennt man, ob eine metaphysische Frage klar gestellt ist? Gewiss nicht daran, dass sie sich der Sprache unserer Naturwissenschaften bedient und empirisch beantworten lässt. Die Fragen der *Meta*-Physik gehören genau nicht in den Machtbereich der Physik, Chemie, Biologie und all der anderen empirischen Disziplinen. Metaphysische Fragen bleiben unbeantwortet, selbst wenn alle physikalischen, chemischen, biologischen Fragen beantwortet sind. (Das soll freilich nicht bedeuten, dass sich die metaphysischen Fragen erst *stellen* lassen, nachdem alle naturwissenschaftlichen Fragen beantwortet sind).

Woran erkennt man dann die Zulässigkeit einer metaphysischen Frage? Mein Kriterium (dessen wahre Bedeutung erst im Lauf dieses zweiten Teils meiner Untersuchung hervortreten wird) lautet: Wir erkennen die Zulässigkeit einer metaphysischen Frage *von aussen*. Statt die Frage aus der Innenperspektive zu analysieren, aus unserem Munde und unter Verwendung des Wortes „ich", legen wir die Frage einem Dritten in den Mund und sehen zu, ob wir ihn gedanklich in Situationen versetzen können, in denen wir von aussen zwischen richtigen und falschen Antworten auf die Frage unterscheiden können. Kurz, wir verstehen eine metaphysische Frage, wenn wir einen Dritten verstehen können, der sie stellt.

Dieser Wechsel der Perspektive wird uns an den Stellen weiterhelfen, wo wir mit der Innenperspektive allein nicht weiterkommen. Ein erstes intuitives Beispiel für diesen Fall bietet die Frage, ob es Bereiche der Wirklichkeit gibt, die unserer sprachlichen Beschreibung prinzipiell entzogen sind. Wollten wir die Frage positiv beantworten, so würden wir – sprechend – das Gegenteil dessen sagen, was wir behaupten; wir würden über den angeblich sprachlich unzugänglichen Wirklichkeitsbereich im selben Atemzug etwas sagen und uns so selber Lügen strafen. Wenn wir die Frage dagegen einem Dritten in den Mund legen, löst sich die Verwirrung auf.

Wie wir sehen werden, liegt die Situation bei der Hypothese vom Gehirn im Tank ganz ähnlich. Putnams Beweis widerlegt die Hypothese von innen: wenn sie auf uns selber angewendet wird; die interessanten metaphysischen Fragen kommen dagegen bei Betrachtung des eingetankten Gehirns von aussen zum Vorschein. Denn von aussen lässt sich sehr genau sehen, wie dramatisch der Zugang des eingetankten Gehirns zur Wirklichkeit beschränkt ist und wie misslich seine metaphysische Lage anmutet. Unser Problem wird darin bestehen, *tanksprachliche* Vermutungen zu finden, die dieser misslichen Lage Rechnung tragen.

Man mag fragen, was es uns bringen soll, wenn wir solche metaphysischen Sorgen nur für andere verständlich machen können und nie für uns selber. Meine Antwort: Die Gehirne im Tank haben sehr viel mit jedem von uns zu tun, da wir ja annehmen, dass sie ihr Leben lang genau denselben Erlebnissen ausgesetzt sind wie Sie und ich. Eines der Gehirne im Tank erlebt eine getreue Kopie *meiner* Schmerzen, Sinneswahrnehmungen, Körperempfindungen und Muskelsignale; es kann (wie ich im Lichte dieser vollkommenen Gleichheit der Erlebnisse sagen will) als mein „enger Doppelgänger" aufgefasst werden. Und genauso sollten Sie sich ein Gehirn im Tank vorstellen, das *Ihr* enger Doppelgänger ist, das also jedes Detail Ihrer Erlebnisgeschichte nachvollzieht.

Wenn wir nun die metaphysischen Fragen verstehen, die unsere eingetankten engen Doppelgänger stellen, dann – so möchte ich zeigen – haben wir viel über eine metaphysische Frage gelernt, die uns selber betrifft.

Dass alle sinnvollen Fragen in der Metaphysik meinen Test auf Verständlichkeit überstehen müssen, werde ich nicht behaupten. Ansprüche der Ausschliesslichkeit stehen meiner Untersuchung fern. Mein wenig ambitioniertes Ziel besteht darin, eine bestimmte metaphysische Frage verständlich zu machen: die Frage, ob unser Zugang zur Gesamtwirklichkeit ähnlich dramatisch beschränkt sein könnte wie im Fall eingetankter Gehirne. Beantworten werde ich die Frage nicht. Meiner Ansicht nach lässt sie sich nicht beantworten – was am Wert der Frage nichts ändert.

Was diese Frage genau bedeuten soll, muss allerdings noch erklärt werden. Das ist eins der schwierigsten Themen für den vorliegenden Band. Doch bevor wir dahin kommen werden, müssen wir die Phantasie vom Gehirn im Tank endgültig aus der Debatte um den erkenntnistheoretischen Skeptizismus herauslösen. Das wird unsere Aufgabe für das erste Kapitel sein: Wir werden den Einwand entkräften, dass das Gehirn den Beweis Putnams wörtlich wiederholen und so zu der falschen Konklusion gelangen könnte, selber nicht im Tank zu stecken.

DER ARGUMENTATIONSGANG IM ÜBERBLICK (BAND 1)

Einleitung

Unser Eindruck der gesamten Welt beruht vielleicht auf einer Computersimulation: Anhand dieses Gedankenspiels vom „Gehirn im Tank" werden wir im ersten Band der Untersuchung erkenntnistheoretische Fragen aufwerfen und zurückweisen; nach einer kurzen Vorschau über das metaphysische Thema des zweiten Bands werden vier methodologische Regeln aufgezählt, an denen wir uns während der gesamten Untersuchung orientieren werden.

Kapitel I: Der Getäuschte

Wir stellen uns ein von uns verschiedenes Subjekt vor, das dieselben Meinungen und Erlebnisse hat wie einer von uns und dessen Meinungen trotzdem massiv falsch sind. (Dies erreichen wir durch gedankliche Manipulation seiner Umgebung). Die Beispiele sollen konkret und im Detail durchgespielt werden: auf dem Boden unserer Möglichkeitsstandards und mithilfe unserer Sprache (also ohne Sprachmissbrauch). These: Im Szenario vom Hirn im Tank sind „mehr Meinungen" des Getäuschten falsch als in den meisten anderen Szenarien; zudem ist das Tank-Szenario besser verständlich.

1. Attrappen und Halluzinationen
   Szenarien mit Attrappen und Halluzinationen lassen gewisse Meinungen des Getäuschten unangetastet.

2. Träume
   Szenarien mit Träumen erzeugen mehr Irrtümer; aber der ewige Traum ist ein schwer fasslicher Begriff.

3. Geträumte Wahrheiten
   Es gibt überraschend viele Beispiele für wahre Meinungen eines Träumenden.

4. Das Gehirn im Tank
   Im Vergleich zur Idee des Traumes ist die Idee des ewigen Eingetanktseins (d. h. der permanenten Computersimulation) besser verständlich und stürzt den Getäuschten in noch gravierendere Irrtümer.

5. Hirnfreie Szenarien
Lässt sich sogar der Satz „Ich habe ein Gehirn" als Irrtum des Getäuschten vorstellen? Ja: Der Träger des getäuschten Bewusstseins könnte aus Silizium bestehen. Das cartesische Täuscherdämonen-Szenario übersteigt dagegen unsere Vorstellungskraft.

Kapitel II: Erkenntnistheoretische Skepsis – *pro und contra*

Das Gedankenspiel vom massiven Irrtum führt unsere Meinungen über die Welt in den erkenntnistheoretischen Abgrund. Wir betrachten verschiedene Antworten auf den Skeptizismus und werfen einen ersten Blick auf Putnams Widerlegung des Tank-Szenarios, die uns in den folgenden Kapiteln beschäftigen wird.

6. Vom Irrtum in den Skeptizismus
Die Szenarien aus Kapitel I sind erkenntnistheoretisch bedrohlich: Solange wir nicht ausschliessen können, dass wir möglicherweise in derselben Lage stecken wie der Getäuschte, solange sollten wir kein Wissen hinsichtlich jener Meinungen beanspruchen, die im Fall des Getäuschten falsch sind.

7. Strategien gegen den Skeptizismus
Hiergegen helfen weder religiöse, phänomenalistische, idealistische, verifikationalistische, falsifikationalistische Ausflüchte – noch Quines Antwort einer naturalisierten Erkenntnistheorie oder Moores Verweis auf seine Hände oder die Ablehnung des Prinzips der Abgeschlossenheit (des Wissens unter gewusster Implikation).

8. Kontextualismus
Kontextualisten sagen, dass (z. B.) der Begriff des Wissens in verschiedenen Kontexten verschieden starke Anforderungen mit sich bringt. Wir betrachten verschiedene Möglichkeiten, diese Idee in eine antiskeptische Strategie umzumünzen; sie werden im folgenden nicht weiterverfolgt.

9. Putnams Beweis
Die direkte Widerlegung des skeptischen Szenarios kann die erkenntnistheoretische Skepsis wirksam aushebeln. Erste Skizze des Beweises von Putnam (in der Fassung, die Crispin Wright vorgeschlagen hat):
(1) In meiner Sprache bezeichnet das Wort „Tiger" die Tiger. (Disquotation).
(2) In der Sprache eingetankter Gehirne bezeichnet das Wort „Tiger" keine Tiger. (Externalismus).
(3) Also unterscheidet sich meine Sprache von der Sprache eingetankter Gehirne. (Aus (1) und (2)).
(4) Also bin ich kein Gehirn im Tank. (Aus (3)).

Der Argumentationsgang im Überblick (Band 1)   xxi

Kapitel III: Disquotation

In diesem Kapitel verteidigen wir Putnams erste Prämisse.

10. Plädoyer für Disquotation
Die disquotative Prämisse (1) gilt analytisch. Sollte die Skeptikerin behaupten, die Prämisse nicht zu verstehen, so entzieht sie ihrem eigenen Argument die Verständnisgrundlage.

11. Exkurs über das Urmeter
Obwohl die disquotative Prämisse apriori gilt, drückt sie einen kontingenten Sachverhalt aus. Wie ist das möglich? Einfach: Sie funktioniert so ähnlich wie Kripkes Beispiel „Das Urmeter ist 1 m lang".

12. Disquotation und die Erste Person
Dass die disquotative Prämisse apriori gilt, beruht ganz entscheidend darauf, dass sie über dieselbe Sprache redet, in der sie formuliert ist; ohne Verwendung eines Pronomens der Ersten Person Singular lässt sich diese Selbstbezüglichkeit nicht erreichen.

Kapitel IV: Externalismus

In diesem Kapitel soll der Externalismus durch Überlegungen plausibel gemacht werden, die noch nichts mit dem Thema der erkenntnistheoretischen Skepsis zu tun haben.

13. Plädoyer für Externalismus
Der Slogan „Ohne kausalen Kontakt kein Erfolg beim Bezeichnen" ergibt sich aus plausiblen Überlegungen zur Natur der Sprache. Sprache ist ein menschliches Werkzeug, dessen Eigenschaften sich aus seinem Gebrauch ablesen lassen.

14. Besuch auf der Zwerde
Durch ein Gedankenexperiment ergibt sich: Wer nie in (direktem oder indirektem) kausalen Kontakt mit Eisen gestanden hat, kann nicht von Eisen sprechen.

15. Wie funktionieren Artnamen?
Artnamen bezeichnen diejenigen Exemplare, die dieselben Tiefenstrukturen aufweisen wie die Mehrzahl der Exemplare, mit denen die Sprecher in direktem kausalen Kontakt standen, als sie den Artnamen z. B. durch Taufe eingeführt haben. Der externalistische Slogan gilt also jedenfalls für Artnamen und lautet damit so: „Ohne kausalen Kontakt kein Erfolg beim Bezeichnen *mithilfe von Artnamen*".

16. Zwillingserde und eingetankte Gehirne
Die Tank-Konstellation umgibt den Getäuschten auf genau dieselbe Weise wie die Zwillingserde unsere dortigen Doppelgänger. Die wissenschafts-

philosophische Frage, ob wir wissen, welche Gegenstände von unseren theoretischen Termen bezeichnet werden, entspricht der erkenntnistheoretischen Frage nach unserem Wissen über „mittelgrosse, trockene Güter".

Kapitel V: Verbesserungen des Beweises

In diesem Kapitel zeige ich, dass in Wrights Vierzeiler (s. o. Kapitel II, Abschnitt 9) eine logische Lücke klafft und dass der Vierzeiler zirkulär ist. Ich erarbeite eine Version des Beweises, die frei von diesen Mängeln ist und meiner Ansicht nach als wasserdichte Widerlegung der Hypothese vom Gehirn im Tank angesehen werden kann.

17. Ein logischer Schnitzer in Crispin Wrights Vierzeiler
Wie man sich anhand indexikalischer Wörter klarmachen kann, folgt keine Sprachverschiedenheit aus blossen Unterschieden im Bezeichnen. Der Zwischenschritt (3) ergibt sich also nicht zwingend aus den beiden Prämissen (1) und (2).

18. Der logisch zwingende Dreizeiler
Wenn man den Zwischenschritt einfach weglässt, verschwindet dies Problem. Die beiden Prämissen erzwingen, dass ich kein Gehirn im Tank bin.

19. Irregeleitete Vorwürfe der Zirkularität
Aber das könnte daran liegen, dass der Beweis zirkulär ist. Was ist Zirkularität? Die Frage wird durch Zurückweisung irregeleiteter Zirkularitätsvorwürfe geklärt.

20. Gibt es Tiger?
Trotzdem ist der Beweis zirkulär. Seine erste Prämisse setzt zirkulärerweise voraus, dass wir wissen, dass es Tiger gibt.

21. Ausweg: Entweder gibt es Gehirne oder nicht
Indem das Argument mit dem Wort „Gehirn" (statt mit dem Wort „Tiger") geführt wird, lässt sich diese Zirkularität beheben. Denn die Skeptikerin darf nicht bestreiten, dass es Gehirne gibt. Tut sie es doch, wird ihr Szenario vom *Gehirn* im Tank automatisch falsch. Das endgültige Argument beginnt also mit der logischen Zusatzprämisse: „Entweder gibt es Gehirne oder nicht" und führt beide Möglichkeiten getrennt in eine Widerlegung des Tank-Szenarios.

Kapitel VI: Einwände

In diesem Kapitel werden wichtige Einwände gegen den Beweis aus Abschnitt 21 des vorigen Kapitels aufgeworfen und beantwortet.

Der Argumentationsgang im Überblick (Band 1) xxiii

22. Skeptizistische Kritik am Externalismus
Unser Argument setzt voraus, dass es eine Aussenwelt gibt, die kausal organisiert ist und aus Objekten besteht, die sich nach Tiefenstrukturen klassifizieren lassen. Sind diese Voraussetzungen zirkulär? Nein, denn wenn sie nicht erfüllt sind, bricht das Tank-Szenario zusammen. Genau wie in Abschnitt 21 des vorigen Kapitels kann man die verdächtigten Voraussetzungen mithilfe logisch wahrer Zusatzprämissen (der Form *p oder nicht p*) neutralisieren.

23. Gehirne: Eine natürliche Art?
Das Argument setzt voraus, dass Gehirne eine natürliche Art bilden. Ist unser Argument deshalb zirkulär? Nein; selbst wer die Voraussetzung zurückweist, muss ein parallel gebautes Argument gelten lassen, indem anstelle des Wortes „Gehirn" ein geeignetes anderes Wort eingesetzt wird, z. B. „Nervenbahn" oder „Elektron".

24. Gibt es Wörter?
Das Argument setzt voraus, dass es Wörter gibt, also z. B. Tintenkonfigurationen oder Schallwellenmuster. Zum Glück ist diese Voraussetzung für das Argument nicht wesentlich: Das Argument lässt sich mithilfe eines Sprachbegriffs wiederholen, der ohne materiell realisierte Zeichen auskommt.

25. Mit Beschreibungen gegen kausale Beschränkungen?
Der externalistische Slogan „Ohne kausalen Kontakt kein Erfolg beim Bezeichnen mithilfe eines Artnamens" ist zu allgemein; er kann mithilfe geschickter Kombination von Wörtern (also mithilfe von Beschreibungen) ausgehebelt werden. Das schadet nicht, weil nicht *alle* Artnamen per Deskription eingeführt worden sein können. Und der Slogan gilt jedenfalls für Artnamen, die nicht deskriptiv eingeführt worden sind; mithilfe solcher Artnamen kann das Argument wiederholt werden.

26. Resümee und Ausblick
Genügt uns eine wasserdichte Widerlegung der Hypothese vom Gehirn im Tank, um die skeptische Herausforderung zur Ruhe zu bringen? Nein; zusätzlich brauchen wir eine Diagnose. Wir brauchen eine Erklärung, warum der Skeptizismus so attraktiv oder doch unausweichlich wirkt, eine Diagnose des Fehlers, den die Skeptikerin begeht. Diese Diagnose lautet in einer ersten Skizze: Das Gedankenspiel vom Gehirn im Tank gibt uns keine erkenntnistheoretischen Fragen hinsichtlich der Zuverlässigkeit unseres Wissens auf, sondern eine metaphysische Frage hinsichtlich unseres Zugangs zur Gesamtwirklichkeit. Diese Diagnose wird im zweiten Band der Untersuchung ausgearbeitet werden.

DER ARGUMENTATIONSGANG IM ÜBERBLICK (BAND 2)

Einleitung

Beruht unser Eindruck der gesamten Welt vielleicht auf einer Computersimulation? Im Schatten dieses Gedankenspiels vom „Gehirn im Tank" haben wir im ersten Band der Untersuchung die erkenntnistheoretische Vermutung zurückgewiesen, dass wir kein Wissen über die äussere Welt erlangen können. Es lässt sich beweisen, dass wir nicht seit Beginn unserer Existenz im Tank stecken. Nur: Was geschieht, wenn ein Gehirn im Tank diesen Beweis wortwörtlich wiederholt? Diesen Einwand werden wir im vorliegenden Band dieser Untersuchung zunächst kontern und dann zum Anlass nehmen zu fragen, ob uns das Gedankenspiel vom Gehirn im Tank vielleicht ein anderes Problem aufgibt als das des erkenntnistheoretischen Skeptizismus. Der vorliegende Band 2 der Untersuchung zielt in der Tat darauf ab, plausibel zu machen, dass das Gedankenspiel vom Gehirn im Tank das metaphysische Problem aufwirft, wie es um unseren Zugang zur Gesamtwirklichkeit bestellt ist.

Kapitel I: Gehirn im Tank wiederholt Beweis

Wenn das Gehirn im Tank Putnams Beweis wiederholt, müssen wir den Text des Beweises uminterpretieren; daher erarbeiten wir eine detaillierte Übersetzung der Tanksprache in unsere Sprache.

1. Der zentrale Einwand

Der wichtigste Einwand gegen Putnams Argument (in jedweder Fassung) lautet: Das Gehirn im Tank kann das Argument wortwörtlich wiederholen und kommt damit zu dem irrigen Schluss, nicht im Tank zu stecken. Dieser Einwand sticht nicht, weil er nicht berücksichtigt, dass die tanksprachliche Konklusion „Ich bin kein Gehirn im Tank" nicht dasselbe besagt, wie unsere syntaktisch gleichlautende Konklusion.

2. Mondlandschaft mit Augenfarben

Um die verwirrende Lage zu verdeutlichen, ziehen wir eine Gemeinschaft von Sprechern heran, deren Farbwörter je nach Augenfarbe des Sprechers verschieden funktionieren. So wie eingetankte Gehirne mit dem Ausdruck „Gehirn im Tank" keine Gehirne im Tank bezeichnen, so bezeichnen in der fraglichen Gemeinschaft die Blauäugigen mit dem Wort „blauäugig" keine

Blauäugigen. Dieser Fall erlaubt einen Beweis, der genau dieselbe logische Struktur hat wie Putnams Beweis; aus dem Munde sowohl der Blau- als auch der Braunäugigen ist der Satz „Ich habe keine blauen Augen" richtig. Beide Beweise (Putnams und der hinsichtlich der Augenfarben) gehen nicht von einem Gottesstandpunkt aus; im Gegenteil: sie machen plausibel, dass jeder Beweis an eine sprachliche Perspektive gebunden ist – an die Perspektive dessen, der da spricht.

3. Übersetzung tanksprachlicher Beobachtungssätze
Die Antwort auf den Einwand aus Abschnitt 1 ist nur überzeugend, wenn man explizit angibt, wie die Tanksprache in unsere Sprache zu übersetzen ist (und dann zeigt, dass die tanksprachliche Konklusion „Ich bin kein Gehirn im Tank" auch aus dem Munde eingetankter Gehirne wahr ist). Wir orientieren uns bei der Übersetzung an Quines und Davidsons Überlegungen zu Theorie der radikalen Interpretation und beginnen die Übersetzung mit tanksprachlichen Beobachtungssätzen. Wie sich (durch Verweis auf Quines Prinzip des Wohlwollens) ergibt, müssen die tanksprachlichen Beobachtungssätze so verstanden werden, dass sie im grossen und ganzen wahr sind. Damit haben wir (im Gefolge Davidsons) einen neuen Grund dafür gefunden, dass das Szenario vom Gehirn im Tank nicht geeignet ist, den massiven Irrtum plausibel zu machen.

4. Putnams Beweis übersetzen
Um Putnams Beweis aus der Tanksprache zu übersetzen, müssen wir über die Übersetzung von Beobachtungssätzen hinausgehen. Zu diesem Zweck sollte zuallererst mehr über die Funktionsweise des Simulationscomputers gesagt werden. Ich schlage *eine* denkbare Realisierung des Computers vor und plädiere dafür, tanksprachliche Wörter so zu verstehen, dass sie gewisse Codes im Speicher dieses Computers (und die Veränderungen dieser Codes) bezeichnen: Das tanksprachliche Wort „Tiger" bezeichnet die Bit-Tiger; das tanksprachliche Wort „Gehirn" die Bit-Gehirne. Unter dieser Interpretation der Tanksprache kommt die Konklusion von Putnams Beweis als wahrer Satz heraus, wie gewünscht.

Kapitel II: Warum sind wir nicht zufrieden?

Das Unbehagen mit Putnams Beweis hat sich immer noch nicht gelegt. Es ist schwer, dieses Unbehagen auch nur angemessen zu artikulieren. In diesem Kapitel wird genauer dargelegt, was für Bedingungen eine angemessene Artikulation des Unbehagens zu erfüllen hätte.

5. Die philosophische Sorge
Zwar haben wir gesehen, dass unter der angemessenen Interpretation erstens die meisten Beobachtungssätze eingetankter Gehirne wahr sind und dass zweitens der Putnam-Beweis auch aus dem Munde eingetankter Gehirne zu einem richtigen Ergebnis führt. Gehirne im Tank stehen

also weniger schlecht da, als es zunächst den Anschein hatte; ihre Lage ist erkenntnistheoretisch weniger bedrohlich als gedacht. Trotzdem werden wir die Intuition nicht los, dass sich ein Gehirn im Tank mit Putnams Beweis nicht abspeisen lassen sollte. Welche berechtigte Sorge sollte ein Gehirn im Tank äussern, wenn es über seine eigene missliche Lage philosophiert? Die Sorge sollte erstens *informativ* sein und zweitens ein *Indikator* für seine Lage: also ein Satz, der (bei Berücksichtigung eventuell erforderlicher Uminterpretationen) aus seinem eigenen Munde wahr ist, nicht aber wahr ist aus dem Munde von Subjekten, deren Lage weniger misslich ist.

6. Schwierigkeiten mit dem Begriff des Indikators
Es ist nicht leicht, den Begriff des Indikators zu erklären, ohne sich in Zirkeln zu verstricken. Ich weise einige Erklärungsversuche zurück und biete zwei Vorschläge an, die mir plausibel erscheinen.

7. Können Indikatoren informativ sein?
Die Suche nach informativen Indikatoren läuft auf die Frage hinaus, ob eingetankte Gehirne mithilfe anderer Wörter als „Gehirn", „Tank" usw. zutreffend über ihre eigene Lage reden können. Im Gegensatz zu Putnams ursprünglichem Beweis lässt unsere Version seines Beweises diese Frage offen. Anhand zweier Beispiele ergibt sich, dass auf den ersten Blick plausible Kandidaten fürs Amt des informativen Indikators scheitern, weil die in ihnen vorkommenden informativen Wörter allesamt uminterpretiert werden müssen, wenn sie aus dem Munde eines Gehirns im Tank kommen. Spricht das ganz gegen die Möglichkeit informativer Indikatoren? Nein, denn noch ist offen, ob es nicht vielleicht doch informative Wörter gibt, die der fraglichen Uminterpretation *nicht* ausgesetzt sind, sondern wortwörtlich aus der Sprache eingetankter Gehirne in unsere Sprache übertragen werden können. Solche Wörter nenne ich *semantisch stabil*.

Kapitel III: Semantische Stabilität – Begriff und Existenznachweis

In diesem Kapitel wird der Begriff der semantischen Stabilität präzisiert; zudem begegnen uns die ersten – meiner Ansicht nach unkontroversen – Beispiele für semantisch stabile Wörter.

8. Begriffserläuterungen
Der Begriff der semantischen Stabilität bezieht sich zuallererst auf Wörter (statt auf Begriffe). Ein deutsches Wort heisst semantisch stabil, wenn sein tanksprachliches syntaktisches Gegenstück bei Rückübersetzung ins Deutsche dem Wortlaute nach nicht verändert zu werden braucht.

9. Aussagenlogik
Das Negationszeichen ist semantisch stabil. Auch die anderen Junktoren der Aussagenlogik funktionieren in der Tanksprache nach denselben Regeln wie bei uns; sie sind semantisch stabil.

10. Prädikatenlogik

Dasselbe gilt für die Quantoren „alle", „einige", „keine". Wenn das Gehirn im Tank einem Einzelgegenstand ein Prädikat zuschreibt, dann operiert es hierbei möglicherweise mit anderen Einzelgegenständen und Prädikaten als wir; aber die Prädikation selber ist im Tank dasselbe wie bei uns; daher ist die Kopula „ist" semantisch stabil.

11. Mengenlehre

Da die Mengenlehre im Tank nach denselben Axiomen aufgebaut wird wie bei uns, sind die Wörter „Menge", „Element", „Teilmenge" usw. semantisch stabil. (Das betrifft die reine Mengenlehre genauso wie die angewandte Mengenlehre). Auch das Identitätszeichen ist semantisch stabil.

12. Mathematik oder Nominalismus?

Die Begriffe der Mathematik lassen sich allesamt mithilfe der bislang stabilisierten Wörter erklären; Zahlzeichen, Rechenzeichen usw. sind also gleichfalls semantisch stabil.

Kapitel IV: Vielzweckwörter

Vielzweckwörter sind Wörter, die in vielen verschiedenen Zusammenhängen funktionieren, auch und gerade ausserhalb der Naturwissenschaften. Solche Wörter lassen sich semantisch stabilisieren, wenn gezeigt werden kann, dass sie im Tank genauso benutzt werden wie bei uns.

13. Arten

Die „natürlichen Arten" der Tanksprache sind auch aus unserer Sicht natürliche Arten; die Umkehrung gilt nicht, daher ist der Begriff der *natürlichen* Art nicht semantisch stabil. Aber wir klassifizieren nicht nur in den Naturwissenschaften, sondern auch in vielen anderen Bereichen, in denen Kausalitäten und Tiefenstrukturen keine Rolle spielen. Der Begriff der Art (Art *simpliciter*) ist flexibel für neue Anwendungen und lässt sich in viele Redebereiche projizieren. Er lässt sich sogar aus der Tanksprache in die Wirklichkeitsbereiche projizieren, auf die das eingetankte Gehirn (im Gegensatz zu uns) nicht zugreifen kann. Da das Gehirn im Tank mit demselben Ähnlichkeitsinstinkt klassifiziert wie wir, hat es unseren Artbegriff. Der Begriff der Art ist semantisch stabil.

14. Spiele und Situationen

Eingetankte Gehirne mögen z. T. andere Spiele spielen als wir, z. B. Bit-Fussball anstelle von Fussball. Aber auch Bit-Fussball ist ein echtes Spiel, so dass der Spielbegriff semantisch stabil ist. (Zudem laufen einige geistige Spiele im Tank ganz genauso ab wie bei uns). Auch die Wörter „Lage" und „Situation" funktionieren im Tank so wie bei uns; weder wir noch die Gehirne im Tank benutzen diese Wörter in erster Linie zum Bezeichnen.

Die Wörter dienen eher der Strukturierung längerer Texte aus den verschiedensten Bereichen, auch aus Bereichen, in denen es nicht auf kausalen Kontakt ankommt.

15. Zuflucht zu Analogien?
Mithilfe der gefundenen semantisch stabilen Wörter kann das Gehirn im Tank zwar u. a. Gegenstände ausserhalb des Universalspeichers bezeichnen; aber nicht zielgenau. Da das Gehirn bislang nicht auf (aus unserer Sicht) handfeste Gegenstände ausserhalb seines Computers zugreifen kann, ist es bislang ausserstande, seine eigene Lage informativ zu beschreiben. Der aussichtsreichste Kandidat für eine solche Selbstbeschreibung ist der Satz „Ich stecke vielleicht in einer *analogen* Lage wie das Gehirn im Tank". Wir verfolgen diesen Kandidaten nicht weiter, weil die semantische Stabilisierung und die informative Erklärung der Denkfigur der Analogiebildung zu aufwendig wäre.

Kapitel V: Lokalisierbarkeit

Zusätzlich zur externalistischen Bedingung für Erfolg beim Bezeichnen (die mit kausalem Kontakt und Tiefenstrukturen zu tun hat) muss man die Bedingung der Lokalisierbarkeit erfüllen, wenn man mithilfe naturwissenschaftlicher Ausdrücke erfolgreich bezeichnen will.

16. Ist die Rede von materiellen Gegenständen semantisch stabil?
Zwar stehen Gehirne im Tank mit einer Auswahl an Enitäten in kausalem Kontakt, die sowohl in der Tanksprache als auch bei uns als „materielle Gegenstände" bezeichnet werden. Trotzdem ist der Begriff des materiellen Gegenstandes nicht semantisch stabil. Die Auswahl materieller Gegenstände, mit der das Gehirn im Kontakt steht, ist zu einseitig für erfolgreiches Bezeichnen aller Dinge, die wir als „materielle Gegenstände" ansprechen. Zudem kann man den Ausdruck nicht durch (ostensive) Taufzeremonien in die Sprache einführen, sondern nur auf sprachlichem Weg, mithilfe analytischer Sätze. Einer dieser Sätze stellt eine begriffliche Verbindung zwischen den materiellen Gegenständen und ihrer Position im physikalischen Raum her. Die semantische Instabilität des räumlichen Vokabulars dürfte mithin den Ausdruck „materieller Gegenstand" destabilisieren.

17. Der physikalische Raum
Das gesamte räumliche Vokabular ist semantisch instabil: Weder ist das Wort „hier" semantisch stabil, noch der Ausdruck „250 km entfernt", noch der Ausdruck „Abstand". Dinge, von denen das Gehirn zu recht sagt, dass sie sich nicht „am selben Ort" befinden, könnten trotzdem im Universalspeicher an ein und derselben Stelle realisiert sein; daher ist sogar der Ausdruck „woanders" semantisch instabil. Die räumlichen Wörter aus der Tanksprache beschreiben lediglich gewisse Verhältnisse innerhalb des

Der Argumentationsgang im Überblick (Band 2)

Universalspeichers, an den das Gehirn angeschlossen ist. Dies Resultat gerät in eine gewisse Spannung zu unserer bisherigen externalistischen Bedingung für Erfolg beim Bezeichnen. Das Gehirn im Tank könnte mit Entitäten einer bestimmten inneren Struktur in kausalem Kontakt stehen, die ausserhalb seines Universalspeichers realisiert sind, etwa im Speicher eines Nachbarcomputers. Kann es diese Entitäten bezeichnen? Mithilfe der Ausdrucksmittel seiner Naturwissenschaften sicherlich nicht. Wir brauchen also eine zusätzliche Bedingung für Erfolg beim Bezeichnen – die Bedingung der Lokalisierbarkeit. Sie besagt: Mithilfe naturwissenschaftlicher Ausdrücke kein Erfolg beim Bezeichnen von Dingen, die sich nicht im räumlichen Bezugssystem des Sprechers lokalisieren lassen. Diese Bedingung betrifft nicht nur den Ausdruck „materieller Gegenstand", sondern z. B. auch den Ausdruck „Eisen".

18. Metaphysische Spekulation über parallele Welten

Die Bedingung der Lokalisierbarkeit ergibt sich aus der Betrachtung unseres tatsächlichen Vorgehens in den Naturwissenschaften; sie gehört in die deskriptive Metaphysik und betrifft die naturwissenschaftlichen Wörter. In der spekulativen Metaphysik überschreitet der Spekulierende die engen Grenzen der naturwissenschaftlichen Rede. Wenn z. B. das Gehirn im Tank von „Parallel-Eisen ausserhalb des physikalischen Raumes, das trotzdem von derselben Art wie echtes Eisen ist" zu reden beginnt, so dürfen wir diese metaphysische Rede als Spekulation über einen benachbarten Computer verstehen, an den das Gehirn nicht angeschlossen ist. Bei dieser nicht-naturwissenschaftlichen Spekulation darf die Bedingung der Lokalisierbarkeit verletzt werden.

Kapitel VI: Vorarbeiten für die eingetankte Selbstbeschreibung

Um dem Gehirn im Tank dazu zu verhelfen, zielgenau Dinge der (aus seiner Sicht) übergeordneten Wirklichkeit zu bezeichnen, verschaffen wir ihm eine semantisch stabile Vorsilbe „Über", die genauso funktioniert wie die „Bit"-Vorsilbe, allerdings in entgegengesetzter Richtung.

19. Horizontale und vertikale Spekulation in der Metaphysik

Wenn das Gehirn über seine eigene Lage im Tank spekulieren will, muss es die Grenzen seiner Naturwissenschaften verlassen – allerdings nicht in horizontaler Richtung wie bei der Spekulation über „Parallel-Eisen" im Nachbarcomputer, sondern vertikal. Dafür muss es nicht nur die Bedingung der Lokalisierbarkeit verletzen (wie bei der horizontalen Spekulation), sondern zusätzlich (und anders als im horizontalen Fall) die externalistische Bedingung, wonach man zumindest mit Gegenständen der richtigen Tiefenstruktur in Berührung gestanden haben muss, um erfolgreich bezeichnen zu können. Was es z. B. „Gehirn" nennt, hat eine ganz andere innere Struktur als die Gehirne, über die es zu sprechen wünscht.

20. Erfolg beim Bezeichnen mit Relationsausdrücken
Aber man kann die externalistische Erfolgsbedingung durch Kombination geeigneter Ausdrücke verletzen, durch Beschreibungen. Dafür braucht man u.a. Relationsausdrücke. Relationsausdrücke funktionieren nach einem komplizierteren Muster als die (einstelligen) Namen für natürliche Arten; zudem eignen sie sich zum Projizieren in neue Bereiche.

21. Eine semantisch stabile Vorsilbe
Wenn das Gehirn im Tank über die „Sprache eines Gehirns im Tank" nachdenkt, wird es genauso über „Bit-Katzen" reden wie wir. Zwar ist eine tanksprachliche „Bit-Katze" etwas anderes als unsere Bit-Katzen (nämlich eine Bit-Bit-Katze); aber die Bit-Vorsilbe selber funktioniert im Tank so wie bei uns: Sie verschiebt gewisse Dinge an bestimmte Plätze im Universalspeicher. Daher ist die Bit-Vorsilbe semantisch stabil. Zudem kann man die Bit-Vorsilbe in einen Relationsausdruck überführen.

22. Was sind Über-Katzen?
Aber die Bit-Relation ist zunächst nicht semantisch stabil. Erst wenn wir sie durch verschiedene Projektionen in nicht-naturwissenschaftliche Gebiete erweitern, entsteht ein semantischer stabiler, relationaler Ausdruck, der sich umdrehen lässt: Etwas ist eine Über-Katze, wenn sein Bit-Gegenstück eine Katze ist. Mithilfe dieser neuen Vorsilbe „Über" kann das Gehirn im Tank (auf nicht-naturwissenschaftliche Weise) die Katze neben dem Tank bezeichnen, in dem es steckt.

Kapitel VII: Metaphysische Spekulation statt erkenntnistheoretischer Skepsis

Zum Abschluss beobachten wir das Gehirn im Tank bei seiner metaphysischen Selbstbeschreibung und übertragen die gewonnenen Einsichten auf unseren eigenen Fall.

23. Selbstbeschreibung des Gehirns im Tank
Mit dem Ergebnis aus dem letzten Kapitel haben wir alle Ressourcen gewonnen, um den gesuchten informativen Indikator zu formulieren. Der tanksprachliche Satz „Ich habe vielleicht ein Über-Gehirn im Über-Tank" beschreibt die Lage des Gehirns richtig; zudem ist er aus unserem Munde (hoffentlich) falsch und ganz sicher falsch aus dem Munde bevorzugter Wesen von der äussersten Schale der Wirklichkeit: Der Satz differenziert auf die gewünschte Weise; und er ist informativ. Er ist kein naturwissenschaftlicher Satz, sondern gehört in die spekulative Metaphysik.

24. Was vom Skeptizismus übrig bleibt
Ob der gefundene informative Indikator „Ich habe vielleicht ein Über-Gehirn im Über-Tank", zutrifft oder nicht, kann man nicht wissen. Trotzdem führt der Indikator (anders als die angeblich skeptische Hypothese

„Ich bin vielleicht ein Gehirn im Tank") nicht in den globalen Zweifel hinsichtlich all unserer Ansprüche auf Wissen über die äussere Welt. Das sieht man am leichtesten beim Gehirn im Tank: In seiner Sprache trifft der Indikator ins Schwarze (wovon das Gehirn nichts wissen kann), und doch sind die meisten seiner naturwissenschaftlichen Beobachtungsmeinungen wahr und zuverlässig. Wer Simulationen aus dem Über-Computer erlebt, hat trotzdem das, was er „Hände, Füsse und Augen" nennt, und kann das, was er „Kaninchen" nennt, sehen und jagen und essen.

25. Unser Selbstverständnis im Lichte metaphysischer Möglichkeiten *oder* Gibt es ein Weiterleben nach dem Tod?
Naturalisten oder Szientisten wiegen sich in der Gewissheit, mit der gesamten Welt im reinen zu sein. Ihrer Ansicht nach liegt die gesamte Wirklichkeit offen vor uns: Alles, was es gibt, lässt sich im Prinzip auch beschreiben; und alles, was sich beschreiben lässt, lässt sich im Prinzip empirisch untersuchen. Der naturalistischen Selbstgewissheit kann man entgegentreten, indem man die Frage des Weiterlebens nach dem Tod aufwirft. Wenn wir *ein Modell* für diese Möglichkeit angeben wollen, brauchen wir das Szenario vom Über-Gehirn im Über-Tank nicht wesentlich abzuändern, da dies Szenario bereits einen übernatürlichen Träger unseres Bewusstseins postuliert, der weiterleben könnte, auch wenn unser Körper stirbt. Diese Überlegung widerspricht bestimmten materialistischen Positionen in der Philosophie des Geistes.

26. Resümee und Ausblick
Rückblick auf unseren langen Weg vom erkenntnistheoretischen Skeptizismus zur metaphysischen Spekulation. Die metaphysische Spekulation betrifft Verhältnisse auf höheren Ebenen, die dem Zugriff unseres empirischen Wissens entzogen sind; auf welcher Ebene wir uns befinden, können wir nicht wissen. Putnams Beweis lehrt uns, dass wir uns auf der Ebene befinden, auf der wir uns befinden. Das klingt trivial, rettet aber unsere Wissensansprüche dieser Ebene vor dem erkenntnistheoretischen Abgrund.

Kapitel I

GEHIRN IM TANK WIEDERHOLT BEWEIS

1. Der zentrale Einwand

§1.1. Den Auftakt des vorliegenden zweiten Bandes unserer Untersuchung bildet ein Einwand, der sich gegen Putnams Widerlegung der Hypothese vom Gehirn im Tank wendet, ganz einerlei, welche Fassung dieser Widerlegung wir betrachten. Nach der Entkräftung dieses Einwandes werden wir die erkenntnistheoretische Debatte um den Skeptizismus endgültig verlassen. (Sie war Hauptthema des ersten Bandes). Um unsere Diskussion möglichst einfach zu halten, werden wir von einer besonders kurzen Fassung des Putnam-Beweises ausgehen, die als Stellvertreterin der bestmöglichen Fassung gelten soll (und verbesserungsfähig ist, wie man in Band 1 nachlesen kann):

Der Einwand

(1) Meine Äußerungen des Wortes „Gehirn" bezeichnen die Gehirne. (Disquotation).
(2) Die „Gehirn"-Äußerungen eingetankter Gehirne bezeichnen keine Gehirne. (Externalismus).
(3) Also ist meine Sprache von der Sprache eines Gehirns im Tank verschieden. (Aus (1) und (2)).
(4) Also bin ich kein Gehirn im Tank. (Aus (3)).

Und der Einwand, den wir im folgenden erörtern wollen, besagt: Jedes Gehirn im Tank könnte den Beweis wortwörtlich wiederholen und käme so zu einem sehr falschen Ergebnis.

§1.2. Hierauf sollten wir nicht erwidern, wir hätten mithilfe von Putnams Argument bewiesen, dass es keine Gehirne im Tank geben könne, dass daher erst recht kein Gehirn im Tank den Beweis nachsprechen könne. Diese Erwiderung verkennt das Ziel des Putnam-Beweises. Um der Kürze willen habe ich vorhin so geredet, als suchte ich eine Widerlegung der Hypothese vom Gehirn im Tank; ausführlicher hätte ich

Könnte es Gehirne im Tank geben?

sagen sollen, dass ich die Hypothese widerlegen möchte, dass *ich* seit Beginn meiner Existenz ein Gehirn im Tank bin.

Ob es irgendwelche von mir verschiedenen Gehirne im Tank geben könnte, spielt für dies egotistische Beweisziel keine Rolle. (Natürlich entspringen die vorliegenden Überlegungen keiner Selbstsucht meinerseits; sie dienen nicht alleine meiner Beruhigung, da sie ja von jedem Leser in der Ersten Person Singular nachvollzogen werden können. Die hier gedruckten Gedankengänge bieten gleichsam ein Muster für Überlegungen, wie sie jeder für sich aus der eigenen Sicht durchgehen sollte. Und dadurch verstärkt sich zugegebenermassen das Unbehagen, das dem augenblicklichen Einwand gegen Putnams Beweis zugrundeliegt). Noch einmal: Der Beweis richtet sich nur gegen das *eigene* Eingetanktsein.

Komplikation.[1] Putnams Beweis richtet sich nicht nur gegen skeptische Hypothesen, in denen das Wort „ich" ausdrücklich vorkommt, sondern (indirekt) auch gegen Hypothesen, die nur *implizieren*, dass ich im Tank stecke. Zum Beispiel richtet sich der Beweis gegen die beiden Hypothesen:

(i) Das Universum ist völlig leer, abgesehen von einem Gehirn im Tank, dessen Bewusstseinszustände von einem Simulationscomputer herkommen.

(ii) Alle bewussten Wesen stecken im Tank und sind an einen Simulationscomputer angeschlossen.

Dass der Beweis sogar derartige Hypothesen ohne ausdrücklichen Ich-Bezug ausschalten kann, ergibt sich aus unserem apriorischen Wissen um folgendes kontingente Faktum:

(*) Ich habe Bewusstsein.

Zusammen mit Satz (*) impliziert jede der beiden skeptischen Hypothesen folgendes:

(iii) Ich bin ein Gehirn im Tank.

Und diesen Satz schaltet Putnams Beweis aus, also indirekt auch die Hypothesen (i) und (ii).

---

[1] Hinweis: Ich setze diejenigen Passagen meines Textes in kleingedruckter Schrift, die den Hauptgedankengang vertiefen, ohne für sein Verständnis nötig zu sein. So finden sich im Kleingedruckten Angaben zur Literatur, weiterführende Überlegungen und Richtigstellungen von Details, die im Haupttext um der Kürze willen vereinfacht dargestellt werden mussten.

1. Der zentrale Einwand

§ 1.3. Aus technischen Gründen können wir, wie ich hoffe, im Augenblick keine Gehirne eintanken. Unsere Medizin ist nicht weit genug fortgeschritten, und unsere Computer rechnen noch zu langsam. Aber das heisst nicht, dass die Existenz eingetankter Gehirne prinzipiell ausgeschlossen wäre – etwa durch die Gesetze der Physik. Im Gegenteil, vieles spricht dafür, dass ein eingetanktes Gehirn physikalisch möglich wäre. (Und erst recht ist es logisch möglich). Geben wir also zu: Ein eingetanktes Gehirn könnte existieren und den Beweis wortwörtlich wiederholen. Zerstört das nicht restlos die Glaubwürdigkeit unseres Beweises? {Andere Konklusion}

Wir antworten: Nichts spricht dafür, dass die tanksprachliche Wiederholung des Beweises dasselbe besagt wie unser eigener Beweis. Zwar könnte das Gehirn dieselben Wörter aneinanderreihen wie wir (zumindest innensprachlich [2]). Aber wenn es die Wörter unseres Beweises verwendet, dann funktionieren sie anders als bei uns: Wenn es z.B. „Gehirn" sagt, dann bezeichnet es dadurch (aus Mangel an geeignetem kausalen Kontakt) genau keine Gehirne. Wenn also das Gehirn unseren Beweis nachspricht und zu der Konklusion vordringt:

(4) Also bin ich kein Gehirn im Tank,

dann behauptet es damit nicht, dass es nicht im Tank steckt. Es behauptet irgend etwas anderes und kann mithin nicht dafür kritisiert werden, seine eigene eingetankte Lage zu verkennen.

Diese Antwort ist meiner Ansicht nach richtig. Aber sie geht nicht weit genug. Sie reicht nicht, um der erkenntnistheoretischen Beschäftigung mit dem Gehirn im Tank ein Ende zu bereiten. Aus zwei Gründen beruhigt es uns nicht, wenn wir nur erfahren, dass der Beweis aus dem Munde des Gehirns zu einer anderen Konklusion führt, als man beim ersten Hinhören gemeint hätte.

§ 1.4. Das ist erstens nicht beruhigend, weil wir selber befürchten müssen, unter ungünstigen Umständen unbemerkt zu einer anderen Konklusion gelangt zu sein als zu der, auf die wir es abgesehen hatten. Und zweitens bietet die Antwort zuwenig Handgreifliches, um uns zu beruhigen. Denn sie besagt nur, dass die eingetankte Konklusion: {Warum die Antwort nicht beruhigt}

(4) Also bin ich kein Gehirn im Tank,

---

[2] Zwei Wörter sind innensprachlich identisch, wenn sie sich phänomenal gleich anfühlen, unabhängig davon, ob sie auf gleiche Weise in der äusseren Welt verwirklicht sind, siehe unten §8.6. (Ausführliches in Band 1, Abschnitt 24).

nicht von Tanks und Gehirnen handelt. Wovon handelt sie dann? Das ist bislang offen geblieben. Es könnte immer noch sein, dass der Beweis aus dem Munde eingetankter Gehirne zu einer falschen Konklusion führt (wenn auch nicht zu der falschen Konklusion, dass das Gehirn nicht im Tank steckt). Solange wir diese Möglichkeit nicht ausschliessen können, bietet unsere Antwort auf den Einwand keine Beruhigung; denn wir wollen uns nicht mit einem Beweis abspeisen lassen, dessen Durchführung im Fall ungünstiger Umstände zu irgendwelchen falschen Ergebnissen führt.

Um dieser zweiten Herausforderung zu begegnen, werden wir uns weiter aus dem Fenster lehnen müssen als bislang. Wir werden nachweisen müssen, dass die Konklusion (4) des Beweises selbst dann zutrifft, wenn sie von einem eingetankten Gehirn erreicht wird (und daher etwas ganz anderes besagt als gedacht). Diesen Nachweis werden wir im Verlauf des vorliegenden Kapitels tatsächlich führen.

Wissen wir, was wir sagen?

§ 1.5. Wenn uns der Nachweis gelingt, so sollte uns das erste Problem nicht länger den Schlaf rauben. Denn wenn wir wissen, dass unser Beweis immer – also auch unter ungünstigen Umständen wie im Falle eingetankter Gehirne – zu einer richtigen Konklusion führt, dann sollten wir uns nicht von der Sorge einschüchtern lassen, dass unsere Konklusion möglicherweise uminterpretiert werden muss. Denn aus wessen Sicht sollte unsere Konklusion angeblich uminterpretiert werden müssen? Aus unserer eigenen Sicht gewiss nicht. (Die Übersetzung unserer Sprache in unsere eigene Sprache erfordert keine Änderung des Wortlautes). Also aus der Sicht irgendwelcher anderer Sprecher? Aber das wäre trival und ohne Belang. Immer kann man sich Sprecher ausmalen, die uns nicht richtig verstünden, wenn sie unsere Äusserungen wörtlich in ihre Sprache hinübernähmen. Es kann uns gleichgültig sein, ob irgend jemand anders unsere Beweise und Schlüsse wörtlich verstehen darf oder sie uminterpretieren muss. Es kommt nur darauf an, dass jeder von uns sich selber richtig versteht! Und mir ist klar, was ich (in der jetzt hier verwendeten Sprache) meine, wenn ich sage:

(4) Also bin ich kein Gehirn im Tank.

Ich meine damit, dass ich kein Gehirn im Tank bin. (Was sollte ich sonst damit meinen?[3]) Wenn ich diese Meinung – in meiner Sprache – beweisen kann, dann bin ich die skeptische Sorge los, die sich – ebenfalls in meiner Sprache – an der Frage entzündete, ob ich vielleicht nur ein

---

[3] Mehr hierüber im Band 1, Kapitel III.

1. Der zentrale Einwand

Gehirn im Tank bin. Natürlich betrifft mich diese Frage nur als Frage aus meiner eigenen Sprache. Käme in einer anderen Sprache als der meinen wortwörtlich auch die Frage vor: „Bin ich vielleicht nur ein Gehirn im Tank?" und bedeutete sie in dieser Sprache etwas ganz anderes (nämlich z.B. „Wie spät ist es?"), dann brauchte ich jene Frage nicht wörtlich zu nehmen; stattdessen müsste ich mich an ihrer Übersetzung orientieren und (um im Beispiel zu bleiben) auf die Uhr sehen.

Bemerkung. Ich muss zugeben, dass das Beispiel mit der Uhr zu verspielt war. Wie wir sehen werden, steckt doch mehr Tiefsinn in der Überlegung, dass mich auch fremdsprachige Fragen der Form: „Bin ich vielleicht nur ein Gehirn im Tank?" etwas angehen sollten. Natürlich muss ich die Frage in meine eigene Sprache übersetzen, bevor sie mich bedrohen oder weiterbringen kann – aber wenn die Frage aus einer geeigneten fremden Sprache stammt, dann könnte sie mich (nach Übersetzung) stärker betreffen als die Frage nach der Uhrzeit. Wir werden später im Kleingedruckten andeuten, aus was für einer „geeigneten" Sprache die Frage stammen müsste, wenn sie uns bedrohen soll (§ 23.8 bis § 23.9). Und wir werden einsehen, dass sie uns nicht erkenntnistheoretisch bedroht, sondern metaphysisch. Aber solange wir uns fragen, ob wir vielleicht als Gehirn im Tank stecken (ob wir vielleicht das sind, was *wir* „Gehirn im Tank" nennen), brauchen wir uns um gleichlautende, aber anderssprachige Fragen nicht zu scheren.

Zur Abgrenzung. In der Literatur tobt ein komplizierter Streit über die Frage, ob der Externalismus die Autorität der Ersten Person hinsichtlich des Gehaltes ihrer eigenen Meinungen untergräbt. Ich behaupte: Das, was wir hier als externalistische Voraussetzung für Erfolg beim Bezeichnen akzeptiert haben, tastet die Richtigkeit unserer ersten Prämisse nicht an.

Wer das anders sieht, versucht offenbar, seine eigene Sprache *gleichzeitig* von innen und von aussen zu betrachten; das kann nicht gutgehen. Als Therapie schlage ich vor, dass man versucht, die Negation eines disquotativen Satzes aufzuschreiben und zu glauben, etwa:

(∗) In der Sprache, die ich hier gerade *für mich* schreibend benutze, bezeichnet das Wort „Seehund" keine Seehunde.

Man nehme an, das wäre wahr. Dann frage ich: Was bezeichnet das Wort „Seehund" in jener Sprache dann? Was auch immer es sei; man beachte, dass die Antwort auf diese Frage auch das *letzte* Wort aus (∗) betrifft! Es gelingt nicht, Behauptung (∗) stabil aufrecht zu erhalten. (Vergl. Band 1, Kapitel III, insbes. Abschnitt 12).

(Nun reichen manche Versionen von Externalismus viel weiter als unsere vergleichsweise harmlose, kausale Bedingung für Erfolg beim Bezeichnen, die hinter der Prämisse (2) steht. Ich habe verschiedene Spielarten von Externalismus im Band 1 unserer Untersuchung erwähnt und dort erklärt, warum ich sie aus der Untersuchung ausblenden musste. Siehe Band 1, § 13.13 bis § 13.15;

siehe dort auch § 14.5. Hier verweise ich nur auf die erhellende Diskussion in Davidson [KOOM], wo weitere Literatur genannt wird).

Fazit

§ 1.6. Wo stehen wir? Wir haben auf den zentralen Einwand gegen das Putnam-Argument (der sagte: „Das eingetankte Gehirn könnte das Argument wiederholen und käme so zu einer falschen Konklusion") geantwortet, dass das Gehirn nicht zwangsläufig zu einer falschen Konklusion zu kommen braucht, da diese in seiner Sprache etwas anderes besagt als bei uns. An der Antwort entzündeten sich zwei Kritikpunkte. Der erste entsprang der Sorge, dass dann auch unsere Konklusion des Putnam-Beweises etwas anderes besagen könnte als bei uns – diesen Kritikpunkt haben wir als Verwirrung zurückgewiesen. Der zweite Kritikpunkt verlangte von uns den Nachweis, dass die Konklusion aus dem Putnam-Beweis auch dann wahr ist, wenn sie von einem eingetankten Gehirn gezogen wird (selbst wenn sie dann etwas anderes besagt). Dieser Nachweis steht noch aus. Bevor wir ihn (im übernächsten Abschnitt) ansteuern, wollen wir uns den Stand der Dinge anhand einer parallelen Geschichte verdeutlichen.

Vorschau

§ 1.7. Die Grundidee meiner Geschichte aus dem nächsten Abschnitt ist schnell erklärt. Wir stellen uns eine Gemeinschaft von Sprechern mit zwei sehr ähnlichen Dialekten vor. Sprecher mit blauen Augen sprechen den einen Dialekt, Sprecher mit braunen Augen den anderen. Der einzige Unterschied zwischen den beiden Dialekten betrifft die Farbwörter „blau" und „braun". Die Braunäugigen benutzen diese Wörter so wie wir; bei den Sprechern des blauäugigen Dialekts sind die Rollen der beiden Wörter vertauscht. (Die Blauäugigen nennen einander verwirrenderweise „braunäugig".)

2. Mondlandschaft mit Augenfarben

Braune und blaue Augen

§ 2.1. Stellen wir uns einen weit entfernten und dünn besiedelten Mond vor, unter dessen fahler Atmosphäre alles entweder schwarz oder grau oder weiss aussieht – mit Ausnahme der Augen seiner fünfzig Einwohner: Die eine Hälfte der Mondbewohner hat blaue Augen und die andere Hälfte braune Augen. Es gibt auf jenem Mond keine Spiegel, keine spiegelnden Wasseroberflächen, keine glänzenden Manchettenknöpfe usw. Das heisst, die visuellen Bedingungen auf dem farblosen Mond sind so eingerichtet, dass keiner seiner Bewohner die eigene Augenfarbe je gesehen hat.

2. Mondlandschaft mit Augenfarben 7

Dieser Umstand änderte sich auch nicht durch Erfindung der Farbphotographie. Denn als einziger Mondbewohner ist ein verschrobener Chemiker imstande, belichtete Filme zu entwickeln. Und dieser Chemiker achtet wachsam darauf, dass sein Labor keine Bilder verlassen, aus denen die Abgebildeten farbliche Rückschlüsse über ihr eigenes Aussehen ziehen könnten; aus Prinzip vergrössert er keine Farbportraits. Der Grund für diese Weigerung liegt in seinem altmodischen Glauben an die Verantwortung des Wissenschaftlers. Er will die Mondbewohner davor bewahren, dass ihre Hoffnungen und Träume hinsichtlich der eigenen Augenfarbe an der neuen, harten photographischen Wirklichkeit zerbrechen. *Du sollst Dir kein Bildnis Deiner Augen machen!* so lautet sein Leitspruch. Wer ihn näher kennt, nimmt ihm den Paternalismus nicht übel. Gleich nach Erfindung der Farbphotographie schenkte er seiner Tochter das erste – und letzte – farbige Photoportrait der Mondgeschichte. Die Tochter sah ihre eigenen Augen, erbleichte und stürzte schreiend aus dem Zimmer. Sie hat sich in derselben Nacht erhängt.

§2.2. Die meisten Mondbewohner wollen von der tragischen Geschichte ihres Chemikers nichts wissen. Könnten sie sein Farbmonopol durchbrechen, so würden sie seine Warnungen in den Wind schlagen. Sie brennen darauf, genau zu erfahren, wie ihre Augen aussehen. Ungünstigerweise hilft es ihnen nichts, einander über die Augenfarbe auszufragen, denn zu diesem Thema tobt auf dem Mond ein unerbittlicher Meinungskampf. Einigkeit besteht nur darin, dass es sowohl blau- als auch braunäugige Mondlinge gibt – aber wer welcher Gruppe angehört, ist in jedem einzelnen Fall umstritten. *Zwei Dialekte*

Nachdenklichere Mondbewohner machen für diesen Streit keine Meinungsverschiedenheit in der Sache (und keine Farbenblindheit) verantwortlich, sondern Sprachverwirrung. Eine gesonders gewitzte Mondlinguistin kommt sogar auf die (von aussen: richtige) Hypothese, dass es auf jenem Mond zwei sehr ähnliche Dialekte gibt, die sich nur im Gebrauch der Wörter „blauäugig" und „braunäugig" unterscheiden. (Da auf dem Mond, ausser den Augen, alles weiss, grau oder schwarz aussieht, kommen dort die Farbwörter „blau" und „braun" immer nur im Zusammenhang der Rede über Augen vor).

Komplikation. So wie ich die Geschichte erzählt habe, bleibt den Mondbewohnern immer noch ein Schlupfloch, durch das sie ihre Augenfarbe (sprachlich) ermitteln könnten. Sie könnten einander fragen:

Habe ich dieselbe Augenfarbe wie der da?

Diese Frage müsste (aus dem Munde ein und desselben Sprechers) von jedem Gefragten gleich beantwortet werden, wenn sich die Monddialekte (wie bislang angenommen) *nur* in den beiden Wörtern für Augenfarben unterscheiden. Um das Schlupfloch zu stopfen, legen wir fest, dass sich die Mondbewohner auch über die Anwendung des zweistelligen Prädikates:

... hat dieselbe Augenfarbe wie ___,

nicht einigen können. Wir werden diese Komplikation im weiteren fast überall ignorieren.

Linguistische Feldforschung

§2.3. Um ihre Hypothese zu überprüfen, plant die Linguistin eine grossangelegte Datensammlung über die sprachlichen Farbreaktionen aller Mondbewohner. Zuerst lässt sie alle Augenpaare aller Mondbewohner photographieren, sogar ihre eigenen. (Der altmodische Chemiker entwickelt und vergrössert diese Bilder ohne Protest, da sie den Mondbewohnern keine Rückschlüsse über die eigene Augenfarbe erlauben. Er sagt sich zu recht: „Wer seine Augen nie im Spiegel gesehen hat, wird nicht herausfinden können, auf welchem der Photos genau die eigenen Augen abgebildet sind". Sicherheitshalber bringt er die Reihenfolge der Bilder durcheinander).

Diese fünfzig gemischten Augenphotos präsentiert die Linguistin nach und nach jedem Mondbewohner – mit der Bitte, die Photos der Blauäugigen rechts (unter der Überschrift „BLAU") an einer Pinnwand anzuheften, die Photos der Braunäugigen links (unter der Rubrik „BRAUN"). Dann wird jede Versuchsperson vor der von ihr selbst arrangierten Pinnwand abgelichtet, und zwar (mit Rücksicht auf den altmodischen Chemiker) maskiert, so dass wieder nur die Augen der Versuchsperson sichtbar sind. Zuguterletzt maskiert sich die Linguistin, wiederholt das Experiment mit sich selbst und dokumentiert das Resultat per Selbstauslöser.

Linguistin ermittelt eigene Augenfarbe

§2.4. Einen Tag später kommen die Abzüge aus dem Labor. In der Bildersammlung ist wirklich jeder Mondbewohner mit seiner persönlichen Farbeinteilung der Augenpaare aller Mondbewohner vertreten. Die Linguistin sichtet das Material; und da entdeckt sie eine Regelmässigkeit, mit der sie nicht gerechnet hatte und die vorher keinem aufgefallen war. Sie stellt nämlich fest, dass genau alle Blauäugigen merkwürdige Sprachgewohnheiten haben: Sie und nur sie haben die blauäugigen Augenpaare links versammelt, unter der Rubrik „BRAUN".

Zur Sicherheit geht die Linguistin noch einmal ihr gesamtes Photocorpus durch und sieht sich komplett bestätigt. Sie hält fest:

2. Mondlandschaft mit Augenfarben

(i) In der Sprache jedes Blauäugigen bezeichnet das Wort „blauäugig" nicht die Blauäugigen.

Kurz später fällt ihr vor Freude der Stift aus der Hand, weil ihr auf einen Schlag klar geworden ist, wie sie das Geheimnis der eigenen Augenfarbe ergründen kann. Sie braucht dafür kein zusätzliches empirisches Wissen über sich selber; sie braucht nicht zu wissen, auf welchem Photo sie abgebildet ist. Ihr genügt der folgende gehaltlose (und daher unter Garantie wahre) Satz:

(ii) In meiner Sprache bezeichnet das Wort „blauäugig" die Blauäugigen.

Aus beiden Informationen (i) und (ii) ergibt sich nämlich zunächst:

(iii) Also ist meine Sprache verschieden von der Sprache eines jeden Blauäugigen.

Und dieser Satz erzwingt offenbar die Wahrheit über die Augenfarbe der Linguistin:

(iv) Ich habe keine blauen Augen.

Frage: Ergibt sich dies Ergebnis wirklich zwangsläufig aus den beiden Voraussetzungen (i) und (ii)? Gewiss. Denn nehmen wir an, die Konklusion wäre falsch, d.h. nehmen wir an, die Linguistin hätte doch blaue Augen. Dann hätte sie während ihrer Auswertung mindestens ein Photo gesehen, in dem jemand mit blauen Augen (sie selbst, aber sie erkannte sich nicht) mindestens ein blauäugiges Augenpaar (ihr eigenes) als „blauäugig" bezeichnet hätte. Sie hätte also ein empirisches Gegenbeispiel gegen die angebliche Regelmässigkeit (i) gefunden und hätte diese gar nicht aufstellen dürfen. Kurz, wenn die Konklusion falsch ist, dann ist zwangsläufig auch die erste Prämisse (i) ihrer Überlegung falsch. Und das bedeutet umgekehrt, dass die Konklusion wahr sein muss, wenn die Prämissen stimmen.

§2.5. *Beweisanalyse.* In unserem eben durchgeführten indirekten Beweis spielte der Zwischenschritt (iii) keine Rolle; er ist so überflüssig wie sein Gegenstück (3) aus dem parallelen Vierzeiler von Crispin Wright (vergl. dazu Band 1, Abschnitt 18). Allerdings ergibt sich der augenblickliche Zwischenschritt (iii) im Gegensatz zu seinem Gegenstück (3) (von Crispin Wright) sehr wohl zwingend aus den beiden Prämissen, weil alle betrachteten Mondbewohner in ein und derselben Welt leben. (Eingetankte Sprecher können dagegen aus verschiedenen Welten stammen, wodurch für Wright die Probleme entstehen, die wir im Band 1, Abschnitt 17 aufgeworfen haben).

Details zum Beweis

Wie hat es der Linguistin gelingen können, den altmodischen Chemiker trotz dessen Vorsicht zu überlisten? Wenn kein einziges Photo aus der Sammlung Rückschlüsse über die Identität des Photographierten erlaubt – wie kann die Linguistin den Photos dann entnehmen, welche Farbe ihre Augen haben? Grenzt das nicht an Zauberei?

Nein. Immerhin hat die Linguistin Bilder ihrer eigenen Augen gesehen. (Ohne das hätte sie ihre Augenfarbe bestenfalls erraten können). Nur: Sie wusste nicht, auf welchem der Bilder ihre Augen abgebildet waren. Ihr eigenes Bild war unter einer gemischten Menge anderer Bilder versteckt. Diese Bildermenge konnte sie von vornherein in zwei Gruppen einteilen: In der ersten Gruppe waren alle Bilder von Mondbewohnern, die genau so über Augenfarben sprechen wie die Linguistin; in der zweiten Gruppe die Bilder der Mondbewohner mit abweichendem Dialekt. Zu welcher der beiden Gruppen gehörte das Bild der Linguistin? Natürlich zu der ersten Gruppe – sie spricht denselben Dialekt wie sie selber. Sie wusste zwar nicht, welches Bild aus der ersten Gruppe ihr Selbstportrait war. Aber das brauchte sie nicht zu wissen. Denn alle diese Bilder aus der ersten Gruppe hatten zufälligerweise eine Gemeinsamkeit: Es waren Bilder maskierter Mondbewohner mit *braunen* Augen. Wenn also eines dieser Bilder die maskierte Linguistin abbilden soll, dann steht fest, dass die Linguistin braune Augen haben muss. Um diesen Schluss zu ziehen, braucht die Linguistin ihr eigenes Selbstportrait nicht identifizieren zu können. Das bedeutet, dass die Linguistin genausogut wie folgt hätte argumentieren können:

(a) Alle Mondbewohner mit meinem Dialekt haben braune Augen.
(b) Ich spreche meinen Dialekt.
(c) Also habe ich braune Augen.

Assistent ermittelt eigene Augenfarbe

§2.6. Mit dem befriedigten Gefühl, einen wasserdichten Beweis zur Ermittlung ihrer Augenfarbe gefunden zu haben, begibt sich die Linguistin zu Bett. (Sie hatte blaue Augen nie ausstehen können!) Am nächsten Morgen trifft sie ihren Assistenten, dessen blaue Augen vor Freude strahlen. Er erklärt ihr, spät in der Nacht ins Institut gegangen zu sein und alleine die Auswertung der Bildersammlung in Angriff genommen zu haben. Und dann berichtet er seiner Chefin von einer unglaublichen Entdeckung, die ihm schliesslich das Geheimnis der eigenen Augenfarbe zu enthüllen half!

Ich habe keine blauen Augen,

resümiert der Assistent – und erzählt wortwörtlich dasselbe Argument, das sich die Linguistin schon am Abend zuvor zurechtgelegt hatte.

Die Linguistin ist entsetzt. Nicht darüber, dass ihr Assistent auf dieselbe Idee gekommen ist wie sie – sondern darüber, dass diese Idee offenbar am Ende nicht dazu taugt, die eigene Augenfarbe zu ermitteln.

2. Mondlandschaft mit Augenfarben

Denn wenn ihr blauäugiger Assistent mithilfe der Idee genau wie sie selbst zu dem Ergebnis gelangt ist, keine blauen Augen zu haben, dann ist dies Ergebnis nichts wert. Die tatsächliche Augenfarbe ihres Assistenten unterscheidet sich aus ihrer Sicht eklatant von der Farbe, die sie für sich selbst glaubte ermittelt zu haben (und auf die sie ihr Leben lang insgeheim gehofft hatte). Wenn aber der Schluss auf die eigene Augenfarbe im Fall des Assistenten so unzuverlässig ist: Wieso sollte sie selber diesem Schluss dann in ihrem eigenen Fall vertrauen?

§2.7. Diese Frage entspricht genau dem zentralen Einwand gegen Putnams Argument, den wir im letzten Abschnitt aufgeworfen haben. Mit Putnam hatten wir zeigen wollen, dass wir kein Gehirn im Tank sind – und der Einwand lautete, dass auf dieselbe Weise auch ein eingetanktes Gehirn den Satz „Ich bin kein Gehirn im Tank" beweisen könnte. Entsprechend hatte unsere Mond-Linguistin zeigen wollen, dass sie keine blauen Augen hat – und der parallele Einwand materialisierte sich in Form ihres blauäugigen Assistenten, der mit derselben Berechtigung gleichfalls zu dem Ergebnis kam: „Ich habe keine blauen Augen".

Parallele zum Gehirn im Tank

Hier wie da, im Tankfall wie im Fall der Augenfarbe, scheint der Beweis nichts zu taugen, da er aus dem Munde ungeeigneter Sprecher zu falschen Resulaten zu führen scheint. Woher soll der Argumentierende wissen, dass der Beweis ausgerechnet aus dem eigenen Munde zuverlässig ist?

Auch die Antwort auf diese Sorge läuft in beiden Fällen auf dasselbe hinaus. Zwar führt im Tankfall der Beweis aus dem Munde eingetankter Gehirne zu dem Ergebnis:

Ich bin kein Gehirn im Tank

– in der Sprache des eingetankten Gehirns. Aber in unserer Sprache bedeutet dies Ergebnis nicht, dass das Gehirn gezeigt hat, nicht im Tank zu stecken (da in dessen Sprache das Wort „Gehirn" keine Gehirne bezeichnet – nicht das, was wir „Gehirn" nennen). Genau so führt im Fall der Augenfarben der Beweis aus dem Munde des blauäugigen Assistenten zwar zu dem Ergebnis:

Ich habe keine blauen Augen

– in der Sprache des Assistenten. Aber in der Sprache der Linguistin bedeutet dies Ergebnis nicht, dass der blauäugige Assistent gezeigt hat, keine blauen Augen zu haben (da in seiner Sprache das Wort „blau" nicht die Augen bezeichnet, die seine Chefin „blau" nennt).

Durch diese Überlegung sollte sich die Linguistin beruhigen lassen. Doch um ihr Vertrauen auf Beweise der fraglichen Art vollständig wiederherzustellen, sollten wir ihr vorführen, was der Beweis ihres Assistenten genau besagt. Bislang haben wir nur dargelegt, was der Beweis *nicht* besagt: dass er nämlich nicht die falsche Konklusion zieht, wonach der blauäugige Assistent keine blauen Augen habe. Aber um irgendwelchen Beweisen vertrauen zu können, genügt es nicht zu wissen, dass sie manchmal einen ganz bestimmten Fehler vermeiden; man muss sicher sein, dass sie immer zu richtigen Ergebnissen führen.

Übersetzung aus dem Mund des Assistenten

§2.8. Um der Linguistin zu demonstrieren, dass der Augenfarben-Beweis selbst aus dem Munde des Assistenten zu einer richtigen Konklusion führt, übersetzen wir seinen Beweis in ihre Sprache. Dabei orientieren wir uns an der ursprünglichen Beobachtung der Linguistin:

(i) In der Sprache jedes Blauäugigen bezeichnet das Wort „blauäugig" nicht die Blauäugigen.

Da es auf dem Mond nur Blau- und Braunäugige gibt, dürfte dies positiv auf folgende Interpretation hinauslaufen:

(i′) In der Sprache jedes Blauäugigen bezeichnet das Wort „blauäugig" die Braunäugigen.

(Tatsächlich ist diese Interpretation durch das Photo-Material der Linguistin gut abgestützt. Die Blauäugigen versammeln die Bilder der blauen Augenpaare nicht nur *nicht* unter der Rubrik „BLAU" (was für (i) spricht), sondern stattdessen unter der Rubrik „BRAUN". Das spricht für (i′); die Blauäugigen nennen einander verwirrenderweise „braunäugig"). Wortwörtlich lief das Argument aus dem Mund des Assistenten so:

(i) In der Sprache jedes Blauäugigen bezeichnet das Wort „blauäugig" nicht die Blauäugigen.
(ii) In meiner Sprache bezeichnet das Wort „blauäugig" die Blauäugigen.
(iii) Also ist meine Sprache verschieden von der Sprache eines jeden Blauäugigen.
(iv) Ich habe keine blauen Augen.

Wenn wir diesen Text gemäss Interpretation (i′) in die Sprache der Linguistin übersetzen, so bekommen wir folgendes:

2. Mondlandschaft mit Augenfarben 13

(i$_ü$) In der Sprache jedes Braunäugigen bezeichnet das Wort „blauäugig" nicht die Braunäugigen.
(ii$_ü$) In meiner Sprache (d. h. in der Sprache des Assistenten) bezeichnet das Wort „blauäugig" die Braunäugigen.
(iii$_ü$) Also ist meine Sprache (d. h. die Sprache des Assistenten) verschieden von der Sprache eines jeden Braunäugigen.
(iv$_ü$) Ich (der Assistent) habe keine braunen Augen.

§2.9. In dieser Übersetzung kann die Linguistin dem Beweis Schritt für Schritt zustimmen. Sowohl ist das Ergebnis (iv$_ü$) des Assistenten aus Sicht der Linguistin richtig (denn er ist in der Tat sehr blauäugig). Als auch stimmt der Zwischenschritt (iii$_ü$) – denn der Assistent spricht z. B. einen anderen Dialekt als die braunäugige Linguistin. (Auf solchen Unterschieden beruht die Sprachverwirrung der Mondbewohner). Auch der Schritt davor ist richtig: Der Assistent nennt ausgerechnet die Braunäugigen „blauäugig", genau wie (ii$_ü$) sagt. Und der erste Schritt des übersetzten Beweises trifft ebenfalls zu: {Assistent hat auch recht}

(i$_ü$) In der Sprache jedes Braunäugigen bezeichnet das Wort „blauäugig" nicht die Braunäugigen.

Details. Allerdings beruht die Richtigkeit dieser Behauptung auf einer anderen Datenbasis als die parallele Behauptung (i) aus dem Beweis der Linguistin. Die Linguistin hatte sich auf Photos *blauäugiger* maskierter Versuchspersonen (vor dem Hintergrund der jeweils durch sie arrangierten Pinnwände) gestützt; diese Blauäugigen hatten die Photos blauer Augenpaare unter der Rubrik „BRAUN" versammelt – das spricht für (i). Die Behauptung (i$_ü$) beruht dagegen auf den Photos *braunäugiger* maskierter Versuchspersonen. Die Braunäugigen hatten die Photos blauer Augenpaare unter der Rubrik „BLAU" versammelt. (Da die Linguistin im Gegensatz zu ihrem Assistenten diesem braunäugigen Personenkreis angehört, fand sie deren Farbreaktionen nicht überraschend. Dem Assistenten dagegen öffneten diese Photos die Augen für die sprachlichen Unterschiede zwischen ihm und den Braunäugigen).

Nun muss noch gezeigt werden, dass der Beweis logisch zwingend ist: Wie im parallelen Beweis der Linguistin lässt sich dies am besten indirekt einsehen. Wäre die Konklusion falsch, so dürfte mit Prämisse (i$_ü$) der Assistent die Braunäugigen nicht „blauäugig" nennen, was er aber laut (ii$_ü$) tut.

§2.10. Kurz und gut, der Augenfarben-Beweis ist sowohl aus dem Mund der Linguistin als auch aus dem Mund ihres Assistenten in Ordnung, weil er in beiden Fällen von wahren Prämissen zu einer wahren Konklusion führt. Diese Art von Beruhigung steht beim Beweis gegen {Gottes Standpunkt?}

die Hypothese vom Gehirn im Tank noch aus; da haben wir uns noch nicht vergewissert, dass der Beweis auch aus dem Munde eingetankter Gehirne von wahren Prämissen zu einer wahren Konklusion führt. Das werden wir in den zwei kommenden Abschnitten nachholen. Doch zuvor möchte ich eine Verwirrung beseitigen, die sich sowohl am Augenfarben-Beweis als auch am Beweis gegen die Hypothese vom Gehirn im Tank entzünden könnte.

Betrachten wir die Verwirrung zunächst auf dem farblosen Mond. Man könnte mir vorwerfen, die Mondgeschichte von oben erzählt zu haben, von einer Art Gottesstandpunkt, von dessen Warte aus man ein Monopol auf die objektive Wahrheit geniesst. Und in der Tat habe ich ohne Skrupel von den blau leuchtenden Augen des Assistenten geredet, so als ob seine Augenfarbe objektiv feststehe. Beweist denn aber nicht der ewige Augenfarben-Streit zwischen den Mondbewohnern, dass die Idee objektiver Augenfarben (auf dem Mond) eine unhaltbare Fiktion darstellt? Wer definiert den Gottesstandpunkt, und mit welchem Recht? Und wie lässt er sich fassen?

Ohne Perspektive?

§2.11. Diese Fragen und Anwürfe gehen meiner Ansicht nach ins Leere. Ich habe die Mondgeschichte nur scheinbar von oben erzählt. In Wirklichkeit habe ich mich auf eine ganz bestimmte innermondliche Perspektive eingelassen: auf die Perspektive der Linguistin. Ich habe das getan, weil ich so wie sie braune Augen habe und weil sich auf dem Mond der Dialekt nach der Augenfarbe richtet; ich habe so geredet, als lebte ich auf dem Mond. Aber das hätte ich natürlich nicht tun müssen, um die Geschichte in Gang zu setzen.

Ich hätte die Geschichte genausogut aus irgendeiner anderen Perspektive erzählen können – z.B. aus der Perspektive des Assistenten. Dann hätte ich alles umdrehen müssen, also die beiden Farbwörter in vertauschten Rollen benutzen und am Ende den Beweis der Linguistin in die Sprache des Assistenten übersetzen müssen. An der Struktur der Geschichte und an ihrer Überzeugungskraft hätte sich dadurch nichts geändert.

Wichtig ist nur, dass ich *irgendeine* Perspektive einnehmen musste. Ich wollte eine Geschichte erzählen. Ohne Sprache kann aus einem solchen Vorhaben nichts werden. Und die Wahl der Erzählsprache hat meine Perspektive festgelegt. (Indem ich mich dafür entschieden habe, beim Erzählen die Mondbewohner „blauäugig" zu nennen, die von der Linguistin so genannt werden, habe ich mich auf den Standpunkt der Linguistin gestellt).

2. Mondlandschaft mit Augenfarben

Wenn der Gottesstandpunkt perspektivlose Beschreibungen ermöglichen soll und wenn (wie in unserem Beispiel) die Sprachwahl eine Wahl der Perspektive nach sich zieht, dann ist der Gottesstandpunkt in der Tat ein Ding der Unmöglichkeit. Aber ein solches Ding der Unmöglichkeit habe ich nicht versucht. Dass ich meine Mondgeschichte konsequent aus der Perspektive der Linguistin erzählt habe, kann man sich leicht klarmachen. Wo auch immer in meiner Geschichte Farbwörter vorkamen (die nicht zwischen Anführungszeichen standen), kann man sich stets den Zusatz

d. h. aus der Sicht der Linguistin,

dazudenken. Die Geschichte wird dadurch länger, ohne dass sich ihr Gehalt ändert.

§ 2.12. Unser Beweis gegen den Beweis vom Gehirn im Tank könnte gleichfalls den Vorwurf provozieren, von einem perspektivlosen Gottesstandpunkt auszugehen. Aber genau wie im Fall der Augenfarben ist der Vorwurf auch im Tankfall haltlos. Wir führen den Beweis selbstverständlich sprachlich (also nicht perspektivlos) – und zwar in unserer Sprache, d. h. von unserer Perspektive, genauer: von meiner Perspektive. Überall in meinen Überlegungen zum Gehirn im Tank könnte ich also (um der Deutlichkeit willen) den Zusatz anbringen: Gott und der Tank

d. h. aus meiner Sicht und in meiner Sprache.

Das Ergebnis des Beweises klingt dann so:

(4*) Ich bin nicht das, was ich in meiner Sprache „Gehirn im Tank" nenne (was auch immer das, von oben betrachtet, sein mag).

Mehr als das wollte ich nicht beweisen und habe ich nicht bewiesen. Dass ich versucht hätte, mit dem Beweis einen Gottesstandpunkt einzunehmen, sollte man mir nicht vorwerfen.

Eingeständnis. Ich muss zugeben, dass ich in den letzten Absätzen die tiefsinnigen philosophischen Bilder der Perspektive und des Gottesstandpunkts auf besonders naive Weise betrachtet habe; ich habe mich dumm gestellt. Für mich beschreibt A einen Sachverhalt aus der Perspektive des B, wenn A denjenigen Satz zur Beschreibung des Sachverhalts äussert, den B in seiner (B's) Sprache äussern *müsste*, um den fraglichen Sachverhalt zu beschreiben. (Ich sage: „äussern *müsste*" und nicht etwa „äussern *würde*", weil ich es nicht darauf abgesehen habe, wie der Sachverhalt dem B erscheint, sondern darauf, wie er in B's Sprache wahrerweise ausgedrückt wird).

Nun kann „Perspektivenwahl" weit mehr heissen als „Wahl der Sprache". Es muss sogar mehr heissen als das, wenn man von einem perspektivlosen Gottesstandpunkt zu reden wünscht. (Sonst müsste dieser Standpunkt *sprachlos artikuliert* werden, was absurd wäre, vergl. Putnam [MFoR]:36). Aber was genau heisst es in diesem Zusammenhang? Ich muss bekennen, dass ich die Metapher bislang nicht verstehe. Damit bin ich nicht allein. So attackiert Putnam den Gottesstandpunkt u.a. in Putnam [RwHF]:8-11, 17/8 und in [RTH]:49ff. – Meiner Ansicht kommt Thomas Nagel in seinem Buch [VfN] dem schwierigen Ziel nahe, deutlich zu machen, was man unter einem Standpunkt verstehen könnte, der nicht an eine spezifische Perspektive gebunden ist.

Gegen Ende unserer Untersuchung werden wir uns in Überlegungen verstricken, die sich als Suche nach dem Gottesstandpunkt auffassen lassen. Perspektivlosigkeit wird in diesen Überlegungen keine Rolle spielen. Siehe §23.8 bis §23.9.

Der entgegengesetzte Vorwurf

§2.13. Aber jetzt regt sich irritierenderweise der entgegengesetzte Vorwurf: der Vorwurf, dass ich *nicht* versucht habe, eine Konklusion zu erreichen, die sogar von Gottes Standpunkt aus richtig ist. Wie gesagt, ich gebe zu, dass ich das nicht versucht habe, vergl. die Formulierung der Konklusion (4*). Ich frage mich: Was könnte man mehr wissen wollen als (4*)? Wie wäre z.B. folgendes:

(4**) Ich bin nicht das, was, *von oben betrachtet*, als „Gehirn im Tank" bezeichnet würde.

Diese Formulierung des Beweisziels hilft meinem Opponenten nicht. Erstens stammt der kursiv gesetzte Zusatz wieder nur aus der Sprache dessen, der da schreibt, also aus meiner Sprache. Und zweitens besagt die Metapher eines „Blicks von oben" für sich genommen nicht viel. Solange mein Opponent das Beweisziel nicht ohne Ausflucht zu Metaphern durchbuchstabieren kann, brauchen wir uns von seiner Kritik nicht aus der Bahn werfen zu lassen. Er muss uns erklären, was ein Gottesstandpunkt sein soll und inwiefern wir verpflichtet sind, ihn einzunehmen. Unser Beweis kommt ohne diesen geheimnisvollen Standpunkt aus.[4]

Und doch, ein Unbehagen bleibt zurück. Die erreichbare Konklusion (4*) scheint zu wenig zu besagen, weil sie offenlässt, ob ich *wirklich* ein Gehirn im Tank bin – im Gegensatz zu dem, was ich nur so nenne.

---

[4] Vergl. aber §23.8 bis §23.9.

2. Mondlandschaft mit Augenfarben 17

§2.14. Dass sich dies Unbehagen aus Verwirrung speist, lässt sich anhand der Mondgeschichte demonstrieren. Dort entzündet sich dasselbe Unbehagen daran, dass die Linguistin streng genommen – aus ihrer eigenen Perspektive – nur folgendes beweisen kann:

Was die Linguistin gelernt hat

(iv*) Meine Augen haben nicht die Farbe, die ich in meiner Sprache als „blau" bezeichne, sondern die Farbe, die ich in meiner Sprache als „braun" bezeichne.

Läuft diese Formulierung nicht darauf hinaus, dass die Linguistin gar nicht ermittelt hat, wie ihre Augen *wirklich* aussehen? Was weiss die Linguistin, wenn sie Satz (iv*) bewiesen hat?

Sie weiss eine ganze Menge. Schon vor der Entdeckung ihres Beweises beherrschte sie ihre eigene Sprache und wusste, welche ihrer Mitmenschen sie braunäugig nannte und welche blauäugig. Seit Entdeckung ihres Beweises weiss sie mehr. Jetzt weiss sie, welcher Gruppe sie selbst angehört. Sie weiss z. B., dass ihre Augen anders aussehen als die des Assistenten. Und sie weiss, dass sie eine Augenfarbe hat, die sie mag und auf die sie gehofft hatte. Zudem kann sie Schlüsse aus (iv*) ziehen. Wenn eine Mondterroristin gesucht wird, auf deren Fahndungsphoto eine Maskierte mit (aus Sicht der Linguistin:) blauen Augen zu sehen ist, dann weiss sie, dass sie deswegen keine unliebsamen Polizeibesuche zu erwarten hat. Kurz, im Fall der Augenfarben ist eine Information wie (iv*) nicht wertlos – selbst wenn die Information an die eigene Perspektive gebunden ist.

§2.15. Dies Ergebnis überträgt sich auf die Geschichte vom Gehirn im Tank. Genauso wie in der Mondgeschichte ist auch im Tank die Konklusion

Zurück zum Gehirn im Tank

(4*) Ich bin nicht das, was ich in meiner Sprache „Gehirn im Tank" nenne (was auch immer das, von oben betrachtet, sein mag),

nicht völlig leer. Zum Beispiel kann man sich durch apriorische Überlegung klar machen, dass aufgrund ihrer beengten Lage die eingetankten Gehirne (bzw. das, was *wir* so nennen) nicht zu gesicherten Informationen über ihre unmittelbare Umgebung vordringen können (jedenfalls nicht zu gesicherten Informationen über das, was *wir* „deren unmittelbare Umgebung" nennen). Wenn wir nun dank Putnam den Satz (4*) zur Verfügung haben, dann können wir daraus schliessen, dass wir in der fraglichen Hinsicht besser dastehen als die, die wir „eingetankte Gehirne" nennen. Wir stecken nämlich laut (4*) nicht in derselben beengten Lage wie jene eingetankten Gehirne und können daher – falls nichts *anderes* dazwischenkommt – sehr wohl gesicherte Informationen über unsere Umgebung gewinnen.

(Und genau so können diejenigen, die wir als „Gehirne im Tank" bezeichnen, zu gesicherten Informationen darüber gelangen, was sie als ihre „unmittelbare Umgebung" bezeichnen. Darauf werden wir im nächsten Abschnitt zurückkommen. Siehe auch §24.3 bis §24.4).

Wir haben in diesem Abschnitt eine Reihe aufschlussreicher Gemeinsamkeiten zwischen dem Fall der Augenfarben auf dem Mond und dem Fall der eingetankten Gehirne kennengelernt. Ich möchte zum Abschluss einige Unterschiede zwischen den beiden Fällen beleuchten.

Wo der Vergleich hinkt §2.16. Erstens beruht der Beweis gegen die Hypothese vom Gehirn im Tank ausschliesslich auf apriorischen Überlegungen; der Augenfarbenbeweis hat dagegen eine empirische Prämisse (die sich auf Analyse einer Sammung von Photos stützt). Dem Augenfarbenbeweis haften empirische Unsicherheiten an, von denen der Beweis gegen die Hypothese vom Gehirn im Tank frei ist.

Zweitens lassen sich auf dem Mond die Rollen der Linguistin und ihres Assistenten vertauschen. Alles, was die Linguistin in ihrer Sprache über den Assistenten sagen kann, kann der Assistent in seiner Sprache über die Linguistin sagen. Trotz der Unterschiede im Dialekt haben die beiden sozusagen gleich starke sprachliche Waffen in der Hand.

Im Gegensatz dazu können wir zwar allerlei über das Gehirn im Tank sagen – aber das Gehirn verfügt nicht über die sprachlichen Ressourcen, die es zur Beschreibung unserer Lage braucht. (Ebensowenig kann es seine eigene Lage so gut sprachlich treffen, wie wir seine Lage treffen können). Zwischen uns und dem eingetankten Gehirn besteht also eine bedeutsame Asymmetrie.

Drittens bringt der Beweis gegen die Hypothese vom Gehirn im Tank nur ein negatives Ergebnis – dass wir nämlich kein Gehirn im Tank sind. Was sind wir dann? Diese Frage bleibt offen. Der Beweis der Linguistin führt dagegen auch positiv zur Erkenntnis der eigenen Augenfarbe. (Das beruhte natürlich auf der empirischen Zusatzprämisse, wonach jeder Mondbewohner entweder blaue oder braune Augen hat).

3. Übersetzung tanksprachlicher Beobachtungssätze

§3.1. Wenn die Überlegungen aus der zweiten Hälfte des letzten Abschnitts stimmen, dann hat der Versuch wenig Sinn, sich von einem Gottesstandpunkt zu fragen, ob man als Gehirn im Tank steckt. Man sollte sich das besser aus der eigenen Perspektive fragen, und (natürlich) in der eigenen Sprache. {Ziel: Wahres im Tank}

Diesen Ratschlag könnte ein Gehirn im Tank beherzigen. Dann wiederholt es unseren Beweis in seiner Sprache und kommt wörtlich zu der Konklusion:

(4) Ich bin kein Gehirn im Tank.

Dass dies Ergebnis unser Vertrauen in Beweise à la Putnam nicht zu erschüttern braucht, haben wir uns bereits zurechtgelegt; die eingetankte Konklusion (4) handelt weder von echten Gehirnen noch von echten Tanks und widerspricht daher nicht der tatsächlichen Lage des Argumentierenden (nämlich seiner Lage, so wie wir sie beschreiben würden).

Wovon handelt aber die Konklusion (4) des eingetankten Gehirns? Und ist sie wahr oder falsch? Um Beweise à la Putnam vollständig vom Verdacht der Unzuverlässigkeit zu reinigen, müssen wir zeigen, dass ihre Konklusionen auch dann stimmen, wenn sie von Sprechern erreicht werden, die im Tank stecken. (Andernfalls gäbe es denkbare Sprecher, aus deren Perspektive der Beweis zu irrigen Resultaten führt; und dann müssten wir uns fragen, ob wir nicht selbst auf diese Weise in die Irre geleitet worden sind). Wir müssen also zeigen, dass die Konklusion (4) aus dem Munde eingetankter Gehirne wahr ist.

§3.2. Bislang konnten wir uns bei der Interpretation tanksprachlicher Wörter vornehm zurückhalten. Wir brauchten uns nur auf den negativen Slogan: {Übersetzung aus der Tanksprache}

Ohne kausalen Kontakt kein Erfolg beim Bezeichnen,

zu berufen und konnten durch diese Ablehnung aller Magie die (externalistische) zweite Prämisse unseres Beweises abstützen. Jetzt hat die Zurückhaltung ein Ende. Wenn wir es auf die *Wahrheit* der tanksprachlichen Konklusion (4) abgesehen haben, müssen wir uns weiter aus dem Fenster lehnen und positive Behauptungen zur Interpretation der Tanksprache wagen. Ohne Interpretation keine Wahrheit.

In diesem und im nächsten Abschnitt werden wir die Interpretation der Tanksprache gerade weit genug vorwärtstreiben, um Putnams Beweis aus dem Munde eingetankter Gehirne in unsere Sprache übersetzen zu können. Dazu werden wir uns im vorliegenden Absatz eingetankte Beobachtungssätze vornehmen und eine Überraschung erleben: Es wird sich herausstellen, dass (bei richtiger Übersetzung) viele Beobachtungssätze selbst aus dem Munde eingetankter Gehirne wahr sind. Dadurch erlangt unsere Interpretation der Tanksprache antiskeptischen Biss, noch bevor sie auf Putnams Beweis losgelassen worden sein wird. Dies Ergebnis wird uns als Bindeglied zu Davidsons antiskeptischen Überlegungen dienen. Wie wir am Ende des vorliegenden Abschnitts sehen werden, lässt sich Davidsons apriorischer Beweis gegen die Möglichkeit des globalen Irrtums in einen *empirischen* Beweis gegen die Hypothese vom Gehirn im Tank ummünzen.

(Nach diesem Besuch bei Davidson werden wir im nächsten Abschnitt auf unseren ursprünglichen Gedankengang zurückkommen und Putnams Beweis aus dem Munde eingetankter Gehirne in unsere Sprache zu übersetzen versuchen. Wie erhofft, wird sich seine Konklusion auch aus dem Munde eingetankter Gehirne bewahrheiten).

Warnung. Dies ist keine exegetische Arbeit über Davidsons Gesamtwerk, auch nicht im vorliegenden Abschnitt. Wenn man dem kunstvoll verknüpften Gewebe der Aufsätze Davidsons im Ganzen gerecht werden wollte, müsste man weit mehr Aufwand treiben, als mir hier möglich ist. Daher sollen die folgenden Darlegungen alle im Geltungsbereich dieser Warnung stehen: Ich vertrete hier (selbst wenn manche Formulierung um der Kürze willen so klingen mag) keine einzige These über die richtige Auslegung Davidsons. Die einzige These, die ich vertrete, besagt: Aus Davidsons Ansichten über radikale Interpretation und das, was er „Externalismus" nennt, lassen sich künstlich Argumente herauslösen, die näher an Putnams Beweis gegen das Gehirn im Tank herankommen, als man gemeinhin denkt.

Der erste Schritt der Übersetzung

§3.3. Was bezeichnen die Wörter eines Gehirns im Tank? Wovon spricht das Gehirn im Tank beispielsweise, wenn es „Tiger" sagt? Da seine Tigereindrücke aus einem Computer herkommen, liegt es nahe, die Antwort irgendwo in diesem Computer zu vermuten.[5] Gewisse Konfigurationen von Bits und Bytes in dessen Arbeitsspeicher verschaffen dem eingetankten Gehirn Tigervorstellungen und verleiten es zuverlässig zu der Aussage: „Da ist ein Tiger". Wenn diese Aussage schon so schön mit dem Auftauchen ganz bestimmter Bits und Bytes

---

[5] So auch Putnam in [CWoB]:287.

im Computer korreliert ist, dann handelt sie doch wohl von eben diesen Bits und Bytes: von Bit-Tigern, wie ich der Kürze halber sagen möchte. Sie besagt (aus unserer Sicht), dass sich an der einschlägigen Stelle im Computer ein Bit-Tiger tummelt. D.h. sie ist *wahr*, wenn sich dort ein Bit-Tiger tummelt. (Diese Rede von Bit-Tigern möchte ich propädeutisch verstanden wissen. Wir werden im nächsten Abschnitt einen genaueren Begriff des Bit-Tigers ausbuchstabieren, der sich mit seinem hier verwendeten Vorläufer nur teilweise deckt).

§3.4. *Sprachphilosophischer Hintergrund.* Unsere Übersetzung aus der Tanksprache hängt von sprachphilosophischen Grundentscheidungen ab, die wir hier nicht diskutieren können. Ich habe mich an Richtlinien orientiert, wie sie von Quine und Davidson fürs Gedankenexperiment der radikalen Übersetzung gezogen worden sind, siehe Quine [WO]:26–79; Davidson [RI] und [BBoM]; vergl. auch meine Überlegungen in [SA]:§5.8 bis §6.30 und Kapitel 4). Allerdings folge ich Quine und Davidson nur in groben Zügen. (Auf Feinheiten wird es nicht ankommen; z.B. werde ich den Unterschied zwischen Quines radikaler *Übersetzung* und Davidsons radikaler *Interpretation* übergehen, vergl. dazu Davidson [CToT]:317 und [BBoM]:149ff).

Quine und Davidson

Quines und Davidsons Überlegungen bieten sich für unsere Zwecke aus zwei Gründen an. Einerseits funktionieren sie für Sprecher, deren Sprache wir noch nicht verstehen, cf. Quine [WO]:28. (Und wenn wir ehrlich sind, müssen wir zugeben, dass wir die eingetankten Gehirne nicht besser verstehen als irgendeinen Eingeborenen im Dschungel). Andererseits haben Quine und Davidson einen besonders ausgefeilten Ansatz ausgearbeitet, um semantische Informationen allein aus dem Sprachgebrauch herauszudestillieren. (Das passt gut zu unseren Überlegungen aus Band 1. Schon bei unserem Plädoyer für Externalismus und gegen magisches Bezeichnen haben wir mit der Annahme angefangen, dass sich die Bedeutung von Wörtern aus ihrem Gebrauch ergeben muss, vergl. Band 1, Abschnitt 13).

Unser bisheriges Übersetzungsergebnis beruht auf drei Anleihen bei Quine und Davidson. Erstens empfiehlt uns Quine, beim Übersetzen aus unverstandenen Sprachen nicht so sehr auf den Gebrauch einzelner Wörter zu achten, sondern auf *komplette Sätze*: Daher habe ich oben das Wort „Tiger" schnell links liegen gelassen und an seiner Stelle einen ganzen Satz betrachtet, in dem das Wort vorkommt. (Zum Vorrang des ganzen Satzes vor seinen Teilen vergl. Quine [WO]:9, 51 und [FMoE]:68–70).

Zweitens schlägt Quine vor, die Übersetzung mit *Beobachtungssätzen* anzufangen, also mit Sätzen wie „Da ist ein Tiger", deren Beurteilung durch den Sprecher sich als direkte kausale Wirkung dargebotener Stimulationen verstehen lässt, vergl. Quine [WO]:40–46, [PoT]:5, [IPoO]:110. (Bei Quine spielen sich die fraglichen Stimulationen an den „Aussenflächen" ([PoT]:1) des Sprechers ab, sozusagen an der sensorischen Schnittstelle zwischen Sprecher und Welt, cf. Quine [WO]:31f und [PoT]:40–42. Da der Sprecher, den wir interpretieren wollen, als eingetanktes Gehirn ohne Restkörper und Sinnesorgane im Tank herumschwimmt, rücken wir diese Schnittstelle näher an das Gehirn heran: Die Stimulationen an den „Aussenflächen" unseres Sprechers sind dann also die Reizungen seiner afferenten Nervenbahnen).

Und drittens haben wir von Davidson die Idee übernommen, dass sich die Interpretation der Tanksprache mithilfe von *Wahrheitsbedingungen* formulieren lässt, also durch Sätze der Form

> Der tanksprachliche Satz S ist genau dann wahr, wenn p,

worin „p" für eine Übersetzung des Satzes S in unsere Sprache steht (vergl. Davidson [BBoM]:149–52; [RI]:130ff; [TM], insbes. p. 23).

Wahre Beobachtungen im Tank

§3.5. Halten wir in unseren Übersetzungsbemühungen für einen Augenblick inne. Wir haben etwas festgestellt, was uns zu denken geben sollte:

> Aus dem Munde eines eingetankten Gehirns ist der Satz „Da ist ein Tiger" genau dann wahr, wenn im Simulationscomputer ein Bit-Tiger vorliegt, wenn also jene Bits und Bytes versammelt sind, die dem Gehirn normalerweise Tigersimulationen verschaffen.

Wenn wir diese Feststellung beim Wort nehmen (und nicht nur als Information über tanksprachliche Bedeutungen auffassen), so sagt sie uns etwas über die *Zuverlässigkeit* tanksprachlicher Äusserungen des Satzes „Da ist ein Tiger". Denn wenn sich ein eingetanktes Gehirn durch besonders einprägsame und sehr gegenwärtige Tiger-Eindrücke zu der Behauptung:

(5) Da ist ein Tiger,

hinreissen lässt, dann wird es damit im allgemeinen richtig liegen.[6] Seine Tiger-Eindrücke werden im allgemeinen von genau den Bit-Tigern ausgelöst, deren Präsenz die Behauptung verlangt. (Natürlich könnte sich das Gehirn im Tank *von Zeit zu Zeit* täuschen, wenn es betrunken ist, nicht aufpasst oder träumt; daher die Einschränkung „im allgemeinen").

Totale Skepsis hinsichtlich aller Aussagen über die Aussenwelt ist also nicht einmal für eingetankte Gehirne angebracht. Eingetankte Gehirne haben öfter recht, als man ihnen zugetraut hätte. Wie oft? Wenn es stimmt, dass sie im allgemeinen hinsichtlich dessen richtig liegen, was in ihrer Sprache als Anwesenheit von Tigern gilt, dann dürfte sich das auf all ihre zoologischen Beobachtungen übertragen lassen. Sie

---

[6] Analog Putnam anhand des Beispiels „There is a tree in front of me", vergl. [RTH]:14.

3. Übersetzung tanksprachlicher Beobachtungssätze   23

liegen also auch richtig, wenn sie aufgrund geeigneter Eindrücke zu folgenden Behauptungen kommen:

(6) Da ist ein Bär,
(7) Da ist eine Eule,
(8) Da ist ein Känguruh.

Denn diese Behauptungen handeln nicht von Bären, Eulen oder Känguruhs, sondern von Bit-Bären, Bit-Eulen und Bit-Känguruhs: also von jenen Bits und Bytes im Computer, die dem Gehirn die fraglichen Tiereindrücke verschaffen.

Auch die botanischen Beobachtungen der eingetankten Gehirne werden im allgemeinen stimmen, ja mehr noch: All ihre Beobachtungssätze werden einen beruhigenden Hang zur Wahrheit zeigen. Und damit brauchen die Gehirne im Tank keine Angst zu haben, dass sie sich so massiv täuschen könnten, wie es der umfassende Zweifel gern hätte.

§ 3.6. Etwas Überraschendes ist passiert: Wir hatten uns davon überzeugen wollen, dass Putnams Argument selbst dann funktioniert, wenn es von einem eingetankten Gehirn vorgebracht wird. Hierfür mussten wir uns überlegen, wie die Tanksprache in unsere Sprache zu übersetzen ist. Und im Gefolge Quines haben wir uns in diesem Übersetzungsprojekt zunächst auf Beobachtungssätze konzentriert. („Da ist ein Tiger", „Da ist ein Känguruh" usw.) Durch die gewonnenen Übersetzungen konnten wir die Sorge vor der allumfassenden Täuschung (aufgrund von Computersimulation) *frontal* ausschalten – und zwar überraschenderweise, ohne dass wir hierfür Putnams Argument hätten auswerten müssen!

Wir sind vor Putnam da

Dies überraschende Ergebnis lässt sich aus zwei Blickrichtungen betrachten. Erstens erschüttert es den skeptischen Plan, mithilfe von Szenarien wie dem vom Gehirn im Tank verständlich zu machen, dass man in fast allen Meinungen über die Welt falsch liegen könnte. Das Szenario hat offenbar keinen erkenntnistheoretischen Biss – nicht einmal aus der Perspektive der Dritten Person (wenn wir uns also von aussen einen anderen ausmalen, dessen Erfahrungen allesamt aus einem Simulationscomputer herkommen).

Dadurch können wir uns vielleicht, zweitens, leichter mit der Idee anfreunden, dass die Konklusion des Beweises von Putnam auch aus dem Munde eingetankter Gehirne wahr sein könnte. Jedenfalls scheint es dem eingetankten Gehirn nicht zu schaden, wenn es sich durch

Putnams Beweis beruhigen lässt – seine Beobachtungsmeinungen über die Welt sind im grossen und ganzen zuverlässig.

Prinzip des Wohlwollens

§ 3.7. Unser Ergebnis (der generellen Zuverlässigkeit tanksprachlicher Beobachtungssätze) passt gut zu einer Überlegung von Davidson, in der das Prinzip des Wohlwollens eine wichtige Rolle spielt. Dieses interpretationstheoretische Prinzip besagt, dass man einem Sprecher nicht beliebig absurde Meinungen zuschreiben sollte.[7] Das Prinzip ist ursprünglich von Quine für die Logik ins Spiel gebracht worden: Wenn wir einen Sprecher so interpretieren, dass er immer Sätzen der Form „p *und* nicht p" zustimmt, so spricht die Absurdität dieser angeblichen Meinungen des Sprechers dafür, dass wir uns in der Übersetzung seiner logischen Konstanten vertan haben (und stattdessen sein angebliches Konjunktionszeichen besser als Disjunktion übersetzen sollten).[8]

Davidson hat diese Überlegung auf Bereiche ausserhalb der Logik übertragen. Für unsere Zwecke genügt es, Davidsons Übertragung auf den Fall der Beobachtungssätze zu betrachten.

Komplikation. Da Davidson davor zurückscheut, theoretische Sätze strikt von Beobachtungssätzen zu trennen ([CToT]:316), würde er sich in diesem Zusammenhang lieber auf Sätze konzentrieren, die Quine als Gelegenheitssätze bezeichnet (Quine [WO]:35/6). Diese terminologische Feinheit werden wir nicht berücksichtigen. (Zudem dehnt Davidson sein Argument sogar auf Sätze aus, die so weit innen im Überzeugungssystem des Sprechers liegen, dass der Sprecher sie nur unter grösstem Zögern aufgeben würde, cf. Davidson [CToT]:316. Auch dies Thema werden wir nicht berücksichtigen).

Die allwissende Interpretin

§ 3.8. Wenn wir einen Sprecher beobachten, der immer in Gegenwart von Känguruhs dem Satz „Da ist ein *Tiger*" zustimmt und diesen Satz immer in Abwesenheit von Känguruhs ablehnt, dann spricht dies nicht dafür, dass der Sprecher absurderweise Känguruhs mit Tigern verwechselt. Es spricht dafür, dass sein Wort „Tiger" nicht wortwörtlich in unsere Sprache übertragen, sondern wohlwollenderweise durch unser Wort „Känguruh" übersetzt werden sollte. (Und wenn wir in dieser Überlegung überall „Känguruh" durch „Bit-Tiger" ersetzen, so ergibt sich ein ähnliches Resultat für die Tanksprache).

Streng genommen erzwingt das Prinzip des Wohlwollens nur, dass Interpret und Sprecher in der Überzahl ihrer Beobachtungsmeinungen *übereinstimmen*. Dass die Beobachtungsmeinungen im grossen

---

[7] Vergl. z. B. Davidson [BBoM]:152/3.
[8] Vergl. Quine [WO]:58/59 und Davidson [CToT]:316.

3. Übersetzung tanksprachlicher Beobachtungssätze 25

und ganzen *richtig* sein müssen, ist eine weitergehende Behauptung. (Könnte es nicht sein, dass sich Interpret und Sprecher einer kollektiven Halluzination hingeben?) Davidson erreicht diese weitergehende Behauptung durch einen Trick. Er bringt eine hypothetische Interpretin ins Spiel, die alle Fakten kennt – abgesehen von der richtigen Interpretation des Sprechers. Wenn der Sprecher überhaupt verständlich redet, dann muss diese allwissende Interpretin den Sprecher verstehen können und darf ihm (laut Prinzip des Wohlwollens) nur Meinungen zuschreiben, die sie im grossen und ganzen teilt. Da aber ihre eigenen Meinungen allesamt wahr sind, schreibt die allwissende Interpretin dem Sprecher im Ergebnis überwiegend wahre Beobachtungsmeinungen zu; unter ihrer Interpretation sind seine Beobachtungsmeinungen demzufolge überwiegend zuverlässig. Nun gibt es keine bessere Interpretation als die der allwissenden Interpretin; also sind die Beobachtungsmeinungen des Sprechers, wenn richtig verstanden, überwiegend wahr.[9]

Natürlich braucht Davidson für diesen kühnen Gedankengang nicht vorauszusetzen, dass es die allwissende Interpretin tatsächlich gibt. Es genügt anzunehmen, dass es sie geben *könnte*.

In unserem parallelen Gedankengang für die Tanksprache haben wir zwar keine allwissende Interpretin herangezogen. Aber wir haben bei der Interpretation der Tanksprache so getan, als überblickten wir den Simulationscomputer vollständig. War das überzogen? Nein; denn wir haben kein real existierendes Gehirn im Tank interpretiert, sondern ein Gehirn im Tank, dessen Lage *wir* uns zurechtgelegt haben. Und natürlich dürfen wir voraussetzen, alles zu wissen, was wir selber festgelegt haben.

Bemerkung. Es scheint also enge Parallelen zwischen Putnams und Davidsons antiskeptischen Überlegungen zu geben. (Wir werden dieser Vermutung im folgenden Paragraphen weiter nachgehen). Davidson selbst betont eher die Unterschiede zwischen seinem kausalen Ansatz zur Bedeutungstheorie und Putnams kausalem Ansatz in der Theorie des Bezeichnens, cf. [CToT]:318n8. Meiner Ansicht nach sind die Konvergenzen stärker, als Davidson wahrhaben will: Bis Davidson im Jahr 1983 „A Coherence Theory of Truth and Knowledge" ([CToT]) veröffentlichte, war ihm offenbar das antiskeptische Potential in Putnams Externalismus noch nicht bekannt. (Putnam jedenfalls beruft sich zustimmend auf Davidson [CToT], vergl. Putnam [CWoB]:287).

---

[9] Vergl. Davidson [CToT]:317.

Ein empirischer Beweis gegen das Gehirn im Tank

§ 3.9. Dass Putnams antiskeptischer Beweis nicht nur zufällig zur soeben herausgearbeiteten Zuverlässigkeit der Beobachtungssätze passt, lässt sich wie folgt verdeutlichen. Wenn wir uns im grossen und ganzen auf unsere Beobachtungssätze verlassen dürfen (zumindest solange wir nur befürchten müssen, vielleicht im Tank zu stecken), können wir die Hypothese vom Gehirn im Tank empirisch widerlegen, Putnams Resultat also ohne Apriorität erreichen.

Dazu begebe ich mich mehrmals pro Tag bei guter Sicht auf einen hellen, weiten Platz und äussere folgenden Text, während ich nach links und rechts blicke, meine Hand hebe und mit dem Fuss aufstampfe:

(i) Hier ist meine Hand, und hier ist mein Fuss; und in meiner Nähe ist weit und breit kein Tank, kein Computer, kein Kabel.

Zwar mag es sein, dass diese Beobachtungssätze *von Zeit zu Zeit* falsch oder doch unzuverlässig sind, ohne dass ich es bemerke. (Gestern stand ich unbemerkt unter Drogen; in der Nähe befand sich ein Computer, den ich nicht sah; mein Körpergefühl war gestört etc.) Aber die Sätze aus (i) können nicht immer und allesamt falsch sein. (Das folgt aus der generellen Zuverlässigkeit unserer Beobachtungssätze, siehe z. B. Davidson [KOOM]:64). Wenn ich also Sätze der Form (i) oft genug unter geeignet erscheinenden Bedingungen vorgebracht habe, dann ergibt sich aus der Wahrheit einiger dieser Sätze folgendes:

(ii) Zu gewissen Zeitpunkten hatte ich Hand und Fuss. Zu gewissen Zeitpunkten waren kein einziges Kabel, kein Computer und kein Tank in meiner Nähe.

Andererseits folgt analytisch aus der Definition des Szenarios vom ewig eingetankten Gehirn:

(iii) Kein seit jeher im Tank steckendes Gehirn hat jemals Hände oder Füsse. Vielmehr ist jedes solche Gehirn von Beginn seiner Existenz an durch Kabel mit einem Computer in der Nähe verbunden.

Und aus (ii) und (iii) ergibt sich:

(iv) Ich bin nicht von Anbeginn ein Gehirn im Tank.

Besser als Moore

§ 3.10. *Bemerkung*. In gewisser Hinsicht ähnelt diese Überlegung dem Beweis, den G.E. Moore zugunsten der Existenz der Aussenwelt vorgelegt hat (cf. Moore [PoEW]:145–147; siehe Band 1, § 7.8 bis § 7.9 und § 19.10). So spielen in beiden Beweisen die Hände des Argumentierenden eine zentrale Rolle (cf. [PoEW]:146). Aber während Moore die Zuverlässigkeit seines Satzes:

Hier ist eine Hand,

nur behauptet, ohne sie zu begründen und ohne sie begründen zu wollen ([PoEW]:149), haben wir ein echtes Argument zur Begründung solcher Sätze im Köcher. Denn in unserer dialektischen Lage geht es uns nur um die Widerlegung der Tank-Hypothese. Wir haben uns durch Überlegungen zur radikalen Übersetzung eingetankter Gehirne klar gemacht, dass sogar die Beobachtungssätze eingetankter Gehirne im allgemeinen zuverlässig sind; *daher* dürfen wir von hinreichend vielen Konstatierungen der Form (i) zum Satz (ii) vorrücken.

Zur Terminologie. Ich habe den neuen Beweis als *empirischen* Beweis gegen die Hypothese vom Gehirn im Tank bezeichnet. Aber die Skeptikerin bestreitet, dass wir zu empirischem Wissen vordringen können. Setzt der Beweis damit nicht voraus, was die Skeptikerin bestreitet? Nein; die Frage beruht auf einem allzu engen Verständnis des Empirischen. Um den Beweis in Schwung zu bringen, brauche ich nicht anzunehmen, dass ich empirisches Wissen *über meine äussere Umgebung* erlangen kann; ich brauche nur anzunehmen, dass ich oft genug Bedingungen herstellen kann, in denen es mir überzeugend *scheint*, als ob

(i) Hier ist meine Hand, und hier ist mein Fuss; und in meiner Nähe ist weit und breit kein Tank, kein Computer, kein Kabel,

ganz sicher zuträfe. Ich stelle die hierfür erforderlichen Bedingungen her, indem ich mich auf einen hellen, weiten Platz zu begeben meine: an einen Ort mit anscheinend guter Sicht. Nun lässt sich nicht apriori beweisen, dass ich diese Bedingungen auch nur mit dem Anschein von Erfolg herstellen kann: Es könnte sein, dass immer alles dunkel wirkt – einerlei, wohin ich mich zu wenden meine. Dass ich von Zeit zu Zeit den Anschein heller Plätze herstellen kann, ist also ein interessantes empirisches Faktum. Aber obwohl es ein empirisches Faktum ist, setzt seine Kenntnis kein empirisches Wissen von der äusseren Welt voraus. Altmodisch gesprochen, lässt sich das Faktum innenweltlich ermitteln: so ähnlich wie eigene Schmerzen.

4. Putnams Beweis übersetzen

§ 4.1. Wo stehen wir? In unserer radikalen Übersetzung tanksprachlicher Beobachtungssätze schlummert bereits, wie wir gesehen haben, allerlei antiskeptisches Potential. Trotz dieser frohen Botschaft wollen wir den ursprünglichen Gedanken zuendespinnen und Putnams Argument aus der Tanksprache in unsere Sprache übersetzen. Da das Argument nicht aus Beobachtungssätzen besteht, müssen wir die Übersetzung der Tanksprache weiter ausbauen. Beim Übersetzen der

<small>Jenseits der Beobachtung</small>

Beobachtungssätze hatten wir nicht sonderlich tief in den Computer hineinsehen müssen: Es kam einzig und allein auf die Konfiguration der Bits und Bytes an, aus denen der jeweils aktuelle sensuelle Input für das eingetankte Gehirn zusammengerechnet wird. (Es kam sozusagen nur auf die Bits und Bytes im „Beobachtungsfeld" an: einem vergleichsweise kleinen Speicherbereich, dessen Inhalt unmittelbar in die rezeptiven Nervenbahnen des Gehirns eingespeist wird). Wovon spricht das Gehirn aber, wenn es Behauptungen wagt, die über seine unmittelbare Beobachtung hinausgehen, wie z. B. diese hier:

(9) Irgendwo im Hundertmorgenwald lauert ein Tiger.

Der Satz handelt nicht von den Bits und Bytes im Beobachtungsfeld, die irgendwelchen Tigereindrücken unmittelbar vorausgehen. (Vielleicht bekommt das eingetankte Gehirn den fraglichen „Tiger" nie zu Gesicht). Für die Übersetzung solcher Sätze müssen wir Konfigurationen von Bits und Bytes ausserhalb des Beobachtungsfeldes in Betracht ziehen. Und das bedeutet leider, dass wir uns zuallererst eine genauere Vorstellung der Architektur des Simulationscomputers verschaffen müssen.

Architektur des Simulationscomputers

§ 4.2. Natürlich könnte der Simulationscomputer nach ganz unterschiedlichen Bauplänen konstruiert sein. Ich werde nur eine einzige unter den denkbaren Realisierungen skizzieren. Für die folgende Diskussion kommt es nicht so sehr darauf an, *in welcher Weise* die nötigen kybernetischen Details spezifiziert sind, sondern darauf, *dass* sie hinreichend genau spezifiziert sind. (Meiner Ansicht nach mangelt es der Literatur in dieser Hinsicht an der wünschenswerten Genauigkeit).

Je mehr Informationen über unser Universum im Computer codiert sind, desto leichter fällt es, sich vorzustellen, dass er lebensechte Simulationen ausspucken kann. Schöpfen wir also aus dem vollen, und verschaffen wir ihm alles erdenkliche Faktenwissen über einen willkürlich gewählten Zeitpunkt. Genauer: Bis hinunter auf die Ebene der Elementarteilchen sei eine komplette Repräsentation unseres Universums vom 14.11.1948 abgespeichert. (Für unsere Zwecke sei es erlaubt, vereinfachend anzunehmen, dass jedes Elementarteilchen einen eindeutigen Ort einnimmt und dass die Angabe aller Örter (und aller Geschwindigkeiten) der Elementarteilchen das Universum genau genug beschreibt).

Der physikalische Raum wird durch einen gigantischen (und ihm isomorphen) Massenspeicher repräsentiert (den „Universalspeicher"), in dessen Speicherplätzen Codes für die verschiedenen Mitglieder aus dem Teilchenzoo abgelegt sein können. (So werden beispielsweise Elek-

4. Putnams Beweis übersetzen

tronen durch Sequenzen der Form „101" codiert; solche Sequenzen – in ihrer konkreten Realisierung im Computer! – werde ich als „Bit-Elektronen" bezeichnen).

Bemerkung. Christian Wirrwitz hat mich darauf aufmerksam gemacht, dass sich an dieser Stelle eine Voraussetzung eingeschlichen haben könnte, die der Skeptikerin vielleicht nicht passt: Ich habe vorausgesetzt, dass Bit-Elektronen immer auf ein und dieselbe Weise im Simulationscomputer realisiert sind. Und wie wir sehen werden, möchte ich dasselbe für Bit-Atome, Bit-Katzen und Bit-Spiralnebel voraussetzen. Dadurch ergibt sich, dass eingetankte Artnamen (wie „Elektron", „Atom", „Katze" und „Spiralnebel") auch aus unserer Sicht gleichartig strukturierte Dinge bezeichnen, also wirklich so wie Artnamen funktionieren. Was wäre nun aber (so die Frage von Christian Wirrwitz), wenn der Input des eingetankten Gehirns an verschiedenen Tagen aus verschiedenen Simulationscomputern herkommt, in denen die fraglichen „Arten" jedesmal anders realisiert sind? Zerstört dies nicht das ordnungsgemässe Funktionieren der tanksprachlichen Wörter für natürliche Arten? – Nehmen wir an, dass es sich so verhielte; dann wäre der Externalismus unserer zweiten Prämisse nicht mehr anhand einer Erfolgsbedingung fürs Bezeichnen mithilfe von Artnamen zu begründen, sondern allgemeiner anhand einer Erfolgsbedingung fürs Bezeichnen mithilfe von Wörtern für mittelgrosse, trockene, beobachtbare Güter. Dass eine solche erweiterte Bedingung gilt, wird im Kapitel V zutagetreten. (Siehe auch §4.11 sowie Band 1, Abschnitt 16 sowie Band 1, §23.7 bis §23.8). – Das Szenario mit mehreren Simulationscomputern könnte meiner *antiskeptischen Diskussion* nur dann gefährlich werden, wenn es soviel Chaos mit sich bringt, dass das Gehirn im Tank überhaupt nicht mehr interpretiert werden kann (siehe §4.16). Aber vermutlich sprengen die chaotisch übersteigerten Tank-Szenarios das, was wir uns als plausible Vorgeschichte für die massive Irreführung des Gehirns im Tank vorstellen können. Daher erlaube ich mir, derartige Szenarien im folgenden auszublenden. Für die *metaphysische Diskussion*, um die es mir in diesem Band der Untersuchung hauptsächlich zu tun sein wird, darf ich mir sowieso aussuchen, welches Szenario ich zu diskutieren wünsche; denn hier möchte ich bloss nachweisen, dass es metaphysische Szenarien gibt, über die wir (so wie die Gehirne im Tank) spekulieren können. (Siehe das Kleingedruckte in §8.12).

§4.3. Wir sollten uns von Anbeginn klarmachen, dass physikalisch benachbarte Speicherplätze im Universalpeicher nicht unbedingt physikalisch benachbarte Raumportionen des Universums repräsentieren müssen. Nicht die physikalische Organisation des Universalpeichers in der Hardware sichert ihm die Isomorphie zum physikalischen Raum – es genügt, wenn sich die topologischen Relationen des physikalischen Raumes isomorph auf der Menge der *Namen* der Speicherplätze wiederfinden.

Kybernetische Nachbarschaft

Kapitel I. Gehirn im Tank wiederholt Beweis

(Die Namen der Speicherplätze könnten z. B. aus den dreistelligen Koordinaten des Mittelpunkts der durch sie repräsentierten Raumportionen gebildet sein. Durch eine bijektive Zuordnung der Raumportionen in die Menge der Speicherplatz-Namen können dann alle interessierenden Relationen zwischen den repräsentierten Raumportionen durch gleichwertige Relationen zwischen Speicherplatz-Namen wiedergegeben werden).

Um die zwei Sorten von Nachbarschaftsverhältnissen nicht durcheinanderzubringen, wollen wir zwei Speicherplätze *kybernetisch benachbart* nennen, wenn sie physikalisch benachbarte Raumportionen im Universum repräsentieren.[10] Die Rede von kybernetischer Nachbarschaft kann in naheliegender Weise auf die gespeicherten Codes übertragen werden: Zum Beispiel sind zwei Bit-Elektronen kybernetisch benachbart, wenn sie in kybernetisch benachbarten Speicherplätzen abgelegt sind.

Der mereologische Nachbau der Welt

§4.4. Betrachten wir nun ein Bit-Neutron (das ist eine irgendwo im Universalspeicher abgelegte Sequenz der Form „011"), in dessen unmittelbarer kybernetischer Nachbarschaft ein weiteres Bit-Neutron („011") und zwei Bit-Protonen („010") abgespeichert sind. Die mereologische Summe der vier Sequenzen wollen wir als „Bit-Heliumkern" bezeichnen: Die Bezeichnung liegt nahe, denn seine Bestandteile repräsentieren die Teile eines echten Heliumkerns, draussen im Universum. In diesem Stil können wir im Universalspeicher den Aufbau der Welt kybernetisch nachbilden. Durch mereologisches Aufsummieren erhalten wir nacheinander Bit-Atome und Bit-Moleküle, Bit-Gase und Bit-Kristalle, Bit-Galaxien und Bit-Planeten, Bit-Tiger und Bit-Kängurus. Alles, was am 14.11.1948 durchs Universum kreucht und fleucht, findet sich im Universalspeicher als mereologische Summe gewisser (kybernetisch mehr oder minder benachbarter) Codes für Elementarteilchen wieder.

Anmerkung zum philosophischen Deutsch. Ich bin nicht vollständig glücklich über meine Wahl der Vorsilbe, mit deren Hilfe ich abgespeicherte Objekte im Universalspeicher benannt habe: Die hybride Rede von Bit-Tigern usw. ist kurz, klingt aber nicht wirklich gediegen. Ich habe lange mit dem Gedanken gespielt, stattdessen auf Binär-Tiger usw. auszuweichen, bis mir auffiel, dass ich dann anstelle von „Bit-Computer" auch „Binär-Computer" würde

---

[10] Im Lichte des vorangegangenen (eingeklammerten) Absatzes lässt sich kybernetische Nachbarschaft von Speicherplätzen anhand ihrer Namen feststellen.

sagen müssen. Und dadurch entstünde die irreführende Assoziation, dass es uns um den Kontrast zu *Analog*-Rechnern zu tun sei. So bin ich bei der Bit-Vorsilbe geblieben, die immerhin zu keinen ungewollten Assoziationen verleitet.

§ 4.5. Bislang haben wir den Inhalt des Universalspeichers als stehendes Bild des Universums vom 14.11.1948 aufgebaut, dem Geburtsdatum von Prinz Charles. Das war zufällig der Zeitpunkt einer gigantischen kosmischen Katastrophe, in deren Verlauf fast unser gesamtes Universum in einem schwarzen Loch verschwand: Übrig blieben ein Tank voll Nährflüssigkeit, darin Prinz Charles' Gehirn, angeschlossen an einen Supercomputer mit einem Universalspeicher, der durch einen aberwitzigen Zufall genau so konfiguriert war, wie wir es uns gerade lang und breit ausgemalt haben. Und man möchte es kaum glauben: Wie es der Zufall wollte, lief in dem Computer ein Programm, das seither den Universalspeicher in Echtzeit laufend aktualisierte, so als repräsentierte er den normalen Fortgang der Geschichte unseres Universums, wie sie ohne die kosmische Katastrophe weitergegangen wäre.

Ereignisse im Computer

§ 4.6. *Bemerkung*. Wir nehmen also – wieder zur Vereinfachung – an, dass unser Universum deterministisch funktioniert und wirklich Schritt für Schritt weitergerechnet werden kann. Hierzu braucht der Computer neben den Örtern aller Teilchen all ihre Geschwindigkeiten und sämtliche physikalischen Gesetze (die irgendwo ausserhalb des Universalspeichers abgelegt sein werden).

Überzogene Idealisierungen?

Für Putnam-Kenner: Entspringen alle diese idealisierenden Annahmen nicht einem Projekt, das Putnam seit einem Vierteljahrhundert attackiert: dem Projekt mit der Überschrift „metaphysischer Realismus"? Dies irregeleitete Projekt hat sich laut Putnam u. a. in die Idee verrannt, dass das Universum *eine* von uns unabhängige Totalität von Entitäten umfasst, die sich im Prinzip durch genau eine „wahre" Theorie komplett beschreiben lässt. (Zur Darstellung des metaphysischen Realismus vergl. Putnam [RTH]:49; ferner [DoIR]:30; [RR]:125; [WTIR]:211; [RR]/A:107. Putnam kritisiert diese Position mit verschiedensten Argumenten in [RTH]:49ff; vergl. ferner [RR]; [MR]; [MFoR]:32–40 *et passim*; [RR]/A:107ff).

Das Projekt der metaphysischen Realisten ist in der Tat fragwürdig. Zum Glück brauche ich seine Verständlichkeit für unsere augenblicklichen computertechnischen Zwecke nicht vorauszusetzen. Um den Simulationscomputer so zu beschreiben wie dargetan, brauche ich nicht anzunehmen, dass die in seinem Universalspeicher codierte Repräsentation des Universums die einzig richtige sei (oder auch nur bis auf Isomorphie die einzig richtige). Wenn uns das Universum – entgegen dem metaphysischen Realismus – keine eindeutige

32 Kapitel I. Gehirn im Tank wiederholt Beweis

Totalität und Einteilung aller Entitäten vorgibt, sondern höchst verschiedene Beschreibungen zulässt, so gibt uns das grösseren Spielraum beim Aufbau des Simulationscomputers. Dass mein kybernetischer Vorschlag ohne Alternativen dasteht, behaupte ich nicht und brauche ich auch nicht zu behaupten.

Soviel zu den philosophischen Bedenken gegen den kybernetischen Nachbau der Welt. Die physikalischen Bedenken gegen meinen Vorschlag bleiben von dieser Antwort unberührt. Ich versichere noch einmal, dass ich ihnen *nur* aus Gründen der übersichtlichen Darstellung keine Rechnung trage. Dies ist kein Physik-Buch.

Exekution eingetankter Entscheidungen

§ 4.7. Wie gelangen die Informationen aus dem Universalspeicher in das prinzliche Gehirn? Einfach: Ein gewisses Kommunikationsmodul sorgt für den Datenaustausch zwischen Computer und Charles' Hirn. Wann immer das Gehirn elektrische Signale nach draussen sendet, werden an der geeigneten Stelle in der kybernetischen Nachbarschaft des Bit-Hirns Bit-Elektronen abgelegt (die sich kybernetisch auf Bit-Nervenbahnen zu den hoheitlichen Bit-Muskeln bewegen und dort für kybernetische Aktion sorgen). So exekutiert der Computer die prinzlichen Entscheidungen im Universalspeicher. Umgekehrt werden Bit-Elektronen, die den sensuellen Input des prinzlichen Gehirns repräsentieren würden, hätte Charles seinen Restkörper in der ihm angemessenen Umgebung des Buckingham-Palasts behalten, in Form echter Elektronen auf geeigneten Nervenbahnen ins eingetankte Prinzenhirn hineingeleitet. Dadurch erlebt das Gehirn, was in der kybernetischen Nachbarschaft seines Bit-Körpers vor sich geht. Und diese Erlebnisse gleichen minutiös jenen Erlebnissen, die der heranwachsende Prinz gehabt hätte, wären nicht sein Körper, der Buckingham-Palast und der ganze Rest des Universums am 14.11.1948 für immer in einem schwarzen Loch verschwunden.

Zurück zur Übersetzung

§ 4.8. Zwanzig Jahre später: Das eingetankte Prinzenhirn hat eine vorzügliche britische Erziehung simuliert bekommen und parliert fliessend in allerlei Tanksprachen, u. a. auf Tankdeutsch. Was bedeuten die deutsch klingenden Worte aus dem prinzlichen Bit-Mund? Die vorhin bereits angedeuteten Übersetzungen tankdeutscher Beobachtungssätze können wir nun genauer fassen. Beispielsweise besagt der tankdeutsche Satz:

(5) Da ist ein Tiger ganz in meiner Nähe,

in unserer Sprache soviel wie:

4. Putnams Beweis übersetzen

(5ü) In der kybernetischen Nähe meines Bit-Körpers ist ein Bit-Tiger abgespeichert.[11]

Und nehmen wir an, der Bit-Prinz beobachtet das Raubtier in Aktion und sagt:

(10) Es naht ein Tiger.

Dann behauptet er damit natürlich nicht, dass sich ein Bit-Tiger immer weiter an seinen Bit-Körper annähert, dass sich also der Abstand zwischen den Speicherzellen, in denen sein Bit-Körper abgelegt ist, und den vom Bit-Tiger eingenommenen Speicherzellen *tatsächlich* verringert. Denn wie wir uns vorhin klargemacht haben, kommt es nicht auf den tatsächlichen (physikalischen) Abstand irgendwelcher Sequenzen im Universalspeicher an, sondern auf ihren *kybernetischen* Abstand. Der Satz besagt also vielmehr folgendes:

($10_{ü*}$) Der kybernetische Abstand zwischen meinem Bit-Körper und einem (kybernetisch ohnehin schon bedrohlich nah abgespeicherten) Bit-Tiger sinkt aufgrund kybernetischer Bewegungen des Bit-Tigers durch den Universalspeicher.

Die letzten acht Worte dieses Satzes sind nötig, um anzuzeigen, dass im fraglichen Geschehen der Bit-Tiger die Initiative ergriffen hat und dass die Abstandsverringerung nicht etwa durch bit-prinzliche Bewegungen zustandekommt. Um uns diese Komplikation zu ersparen, werden wir die langatmige Übersetzung ($10_{ü*}$) so abkürzen:

($10_ü$) Es naht kybernetisch ein Bit-Tiger.

Ich möchte den Zusatz „kybernetisch" im folgenden immer für derartige Abkürzungen verwenden, ohne jedesmal die langatmige Formulierung durchbuchstabieren zu müssen, die eigentlich angebracht wäre. (Der Zusatz „kybernetisch" zeigt also zuallererst einen nicht-standardgemässen Gebrauch räumlicher Redewendungen an wie in ($5_ü$), überträgt sich dann auf die Rede von räumlichen *Veränderungen* wie in ($10_{ü*}$) und ($10_ü$) und schliesslich ganz allgemein auf die Rede von *Handlungen* irgendwelcher Bit-Wesen, z. B. auf die ganz naheliegende Rede von kybernetischen Küssen).

---

[11] Ganz in Übereinstimmung hiermit steht Putnams Forderung, dass auch die räumlichen Vokabeln eingetankter Gehirne uminterpretiert werden müssen ([CWoB]:286; vergl. zusätzlich [RTH]:14, wo Putnam seine Forderung anhand des Ausdrucks „in front of" andeutet). Mehr zu diesem Thema in § 17.1 bis § 17.7.

Wir haben genug Material beisammen, um die Übersetzung *beobachtungsferner* Sätze aus der Tanksprache anzupacken. Erinnern wir uns an unser Beispiel von vorhin:

(9) Irgendwo im Hundertmorgenwald lauert ein Tiger.

Folgende Übersetzung drängt sich auf:

(9$_{\text{ü}}$) Irgendwo im kybernetischen Innern des Bit-Hundertmorgenwalds lauert kybernetisch ein Bit-Tiger.

Natürliche Arten im Tank

§4.9. *Problem.* Unser eingetanktes Gehirn ist vielleicht noch nie in kausalen Kontakt mit genau dem Bit-Tiger geraten, der da im Bit-Gebüsch kybernetisch lauert – kann denn dann das Gehirn überhaupt von diesem Bit-Tiger reden, ihn bezeichnen? Haben wir nicht einen kausalen Kontakt zwischen Sprecher und bezeichnetem Gegenstand verlangt, als wir die magische Theorie des Bezeichnens im Verein mit Putnam zurückgewiesen haben?

Nein. So streng dürfen wir die Bezeichnungs-Fähigkeiten des eingetankten Gehirns nicht beschränken. Wir gehen ja auch mit uns selbst nicht so streng ins Gericht. Wenn wir von irgendeinem lauernden Tiger reden, dann kommen für die Wahrheit unserer Behauptung nicht allein die Tiger in Betracht, denen zu begegnen wir schon die Ehre hatten. In Betracht kommt *jeder* Tiger, bekannt und unbekannt. Im Band 1 hatten wir uns – Putnam und Kripke folgend – zurechtgelegt, wie Artnamen in unserer Sprache funktionieren (siehe Band 1, Abschnitt 15). Dem dort entworfenen Bild zufolge können wir mithilfe eines Artnamens erstens alle (gleich strukturierten) Gegenstände bezeichnen, mit denen wir z.B. bei seiner Einführung *de facto* in kausalem Kontakt gestanden haben, und zweitens alle Gegenstände mit derselben inneren Struktur wie diese Exemplare aus der ursprünglichen Auswahl. (Vergl. insbesondere Band 1, §15.9).

Übertragen wir dies Bild auf die Artnamen des eingetankten Gehirns. Der Bit-Prinz ist schon in jungen Jahren regelmässig auf die kybernetische Safari mitgekommen. So erfreute sich das eingetankte Gehirn an reichhaltigen Tiger-Erfahrungen, die aus seinem engen kausalen Kontakt mit ganz bestimmten Speicherinhalten im Universalspeicher herrührten. Hierdurch wurde die Extension seines Artnamens „Tiger" fixiert. Der Artname bezeichnet alle Objekte, die dieselbe innere Struktur haben wie die Objekte, die vom eingetankten Gehirn ursprünglich tigerartig wahrgenommen worden sind. Worin besteht deren innere Struktur? In einer ganz bestimmten kybernetischen Zusammensetzung aus bit-biologischen Bit-Zellen, in deren kybernetischem Innern Bit-DNS-Moleküle vorkommen, also letztlich eine grosse Zahl abgespeicherter Sequenzen der Form „101", „011", „010", die in hochkomplizierten kybernetischen Nachbarschaftsverhältnissen arrangiert sind. Objekte mit einer solchen Tiefenstruktur dürfen mit Fug und Recht als Bit-Tiger bezeichnet werden, und zwar ganz unabhängig davon, wo sie im Universalspeicher abgelegt sind. Wenn also ein solcher Bit-Tiger im Bit-Gebüsch kybernetisch lauert und noch nie in kausalen Kontakt mit dem eingetankten Gehirn geraten ist, dann kann das Gehirn diesen Bit-Tiger trotzdem bezeichnen: und zwar sogar dann, wenn das eingetankte Gehirn die beschriebene innere Struktur von Bit-Tigern nicht einmal erahnt.

Kann das eingetankte Gehirn diese innere Struktur denn richtig erfassen? Ja. Natürlich wird (und darf) es sie nicht in den Worten beschreiben, die *wir* oben verwendet haben: Es wird (und darf) die Struktur von Bit-Tigern nicht als kybernetische Anordnung irgendwelcher Bits in irgendeinem Universalspeicher beschreiben. Das eingetankte Gehirn hat es einfacher. Es braucht nur zu sagen: „Ein Tiger [sic] ist ein Tier mit den und den DNS-Molekülen". Aber selbst diese Beschreibung muss das eingetankte Gehirn nicht zur Verfügung haben, um mit seinem Wort „Tiger" die Bit-Tiger zu bezeichnen. Zum Vergleich: Schon vor Entwicklung der Molekular-Biologie konnten Menschen mit ihrem Wort „Tiger" genau die Tiger bezeichnen. Oberflächlich ununterscheidbare Objekte mit anderer Tiefenstruktur (z.B. vom Mars ferngesteuerte Tigermaschinchen[12]) hätten schon vor zweihundert Jahren keine Behauptung über Tiger wahr gemacht. (Vergl. Band 1, §14.2 bis §14.9 und §15.2 bis §15.3).

§4.10. Nach allen diesen Vorüberlegungen können wir jetzt endlich die erste positive Aussage zur Interpretation eines tanksprachlichen Wortes festhalten:

Interpretation tanksprachlicher Wörter

(11) In der Sprache eines Gehirns im Tank bezeichnet das Wort „Tiger" die Bit-Tiger.

Die anderen tanksprachlichen Artnamen funktionieren natürlich genauso:

(12) In der Sprache eines Gehirns im Tank bezeichnet das Wort „Bär" die Bit-Bären.
(13) In der Sprache eines Gehirns im Tank bezeichnet das Wort „Känguruh" die Bit-Känguruhs.

Auch tanksprachliche Bezeichnungen für Artefakte müssen sich diesem Muster fügen:

(14) In der Sprache eines Gehirns im Tank bezeichnet das Wort „Tank" die Bit-Tanks.
(15) In der Sprache eines Gehirns im Tank bezeichnet das Wort „Computer" die Bit-Computer.

---

[12] Das Beispiel stammt von Putnam, betrifft aber Hauskatzen, keine Tiger; siehe [MoM]:243.

Frage: Sind zufällig entstandene Tanks oder Computer Artefakte? Eher nicht. Aber Interpretationsregeln nach Art von (14) und (15) gelten erst recht für zufällig entstandene Dinge, die nur zufällig wie Artefakte funktionieren.

Wie wir uns in Band 1 klargemacht haben, funktionieren Wörter für Artefakte nach etwas anderen Regeln als Artnamen (Band 1, §23.6), dürfen aber auch nicht wortwörtlich aus der Tanksprache in unsere Sprache übersetzt werden (Band 1, §23.7 bis §23.8). Wenn sich Artnamen und Namen für Artefakte in dieser (negativen) Hinsicht gleichen, dann dürften auch die positiven Regeln für ihre Übersetzung gleich gebaut sein. Und da *zufällig* entstandene Computer und Tanks irgendwo zwischen Artefakten und Exemplaren echt natürlicher Arten stehen, bieten Klauseln (14) und (15) gewiss eine gute Übersetzung aus der Tanksprache.

Den tieferen Grund für die interpretationstheoretische Parallele zwischen Artefakten, Artexemplaren und allem, was dazwischen liegt, werden wir erst im Kapitel V kennenlernen: Alle diese Objekte gehören zu ein und demselben räumlichen Bezugssystem und müssen daher gleich behandelt werden.

Unbestimmtheit der Übersetzung
§4.11. Um der Genauigkeit willen sollte ich zugeben, dass ich mit den Interpretationsvorschlägen aus dem letzten Paragraphen in zwei Hinsichten über Quines radikale Übersetzung hinausgegangen bin. Laut Quine lassen sich bestenfalls die Beobachtungssätze einer fremden Sprache eindeutig in unsere Sprache übersetzen (cf. z.B. [TI]:6). Wer die Übersetzung weiter vorantreiben möchte, dem drohen erstens Quines Unerforschlichkeit des Bezeichnens (bei quellsprachlichen Ausdrücken *unterhalb der Satzebene*[13]) und zweitens Quines Unbestimmtheit der Übersetzung (des *theoretischen* Apparates der Quellsprache[14]).

Diese doppelte Drohung haben wir ignoriert, indem wir eindeutige Interpretationen (i) einzelner Wörter vorgeschlagen haben, die (ii) zum theoretischen Arsenal der Tanksprache gehören. Der erste Punkt springt sofort ins Auge, weil er sich bereits an der Form unserer Interpretationsvorschläge ablesen lässt. Dagegen droht sich der zweite Punkt unserer Aufmerksamkeit zu entziehen, weil wir z.B. für die Klausel (11) das unschuldig scheinende Wort „Tiger" aus dem Beobachtungssatz „Da ist ein Tiger" herausgelöst haben – spricht das nicht dafür, dass das Wort ein Beobachtungsterm ist? Nein, denn wir haben das Wort als Artnamen aufgefasst und uns dadurch theoretische Implikationen eingehandelt, die über die Implikationen der Verwendung von Beobachtungswörtern weit hinausgehen. (So haben wir uns auf Tiefenstrukturen gestützt; und Tiefenstrukturen lassen sich nicht unmittelbar beobachten).

---

[13] Vergl. Quine [WO]:51–54; [OR]:29–35 *et passim*; [PoT]:31–33, 50–52.
[14] Vergl. Quine [PoT]:44–49; [WO]:61–72, insbes. pp. 62–64, vergl. p. 36. Ich habe in [SA]:156–160 herausgearbeitet, dass Quines Unbestimmtheit der Übersetzung in erster Linie theoretische Teile der Quellsprache betrifft.

4. Putnams Beweis übersetzen

Ich werde die beiden bedeutungsskeptischen Drohungen Quines in unseren weiteren Überlegungen ignorieren, weil wir durch ihre peinliche Beachtung nichts gewinnen, sondern nur die Übersicht verlieren würden. Zur Beruhigung hier nur zwei kurze Erwiderungen auf die beiden Drohungen.

Zur Unerforschlichkeit des Bezeichnens: Im Prinzip könnte ich alle bisherigen und zukünftigen Schritte unserer Untersuchung auf der Ebene ganzer Sätze (statt auf Termebene) durchführen. In unserem Beweis müssten wir dann nicht von Prädikatsausdrücken sprechen und von dem, was sie *bezeichnen* – sondern von ganzen Sätzen und von den Bedingungen, unter denen sie *wahr* sind. (Mehr zu Quines Unerforschlichkeit in §11.12).

Zur Unbestimmtheit der Übersetzung theoretischer Teile der Tanksprache: Wir haben unsere Aufmerksamkeit auf Artnamen, also auf theoretische Bereiche der Sprache konzentriert, um möglichst eng an Putnams externalistische Überlegungen aus „The Meaning of 'Meaning'" ([MoM]) anknüpfen zu können. Wie ich im Band 1, Abschnitt 16 dargelegt habe, kann man das skeptische Problem unseres Wissens von mittelgrossen, beobachtbaren Gegenständen als Wiederholung des parallelen wissenschaftsphilosophischen Problems unseres Wissens von theoretischen Gegenständen verstehen. (Das skeptische Problem liegt sozusagen um eine Ebene tiefer als das wissenschaftsphilosophische Problem). Wenn ich also im Zusammenhang unseres skeptischen Problems mit Artnamen (anstelle von beobachtungsnäheren Ausdrücken) argumentiere, so verwende ich anspruchsvollere Ressourcen, als nötig wäre. Unsere Argumente müssten sich demzufolge erst recht mit Beobachtungsvokabeln durchführen lassen.

Zusammen legen beide Antworten den Versuch nahe, Putnams Beweis (und alle nachfolgenden Manöver) mithilfe von (i) *ganzen* Sätzen für (ii) *Beobachtbares* zu führen. Die Details eines solchen Versuches habe ich anderswo ausgearbeitet (vergl. mein Papier [iVSg]).

§4.12. Wir haben die Übersetzung der Tanksprache weit genug vorangetrieben, um zu überlegen, wieviel die Konklusion aus Putnams Argument wert ist, wenn sie von einem eingetankten Gehirn erschlossen wird. Was meint das Gehirn, wenn es

    Im Tank hat Putnam recht

(4)   Ich bin kein Gehirn im Tank,

sagt? Um uns nicht verwirren zu lassen, sollten wir vielleicht das Personalpronomen in ein Possessivpronomen verwandeln und die Konklusion – immer noch in der Tanksprache – folgendermassen fassen:

(4')   Mein Gehirn steckt nicht im Tank (und ist nicht an einen Simulationscomputer angeschlossen).

Die deutsche Übersetzung dieses Satzes liegt auf der Hand:

($4'_ü$) Mein Bit-Gehirn ist nicht im kybernetischen Innern eines Bit-Tanks abgespeichert (und ist nicht kybernetisch an einen Bit-Computer angeschlossen).

Und in dieser Übersetzung beschreibt Putnams Konklusion die Lage des Gehirns im Tank richtig. Zwar steckt das *Gehirn* des Gehirns im Tank *in* einem *Tank*; aber sein *Bit-Gehirn* ist im *kybernetischen Innern* seines *Bit-Schädels* abgespeichert – steckt also keineswegs im kybernetischen Innern irgendeines Bit-Tanks und ist auch nicht kybernetisch an einen Bit-Computer angeschlossen: Genau wie ($4'_ü$) sagt.

Hinweis. Analog gelangt Putnam zu dem Ergebnis, dass der tanksprachliche Satz „We are brains in a vat" nach angemessener Interpretation falsch herauskommt, wenn er von einem Gehirn im Tank ausgesprochen wird, cf. [RTH]:15. (Putnam verwendet allerdings eine andere Interpretation, die einem Vorschlag nahekommt, den wir in §4.15 ansprechen werden). Bei Putnam hat dies Ergebnis eine andere Funktion als in unserem Zusammenhang; während wir es zur Verteidigung unseres Beweises gegen den zentralen Einwand herangezogen haben, macht es bei Putnam das Herzstück seines Beweises aus. Wir werden auf Putnams ursprünglichen Beweis in Abschnitt 7 zurückkommen, siehe §7.1 bis §7.3.

Fazit

§4.13. Mit dem Ergebnis aus dem letzten Paragraphen haben wir das Ziel unseres Kapitels erreicht. Wir haben die Verteidigung des Putnam-Beweises gegen den zentralen Einwand aus Abschnitt 1 so vervollständigt, wie wir es in §1.4 gefordert haben: Der Beweis wird nicht etwa unglaubwürdig, bloss weil er vom Gehirn im Tank wortwörtlich und mit derselben Überzeugungskraft wiederholt werden kann. Die tanksprachliche Wiederholung des Beweises führt – bei richtigem Verständnis der Tanksprache – zu einer wahren Konklusion. Das *erhöht* die Glaubwürdigkeit der Konklusion.

(Zugegebenermassen haben wir unsere Behauptung nur durch Betrachtung eines einzigen Interpretationsvorschlags der Tanksprache gewonnen; andere Varianten ihrer Interpretation werden wir zum Abschluss dieses Kapitels kurz im Kleingedruckten streifen. Entweder sind sie unplausibel; oder sie führen zum selben Ergebnis).

Im nächsten Kapitel werden wir die Frage aufwerfen, woran es liegt, dass wir mit der nun erzielten Verteidigung des Beweises von Putnam immer noch nicht zufrieden sind. Diese Frage wird uns dahin bringen, die Erkenntnistheorie zu verabschieden und uns stattdessen dem zweiten Hauptthema unserer Untersuchung zuzuwenden: der Metaphysik.

4. Putnams Beweis übersetzen 39

§ 4.14. *Alternativen der Interpretation der Tanksprache.* Wie die Tanksprache in unsere Sprache übersetzt werden muss, ist in der Literatur nirgends mit der wünschenswerten Ausführlichkeit erörtert worden. Die meisten Autoren schlagen vor, tanksprachliche Wörter, die so klingen wie unsere Wörter für Aussenweltdinge, mithilfe von kybernetischen Vorgängen oder Datenkonfigurationen im Simulationscomputer zu interpretieren; die in diesem Abschnitt verfolgte Übersetzungsstrategie entspricht also herrschender Meinung, obwohl sich bislang die wenigsten Autoren darauf einlassen mochten, sich mit den lästigen Details herumzuschlagen.

Andere Übersetzungen?

(Putnam erwägt verschiedene Interpretationen der Tanksprache, ohne sich zwischen ihnen zu entscheiden, vergl. [RTH]:14/15. Laut einem der von ihm erwogenen Vorschläge bezeichnen Tankwörter „certain features in the machine's program" ([RTH]:14). Später hat Putnam diese Art der Interpretation weiterverfolgt, ohne Alternativen zu nennen; er bezeichnet sie als „Davidson's sensible suggestion" ([CWoB]:287) aus dessen Aufsatz [CToT].)

Abgesehen von der computertechnischen Interpretation finden sich in der Literatur zwei weitere Vorschläge zur Übersetzung aus der Tanksprache: Laut erstem Vorschlag bezeichnen sie Aspekte der Vorstellungen oder Wahrnehmungen des eingetankten Gehirns, laut zweitem Vorschlag bezeichnen die tanksprachlichen Wörter überhaupt nichts. Ich möchte zum Abschluss dieses Abschnittes erklären, warum mir keiner der beiden Vorschläge plausibel vorkommt.

§ 4.15. Erster Vorschlag: Die Wörter des Gehirns im Tank, die (innensprachlich) so funktionieren wie unsere Wörter für Aussenweltdinge, bezeichnen keine Aussenweltdinge (also weder materielle Gegenstände noch Bit-Gegenstände), sondern Aspekte im Wahrnehmungsfeld des eingetankten Gehirns, sozusagen auf dem inneren Fernseher. (So spricht Putnam von „vats in the image", cf. Putnam [RR]:127; vergl. auch [RTH]:14.)

Interpretation durch Vorstellungen

Dieser Vorschlag ist aus mehreren Gründen nicht plausibel. Zunächst: Das Gehirn im Tank erlebt (laut Konstruktion) denselben Erfahrungsstrom wie wir; wenn sich seine Sprache durch Aspekte des Erfahrungsstroms interpretieren lässt, dann müsste das auch für unsere Sprache möglich sein. Derartige (phänomenalistische) Interpretationsversuche unserer eigenen Sprache sind aber gescheitert (vergl. Band 1, § 25.10). Und die Gründe für das Scheitern dieser Versuche sprechen auch gegen den entsprechenden Versuch beim Gehirn im Tank:

Einerseits kann der Vorschlag bestenfalls manchen tanksprachlichen Sätzen gerecht werden, etwa den Beobachtungssätzen (die in der Tat dann vorgebracht werden, wenn sich im Erfahrungsfeld die passende Szene abspielt). Aber wie soll man mithilfe des *tatsächlichen* Erfahrungsstroms eines eingetankten Subjekts den Satz

(9) Irgendwo im Hundertmorgenwald lauert ein Tiger,

interpretieren, wenn sich der fragliche Tiger niemals zeigt? (Mithilfe unrealisierter *Möglichkeiten*, im Erfahrungsstrom aufzutauchen? Damit sind wir wieder beim alten Traum der Empiristen – einem philosophischen Alptraum. Siehe zum Beispiel Quines Verweis auf Mill; Quine [MVD]:93).

Andererseits droht die vorgeschlagene Interpretation den tanksprachlichen Unterschied zwischen Sein und Scheinen zu verwischen. Wäre die Tanksprache so einfach wie Hundegebell, könnte dies Problem nicht entstehen. Da sie aber genau so kompliziert ist wie unsere eigene Sprache, kommt in ihr (genau wie bei uns) der feinsinnige Unterschied vor zwischen:

Da ist wirklich ein Tiger.
Da scheint nur ein Tiger zu sein.

Wie können wir diesem feinen Unterschied gerecht werden, wenn wir schon den ersten Satz ausschliesslich mithilfe von Aspekten des Erfahrungsstroms interpretieren?

Meiner Ansicht nach gibt es hierauf keine befriedigende Antwort. Daher werde ich diese Interpretationsalternative bei unseren Überlegungen nicht mitnehmen. Wer sie plausibel findet, kann jedoch an Bord bleiben. Fast die gesamte bevorstehende Reise würde mit der eben zurückgewiesenen Interpretation genauso ablaufen wie mit der Interpretation, die ich vorgeschlagen habe. So kommt die tanksprachliche Konklusion unter beiden konkurrierenden Interpretationen wahr heraus.

Ähnliches gilt für viele andere Interpretationsalternativen, die wir gar nicht erst erwähnt haben. Solange es diese Interpretationen erlauben, dem Gehirn im Tank wahre und falsche Meinungen zuzuschreiben, dürfte sich Putnams Konklusion jedesmal als wahrer Satz der Tanksprache herausstellen. Einzig und allein im nun abzuhandelnden zweiten Vorschlag zur „Übersetzung" der Tanksprache geht der tanksprachlichen Konklusion des Putnam-Beweises Wahrheit ab; allerdings ist die Konklusion diesem Vorschlag zufolge auch nicht falsch.

Leeres Gerede

§4.16. Wenden wir uns also dem zweiten Vorschlag für die Übersetzung der Tanksprache zu: Die Wörter des Gehirns im Tank, die (innensprachlich) so funktionieren wie unsere Wörter für Aussenweltdinge, beruhen in Wirklichkeit auf Täuschung und bezeichnen daher gar nichts. (Putnam spielt in Klammern mit der Idee, dass Gehirne im Tank möglicherweise überhaupt nichts meinen, wenn sie z. B. über Gehirne im Tank sprechen, vergl. [RTH]:15).

Diese Sicht der Dinge stösst auf gravierende Schwierigkeiten. Zunächst: Woran wollen wir festmachen, dass das eingetankte Gehirn in seinen Wahrnehmungen getäuscht wird? Etwa daran, dass seine Tiger-Eindrücke von anderen Objekten (von Bit-Tigern) herkommen als unsere (qualitativ gleichartigen) Tiger-Eindrücke? Aber wieso sollten wir den Quellen unserer Tiger-Eindrücke höheren Wert beimessen als denen des Gehirns im Tank? Weil unsere Lage normal ist und seine Lage die Ausnahme? – Wer entscheidet über die Standards der Normalität? Etwa die Mehrheit? (Und was sollten wir sagen, wenn die eingetankten Gehirne in der Überzahl wären? Beruhte dann *unsere* Wahrnehmung auf Täuschung?)

Nein. Ob jemand eine Sprache spricht, die von irgendwelchen Gegenständen handelt, das sollten wir nicht davon abhängig machen, wieviel oberflächliche Gemeinsamkeiten zwischen ihm und uns bestehen. Gegen diese optimistische Behauptung könnte man (im Fahrwasser einiger Bemerkungen Wittgensteins) darauf beharren, dass unsere Wörter

> wahr, falsch, Urteil, Behauptung, Meinung, Frage, Antwort, Bedeutung, Bewusstsein, Sprache, Handlung, usw.

einem ganz bestimmten praktischen Kontext entspringen (einer Lebensform: *unserer* Lebensform) und dass die Verpflanzung dieser Wörter in andere Kontexte leeres Gerede und philosophische Konfusion erzeugt.[15] Dieser Sicht zufolge sind die aufgezählten Wörter von uns und für uns gemacht. Und wir verlieren unsere Kontrolle über diese Wörter, wenn wir sie zur Beschreibung bizarrer Wesen zu verwenden versuchen, etwa zur Beschreibung des Gehirns im Tank. Das Gehirn im Tank sagt nichts, bewegt sich nicht, tut nichts; also denkt es nicht und kann auch nichts meinen: So könnte man diesen Gedanken auf den Punkt bringen (dem Andreas Kemmerling und Wolfgang Carl im Gespräch hohes Gewicht beigemessen haben).

§4.17. Hier ist nicht der Raum, diese Überlegung mit schlagenden Argumenten zurückzuweisen. Um ihr gerecht zu werden, müssten wir uns in Wittgensteins Spätphilosophie vertiefen; und das ist eine Aufgabe für ein anderes Buch. Ich kann nur andeuten, warum ich es nicht plausibel finde, Wittgensteins Überlegungen auf unser Problem zu übertragen. — Auf Prognostik kommt es an

Meiner Ansicht nach sollten wir beim Interpretieren anderer zweckmässigerweise von der Hypothese ausgehen, dass der andere verstanden werden kann. Wir sollten zusehen, ob wir eine Interpretation finden können, die es uns erlaubt, die verbalen und non-verbalen Reaktionen des Sprechers zu erklären, zu verstehen und (in gewissem Umfang) vorauszusagen. Nur wenn eine solche Interpretation nicht in Sicht ist, sollten wir uns zu dem harten Urteil berechtigt fühlen, dass die Laute des Sprechers gar nichts bezeichnen (dass uns also gar kein echter Sprecher gegenübersteht; eine ähnliche These habe ich anderswo begründet, siehe Müller [SA]:§5.19).

Nun besteht der Output des eingetankten Gehirns nicht aus Lauten im herkömmlichen Sinn; das gebe ich zu. Aber dieser Unterschied zwischen uns und dem Gehirn im Tank liegt an der Oberfläche. Das Gehirn im Tank hat ein Gehirn, genau wie wir. Und auf seinen nach draussen führenden Nervenbahnen

---

[15] Siehe Wittgenstein [PU], [üG]. Es ist nicht einfach, die oben skizzierten Gedanken zielgenau bei Wittgenstein zu lokalisieren; zumal Wittgenstein offiziell keine Thesen zu vertreten wünscht. (Siehe [PU]:303/4 (§126 bis §129) und [PU]:265 (§47)). Ich begnüge mich hier mit dem Verweis auf die in Band 1, Abschnitt 8 angeführte Literatur.

placiert es genau dieselben Signale wie wir. (So haben wir die Sache eingefädelt). Dass diese Signale (mangels Zunge und Stimmbändern) nicht in akustische Laute umgewandelt werden, spielt keine grosse Rolle. Nur wenn es uns nicht gelingen sollte, diesen Signalen Bedeutung zuzuschreiben, wären wir zu dem Urteil berechtigt, dass diese Signale nichts bedeuten.

Wir verfügen jedoch über eine Interpretation, die diese Anforderungen erfüllt. Mit ihrer Hilfe können wir z. B. vorhersagen, unter welchen kybernetischen Umständen das Gehirn auf den Satz „Da ist ein Tiger" mit der Antwort „Oh ja, nichts wie weg!" reagieren und welchen kybernetischen Ortswechsel es daraufhin in die Wege leiten würde.

Fassen wir diese Sache genauer. Mit der erarbeiteten Interpretation können wir folgendes voraussagen: Wenn sich im Speicher des Simulationscomputers an geeigneter Stelle die Codes befinden, die wir „Bit-Tiger" genannt haben, dann wird das angeschlossene Gehirn aufgrund von Input-Signalen,

> die, wenn sie ins Gehirn eines kompletten Menschen dringen würden, aus dessen Ohr kämen und auf Schallwellen der Form „Da ist ein Tiger" zurückgingen,

mit Output-Signalen reagieren,

> die, wenn sie aus dem Gehirn eines kompletten Menschen kämen, dazu führen würden, dass dessen Zunge Bewegungen vollführen und Schallwellen der Form „Oh ja, nichts wie weg!" produzieren würde,

und mit Output-Signalen, die im Fall eines kompletten Menschen heftige Fluchtbewegungen nach sich ziehen würden.

Dass unsere Interpretation derartige Vorhersagen ermöglicht, spricht meiner Ansicht nach für die Interpretierbarkeit des Gehirns im Tank.[16] Bei dieser Skizze muss ich es bewenden lassen. Es muss einer anderen Gelegenheit vorbehalten bleiben, zu untersuchen, an welcher Stelle meines Plädoyers (für die Verständlichkeit des Gehirns im Tank) Wittgenstein protestieren würde und wie berechtigt dieser Protest wäre. Da fast die gesamte Debatte um das Gehirn im Tank von der Verständlichkeit des eingetankten Opfers ausgeht, fühle ich mich berechtigt, die Angelegenheit (in unserer Untersuchung) mit einem passenden Putnam-Zitat abzuschliessen:

> The brains in a vat are *brains*; moreover, they are *functioning* brains, and they function by the same rules as brains do in the actual world. For these reasons, it would seem absurd to deny consciousness or intelligence to them ([RTH]:12; Putnams Hervorhebungen).

(Ob Putnam diese Sätze im Lichte seiner Hinwendung zum Kontextualismus immer noch unterschreiben würde, ist eine andere Frage. Siehe Band 1, Abschnitt 8).

---

[16] Quine, Davidson und David Lewis würden die Sache genauso sehen, siehe Quine [WO]:26–79, Davidson [RI] und David Lewis [RI].

Kapitel II

WARUM SIND WIR NICHT ZUFRIEDEN?

5. Die philosophische Sorge

§ 5.1. Bringen wir das Ergebnis der bisherigen Überlegungen auf einen Punkt. Wenn ein eingetanktes Gehirn sagt: „Mein Gehirn steckt nicht im Tank", dann hat es (in seiner Sprache freilich) recht. Da fragt man sich: Wieviel ist damit gewonnen? Verkennt das Gehirn im Tank nicht doch die Lage, in der es trotz allem steckt: eingetankt, also abgeschnitten von weiten Teilen der Wirklichkeit? Was hilft es, wenn das Gehirn seine wahre Lage nicht in Worte fassen kann? *Wir* sehen doch, wie es um das eingetankte Gehirn bestellt ist! (Von aussen, freilich). Können wir (von aussen) dem Gehirn wünschen, dass es sich mithilfe von Putnams Argument seiner philosophischen Sorgen entledigt? Verdient das eingetankte Gehirn denn nicht unser Mitleid? Müssen wir es nicht alarmieren, wachrütteln?

<small>Das Gehirn wachrütteln?</small>

Aber wieso? Weil es etwa im ewigen Irrtum lebt? – Worin irrt es sich denn? Vergessen wir nicht: Wir haben das eingetankte Gehirn bislang keiner einzigen falschen Aussenwelt-Meinung überführen können. Seine Beobachtungssätze sind im allgemeinen wahr. Und das Gehirn kann sogar *wissen*, dass es mit seinen Beobachtungssätzen im allgemeinen recht hat. Dafür sorgt Putnams Argument. Wenn also die Furcht vor dem globalen Irrtum die einzige Sorge des eingetankten Gehirns gewesen sein sollte, dann können wir es dazu beglückwünschen, dass es diese Sorge durch Putnams Argument losgeworden ist.

§ 5.2. Aber vielleicht sollte das eingetankte Gehirn andere philosophische Sorgen hegen als ausgerechnet die Furcht, dass fast all seine Aussenwelt-Meinungen falsch sind. Welche anderen Sorgen sollten das sein? Von aussen lässt sich das leichter sagen als aus der Sicht des eingetankten Gehirns. Die Lage eines eingetankten Gehirns ist erkenntnistheoretisch und existentiell misslich.

<small>Missliche Lage des Gehirns im Tank</small>

Erstens ist sie erkenntnistheoretisch misslich, insofern sich sein empirisches Wissen (trotz dessen Zuverlässigkeit) nur aufs Innere des Simulationscomputers bezieht und somit weite Bereiche der Wirklichkeit nicht erfasst. Von aussen sehen wir, dass sich die gesamte Umgebung der Tank-Konstellation fast beliebig verändern könnte, ohne dass das eingetankte Gehirn davon erführe. Trotz der Richtigkeit der meisten seiner empirischen Meinungen mangelt es ihm daher an Wissen. Seine Meinungen über die Welt sind nicht etwa alarmierend unzuverlässig, sondern dramatisch *unvollständig*. Anders gewendet: Wenn das Szenario vom Gehirn im Tank erkenntnistheoretische Sorgen aufwirft, dann jedenfalls nicht die skeptizistische Sorge um die Zuverlässigkeit des Wissens über die Welt; vielmehr wirft es die Sorge um die Reichweite dieses Wissens auf.

Zweitens ist der Aktionsradius des Gehirns im Tank auf existentiell bedrohliche Weise eingeschränkt. Das Gehirn ist in einem kleinen Ausschnitt der Wirklichkeit buchstäblich gefangen, denn es kann seinem Tank nicht entrinnen. Und schlimmer noch: Sein Schicksal hängt von Faktoren ab, die seiner Kontrolle völlig entzogen sind. Wenn die Tank-Temperatur sinkt, wenn im Computer der Strom ausfällt, wenn der Nährlösung zuwenig frische Nährstoffe zugesetzt werden, dann stirbt das Gehirn im Tank einen Tod, von dem es sich nicht einmal einen Begriff machen, dessen Ursachen es nicht erfassen und kein Stück steuern kann. Kein Zweifel: Von aussen betrachtet, von unserer Perspektive aus, hat das eingetankte Gehirn wenig Handlungsspielraum und ist seinem Schicksal auf bedrohliche Weise ausgeliefert. Das eingetankte Gehirn steckt in einer existentiell ungemütlichen Lage.

Komplikation. Man mag einwenden, dass es zum Szenario eingetankter Gehirne *per definitionem* dazugehört, dass die äusseren Bedingungen des Überlebens (Tank-Temperatur usw.) ordnungsgemäss garantiert sind, so dass die drei ausgemalten Todesarten ausgeschlossen sind. Schön; aber selbst wenn es sich so verhält, bleibt das beunruhigende Faktum der totalen Abhängigkeit von Überlebensbedingungen, die das eingetankte Gehirn nicht im geringsten kontrollieren kann. Zum Vergleich: Im modernen Wohlfahrtsstaat haben Invalide einen Anspruch auf eine Rente, die ihr Überleben garantiert. (So zumindest die Leitidee des Wohlfahrtsstaats). Aber dieser Anspruch ändert nichts an der Abhängigkeit der Invaliden von dieser Rente. Und allein diese Abhängigkeit kann sie schon beunruhigen – selbst wenn sie keine Angst vor Geldnot zu haben brauchen.

5. Die philosophische Sorge

§ 5.3. Beobachtungen wie die aus dem letzten Paragraphen liegen meiner Ansicht nach dem verbreiteten Unwillen gegen Putnams Argument zugrunde. Unser philosophischer Instinkt sagt, dass sich die eingetankten Gehirne nicht durch ein Argument abspeisen lassen sollten, das mit den genannten Befürchtungen vereinbar ist. Und natürlich sollten wir uns genausowenig durch ein solches Argument abspeisen lassen: warnt unser Instinkt. Denn nach allem Gesagten ist es immer noch möglich, dass unsere Lage keinen Deut besser ist als die Lage der eingetankten Gehirne. Da haben wir die philosophische Sorge, die uns umtreibt und die von Putnams Argument nicht beruhigt wird.

Unsere philosophische Sorge

Das Argument kann die Sorge allenfalls mundtot machen, indem es verschiedene ihrer Formulierungen zurückweist. Aber dadurch wird es ihr nicht gerecht. Die philosophische Sorge überlebt notfalls wortlos. Mein Ziel besteht darin, ihr die Sprache zurückzugeben. Ich möchte ihr auf angemessene Weise Ausdruck verleihen: in einer Sprache, in der sie nicht durch Putnams Argument ausgeschaltet wird. Das wird allerdings nicht einfach sein. Es wird sich zeigen, dass die aufzubietenden sprachlichen Ressourcen nicht ganz billig sind. Ich werde uns sozusagen die Folgekosten unseres philosophischen Instinkts präsentieren. Wem sie zu hoch sind, der kann am Ende seinen sorgevollen Instinkt immer noch kaltmachen.

(Umgekehrt könnte jemand die philosophische Sorge, auf deren Artikulation ich es abgesehen habe, teilen und bedrohlich finden, ohne dazu von der Geschichte des Gehirns im Tank inspiriert zu sein, ja: ohne sich für diese Geschichte zu interessieren. Gegen diese Haltung werde ich nichts sagen, da ich nicht beanspruche, die einzig mögliche Motivation jener Sorge anzubieten. Viele Wege führen nach Rom).

§ 5.4. Wie sollen wir unserer philosophischen Sorge angemessen Ausdruck verleihen? Diese Frage wird alle vor uns liegenden Überlegungen leiten. Wir werden die Frage indirekt angehen und überlegen, wie ein eingetanktes Gehirn seiner analogen (und allzu berechtigten) Sorge angemessen Ausdruck verleihen könnte. Erst wenn wir herausgefunden haben, was das Gehirn sagen müsste, um seine prekäre Lage richtig zu erfassen, werden wir zu uns selbst zurückkehren (und die gefundenen Formulierungen des Gehirns in unserer Sprache wortwörtlich wiederholen).

Aussenperspektive

Dass wir die Frage zunächst von aussen angehen und für ein von uns verschiedenes Gehirn im Tank aufwerfen, hat eine Reihe von Vorteilen. Erstens überblicken wir die Lage des eingetankten Gehirns besser als unsere eigene Lage. Wir können sowohl die Bereiche der Wirklichkeit benennen und beschreiben, auf die das Gehirn im Tank epistemisch und handelnd zugreifen kann, als auch die Bereiche, von denen es in seinem Wissen und Tun abgeschnitten ist: Wir überblicken sowohl den Universalspeicher des Simulationscomputers als auch die Umgebung der Tank-Konstellation. In unserem eigenen Fall überblicken wir dagegen nur den uns zugänglichen Teil der Wirklichkeit. Weder wissen wir, ob es darüber hinaus andere Bereiche der Wirklichkeit gibt, noch haben wir (bislang) die sprachlichen Ressourcen, um darüber zu reden.

Zweiter Vorteil der Betrachtungsweise von aussen: Anhand der eingetankten Gehirne können wir halbwegs genau sagen, wonach wir suchen. Wir suchen nach tanksprachlichen Sätzen, deren Übersetzung in unsere Sprache die missliche Lage des Gehirns im Tank richtig beschreibt: *aus unserer Sicht* richtig beschreibt. Und die aus unserer Sicht (und in unserer Sprache) richtige Beschreibung der Lage des eingetankten Gehirns haben wir bereits gefunden: Sein Wissen und sein Tun beziehen sich nur auf einen marginalen Teil der Wirklichkeit – auf den Universalspeicher des Simulationscomputers. Unser Problem lautet also: Gibt es tanksprachliche Sätze, deren Übersetzung in unserer Sprache das wiedergibt, was wir (von aussen) an der Lage eingetankter Gehirne misslich finden? Und wenn ja, welche Sätze sind das?

Bemerkung. Wenn wir das gleiche Problem aus der Innenperspektive aufzuwerfen versuchen, geraten wir schnell in Verwirrung. Gibt es Sätze in unserer Sprache, deren Übersetzung in eine andere Sprache das wiedergibt, was ein Sprecher dieser anderen Sprache (von aussen) an unserer eigenen Lage misslich findet? An dieser Frage ist erstens nicht klar, was für einen anderen Sprecher wir uns vorzustellen haben; und zweitens bleibt offen, ob dieser andere Sprecher unsere Lage überhaupt misslich fände. Dagegen haben wir uns darauf geeinigt, warum wir die Lage eingetankter Gehirne misslich finden. Am Ende unserer Untersuchung werden wir in dieser Angelegenheit klarer sehen, vergl. §23.8 bis §23.9.

Berechtigte Sorgen

§5.5. Versuchen wir, genauer zu umreissen, nach was für tanksprachlichen Sätzen wir suchen. Das eingetankte Gehirn, haben wir gesagt, soll versuchen, derjenigen Sorge Ausdruck zu verleihen, die wir von aussen angesichts seiner Lage für berechtigt halten. Das Gehirn könnte also z.B. den vagen Satz sagen:

(1) Vielleicht bin ich in einer misslichen Lage gefangen, in der weitreichende philosophische Sorgen bewahrheitet sind.

5. Die philosophische Sorge

In der Tat: Wenn wir das Gehirn im Tank so sprechen hören, würden wir ihm vermutlich recht geben. Das Gehirn im Tank hat aus unserer Sicht eine berechtigte Sorge formuliert.

Zur Terminologie. Ich werde solche Sorgen um der Kürze willen als „*berechtigte* Sorge" des Gehirns im Tank bezeichnen. Man könnte eine Sorge in zweierlei Hinsicht berechtigt nennen. Wenn der Sohn abends nicht nachhause kommt, dann könnte man die väterliche Sorge, dass der Sohn verunglückt ist, im schwachen Sinn berechtigt nennen. (Sorgen können im schwachen Sinn schon dann berechtigt sein, wenn sie sich nicht bewahrheiten). Sollte der Sohn tatsächlich verunglückt sein, so hat sich die Sorge (in stärkerem Sinn) als berechtigt herausgestellt. Für berechtigte Sorgen im ersten (schwachen) Sinn genügt es, in der Meinung *gerechtfertigt* zu sein, dass der von der Sorge befürchtete Sachverhalt der Fall ist; für berechtigte Sorgen im zweiten Sinn muss dieser Sachverhalt wirklich der Fall sein. In diesem stärkeren Sinn soll von nun an meine Rede von „berechtigten Sorgen" des Gehirns im Tank zu verstehen sein.

§ 5.6. Man könnte die Angemessenheit der Formulierung (1) bestreiten und fragen: Müsste der Satz nicht uminterpretiert werden, also bei Übertragung aus der Tank- in unsere Sprache verändert werden, bevor wir ihn beurteilen können? Nein. Meiner Ansicht nach spricht viel dafür, dass wir den Satz unverändert in unsere Sprache herübernehmen dürfen. Warum das so ist, werden wir später genauer sagen können (§ 7.7); einstweilen fehlt uns dafür das begriffliche Handwerkszeug. (Die im vorliegenden Abschnitt durchzuspielenden Überlegungen sollen als Winke in eine Richtung verstanden werden, die jeder von uns spürt, ohne sie schon akkurat fassen zu können). Hier also eine vorläufige Überlegung zugunsten meiner Behauptung, dass der tanksprachliche Satz

Uninformative Sorgen

(1) Vielleicht bin ich in einer misslichen Lage gefangen, in der weitreichende philosophische Sorgen bewahrheitet sind,

unverändert in unsere Sprache übernomen werden darf. Der erste Teil des Satzes spricht in metaphorischer Weise von Gefangenschaft – da diese Redeweise nicht wörtlich gemeint ist, brauchen wir sie nicht etwa durch „kybernetische Gefangenschaft" zu übersetzen.[1] Und im zweiten Teil des Satzes ist abstrakt von philosophischen Sorgen die Rede. Philosophische Sorgen sind im Tank dasselbe wie ausserhalb des Tanks. Es sind (enge) psychologische Zustände, die sich unabhängig von der Umgebung des Sprechers identifizieren lassen (sozusagen vom

---
[1] Wir werden auf Metaphern und Analogien zurückkommen, siehe § 15.3 bis § 15.9.

Kapitel II. Warum sind wir nicht zufrieden?

Standpunkt des methodologischen Solipsismus, vergl. dazu Putnam [MoM]:219–221). Nichts spricht dafür, dass sich philosophische Sorgen im Tank anders anfühlen als bei uns. Fazit: Satz (1) besagt aus dem Munde eingetankter Gehirne dasselbe wie bei uns. (Wir werden diese und ähnliche Behauptungen später eingehender rechtfertigen).

Obwohl also das eingetankte Gehirn mit Satz (1) eine berechtigte Vermutung ausspricht, genügt der Satz für unsere Zwecke nicht. Er ist nicht präzise genug. Weder nennt er die philosophische Sorge beim Namen, die das eingetankte Gehirn beunruhigt (oder beunruhigen sollte) – noch motiviert er diese Sorge.

Vergleichen wir die Lage mit dem überkommenen Aussenweltskeptizismus. Wenn die Skeptikerin sagt:

(1*) Vielleicht stimmt etwas nicht mit der Zuverlässigkeit meiner Wissensansprüche über die Welt,

und bei dieser Formulierung stehen bleibt, dann brauchen wir sie nicht weiter zu beachten. Will die Skeptikerin ernst genommen werden, so muss sie ihre Sorge motivieren, indem sie etwa ihre bekannten skeptischen Szenarien entfaltet. Auch die philosophische Sorge (1) unseres Gehirns im Tank verdient ohne entsprechende Motivation keine Aufmerksamkeit.

Ohne Motivation steht sie sogar schlimmer da als ihr (unmotiviertes) skeptizistisches Gegenstück (1*), da in ihrer Formulierung nicht einmal die *Art* der philosophischen Sorge angedeutet ist. Die Skeptikerin hat eine ganz bestimmte, erkenntnistheoretische Sorge. Worin, genau, besteht die philosophische Sorge des Gehirns im Tank? Satz (1) sagt darüber nichts.

Indikatoren für Eingetankte

§5.7. Wenn die Formulierung (1) nicht informativ genug ist, um uns weiterzubringen, dann muss das eingetankte Gehirn seine Sorge genauer fassen und motivieren. Wie wäre dies:

(2) Vielleicht ist mein Aktionsradius auf einen unbedeutenden Teil der Welt beschränkt, weil ich möglicherweise nur ein Gehirn im Tank bin.

Im Vergleich zu (1) ist diese Formulierung in der Tat informativ. Leider hilft sie nicht. Insofern sie die informativen Ausdrücke „Aktionsradius", „Teil der Welt" und „Gehirn im Tank" enthält, darf diese tanksprachliche Formulierung nicht wortwörtlich in unsere Sprache übertragen werden. Wenn wir sie aber übersetzen, bekommen wir ungefähr folgendes:

5. Die philosophische Sorge 49

($2_{ü}$) Vielleicht ist der kybernetische Radius meiner kybernetischen Aktionen auf einen Teil der Bit-Welt beschränkt, weil ich möglicherweise nur ein Bit-Gehirn im kybernetischen Innern eines Bit-Tanks bin.

Und dieser Satz drückt (in unserer Sprache und aus unserer Sicht) nicht das aus, was wir an der Lage des Gehirns im Tank misslich finden. Der Satz beschreibt dessen Lage falsch. Wir haben uns bereits klargemacht, dass das eingetankte Gehirn zwar ein Gehirn im Tank ist, aber kein Bit-Gehirn im kybernetischen Innern eines Bit-Tanks (siehe §4.12). Ebensowenig ist der kybernetische Radius der kybernetischen Aktionen des eingetankten Gehirns in der Bit-Welt beschränkt – jedenfalls nicht in dem dramatischen Sinn von „Beschränkung", der uns vorhin dazu bewogen hat, die Lage des eingetankten Gehirns als „existentiell misslich" zu bezeichnen. In der Bit-Welt hat das eingetankte Gehirn durchaus die Macht zur Veränderung. Es kann Bit-Tiger kybernetisch jagen, kybernetische Küsse austauschen und seinen Bit-Körper im Fall von Schmerzen durch kybernetische Heilpraktiken kurieren. Das alles bedeutet, dass die tanksprachliche Formulierung (2) keinen Deut besser ist als die ursprüngliche Hypothese:

(3) Ich bin vielleicht nur ein Gehirn im Tank,

die wir längst widerlegt haben, sowohl aus unserem eigenen Mund wie aus dem Mund eingetankter Gehirne. Obwohl sie informativ klingen, eignen sich solche Sätze nicht zur Beschreibung der befürchteten eigenen Lage. Sie sind falsch aus unserem Mund und falsch aus dem Mund eingetankter Gehirne. Sie differenzieren nicht zwischen unserer und ihrer Lage und sind daher kein *Indikator* der Lage dessen, der sie äussert. Als „Indikator" möchte ich einen Satz bezeichnen, der falsch ist aus dem Munde von Sprechern, deren philosophische Sorge unberechtigt ist, und der wahr ist aus dem Munde von Sprechern, deren philosophische Sorge berechtigt ist (weil sie z. B. im Tank stecken). Unser ursprünglicher Versuch

(1) Vielleicht bin ich in einer misslichen Lage gefangen, in der weitreichende philosophische Sorgen bewahrheitet sind,

scheint in diesem Sinne ein Indikator zu sein, denn dieser Satz ist wahr, wenn er von einem Gehirn im Tank vorgebracht wird, aus unserem Munde hoffentlich falsch und jedenfalls falsch aus dem Munde von Sprechern, deren philosophische Sorgen allesamt unberechtigt sind.

50 Kapitel II. Warum sind wir nicht zufrieden?

Doch haben wir uns klargemacht, dass sich der Indikator (1) für unsere Zwecke nicht eignet, weil er nicht informativ genug ist.

Informative Indikatoren

§5.8. Damit können wir jetzt genauer fassen, wonach wir suchen wollen. Wir suchen eine gelungene Mischung aus Sätzen wie (1) und Sätzen wie (2): eine Mischung, der die Nachteile der beiden Sätze abgehen und die ihre Vorteile in sich vereinigt. Wir suchen informative Indikatoren.

Wir werden die Suche im übernächsten Abschnitt in Gang setzen. Zuvor werden wir uns mit einem technischen Problem herumschlagen, das mit dem Begriff des Indikators zusammenhängt. Bislang haben wir diesen Begriff informell eingeführt. Wie sich herausstellen wird, wirft der Versuch seiner präzisen Einführung ungeahnte Probleme auf.

6. Schwierigkeiten mit dem Begriff des Indikators

Das Problem

§6.1. Um seine berechtigte Sorge artikulieren zu können, braucht das Gehirn im Tank einen (informativen) Indikator. Was sind Indikatoren? Im letzten Abschnitt habe ich anhand des Beispiels

(1) Vielleicht bin ich in einer misslichen Lage gefangen, in der weitreichende philosophische Sorgen bewahrheitet sind,

zu erläutern versucht, was ich unter einem Indikator verstehen möchte: nämlich einen Satz, der zwischen der Lage eines Sprechers mit berechtigten und der eines Sprechers mit unberechtigten philosophischen Sorgen richtig differenziert (wobei eventuell nötige Uminterpretationen des fraglichen Satzes zu berücksichtigen sind). Diese Erläuterung weckt den Verdacht, zirkulär zu sein.[2] Denn sie funktioniert nur, wenn wir voraussetzen dürfen, dass Satz (1) die geforderten Eigenschaften aufweist. Unsere Erläuterung scheint nur zu wiederholen, was Satz (1) sagt. Sollten dem Satz die gewünschten Eigenschaften abgehen, dann würde unsere Erläuterung des Indikatorbegriffs nichts taugen. Der Begriff ist also offenbar nur sinnvoll, wenn feststeht, dass er nicht leer ist. Das bedeutet zwar nicht unbedingt, dass unsere Erläuterung des Begriffs zirkulär ist. Doch dass sie merkwürdig anmutet, lässt sich nicht leugnen.

---

[2] Der Verdacht geht auf eine briefliche Kritik von Wolfgang Carl zurück.

6. Schwierigkeiten mit dem Begriff des Indikators   51

Bringen wir unser Unbehagen auf den Punkt: Wer den Begriff des Indikators anhand unserer Erläuterung verstanden hat, kommt nicht darum herum zuzugeben, dass es mindestens einen Indikator wirklich gibt. Aber der vor uns liegende, metaphysische Teil unserer Untersuchung wird sich genau auf den Streit um die Existenz von Indikatoren zuspitzen. Es wäre ungünstig, wenn das Ergebnis dieses Streits durch begriffliche Erläuterungen vorentschieden würde.

Richtigstellung. Ich habe das Unbehagen um der Dramatik willen übertrieben. Wer mein metaphysisches Projekt ablehnt, kann ohne Gefahr zugeben, meine Erläuterung zu verstehen und damit die Existenz gewisser Indikatoren zu akzeptieren. Für mein Projekt brauche ich nicht irgendwelche beliebigen, sondern *informative* Indikatoren. Und der Gegner der Metaphysik könnte behaupten, dass kein Indikator informativ sein kann, siehe §7.7. (Dann wäre mein metaphysisches Projekt uninformativ, und der Gegner hätte gewonnen).

§6.2. Es fragt sich: Gibt es weniger dubiose Möglichkeiten, den Begriff des Indikators einzuführen? Überraschenderweise ist die Antwort auf diese Frage nicht einfach. Ich werde im folgenden eine Reihe unbefriedigender Vorschläge durchmustern und am Ende bei zwei Vorschlägen stehen bleiben, die ich für vertretbar halte. Die gesuchten Indikatoren sollen die Lage eingetankter Gehirne treffen. Das legt zunächst folgenden Vorschlag nahe:

Ein zu enger und ein zu weiter Vorschlag

(i) Ein Satz ist ein Indikator für die Lage eingetankter Gehirne, wenn er aus dem Munde eingetankter Gehirne wahr ist.

Das genügt deshalb nicht, weil der Satz „2 + 2 = 4" aus dem Munde eingetankter Gehirne sicher wahr ist, sich aber nicht dazu eignet, zwischen der Lage eingetankter Gehirne und der Lage privilegierterer Sprecher zu differenzieren. (Der Satz ist aus dem Munde aller Sprecher wahr; in dieser Hinsicht ähnelt er den Sätzen „Ich existiere" und „Ich bin *kein* Gehirn im Tank". Das letzte Beispiel zeigt am deutlichsten, dass Vorschlag (i) nicht die richtigen Sätze herausgreift. Wenn irgendein Satz die Lage eingetankter Gehirne nicht erhellt, dann der (wahre) Satz „Ich bin *kein* Gehirn im Tank". Als Indikator sollte der Satz nicht durchgehen[3]).

Um den Fehler zu vermeiden, verschärfen wir den ersten Vorschlag wie folgt:

---

[3] Eine ähnliche Überlegung hat Oliver Wachsmuth (anhand des Satzes „Ich bin ein Mensch") am 17.12.1994 beim *Ersten Göttinger Philosophischen Kolloquium* vorgetragen.

(ii) Ein Satz ist ein Indikator für die Lage eingetankter Gehirne, wenn er genau und nur aus dem Munde eingetankter Gehirne wahr ist.

Dieser Vorschlag ist zu eng; er schliesst Sätze aus, auf die wir es abgesehen haben. Denn dem eingetankten Gehirn könnte ein Gehirn im Tank vorgegaukelt werden (durch geeignete Simulation von Nährflüssigkeit, Tank, Computer, Gehirn und Kabeln). Das vorgegaukelte Gehirn im Tank wäre (aus unserer Sicht) ein Bit-Gehirn im kybernetischen Innern eines Bit-Tanks, bestünde also letztlich aus einer mereologischen Unsumme abgespeicherter Nullen und Einsen, und es befände sich damit eine Ebene weiter unten als das Gehirn, dem es vorgegaukelt wird. Das Bit-Gehirn wäre nicht einmal an einen echten Simulationscomputer angeschlossen, sondern es steckte in einer noch schlimmeren Lage. Wenn schon das Gehirn im Tank irgendwelche berechtigten philosophischen Sorgen hat, dann sind die philosophischen Sorgen des Bit-Gehirns im kybernetischen Innern des Bit-Tanks noch viel berechtigter. Auch aus dem Munde eines solchen (doppelt beschränkten) Sprechers sollte der gesuchte Indikator wahr sein – was er laut (ii) genau nicht wäre.

Exkurs über Iterationen

§6.3. *Problem.* Was sind Bit-Gehirne im Bit-Tank? Lässt sich das Gedankenspiel des Gehirns im Tank wirklich iterieren, so wie die Idee eines Traums im Traum?

Man verliert bei solchen Fragen schnell den Überblick. Um das zu vermeiden, sollten wir zuallererst eine Vorfrage klären. Haben Bit-Gehirne Bewusstsein? Ich denke, wir sollten diese Vorfrage verneinen. Das eingetankte Gehirn aus unserem bisherigen Gedankenspiel steuert zwar einen kompletten Bit-Körper durch den Universalspeicher des Simulationscomputers; und sein Bit-Körper hat nicht nur Bit-Hände, sondern auch einen Bit-Schädel, in dem ein Bit-Gehirn steckt. Aber nicht dies Bit-Gehirn (nicht diese Folge abgespeicherter Codes) ist der Träger des getäuschten Bewusstseins; der Träger des getäuschten Bewusstseins ist und bleibt das Gehirn im Tank, ausserhalb des Simulationscomputers.

Wenn nun dem Gehirn im Tank der Eindruck anderer Menschen vorgegaukelt wird, dann geht dieser Eindruck auch auf Bit-Hände, Bit-Köpfe und (zumindest im Fall von medizinischer Operationen) Bit-Gehirne zurück. Sind vielleicht diese Bit-Gehirne bei Bewusstsein? Abermals nein. Auch diese Bit-Gehirne bestehen nur aus komplizierten Codes; wieso sollte eine Reihe abgespeicherter Nullen und Einsen etwas empfinden oder denken können? (Wer Turings Test anerkennt (vergl. dazu Putnam [RTH]:8–12), würde die Sache anders sehen; aber das spricht meiner Ansicht nach gegen den Turing-Test. Ich möchte dies Thema nicht vertiefen, weil wir hier keine Philosophie des

6. Schwierigkeiten mit dem Begriff des Indikators 53

Geistes treiben wollen. Man gestehe mir meine Behauptung zumindest zum Zwecke des Arguments zu).

Die Bit-Menschen, die dem eingetankten Gehirn menschenartige Eindrücke verschaffen, haben *für sich allein* kein Bewusstsein; jedenfalls in dem Szenario, das wir die ganze Zeit diskutiert haben und das nur ein einziges Bewusstsein enthält: das Bewusstsein unseres getäuschten Doppelgängers.

Für die augenblicklichen Zwecke sollten wir das Szenario stärker bevölkern; wir sollten annehmen, dass die anderen Bit-Menschen genauso mit einem eingetankten Gehirn verbunden sind wie das Gehirn im Tank, das wir bislang *incommunicado* gehalten haben. (Damit nähern wir uns an Putnams ursprüngliches Gedankenspiel an, in dem *alle fühlenden Wesen* im Tank stecken, siehe [RTH]:12). In diesem erweiterten Szenario wären die anderen Bit-Menschen genauso mit Bewusstsein verknüpft wie unsere bisherige Hauptperson. Sogar könnte man sich entschliessen, den Bit-Menschen Bewusstsein zuzuschreiben, aber nur im parasitären Sinne (weil ihr Bewusstsein letztlich vom Gehirn ausserhalb des Simulationscomputers abhängt).

Nach diesen Vorüberlegungen ist der Weg zur Iteration des Eingetanktseins nicht mehr schwierig. Einem Bit-Gehirn im Bit-Tank kann man (genau wie einem Bit-Gehirn im komplett bit-menschlichen Bit-Körper) nur dann bewusste Zustände zuschreiben, und zwar wieder nur im parasitären Sinn, wenn es mit einem echten Gehirn im Tank verbunden ist, das Bewusstsein hat. Dieser Sicht zufolge haben alle uns interessierenden Wesen mit Bewusstsein ein echtes Gehirn; manche von ihnen steuern einen echten Menschenkörper durch die physikalische Welt; andere steuern nur einen Bit-Körper durch den Universalspeicher des Simulationscomputers; und noch andere haben nicht einmal einen Bit-Körper, sondern nur einen Bit-Bit-Körper, den sie durch den Bit-Universalspeicher eines Bit-Computers steuern: durch einen kleinen (codierten) Ausschnitt des echten Universalspeichers. Diese Schachtelung kann beliebig weit nach unten fortgesetzt werden. (Worauf, genau, die mehrfache Verkettung des Bit-Operators hinausläuft, werden wir später noch einmal aufgreifen; siehe §21.3 bis §21.4).

§6.4. Im nächsten Versuch lockern wir die überzogene Formulierung aus (ii), indem wir tiefer eingetankte Gehirne einbeziehen und dann auf den Kontrast zwischen den irgendwo eingetankten Gehirnen und uns blicken: *Wir und die unter uns*

(iii) Ein Indikator (für die Lage eingetankter Gehirne) ist ein Satz, der aus dem Munde eingetankter Gehirne, aus dem Munde von Bit-Gehirnen im kybernetischen Innern von Bit-Tanks, aus dem Munde von Bit-Bit-Gehirnen im kybernetischen Innern des kybernetischen Innern von Bit-Bit-Tanks usw. wahr ist und aus unserem Munde falsch.

Dass der Indikator ein Indikator *für die Lage eingetankter Gehirne* ist, habe ich in diesem Vorschlag eingeklammert. Wie wir im vorletzten Paragraphen gesehen haben, sollen die gesuchten Indikatoren nicht nur aus dem Munde eingetankter Gehirne wahr sein, sondern auch aus dem Munde von Sprechern, die in einer ähnlich misslichen Lage stecken. Streng genommen sollte ich die gesuchten Sätze daher so bezeichnen:

> Indikator für das, was wir z. B. an der Lage eingetankter Gehirne beunruhigend finden.

Um der Kürze willen werde ich auch in den noch folgenden Vorschlägen bei der eingeklammerten, ungenauen Benennung bleiben.

Vorschlag (iii) kann uns nicht befriedigen, weil wir nach Indikatoren suchen, um am Ende über unsere eigene Lage zu spekulieren. Zwar ist es uns im Augenblick darum zu tun, dem eingetankten Gehirn zu helfen, seine berechtigte philosophische Sorge sprachlich angemessen zu fassen; aber der Endzweck dieser Übung betrifft uns selbst. Wir suchen nach Formulierungen, die sich eignen, um unseren analogen philosophischen Sorgen Ausdruck zu verleihen, von denen wir noch nicht wissen, ob sie berechtigt sind oder nicht. Ein Indikator gemäss (iii) wäre für uns uninteressant, weil er aus unserem Munde *per definitionem* falsch zu sein hätte und daher keine Sorge aussprechen könnte, die uns angeht.

Unsere Hoffnungen

§ 6.5. Aus diesem Grunde habe ich im vorigen Abschnitt zu der verzweifelten Formulierung „aus unserem Munde *hoffentlich* falsch" gegriffen und folgendes vorgeschlagen:

> (iv) Ein Indikator (für die Lage eingetankter Gehirne) ist ein Satz, der aus dem Munde eingetankter Gehirne (oder aus dem Munde von Sprechern auf noch tieferen Ebenen) wahr ist und aus unserem Munde hoffentlich falsch.

Dadurch wollte ich der Tatsache Rechnung tragen, dass noch unentschieden ist, ob ein Indikator aus unserem Munde zutrifft oder nicht – und dass wir auf die zweite Möglichkeit hoffen (weil wir nämlich nicht wollen, dass sich unsere philosophische Sorge bewahrheitet). Aber mehr als eine Andeutung habe ich dadurch nicht gegeben. Der Vorschlag ist nicht scharf genug. Wir hoffen auf vieles und manches. (Wir werden uns sogar noch von der Auffassung überraschen lassen, dass die Lage eingetankter Gehirne gewisse Hoffnungen befriedigen könnte; siehe Abschnitt 25). Wenn wir unsere Erläuterungen *streng* durchführen wollen, sollten wir unsere Hoffnungen besser unberücksichtigt lassen.

6. Schwierigkeiten mit dem Begriff des Indikators 55

(Trotzdem ist der Vorschlag nicht schlecht. Er *erzwingt* zwar nicht das richtige Verständnis, aber er gibt dem wohlwollend mitdenkenden Leser Winke in die richtige Richtung. Selbst der gestrenge Frege kam nicht überall ohne derartige Winke aus, vergl. Frege [üBG]:67 und [LiM]:99).

§6.6. Versuchen wir es ohne Verweis auf unsere Hoffnungen. Wenn wir nicht in den abgewiesenen Vorschlag (iii) zurückfallen wollen, sollten wir den Bezug auf uns selber vielleicht aus unserer Erklärung streichen. Dann entsteht folgendes: Vorschlag ohne uns

(v) Ein Indikator (für die Lage eingetankter Gehirne) ist ein Satz, der aus dem Munde eingetankter Gehirne (oder aus dem Munde von Sprechern auf noch tieferen Ebenen) wahr ist und falsch aus dem Munde kompletter Sprecher, die weder im Tank stecken noch (um Ebenen tiefer) aus Bits und Bytes in irgendwelchen Simulationscomputern zusammengesetzt sind.

Auch dieser Vorschlag hilft uns nichts. Denn durch Putnams Beweis wissen wir, dass wir kein Gehirn im Tank sind. (Und der Beweis lässt sich leicht überführen in einen Beweis gegen die Hypothese, dass wir auf tieferen Ebenen im Tank stecken könnten, dass wir z.B. als Bit-Gehirn im kybernetischen Innern irgendwelcher Bit-Tanks stecken könnten). Demzufolge wäre ein Indikator à la (v) aus unserem Munde garantiert falsch. Aber wir suchen nach Sätzen, die auch aus unserem Munde wahr sein *könnten*.

§6.7. Eine Möglichkeit, dieser Schwierigkeit zu begegnen, besteht darin, uns *samt unserer Unwissenheit* ins Spiel zu bringen: Wir und unser Unwissen

(vi) Ein Indikator (für die Lage eingetankter Gehirne) ist ein Satz, der aus dem Munde eingetankter Gehirne (oder aus dem Munde von Sprechern auf noch tieferen Ebenen) wahr ist und dessen Wahrheitswert wir nicht kennen, wenn wir den Satz äussern.

Dieser Vorschlag ist wieder nicht der Weisheit letzter Schluss. Laut (vi) wäre uns der Wahrheitswert eines Indikators aus unserem eigenen Mund *per definitionem* unbekannt. So weit sollten wir nicht gehen. Wir sollten offen lassen, ob wir den Wahrheitswert des fraglichen Satzes nie werden ermitteln können oder ob sich uns eines Tages Erkenntnisquellen auftun werden, mit deren Hilfe wir schliesslich doch noch über den Satz entscheiden können. Wir sollten uns nicht von Anbeginn begrifflich darauf festlegen, dass sich die metaphysischen Fragen, die wir ansteuern, nicht beantworten lassen. Zwar glaube ich, dass sie sich nicht beantworten lassen; aber das ist eine Ansicht mit eigenem Gehalt, kein leer laufender analytischer Satz, der sich aus Definitionen ergibt. (Und meine Ansicht könnte falsch sein; vielleicht habe ich metaphysische oder spirituelle Erkenntnisquellen übersehen?) Schwächen wir den Vorschlag (vi) also besser ab:

(vii) Ein Indikator (für die Lage eingetankter Gehirne) ist ein Satz, der aus dem Munde eingetankter Gehirne (oder aus dem Munde von Sprechern auf noch tieferen Ebenen) wahr ist und dessen Wahrheitswert aus unserem eigenen Munde wir weder empirisch noch durch Putnams Beweis kennen.

Der Vorschlag klingt zwar *ad hoc*; und vielleicht ist er immer noch zu unbestimmt. Aber im Augenblick fallen mir keine schlagenden Einwände gegen ihn ein. Er scheint wirklich die Sätze herauszugreifen, auf die ich es abgesehen habe.

Verschachtelte Welt

§ 6.8. Sicherheitshalber lege ich noch einen weiteren Vorschlag auf den Tisch, der zwar weniger unbestimmt klingt als (vii), der aber auf einer Konstruktion beruht, die mir – wie ich gestehen muss – nicht ganz geheuer ist. Die Idee des Vorschlages besteht darin, uns und unsere Lage völlig auszublenden: Wir betrachten von aussen eine erdachte Welt, in der wir nicht vorkommen. Wir nehmen an, dass wir diese Welt mit all ihren verschachtelten Realitätsebenen genau kennen:

Auf der äussersten Schale dieser Welt leben Sprecher mit normalen Körpern, die ihre eigene Welt komplett überblicken, aber nicht wissen, dass sie in dieser privilegierten Lage sind. Diese privilegierten Sprecher sind sehr beunruhigt angesichts beschränkterer Wesen, die seit jeher im Tank stecken. Im Simulationscomputer dieser eingetankten Sprecher – auf der zweiten Ebene jener erdachten Welt – finden sich allerlei Bit-Gegenstände: Bit-Tiger, Bit-Häuser usw. Unter anderem finden sich dort Bit-Gehirne im kybernetischen Innern von Bit-Tanks. Im kybernetischen Innern der Bit-Computer (die den Bit-Gehirnen echte Bit-Körper vorgaukeln) liegt die dritte Realitätsschicht unserer erdachten Welt. Dort gibt es Bit-Bit-Gegenstände, z.B. Bit-Bit-Tiger. (So würden wir und die privilegierten Sprecher von der äussersten Schale jener Welt reden; die eingetankten Gehirne nennen dieselben Entitäten „Bit-Tiger"; und die Bit-Gehirne aus dem kybernetischen Innern von Bit-Tanks nennen sie „Tiger").

6. Schwierigkeiten mit dem Begriff des Indikators

§6.9. In der erdachten Welt sind beliebig viele dieser Ebenen ineinander verschachtelt. Da wir diese Welt erfunden haben, wissen wir von jedem einzelnen Sprecher, auf welcher Ebene er wohnt. (Insbesondere haben wir festgelegt, dass es über den zuerst genannten, privilegierten Sprechern keine weiteren Realitätsschichten gibt). Mit Blick auf die erfundene Welt definieren wir:

Letzter Vorschlag

(viii) Ein Indikator (für die Lage eingetankter Gehirne) ist ein Satz, der aus dem Munde aller privilegierten Sprecher aus der erdachten Welt falsch und aus dem Munde aller ihrer anderen Bewohner wahr ist.

Im Unterschied zu Vorschlag (v) scheitert dieser Vorschlag nicht daran, dass ihm zufolge ein Indikator aus unserem eigenen Munde falsch sein muss. Denn der neue Vorschlag legt die Wahrheitswerte von Indikatoren *nur für Sprecher aus einer erfundenen Welt* fest! Da wir unter Garantie nicht in einer erfundenen Welt leben, sagt der Vorschlag nichts über uns und den Wahrheitswert irgendwelcher Indikatoren aus unserem Mund. Ohne uns selbst als Teil der erfundenen Welt aufzufassen, können wir von aussen studieren, wie sich die Wahrheitswerte irgendwelcher Sätze je nach Position des Sprechers in jener Welt ändern und welche Sätze als Indikator anzusehen sind.

Einwand. Setzen wir dadurch nicht voraus, dass wir sprachliche Ressourcen an der Hand haben, mit denen wir über die äusserste Schale der Realität jener Welt reden können? Und läuft das nicht darauf hinaus, dass wir auch die äusserste Schale unserer eigenen Welt benennen können – so dass bereits feststeht, dass wir uns keine philosophischen Sorgen zu machen brauchen, genausowenig wie die privilegierten Sprecher aus jener erfundenen Welt?

Nein. Die Fragen entspringen einer falschen Sicht dessen, wie die Rede über erdachte Welten zu verstehen ist. Denn die Fragen beruhen auf der Vorstellung, dass die fragliche Welt mit ihren ineinandergeschachtelten Wirklichkeitsschichten unabhängig von uns besteht und dass wir mit unserer Sprache nur die Schichten beschreiben und benennen können, mit deren Elementen wir in unserer eigenen Welt kausal (und daher sprachlich) interagieren. Das alles klingt so, als *entdeckten* wir die fragliche Welt. Aber das wäre ein Missverständnis. Jene Welt ist nicht schon da, bevor wir (in Gedanken) hingehen.[4] *Wir* haben diese Welt geschaffen! Mögliche, erdachte Welten entstehen immer durch unsere Festlegungen. Und wir haben die verschachtelte Welt eigens so eingerichtet, dass uns all ihre Wirklichkeitsebenen sprachlich offenstehen.

---

[4] In Anlehnung an Kripke [NN] hat Stegmüller dies falsche Bild von den erdachten Welten als „Teleskoptheorie möglicher Welten" bezeichnet (Stegmüller [HG]/II:319).

Indikatoren auf dem Mond

§6.10. *Verdeutlichung.* Der Begriff des Indikators lässt sich auf unsere Mondgeschichte aus Abschnitt 2 übertragen. Wir suchen z. B. einen Indikator für Braunäugigkeit (also für die Augenfarbe, die von der Linguistin „braun" genannt wird, da wir uns auf ihren sprachlichen Standpunkt gestellt haben). Der Satz

> Ich habe braune Augen,

ist kein Indikator für Braunäugigkeit. Denn er ist nicht nur aus dem Munde (und im Dialekt) der braunäugigen Mondbewohner wahr; er ist auch wahr aus dem Munde der Blauäugigen (in deren Dialekt, wie wir uns erinnern, die Farbwörter „braun" und „blau" verwirrenderweise vertauscht sind).

Wenn wir von aussen auf die Mondwelt blicken, so wie wir im letzten Vorschlag (viii) von aussen auf die verschachtelte Welt geblickt haben, können wir definieren:

> Ein Indikator für Braunäugigkeit ist ein mondsprachlicher Satz, der aus dem Munde der Mondbewohner mit braunen Augen wahr ist und der falsch ist aus dem Munde von Mondbewohnern mit blauen Augen.

Da wir nicht ausgeschlossen haben, dass Indikatoren indexikalische Ausdrücke enthalten dürfen, drängt sich uns folgender Kandidat auf:

> Ich habe eine andere Augenfarbe als der da. [Sprecher zeigt auf den blauäugigen Assistenten].

Aber dieser Vorschlag würde dem Assistenten selber nicht viel helfen; er wäre aus seinem eigenen Munde für ihn selbst nicht informativ. (Zudem haben wir uns vorhin im Kleingedruckten darauf geeinigt, dass auch die Verwendung des Ausdrucks „dieselbe Augenfarbe" auf dem Mond je nach Dialekt schwankt. Siehe §2.2).

Zweiter Anlauf. Wir präsentieren dem Sprecher zwei farblich sortierte Photostapel und legen ihm folgenden Satz in den Mund:

> Wenn hier die Augenbilder aller Mondbewohner versammelt sind, dann befindet sich das Bild meiner Augen in *diesem* Photostapel. [Sprecher zeigt auf den Stapel mit Photos brauner Augen].

Wenn der Sprecher bei Verlautbarung dieses Satzes wirklich auf den Stapel mit Photos brauner Augen zeigt, dann ist der Satz in der Tat nur aus dem Munde braunäugiger Sprecher wahr. (Das Konditional darf natürlich nicht bloss so verstanden werden wie in der wahrheitsfunktionalen Aussagenlogik, sondern muss im Falle eines falschen Vordersatzes als kontrafaktisches Konditional gelesen werden).

7. Können Indikatoren informativ sein?

§ 7.1. Kann ein Gehirn im Tank über seine eigene beschränkte Lage spekulieren? Kann es diese Lage durch Angabe wahrer Sätze treffen? Die Frage soll nicht mit der Frage verwechselt werden, ob das eingetankte Gehirn *herausfinden* kann, in welcher Lage es steckt. Gefragt ist vielmehr, ob es über sprachliche Ressourcen verfügt, seine Lage richtig zu beschreiben, ganz einerlei, ob es diese Beschreibung nun verifizieren kann oder nicht.

Putnam behauptet zuviel

Bislang steht (durch Putnams Argument und dessen Übersetzung aus der Tanksprache) nur fest, dass sich die Wörter „Gehirn", „Tank", „Computer" usw. nicht zur Selbstbeschreibung des Gehirns im Tank eignen, da der tanksprachliche Satz

(3) Ich bin vielleicht nur ein Gehirn im Tank,

die Lage des eingetankten Gehirns genau verfehlt. (Wir haben gesehen, dass auch aus dem Munde eingetankter Gehirne das Gegenteil des Satzes (3) wahr ist).

Aber Putnam behauptet mehr. Er behauptet, dass ein Gehirn im Tank seine Lage sprachlich *überhaupt nicht* treffen kann.[5] Dem möchte ich widersprechen. Bevor ich meinen Widerspruch in den kommenden Kapiteln begründe, sollte ich eines festhalten. Selbst wenn, wie ich meine, Putnam mit seiner weitergehenden Behauptung unrecht hat, selbst wenn also die eingetankten Gehirne doch über ihre eigene Lage spekulieren können, selbst dann bleibt Putnams Beweis gegen die Hypothese vom Gehirn im Tank unangefochten. Putnams Beweis zeigt zweifelsfrei, dass sich eine bestimmte Hypothese nicht dazu eignet, die Lage eines eingetankten Gehirns aus eigener Sicht richtig zu treffen – nämlich Hypothese (3). Ob sich andere Hypothesen zu diesem Zweck besser eignen, lässt die Widerlegung von (3) offen.

§ 7.2. *Bemerkung*. Das stimmt zumindest für unsere Version des Putnam-Beweises. Sie beruht nur darauf, dass eingetankte Gehirne mit dem tanksprachlichen Artnamen „Gehirn" keine echten Gehirne bezeichnen können. Verfügen Gehirne im Tank über andere sprachliche Ressourcen wie z.B. Beschreibungen (Kennzeichnungen), um echte Gehirne zu bezeichnen? Unsere Fassung des Beweises sagt darüber nichts. (Siehe unten § 16.12 bis § 16.13. Vergl. Band 1, Abschnitt 25).

Putnams ursprünglicher Beweis

---

[5] Putnam sagt: „[...] the brains in a vat cannot think or say that they are brains in a vat" ([RTH]:14). Vergl. auch Putnam [S]:267n22.

Kapitel II. Warum sind wir nicht zufrieden?

Putnams ursprünglicher Beweis aus *Reason, Truth and History* ([RTH]) ist in dieser Hinsicht teurer (und lässt sich daher leichter attackieren). Man könnte diesen ursprünglichen Beweis ungefähr so rekonstruieren:

(a) Gehirne im Tank können überhaupt keine Gehirne bezeichnen. (Cf. [RTH]: 12–15).
(b) Wenn ich über die Hypothese vom Gehirn im Tank nachdenken oder sprechen kann, dann ist die Hypothese nicht wahr. (Aus (a); cf. [RTH]:8).
(c) Also ist die Hypothese vom Gehirn im Tank nicht wahr. (Aus (b); cf. [RTH]:8).

Gegen diese Fassung mag man eine Menge einwenden; in unserem Zusammenhang ist folgender Einwand wichtig: Durch Prämisse (a) wird *jede* tanksprachliche Rede über echte Gehirne ausgeschlossen, die beschreibende Rede genauso wie die mithilfe primärer Artnamen.[6] Dass Putnam ohne solch eine starke Behauptung auskommen kann, zeigt unsere Fassung seines Beweises. Und dass er ohne sie auskommen sollte, wird deutlich, wenn man sich überlegt, wie schwer es zu begründen wäre, dass eingetankte Gehirne in ihrer Sprache nicht einmal *per descriptionem* über echte Gehirne reden können. In Beschreibungen (Kennzeichnungen) kann man Wörter miteinander kombinieren und dadurch Gegenstände und Arten bezeichnen, mit denen der Sprecher nie in kausalem Kontakt stand. (Siehe Band 1, Abschnitt 25. Wir werden darauf in Kapitel VI zurückkommen und uns klarmachen, dass Putnams Prämisse (a) nur für naturwissenschaftliche Sprachverwendungen verteidigt werden kann).

Schon in *Reason, Truth and History* ([RTH]) finden sich Hinweise für einen Beweis gegen die Hypothese vom Gehirn im Tank, der ohne die überzogene Prämisse (a) auskommt und sich sogar mit ihrer Negation vereinbaren lassen könnte. So deutet Putnam an, dass die Hypothese:

(i) Ich bin ein Gehirn im Tank,

selbstwidersprüchlich ist (cf. [RTH]:7/8). Dies lässt sich deutlicher sehen, wenn man ein Stück Externalismus in die fragliche Hypothese mit aufnimmt:

(ii) Ich bin ein *Gehirn* im Tank, und kein Gehirn im Tank bezeichnet *mit seinem Wort „Gehirn"* die Gehirne.

Die Selbstwidersprüchlichkeit kommt erst in dieser Formulierung richtig zum Vorschein, weil in ihr Putnams Externalismus genau auf das Wort „Gehirn" angewendet wird. Um plausibel zu machen, dass dieser Beweis nicht nur ohne die überzogene Prämisse (a) auskommt, sondern sich sogar mit ihrer Negation vereinbaren lässt, schlage ich vor, die Tank-Geschichte abermals mit

---

[6] Primäre Artnamen werden (durch Zeigehandlungen) ostensiv eingeführt, sekundäre Artnamen durch rein verbale Definition. Diese Terminologie habe ich in Band 1, § 25.5 eingeführt; siehe unten § 16.12.

7. Können Indikatoren informativ sein?

unserer Mondgeschichte aus Abschnitt 2 zu vergleichen. Auf dem Mond ist die Hypothese

(i*) Ich habe blaue Augen,

selbstwidersprüchlich, da sie unter den dortigen sprachlichen Verhältnissen genau genommen auf folgendes hinausläuft:

(ii*) Ich habe blaue Augen, und kein Blauäugiger bezeichnet mit seinem Wort „blauäugig" die Blauäugigen.

Trotzdem können auf dem Mond alle Sprecher über die Blauäugigen reden; es gibt sogar einen Indikator für Blauäugigkeit! (Allerdings ohne Verwendung des Wortes „blauäugig", vergl. das Ende des vorigen Abschnittes 6). Was auf dem Mond möglich ist, könnte auch für eingetankte Gehirne gelten. (Zumindest nach allem, was wir uns bislang überlegt haben). Wenn auf dem Mond sogar die Blauäugigen ohne Selbstwiderspruch über ihre eigene Augenfarbe reden können (allerdings nicht mithilfe des Wortes „blauäugig"), dann sollten vielleicht auch die eingetankten Gehirne ohne Selbstwiderspruch über ihre eigene Lage reden können (allerdings nicht mithilfe des Wortes „Gehirn"). Dass es sich in der Tat so verhält, werde ich in Abschnitt 23 nachweisen.

§7.3. Unsere Suche nach Hypothesen, die in der Tanksprache die Lage des eingetankten Gehirns treffen, lässt sich als Suche nach informativen Indikatoren auffassen: Die gesuchten Hypothesen sollen ein *Indikator* sein, also nicht einfach nur aus dem Munde eingetankter Gehirne zutreffen, sondern zusätzlich *differenzieren* (zwischen der Lage irgendwelcher eingetankter Sprecher und der Lage privilegierter Sprecher); sie sollen aus dem Munde privilegierter Sprecher falsch sein. Und die gesuchten Hypothesen sollen *informativ* sein, also mehr besagen als unbestimmte Formulierungen wie zum Beispiel: — Wonach wir suchen

(1) Vielleicht bin ich in einer misslichen Lage gefangen, in der weitreichende philosophische Sorgen bewahrheitet sind.

Wie sehen informativere Sätze aus, die zugleich als Indikatoren taugen? Um diese Frage auszuloten, möchte ich zunächst einige Kandidaten fürs Amt des informativen Indikators zurückweisen; sie scheitern allesamt an ähnlichen Schwierigkeiten. Man könnte versucht sein, daraus die Lehre zu ziehen, dass es überhaupt keinen informativen Indikator geben kann. Einen Versuch, diese Lehre zu begründen, werden wir am Ende dieses Abschnittes kennenlernen und entkräften. (In späteren Kapiteln werden wir die Suche nach informativen Indikatoren mit mehr Erfolg fortsetzen).

Kapitel II. Warum sind wir nicht zufrieden?

Schlechte Physik im Tank

§7.4. Der erste Kandidat fürs Amt des informativen Indikators möchte das mangelnde physikalische Verständnis des eingetankten Gehirns ausschlachten.[7] Die Grundidee leuchtet ein: Das eingetankte Gehirn mag zwar irgendwelche „physikalischen" Gesetze entdecken, die jeden Vorgang im Universalspeicher richtig beschreiben. Nun handeln diese Gesetze nur von der programmgesteuerten Manipulation irgendwelcher Nullen und Einsen. Aber erstens folgt die Welt fundamental anderen physikalischen Gesetzen und zweitens besteht sie in Wirklichkeit aus anderen Materie-Bausteinen, als von der Tank-Physik beschrieben werden. (Schon der Simulationscomputer besteht nicht allein aus abgespeicherten Zahl-Sequenzen). Eine informative Idee – eignet sie sich als Indikator? Versuchen wir es mit folgender Formulierung:

(4) Vielleicht bestehen die materiellen Dinge aus ganz anderen Grundbausteinen, als ich bislang annahm.

Fallibilismus

§7.5. Was halten wir von Satz (4) in unserer Sprache? Er kann als plausible Warnung vor der Fehlbarkeit unserer wissenschaftlichen Bemühungen verstanden werden.[8] In der Tat, es könnte sich eines Tages herausstellen, dass Elementarteilchen oder Quarks genausowenig zur umfassenden Erklärung der physikalischen Phänomene taugen wie der (inzwischen abgedankte) Äther. Einen Fallibilismus dieser Art sollten alle zeitlichen und endlichen Wesen akzeptieren.

Weil aber (laut Konstruktion) dem eingetankten Gehirn genau dieselben physikalischen Beobachtungen vorgegaukelt werden, die wir in unseren Labors machen, kann sich die fallibilistische Warnung für eingetankte Gehirne nur dann als berechtigt erweisen, wenn sie sich auch für uns als berechtigt erweist. Und somit differenziert der Satz nicht zwischen unserer Lage und der Lage eingetankter Gehirne: Er ist kein Indikator fürs Eingetanktsein. (Ein anderer Einwand gegen den Kandidaten (4) lautet, dass er aus dem Munde eines eingetankten Gehirns uminterpretiert werden muss; diesen Einwand werden wir anhand des nächsten Kandidaten weiterverfolgen).

---

[7] So versteht Putnam Wrights Widerspruch gegen sein Argument (vergl. Wright [oPPT]:239/40 und Putnam [CWoB]:286). Mehr zu Wrights tatsächlichem Vorschlag unten im Kleingedruckten in §7.6.
[8] Analog Putnam in [CWoB]:286.

7. Können Indikatoren informativ sein?

§7.6. Versuchen wir, den erfolglosen Kandidaten (4) zu verschärfen, Ideale Physik indem wir den Bezug auf die *bisherigen* Annahmen des Sprechers über Physik durch etwas *Endgültigeres* ersetzen:

(5) Vielleicht bestehen die materiellen Dinge aus ganz anderen Grundbausteinen, als mir selbst irgendeine empirisch ideale Physik sagen wird (also eine Physik, die alle denkbaren Beobachtungen richtig beschreibt).

Wenn dieser Satz ein Indikator für die Lage eingetankter Gehirne sein soll, dann müsste die durch ihn ausgesprochene Vermutung in der Tanksprache wahr sein. Ist sie das? So könnte man denken. Denn die Grundbausteine der Materie sind Elektronen, Protonen und Neutronen: Objekte, von denen das eingetankte Gehirn nie wird reden können, da es mit ihnen nicht auf geeignete Weise in Kontakt treten kann. – Aber natürlich ist dieser Gedankengang irrelevant. Er spielt für die Auswertung der Vermutung aus (5) keine Rolle: einer *tanksprachlichen* Vermutung. Wenn sie wahr sein soll, dann müssten die *bit*-materiellen Dinge *kybernetisch* aus anderen *Bit*-Grundbausteinen zusammengesetzt sein, als dem Gehirn irgendeine empirisch ideale Physik sagen wird.[9] Aber damit ist nicht zu rechnen. Denn die Bit-Materie *ist* kybernetisch aus Bit-Neutronen, Bit-Elektronen und Bit-Protonen zusammengesetzt: aus Bit-Bausteinen, mit denen das eingetankte Gehirn in geeignetem kausalen Kontakt steht. Schon die nicht ganz ideale Gegenwartsphysik des Gehirns enthält die richtigen Annahmen über die kybernetische Zusammensetzung bitmaterieller Gegenstände. Kurz, die Vermutung aus (5) ist in der Tanksprache falsch.

Bemerkung. Wenn *wir* den Satz (5) äussern, dann lässt sich dagegen nicht so leicht entscheiden, ob der Satz wahr oder falsch ist. Metaphysische Realisten würden den Satz für wahr ausgeben, weil ihrer Ansicht nach selbst unsere besten Theorien immer noch falsch sein könnten (cf. Putnam [RR]:125). Putnam attackiert diese Position – u.a. mit dem Argument gegen die Hypothese vom Gehirn im Tank. Im Augenblick sollten wir sicherheitshalber weder den metaphysischen Realisten noch ihren Gegnern von vornherein recht geben. Fragen wir besser: Wie kommt es, dass der Wahrheitswert des Satzes (5) aus dem Munde eingetankter Gehirne fest steht, anders als in unserem eigenen Fall? Und bietet uns dies nicht eine Chance, zwischen unserer Lage und der Lage eingetankter Gehirne doch noch zu differenzieren? – Leider nicht: Dass Satz (5)

---

[9] Analog Putnam in [CWoB]:286/7.

aus dem Munde eingetankter Gehirne zutrifft, ist eine zufällige Konsequenz aus unseren Annahmen über den Simulationscomputer. Wir haben angenommen, dass sich die Bit-Welt mereologisch aus Bit-Elementarteilchen zusammensetzt, und damit gleichsam von oben festgelegt, dass die eingetankten Wissenschaftler seit der Entdeckung von Bit-Elektronen, Bit-Neutronen usw. auf der endgültig richtigen Spur forschen. Hätten wir den Fallibilismus unserer eigenen Wissenschaft ernster genommen, so hätten wir zugeben müssen, dass zukünftige wissenschaftliche Anomalien unser bisheriges Bild von der Konstruktion des Simulationscomputers umstürzen können. (Der Computer soll dem Gehirn im Tank genau die Beobachtungen vorgaukeln, die *wir* machen und machen werden; also auch die künftigen Anomalien). Wir werden diesen Komplikation im folgenden nicht weiter beachten.

Zur Literatur. Was ich in den letzten Paragraphen entwickelt habe, geht auf Putnams Kritik an einem Vorschlag von Crispin Wright zurück. Ohne meine Terminologie zu benutzen, brachte Wright folgenden Satz als Kandidaten für einen Indikator ins Spiel:

> [We are not] on to the right *categories* in terms of which to depict the most general *features* of the *world* and our *place in* it (Wright [oPPT]:240; meine Hervorhebungen).

Auf diesen Vorschlag geht Putnam in seiner Kritik an Wright nicht ein. Er betrachtet stattdessen folgende Formulierung:

> [We] are so situated that we are unable to conceive of the true *laws* governing the most fundamental *physical magnitudes* (Putnam [CWoB]:286; meine Hervorhebungen).

Bei einem Vergleich dieser beiden Stellen fällt auf, dass Putnam die ursprünglichen Formulierungen von Crispin Wright naturwissenschaftlich aufgeladen hat; dadurch hatte er für seine Kritik leichtes Spiel. Wright hat mir mündlich zugestimmt, dass er seinen Gebrauch der Wörter „categories", „features", „place in" und „world" nicht im scharfen Sinne der Physik verstanden wissen wollte, sondern in einem weniger scharfen, metaphysischen Sinn. Was das heissen soll, werden wir später genauer sehen: Wir werden in §13.5 bis §13.9 zeigen, dass Wörter wie „Art" und „Eigenschaft" (und analog „category" bzw. „feature") *semantisch stabil* sind; wir werden herausarbeiten, wie räumliche Metaphern zum Zwecke der Metaphysik entschärft und semantisch stabilisiert werden können (§18.9 bis §18.15); und wir werden auf einen semantisch stabilen Wirklichkeitsbegriff zusteuern (siehe §19.14 bis §19.16). Crispin Wright scheint den Aufwand unterschätzt zu haben, den man treiben muss, um zu derartigen Thesen vorzudringen.

7. Können Indikatoren informativ sein?

§7.7. Abermals hat uns die erzwungene Uminterpretation entscheidender Wörter die Möglichkeit geraubt, mithilfe dieser Wörter zwischen unserer Lage und der Lage eines Gehirns im Tank zu differenzieren. Vorhin hatten wir die Wörter „Gehirn", „Tank", „Computer", „Aktionsradius" usw. uminterpretieren müssen, als wir sie einem eingetankten Gehirn in den Mund legen wollten; nun mussten wir die Wörter „materieller Gegenstand", „Baustein" und „zusammengesetzt" uminterpretieren. Beidemal zerschlug sich durch die Uminterpretation die Hoffnung, dass sich ein gegebener informativer Satz als Indikator der Lage eingetankter Gehirne eignen könnte.

Informative Indikatoren unmöglich?

Diese schöne Regelmässigkeit führt uns in Versuchung, ein allgemeines Argument gegen die Möglichkeit informativer Indikatoren zu ersinnen. Es lautet so: Kandidaten für Indikatoren sind nur dann informativ, wenn sie Wörter enthalten, die eine Uminterpretation verlangen, sobald sie einem eingetankten Gehirn in den Mund gelegt werden. Im Zuge dieser Uminterpretation werden die Extensionen der fraglichen Wörter stets aus der Welt in den Universalspeicher verschoben. Aber nach Konstruktion spiegelt der Universalspeicher den Zustand der Welt bis ins kleinste Detail wider. Somit übersteht der Wahrheitswert des betrachteten Satzes den Wechsel von unserer Sprache in die Tanksprache: Der sprachliche Wechsel wird im selben Atemzug durch den Wechsel der Umgebung (Welt versus Universalspeicher) ausgeglichen. (Die beiden Wechsel heben sich gleichsam gegenseitig auf). Wenn jedoch der Satz aus dem Mund eines Gehirns im Tank denselben Wahrheitswert trägt wie aus unserem Mund, dann kann er kein Indikator für die Lage eingetankter Gehirne sein.

Wäre das Argument überzeugend, so könnten wir uns die Suche nach informativen Indikatoren ersparen. Nun geht meiner Ansicht nach das Argument trotz seiner logischen Stringenz von einer falschen Prämisse aus, nämlich von der Prämisse, dass *alle* entscheidenden Wörter aus informativen Sätzen beim Übergang von der Tanksprache in unsere Sprache uminterpretiert werden müssen. Zugegeben, unsere bisherigen Beispiele scheinen diese Prämisse zu stützen. Und sie scheint sogar zu erklären, warum der Indikator

(1) Vielleicht bin ich in einer misslichen Lage gefangen, in der weitreichende philosophische Sorgen bewahrheitet sind,

nicht informativ ist. Der Ausdruck „weitreichende philosophische Sorge" braucht offenbar beim Übergang von der Tanksprache in unsere Sprache nicht uminterpretiert zu werden. (Daher eignet sich der Satz als Indikator). Aber dass der Ausdruck den Wechsel unbeschadet übersteht, zeichnet ihn nicht positiv aus, sondern zeigt nur, wie wenig informativ er ist. (Auch das Bild von „Gefangenschaft" bietet keine genuine Information, solange es nicht ohne Rückgriff auf metaphorische Rede ausgefüllt wird).

Semantische Stabilität

§ 7.8. Trotzdem ist die Prämisse des Arguments überzogen. Sie malt ein allzu simples Bild vom Funktionieren unserer Sprache. Nicht alle (im Sinn des Arguments) informativen Wörter funktionieren so, wie wir uns das bislang zurechtgelegt haben. Selbst wenn informative Wörter ohne jeden kausalen Kontakt nichts bezeichnen können, muss dieser Zusammenhang nicht in ein Korsett gezwängt werden, in dem alles gleich aussieht.

Ich behaupte: Ohne in die magische Theorie des Bezeichnens zurückzufallen, können wir auf informative Wörter bauen, deren Semantik den Übergang von der Tanksprache in unsere Sprache unbeschadet übersteht. Ich werde solche Wörter im folgenden *semantisch stabil* nennen. Ein Wort ist demzufolge semantisch stabil, wenn es im Munde eines eingetankten Gehirns dasselbe bedeutet wie in unserem Munde (wenn es also bei der Übersetzung aus der Tanksprache unverändert wiedergegeben werden kann).

Wie wir im folgenden sehen werden, eröffnet uns der Begriff der semantischen Stabilität allerlei neue philosophische Horizonte. Der Begriff ist recht fruchtbar, und wir werden bei weitem nicht alle seine Anwendungsmöglichkeiten ausloten. Wir werden die semantische Stabilität hauptsächlich als Richtungsweiser in die Metaphysik benutzen. Doch bevor wir dorthin losgehen können, müssen wir den Begriff genauer erklären und uns nach den ersten positiven Beispielen für semantische Satbilität umtun: Das ist der Gegenstand der nächsten beiden Kapitel.

Es wird sich zeigen, dass uns schon allein die Suche nach semantisch stabilen Wörtern interessante Aufschlüsse über die durchsuchten Redebereiche liefert. Im Lichte der Frage nach semantischer Stabilität werden wir einen frischen Blick auf so verschiedene Themen wie Logik und Mathematik, Metapher und Analogie, Sprache und Spiel, Bewusstsein und Person – und schliesslich Metaphysik gewinnen. Da das zuletzt genannte Thema unser Zielpunkt sein soll, werden wir die anderen Themen z. T. nur flüchtig (und z. T. nur im Kleingedruckten) streifen; das mag um der jeweiligen Sache willen bedauerlich sein, ist aber nötig, wenn wir unser eigentliches Ziel noch rechtzeitig erreichen wollen.

Kapitel III

SEMANTISCHE STABILITÄT – BEGRIFF UND EXISTENZNACHWEIS

8. Begriffserläuterungen

§ 8.1. Am Ende des vorigen Kapitels habe ich einen Begriff eingeführt, der in den vor uns liegenden Überlegungen eine Schlüsselrolle spielen wird: den Begriff der semantischen Stabilität. *Semantisch stabil*, so die Definition, *sind diejenigen Wörter, die bei Übersetzung aus der Tanksprache in unsere Sprache nicht verändert zu werden brauchen.* Bevor wir diese Definition anhand von Beispielen mit Leben füllen, sollten wir sie genauer unter die Lupe nehmen. Einige Erläuterungen, Verfeinerungen und Kommentare sind am Platze.

Wörter oder Begriffe?

Zuallererst sind laut Definition *Wörter* (und nicht etwa Begriffe) die Kandidaten für semantische Stabilität. Das mag auf den ersten Blick überraschen, da es Behauptungen über semantische Stabilität unnötig eng an die einzelne Sprache anzuknüpfen scheint. Wenn wir z. B. dem deutschen Wort „Löwe" semantische Stabilität absprechen, dann sollte sich dies Verdikt automatisch auf sein englisches Gegenstück „lion" übertragen. Läge es da nicht näher, dem *Begriff* des Löwen semantische Stabilität abzusprechen, also dem, was die Wörter „Löwe" und „lion" gemein haben?

§ 8.2. Ich habe dieser Versuchung aus drei Gründen widerstanden. Erstens schillert der Begriff des Begriffs und ist weniger eindeutig als der Begriff des Wortes. (Ich verwende das Wort „Begriff" in dieser Untersuchung ohne terminologische Präzision; meist dient mir das Wort zur bequemen Formulierung von Kommentaren zur Terminologie, wie zum Beispiel im Satz vor diesem Einschub. Ich hätte den Satz auch so formulieren können: Der Gebrauch des Wortes „Begriff" schillert, und die Regeln dieses Gebrauchs sind weniger eindeutig als beim Wort „Wort").

Plädoyer für Wörter

Kapitel III. Semantische Stabilität – Begriff und Existenznachweis

Zweitens schwingt im Worte „Begriff" eine Assoziation mit, die unseren Blick unnötig beschränken könnte: Begriffe werden oft mit allgemeinen Termini assoziiert, also mit ein- oder mehrstelligen Prädikatsausdrücken wie „Tiger", „Vater von" usw.[1] Für semantische Stabilität kommen aber auch singuläre Termini infrage; so ist das Wort „Sokrates" ganz sicher semantisch instabil. Hätten wir semantische Stabilität für Begriffe definiert, nicht für Wörter, so müssten wir also dem *Begriff des Sokrates* semantische Stabilität absprechen; das klänge misslich.

Und schlimmer: Für semantische Stabilität kommen sogar Wörter infrage, die überhaupt nichts bezeichnen und noch nicht einmal so tun, als bezeichneten sie etwas: Es hat Sinn zu fragen, ob Wörter wie „und", „weil" oder „leider" semantisch stabil sind. Bezöge sich semantische Stabilität auf Begriffe, so müssten wir z. B. den Begriff des Leider ins Auge fassen, *horribile dictu*.

Drittens verlieren wir nichts durch die Entscheidung für Wörter anstelle von Begriffen (als Kandidaten für semantische Stabilität). Die Rede über semantische Stabilität von Begriffen lässt sich ohne Verlust auf die Rede über semantische Stabilität von Wörtern zurückführen. Ein Begriff ist genau dann semantisch stabil, wenn das deutsche Wort semantisch stabil ist, das den Begriff ausdrückt. Umkehren lässt sich diese Erklärung nicht, genauer: ohne Rückgriff auf Wörter lässt sich semantische Stabilität von Begriffen nicht erklären. Denn wie eine solche Erklärung auch aussehen mag: in jedem Fall muss sie auf einen Vergleich zwischen tanksprachlichem Original und dessen Übersetzung abzielen; und Gegenstand von Übersetzung sind Wörter, keine Begriffe. Entgegen dem ersten Anschein kommt der semantischen Stabilität von Wörtern also die logische Priorität zu.

Übersetzung ist nicht eindeutig §8.3. Mein zweiter Kommentar zur Erklärung der semantischen Stabilität hängt damit zusammen, dass Übersetzungen von einer Sprache in die andere nicht eindeutig zu sein brauchen; daher verlangt die Definition nur die *Möglichkeit* der unveränderten Übersetzung. Die zulässigen Übersetzungen sollen nur die Aspekte der Bedeutung des zu übersetzenden Ausdrucks berücksichtigen, die für die *Wahrheitsbedingungen* der Sätze wichtig sind, in denen der Ausdruck vorkommt; stilistische Angemessenheit wird nicht verlangt. (Und ich werde im folgenden weiterhin alle Schwierigkeiten ignorieren, die sich aus Quines Unbestimmtheit der Übersetzung und aus seiner Unerforschlichkeit des Bezeichnens ergeben, siehe oben §4.11).

---

[1] Dies Verständnis von „Begriff" hat Frege präzisiert in [FB]:28ff.

8. Begriffserläuterungen 69

§ 8.4. Mit meinem nächsten Kommentar möchte ich einem Einwand entgegentreten. Der Einwand besagt, dass unsere Definition nicht neutral ist im Streit um das Gehirn im Tank. Die Definition redet einerseits von unserer Sprache und andererseits von der Tanksprache: Wird dadurch nicht vorausgesetzt, dass wir nicht im Tank stecken? Und kann man eine Definition gelten lassen, die solche inhaltlichen Fragen vorentscheidet? *Was nimmt die Definition vorweg?*

Meiner Ansicht nach setzt der Einwand an einer zutreffenden Beobachtung an und geht dann in die Irre. Zwar kommen in der Definition zwei unterschiedlich benannte Sprachen vor. Aber die Definition ist frei von Annahmen darüber, ob die beiden Sprachen verschieden oder identisch sind. Sollten die Sprachen identisch sein, so sind definitionsgemäss alle Wörter semantisch stabil: ein triviales Resultat. Natürlich gründet sich die Pointe des Begriffs der semantischen Stabilität (genau so wie Putnams Beweis) darauf, dass unter externalistischen Vorgaben viele Wörter semantisch instabil sind. Nur unter der Annahme, dass der definierte Begriff eine Pointe hat, statt auf alles und jedes zuzutreffen, kann man seiner Definition vorwerfen, irgend etwas zu präjudizieren. Aber das spricht (schlimmstenfalls) gegen diese Annahme, nicht gegen die Definition. Es steht uns jederzeit frei, triviale Begriffe einzuführen; wir sind nicht verpflichtet, dafür zu sorgen, dass all unsere Begriffe interessant sind.

Vor Putnams Entdeckung des Externalismus wären alle Wörter als semantisch stabil aufgefasst worden; ein eigener Begriff war daher nicht nötig. Im Schwunge der Begeisterung über Putnams Entdeckung konnte dann der Eindruck entstehen, es wären automatisch alle Wörter semantisch instabil. Beide Auffassungen sind überzogen. Bei genauerem Hinsehen ergibt sich, dass manche Wörter semantisch stabil, andere semantisch instabil sind. Erst in diesem Stadium der Reflexion wird der Begriff der semantischen Stabilität interessant.

§ 8.5. Mein nächster Kommentar zur Definition der semantischen Stabilität betrifft indexikalische Ausdrücke. Sie sollten nicht allein schon deshalb (trivial) als semantisch instabil angesehen werden, weil der Sprecher der Zielsprache (der Übersetzer) jemand anderes ist und sich womöglich woanders aufhält als der Sprecher der zu übersetzenden Tanksprache. Wenn zum Zwecke der Überprüfung auf semantische Stabilität ein indexikalischer Ausdruck der Tanksprache in unsere Sprache übersetzt wird, dann sollten wir aus der indexikalischen Sicht des Gehirns im Tank formulieren, nicht aus unserer Sicht – und zwar, obwohl wir in *unsere* Sprache übersetzen. *Vorsicht bei Indexikalität*

Das ist gängige Praxis beim Übersetzen. Wenn z.B. die ehemalige britische Premierministerin auf einer deutschen Podiumsdiskussion (richtigerweise) feststellt:

(1)   I am the only woman who speaks tonight on this panel,

dann sollte ihr (männlicher) Simultanübersetzer sagen:

(1′)   Ich bin die einzige Frau, die heute abend auf diesem Podium redet.

Aus seinem Munde ist dieser Satz zwar *falsch* (weil er weder Frau ist noch auf dem Podium reden darf). Trotzdem bietet der Satz die korrekte Übersetzung des *wahren* Satzes der Eisernen Lady.

Wie ist es möglich, dass sich der Wahrheitswert des Satzes (trotz korrekter Übersetzung) ändert? Einfach: Wenn der Übersetzer den Satz *als Übersetzer* vorbringt, so vollzieht er selber keinen behauptenden Sprechakt; er fungiert als eine Art deutsches Sprachrohr der Eisernen Lady.

Wollte man ihm dennoch einen eigenen Sprechakt zuschreiben – da er ja ohne Zweifel spricht –, so müsste man seine Äußerung als Abkürzung für folgende Behauptung verstehen:

(1″)   Spräche Maggie Thatcher Deutsch, so hätte sie anstelle ihres eben verklungenen Satzes gesagt: „Ich bin die einzige Frau, die heute abend auf diesem Podium redet".

Wenn man die direkte Rede aus (1″) in indirekte Rede verwandelt, so müssen die indexikalischen Ausdrücke angepasst werden, und es ergibt sich:

(1‴)   Maggie Thatcher hat eben gesagt, dass *sie* die einzige Frau sei, die heute abend auf *jenem* Podium redet.

Durch Verwirrung über die sprechakttheoretischen Verhältnisse beim Übersetzen rutscht Amateuren als „Übersetzung" von Sätzen wie (1) zuweilen eine unpräzise Abkürzung von der Zunge:

(1″″)   *Sie* ist die einzige Frau, die heute abend auf *jenem* Podium redet.

Genau diese Art von Amateurfehler müssen wir vermeiden, wenn wir die Tanksprache in unsere Sprache übertragen. Andernfalls würden indexikalische Ausdrücke aus Dilettantismus semantisch instabil.

(Durch diesen Kommentar zur Anwendung unserer Definition möchte ich keine Entscheidung zugunsten der semantischen Stabilität

8. Begriffserläuterungen 71

der indexikalischen Ausdrücke vorweggenommen haben. Mir war es nur darum zu tun, ein Scheinhindernis für deren semantische Stabilität beiseitezuräumen. Welche indexikalischen Ausdrücke semantisch stabil sind und ob dieser Fall überhaupt eintritt: das sind Fragen, die wir später anhand von „ich" und „hier" berühren werden, siehe § 10.12 und § 17.2).

§ 8.6. Der nächste Kommentar zu unserer Definition der semantischen Stabilität betrifft die *Art* der zu betrachtenden Änderungen des Wortlautes bei der Übersetzung der Tanksprache. Da die tanksprachlichen Wörter physikalisch anders realisiert sind als unsere Wörter, ändert sich (streng genommen) jedes Wort bei der Übertragung aus der Tanksprache. Kybernetische Konfigurationen von Bit-Kreide verwandeln sich in Konfigurationen aus echter Kreide (oder Druckerschwärze), und aus kybernetischen Schallwellen in der Bit-Luft werden echte Schallwellen. Achtung Innenwörter

An solchen Änderungen sind wir nicht interessiert. Sollten wir sie miteinbeziehen, so gäbe es überhaupt keine semantische Stabilität. Um den Begriff vor trivialer Leere zu retten, sollten wir uns nicht auf beliebige syntaktische Aspekte der Uminterpretation konzentrieren, sondern auf diejenigen syntaktischen Aspekte, die auch semantisch von Belang sind. Die hierfür nötige Vorarbeit haben wir in Band 1 (Abschnitt 24) geleistet, als wir den Begriff des Innenwortes eingeführt haben. Hier genügt es, die Grundidee der damaligen Diskussion anzudeuten. Obwohl sich deutsche Wörter von ihren tanksprachlichen Gegenstücken unterscheiden, sind sie *innensyntaktisch* ununterscheidbar; denn phänomenologisch – von innen gesehen – fühlen sich Produktion und Empfang irgendeines Wortes bei mir genauso an wie beim Gehirn im Tank. Mithilfe dieser Redeweise präzisieren wir unsere ursprüngliche Definition wie folgt:

(i) Semantisch stabil sind diejenigen Wörter, die bei der Übersetzung aus der Tanksprache in unsere Sprache *innensyntaktisch* nicht verändert zu werden brauchen.

§ 8.7. Diese Formulierung ist noch zu ungenau. Denn das Innenwort „lion" eines eingetankten Briten ist nicht schon deshalb semantisch instabil, weil es nach Übertragung in *unsere* Sprache deutsch klingen muss. Semantische Stabilität bei den Briten

Die Definition funktioniert offenbar nur bei Tanksprachen, die sich innensyntaktisch vom Deutschen nicht unterscheiden. Ohnehin haben wir bislang dem Gehirn im Tank stillschweigend eine deutsch klingende Innensprache unterstellt. Das ergab sich zwanglos aus der Betrachtung und Eintankung *unseres* engen Doppelgängers; wir haben aus Bequemlichkeit z. B. keinen engen Doppelgänger von Deng Xiao Ping eingetankt.

Aber wegen ihrer herausgehobenen Rolle für unsere weiteren Überlegungen sollten wir die semantische Stabilität so definieren, dass sie auch auf Wörter angewandt werden kann, die (innensyntaktisch) nicht deutsch klingen. Dazu gehen wir in zwei Schritten vor:

(ii) Beliebige Wörter sind semantisch stabil, wenn ihre deutschen Übersetzungen semantisch stabil sind.

Semantisch stabil sind diejenigen deutschen Wörter, deren innensyntaktische Gegenstücke bei der Übersetzung aus der Sprache unseres eingetankten engen Doppelgängers ins Deutsche innensyntaktisch nicht verändert zu werden brauchen.

Die erste Klausel dieser Definition führt den allgemeinen Fall (eines Wortes aus einer beliebigen Sprache) auf den Spezialfall seines deutschen Gegenstücks zurück. Und um die zweite Klausel der Definition anzuwenden, verschieben wir ein deutsches Wort zunächst ohne innensyntaktische Änderung in die Sprache eines Gehirns im Tank und fragen dann, ob das Resultat bei Rück*übersetzung* in die deutsche Sprache (unter Berücksichtigung externalistischer Faktoren) verändert werden muss oder nicht. Im ersten Fall ist das deutsche Wort semantisch instabil, im zweiten Fall semantisch stabil.

Ein Schönheitsfehler

§ 8.8. Die Definition hat immer noch einen Schönheitsfehler: Sie ist provinziell. Sie schreibt der deutschen Sprache einen besonderen Platz bei der Ermittlung semantischer Stabilität zu. Alle Beispiele für semantische Stabilität aus beliebigen Sprachen würden letztlich auf der semantischen Stabilität irgendwelcher deutschen Wörter beruhen. Eine solche Rolle hat das Deutsche nicht verdient. Der Mangel lässt sich beheben. Folgende Definition liefert dieselben Resultate wie (ii):

(iii) Wir betrachten einen nicht-eingetankten Sprecher S einer beliebigen Sprache L und dessen eingetankten engen Doppelgänger S* mit Sprache L*. (Der simulierte Spracherwerb des Doppelgängers lief nach demselben Muster ab wie der echte Spracherwerb des nicht-eingetankten Sprechers. U.a. folgen daher die Sprachen L und L* ein und derselben *Innen*syntax).

8. Begriffserläuterungen

Ein Wort W der Sprache L heisst genau dann semantisch stabil, wenn sein innensyntaktisches Gegenstück W* aus L* bei korrekter Übersetzung in die Sprache L nicht verändert zu werden braucht.

§ 8.9. *Hinweis.* An dieser Fassung unserer Definition sieht man deutlicher als an ihrer Vorgängerin, wie sich ein technisches Problem vermeiden lässt, das ich bislang verschwiegen habe. Beim Test auf semantische Stabilität müssen Wörter aus *geeigneten* Sprachen verglichen werden: Wörter aus Sprachen, die nicht nur innensyntaktisch übereinstimmen, sondern deren *Gebrauchsregeln* zueinander passen. Was müssen wir (über die innensyntaktische Gleichheit hinaus) von den Sprachen verlangen, zwischen denen sich der Test auf semantische Stabilität abspielen soll?

Ein technisches Problem

Das ist das technische Problem, von dem ich gesprochen habe. Ich werde das Problem erst anhand von Beispielen dramatisieren, um danach vorzuführen, wie es von unserer Definition umgangen wird.

Hier sind zunächst zwei Beispiele für Sprachpaare, die sich für den Test auf semantische Stabilität eignen: Erstens meine Sprache im Vergleich zur Sprache *meines* engen Doppelgängers im Tank; zweitens Deng Xiao Pings Sprache im Vergleich zur Sprache *seines* engen Doppelgängers im Tank.

Ungeeignet für den Test ist folgendes Sprachpaar: Meine Sprache im Vergleich mit der – verdrehten – Sprache eines Gehirns im Tank, dessen simulierter Sprachunterricht *abgesehen von einer Ausnahme* genau so verlief wie mein Sprachunterricht. Die Ausnahme: Wo in meinem Sprachunterricht das Wort „Tiger" vorkam, tauchte im tanksprachlichen Unterricht das Wort „Eisbär" auf (bzw. dessen innensyntaktisches Gegenstück); und wo in meinem Sprachunterricht das Wort „Eisbär" vorkam, tauchte im tanksprachlichen Unterricht das Wort „Tiger" auf.

Semantisch unterscheidet sich diese verdrehte Tanksprache von meiner Sprache stärker als die unverdrehte Tanksprache meines engen Doppelgängers: Zu stark, um für einen Test auf semantische Stabilität infrage zu kommen. Denn wenn wir das Wort „Tiger" aus der verdrehten Tanksprache in meine Sprache übersetzen und das Resultat „Bit-Eisbär" als Grund gegen die semantische Stabilität meines Wortes „Tiger" ins Feld führen, dann haben wir unseren Test durch irrelevante Störeinflüsse verdorben. (Mein Wort „Tiger" ist nicht deshalb semantisch instabil, weil es sich bei Übersetzung aus der *verdrehten* Tanksprache in „Bit-*Eisbär*" verwandelt – sondern deshalb, weil es sich bei Übersetzung aus der unverdrehten Tanksprache in „*Bit*-Tiger" verwandelt).

In diesem Beispiel wäre immerhin das *Ergebnis* des Tests auf semantische Stabilität richtig. Aber man sieht leicht, wie sich mithilfe anderer verdrehter Tanksprachen jede Hoffnung auf semantische Stabilität zerstören liesse; daher müssen wir die verdrehten Sprachen ein für allemal ausschalten.

Das tut unsere Definition (iii) wie von selbst. Sie zieht zum Test auf semantische Stabilität nur *echte* (vollständige) enge Doppelgänger eines Sprechers heran. Ich habe denselben Sprachunterricht genossen, der meinem engen Doppelgänger im Tank als Simulation vorgesetzt worden ist; und Deng Xiao Ping hatte denselben Sprachunterricht, der seinem engen Doppelgänger als Simulation vorgesetzt worden ist. Dagegen hat der Sprecher der verdrehten Tanksprache *de facto* keinen uneingetankten engen Doppelgänger. Seine Erlebnisse beim Sprechenlernen waren *vollständig* anders als die von Deng Xiao Ping und Maggie Thatcher; und sie waren *stellenweise* anders als meine Erlebnisse beim Sprechenlernen, da ihm bei Simulation von Tigern Vorkommnisse des Wortes „Eisbär" auf den akustischen Nervenbahnen zugeleitet wurden, mir dagegen Vorkommnisse des Wortes „Tiger": ein handfester Unterschied.

Innensemantik? §8.10. Um der Kürze willen sehe ich hier davon ab, die semantischen Entsprechungen zwischen meiner Sprache und der Tanksprache meines engen Doppelgängers genauer von den semantischen Unterschieden zwischen meiner Sprache und der verdrehten Tanksprache abzugrenzen. In allen drei Sprachen *bezeichnet* das Wort „Tiger" etwas anderes (Tiger, Bit-Tiger, Bit-Eisbären). Dennoch passen die Regeln meines Gebrauchs dieses Wortes besser zu den tanksprachlichen Gebrauchsregeln als zu denen der verdrehten Tanksprache. Meine und die tanksprachlichen Gebrauchsregeln des Wortes „Tiger" *fühlen sich von innen gleich an,* so möchte man sagen, sie sind phänomenal identisch.

(Wer jeder phänomenalistischen Versuchung widerstehen will, kann dieselbe Sache unverfänglicher ausdrücken: Mein Gehirn hat dieselbe Disposition entwickelt wie das eingetankte Gehirn meines engen Doppelgängers, auf ein und denselben sensorischen Input (wie er üblicherweise von Tigern bzw. Bit-Tigern herrührt) mit genau demselben verbalen Output zu reagieren. Beim Gehirn mit der verdrehten Tanksprache führt dieselbe Stimulation hingegen zu anderem verbalen Output; seine Dispositionen zu verbalem Verhalten unterscheiden sich von den meinen und von denen meines eingetankten engen Doppelgängers. Hätte Quine seinen Begriff der Reizbedeutung nicht mithilfe von Stimulationen an den *Sinnesorganen* des Sprechers definiert,[2] sondern (weiter innen) mithilfe von Stimulationen an den *neuronalen Eingängen des Gehirns,* so könnte man die eben verglichenen Dispositionen wie folgt beschreiben: Der Satz „Da ist ein Tiger" hat in meiner Sprache dieselbe Reizbedeutung wie in der Sprache meines engen Doppelgängers im Tank, aber nicht dieselbe Reizbedeutung wie in der verdrehten Tanksprache).

Es könnte sich lohnen, derartige Intuitionen heranzuziehen, um ein Konzept von „Innensemantik" auszuarbeiten, das zu unserem Konzept der Innensyntax passt. Im Abschnitt 9 (§9.7) und im Abschnitt 23 (§23.8 bis §23.9) werden wir das Thema noch einmal kurz streifen (und zwar nur im Kleingedruckten), um es für den Rest unserer Untersuchung auf sich beruhen zu lassen.

---

[2] Siehe [WO]:32/3.

8. Begriffserläuterungen

§ 8.11. Mein letzter Kommentar zur Definition der semantischen Stabilität soll uns einen Ausblick auf Möglichkeiten geben, den Begriff zu verallgemeinern. Wir haben den Begriff anhand eines ganz bestimmten Gedankenspiels gewonnen: anhand des Gedankenspiels vom Gehirn im Tank. (In unserer Definition ist ausdrücklich von *eingetankten* Doppelgängern die Rede). Aber es gibt andere Gedankenspiele, die ebenfalls zu Betrachtungen über so etwas wie semantische Stabilität einladen.

Möglichkeiten der Verallgemeinerung

Erinnern wir uns etwa an die Geschichte von der Zwillingserde, wo anstelle unserer Gegenstände aus dem Element „Eisen" (Fe) lauter oberflächlich gleiche Gegenstände vorkommen, die eine völlig andere chemische Strukturformel (etwa UVW) haben als unser Eisen.[3] Aufgrund abweichender Merkmale in den Tiefenstrukturen von z.B. Schwertern durfte das zwerdensprachliche Wort „Eisen" nicht wortwörtlich in unsere Sprache herübergenommen werden (Band 1, § 14.4 bis § 14.9). Andere zwirdische Artnamen wie „Tiger" brauchten dagegen nicht uminterpretiert zu werden. (Erde und Zwerde unterscheiden sich nur in den Tiefenstrukturen von Gegenständen mit eisenartigen Oberflächenmerkmalen). Und selbst das zwirdische Wort „Schwert" blieb bei Übertragung in unsere Sprache unverändert. (Zumindest haben wir im Abschnitt 14 ohne Bauchgrimmen sowohl von Ferrum-Schwertern als auch von Schwertern aus UVW-Molekülen gesprochen, siehe z.B. Band 1, § 14.9).

Um diese und ähnliche Beobachtungen zusammenzufassen, könnte man unsere bisherige Rede von semantischer Stabilität erweitern und sagen: *Mit Bezug auf das Zwerden-Szenario* sind die Wörter „Tiger" und „Schwert" semantisch stabil, nicht aber das Wort „Eisen". Und dann müssten unsere bisherigen Betrachtungen zur semantischen Stabilität auf das Gedankenspiel vom Gehirn im Tank relativiert werden, denn anhand dieses Gedankenspiels haben wir bislang über semantische Stabilität nachgedacht.

Natürlich stellt sich die Frage nach semantischer Stabilität bei mehr Szenarien als nur bei Zwillingserde oder Gehirn im Tank. Alle Gedankenspiele mit umzuinterpretierenden engen Doppelgängern kommen als Bezugspunkt für Fragen nach semantischer Stabilität in Betracht.

---

[3] Siehe Band 1, Abschnitte 14 bis 16. Eine ähnliche Geschichte (mit „Wasser" anstelle von „Eisen") findet sich bei Putnam in [MoM]:223 ff.

Kapitel III. Semantische Stabilität – Begriff und Existenznachweis

Absolute semantische Stabilität

§ 8.12. Ein und dasselbe Wort kann relativ zum einen Gedankenspiel semantisch stabil und relativ zum anderen Gedankenspiel semantisch instabil sein: Wie wir gesehen haben, ist das Wort „Schwert" relativ zum Zwerdenszenario semantisch stabil, nicht aber relativ zum Szenario vom Gehirn im Tank.

Man könnte eine Vokabel *absolut* semantisch stabil nennen, wenn sie relativ zu jedem vorstellbaren Gedankenspiel semantisch stabil ist. Ob es Beispiele für absolute semantische Stabilität gibt, kann ich hier nicht erörtern. Für unsere Zwecke genügt die Erörterung der semantischen Stabilität relativ zum Tank-Szenario. Wie wir im ersten Band gesehen haben, ist das Tank-Szenario ein *typischer* Repräsentant aller Szenarien, die uns interessieren. (Um die vor uns liegenden Überlegungen nicht unnötig aufzublasen, werde ich den eigentlich erforderlichen Relativierungszusatz fast überall weglassen).

Bemerkung. Streng genommen sollen sich unsere Überlegungen auf eine Reihe verschiedener Tank-Szenarien beziehen. In allen diesen Szenarien steckt mein Doppelgänger *seit jeher* als Gehirn im Tank (siehe Band 1, § 5.8). Aber er könnte an ganz verschiedene Simulationscomputer angeschlossen sein. (Wir werden unsere Überlegungen weiterhin an dem Simulationscomputer ausrichten, den wir uns im Abschnitt 4 ausgemalt haben, siehe § 4.2 bis § 4.7). Und die Tank-Konstellation könnte in verschieden stark bevölkerten oder unterschiedlich strukturierten Welten realisiert sein (siehe Band 1, § 5.9).

Ob (wie ich vermute) relativ zu *allen* diesen Tank-Szenarien genau dieselben Wörter semantisch stabil bzw. instabil sind, kann ich hier nicht erörtern. Zum Glück brauche ich diese starke These nicht, um mein Argumentationsziel zu erreichen. Da ich auf die Behauptung zusteuere, dass Metaphysik möglich ist, dass also ein eingetanktes Gehirn seine eigene Lage treffend beschreiben *kann*, ohne dass wir dafür in magische Sichtweisen des Bezeichnens zurückfallen müssten, genügt für meine Zwecke die *mögliche Existenz* eines bei der Selbstbeschreibung erfolgreichen Gehirns im Tank. In welcher Lage dieses Gehirn genau steckt, darf ich mir mithin aussuchen. Aufgrund dieses Sachverhaltes erlaube ich mir, an vielen Stellen vereinfachend so fortzufahren, als wäre nur ein Tank-Szenario im Spiel.

(Die dialektische Lage im vorliegenden zweiten Band unserer Untersuchung unterscheidet sich also von der Lage im ersten Band, wo wir uns gegen erkenntnistheoretischen Skeptizismus wandten; dort mussten wir alle einschlägigen Tank-Szenarien im Blick behalten. Siehe oben das Kleingedruckte in § 4.2).

Ausblick

§ 8.13. Wir werden in diesem Kapitel eine Reihe semantisch stabiler Wörter auftun. Schon die schiere Existenz solcher Wörter lässt uns hoffen, dass es uns am Ende gelingen mag, Sätze zu finden, mit deren Hilfe

8. Begriffserläuterungen 77

das Gehirn im Tank seine eigene Lage sprachlich treffen kann. Natürlich werden nicht alle semantisch stabilen Wörter bei der Formulierung der gesuchten informativen Indikatoren mitzureden haben; einige semantisch stabile Wörter sind für unsere metaphysischen Zwecke irrelevant. Und das bedeutet, dass wir uns nicht mit dem Existenznachweis für semantische Stabilität werden begnügen können.

Aber ein solcher Existenznachweis ist ein erster wichtiger Schritt auf der Suche nach informativen Indikatoren. Denn um die Erfolgsaussichten dieser Suche stünde es schlecht, wenn es überhaupt keine semantisch stabilen Wörter gäbe. In diesem Fall müsste jeder Satz aus dem Munde eingetankter Gehirne uminterpretiert werden und wäre daher ungeeignet, deren berechtigter Sorge Ausdruck zu verleihen. Anders gewendet: Erst nachdem wir *irgendwelche* Beispiele für semantische Stabilität entdeckt haben, lohnt sich die Fahndung nach denjenigen semantisch stabilen Wörtern, mit deren Hilfe sich dann auch informative Indikatoren fassen lassen. In den späteren Kapiteln werden wir dies weitergehende Ziel ansteuern und erreichen; im verbleibenden Teil des vorliegenden Kapitels geht es allein um den Existenznachweis semantisch stabiler Wörter anhand einfacher und unstrittiger Beispiele: und zwar aus Aussagenlogik (Abschnitt 9), Prädikatenlogik (Abschnitt 10), Mengenlehre (Abschnitt 11) und Mathematik (Abschnitt 12).

Dass sich in diesen formalen Redebereichen viele semantisch stabile Vokabeln finden, dürfte niemanden überraschen – auch nicht die Gegner des metaphysischen Projekts, das ich ansteuern möchte. Wer sich nur für die Aussichten dieses metaphysischen Projekts interessiert, kann die nächsten vier Abschnitte ohne Verlust überspringen und die Lektüre im Kapitel IV wieder aufnehmen. Wer mir dagegen auch im restlichen Teil unseres Kapitels III Gesellschaft leisten mag, wird – so hoffe ich – manche neue Einsicht über die formalen Wissenschaften gewinnen: Während wir sie nach Beispielen für semantische Stabilität durchsuchen, öffnet sich uns ein frischer Blick auf Logik, Mengenlehre und Mathematik. Der Begriff der semantischen Stabilität ist auch im eigenen Recht von philosophischem Interesse.

78 Kapitel III. Semantische Stabilität – Begriff und Existenznachweis

9. Aussagenlogik

Negation §9.1. Die einfachsten – und meiner Ansicht nach unangreifbarsten – Beispiele für semantische Stabilität bietet das aussagenlogische Vokabular. Ausdrücke wie

nicht, und, oder, wenn/dann, usw.

sind semantisch stabil, wie ich im vorliegenden Abschnitt zeigen möchte. Beginnen wir mit der Negation. Wenn das Gehirn im Tank sagt:

(2)   Murr ist nicht ein Hund,

dann müssen bei Übersetzung in unsere Sprache sowohl Eigen- als auch Tierartname aus (2) verändert werden. Der Satz handelt von Bit-Hunden einerseits und andererseits vom durch Nullen und Einsen codierten Gegenstück unseres Katers Murr. (Wir wollen der Einfachheit halber davon absehen, dass „Murr" ein fiktionaler Name ist; tun wir so, als wäre das Wort bei uns ein Name für ein springlebendiges Tier). Aus dem Munde eines Gehirns im Tank ist Satz (2) wahr, wenn dieser Bit-Murr nicht zugleich einer der Bit-Hunde im Universalspeicher ist. Das legt folgende Übersetzung nahe:

($2_ü$)   Bit-Murr ist *nicht* ein Bit-Hund.

Und in dieser Übersetzung haben wir das Negationszeichen unverändert aus dem Original übernommen; sollte die Übersetzung stimmen, so wäre das Wort „nicht" semantisch stabil.

Bitte nicht! §9.2.   Aber stimmt denn die Übersetzung? Man mag fragen, warum wir nicht unserem bisherigen Muster beim Übersetzen gefolgt sind und sicherheitshalber überall wo möglich das „Bit"-Präfix angehängt haben. Wie wäre folgende Übersetzung:

($2_ü'$)   Bit-Murr ist *bit-nicht* ein Bit-Hund.

Ein bizarrer Vorschlag! Was, bitteschön, soll das Wort „bit-nicht" bedeuten? Wie lauten die Regeln für seinen Gebrauch?
    Der Vorschlag entspringt einem Missverständnis dessen, wie die Vorsilbe „Bit" funktioniert. Sie kann nur solchen Wörtern vorausgeschickt werden, die materielle Gegenstände bezeichnen, also nur ganz bestimmten generellen oder singulären Termen.

9. Aussagenlogik

Zur Erinnerung. Wir haben die Vorsilbe „Bit" im Abschnitt 3 tentativ eingeführt und im Abschnitt 4 genauer fixiert, siehe §4.2 bis §4.4. Sie operiert wie eine isomorphe Funktion (d.h. wie eine strukturbewahrende Eins-zu-Eins-Abbildung) von unserer Welt in den strukturgleichen Universalspeicher des Simulationscomputers. Sie verwandelt mereologische Summen von Elementarteilchen in kybernetische Konfigurationen aus Teilchen-Codes. Und diese Abbildung funktioniert sowohl für einzelne materielle Gegenstände (die von singulären Termen wie Eigennamen bezeichnet werden) als auch für Mengen aus materiellen Gegenständen (deren Elemente von einstelligen Allgemeintermen bezeichnet werden) als auch für Mengen aus Paaren, Tripeln usw. materieller Gegenstände (die von mehrstelligen Allgemeintermen bezeichnet werden). Im zuletzt genannten Fall haben wir aus stilistischen Gründen anstelle der Vorsilbe „Bit" oft das Adverb „kybernetisch" herangezogen, etwa bei räumlichen Nachbarschaftsverhältnissen, die sich in kybernetische Nachbarschaftsverhältnisse verwandeln.

§9.3. Wer wie im Vorschlag $(2_{\ddot{u}}')$ glaubt, dem Verneinungswort eine Bit-Vorsilbe verpassen zu können, der übersieht, dass das Wort „nicht" *überhaupt nichts* bezeichnet (schon gar nicht einen oder mehrere materielle Gegenstände). Die kausale Theorie des Bezeichnens kann auf das Wort gar nicht erst losgelassen werden. Keine Magie

Funktioniert das Wort magisch? Nein; es hat bloss eine andere Funktion als singuläre oder allgemeine Terme für materielle Gegenstände. Aber so wie im Fall dieser Terme lässt sich auch seine Funktion, ohne jede Magie, am Gebrauch festmachen. Im Fall der Artnamen (einem speziellen Fall genereller Termini) bietet uns die genaue Betrachtung des Gebrauchs ein kausales Bild ihrer Funktionsweise; magische Theorien des Bezeichnens sind dadurch ausgeschlossen.[4] Im Fall des Wortes „nicht" müssen wir wieder auf den Gebrauch sehen – wenn wir eine magische Sicht seiner Funktionsweise vermeiden wollen. Und die richtige, nicht-magische Sicht führt uns (anders als davor) nicht zum Gedanken einer kausalen Kette zwischen Wort und Bezeichnetem. Da das Wort nichts bezeichnet, kann es eine solche Kette nicht geben.

§9.4. Trotzdem schwebt das Wort nicht etwa – ohne jede kausale Bodenhaftung – im luftleeren Raum herum; seine Funktion wird durch *höherstufige* kausale Faktoren bestimmt. Sehen wir uns das an einem Beispiel genauer an! Regeln des Gebrauchs

---

[4] Mehr dazu in Band 1, Abschnitte 14 und 15.

Kapitel III. Semantische Stabilität – Begriff und Existenznachweis

Das Gehirn im Tank wird von ganz bestimmten kausalen Einflüssen dazu bewogen, dem Satze

(3) Da ist ein Tiger,

zuzustimmen, und von anderen kausalen Einflüssen dazu bewogen, dem Satze zu widersprechen. Beim Satz

(4) Da ist nicht ein Tiger,

dreht sich dies Verhältnis um. Die zuerst genannten kausalen Einflüsse führen zur Ablehnung dieses Satzes, die zweite Gruppe kausaler Einflüsse zu seiner Zustimmung.[5]

Das heisst: Wenn wir von einem Satz wie (3) ausgehen, dessen Gegenstand und Bedeutung von kausalen Einflüssen bestimmt ist, der also nicht per Magie von dem handelt, wovon er handelt (z.B. von Bit-Tigern), dann lässt sich aus diesem Satz durch Einfügen des Wortes „nicht" ein anderer Satz wie (4) gewinnen, dessen Bedeutung gleichfalls nicht magisch, sondern durch kausale Einflüsse bestimmt ist. Wir haben also zwei kausal regierte Sätze, die ohne jede Magie funktionieren. Mehr noch, es gibt einen *systematischen Zusammenhang* zwischen den kausalen Ketten, die zu einer bestimmten Reaktion auf den einen Satz führen, und jenen kausalen Ketten, die zu derselben Reaktion auf den anderen Satz führen.

Dieser systematische Zusammenhang bezieht sich zwar auf kausale Wechselwirkungen zwischen äusseren Umständen (im Beobachtungsfeld des Simulationscomputers) und verbalen Reaktionen, so dass er ohne Kausalität nicht greifen könnte. Aber der Zusammenhang ist selber kein kausaler Zusammenhang, sondern ein logischer oder funktionaler Zusammenhang: Genau die Kausalketten-Anfänge, die *nicht* zur Zustimmung zum Satze (3) führen, führen zur Zustimmung zu Satz (4) – und umgekehrt. (Ich ignoriere um der Einfachheit willen andere Reaktionen, etwa die Urteilsenthaltung).

Dem so beschriebenen systematischen Zusammenhang folgt der eingetankte Sprecher nicht nur beim Satzpaar aus (3) und (4); er folgt ihm bei jedem Paar tanksprachlicher Sätze, deren Beurteilung irgendwie von kausalen Ausseneinflüssen auf den Nervenbahnen abhängt und die sich lediglich durch Vorkommnis des Wortes „nicht" voneinander unterscheiden.

---

[5] Vergl. Quine [WO]:57.

9. Aussagenlogik

§9.5. Wenn aber die tanksprachliche Regel für den Gebrauch des Wortes „nicht" bei vielen verschiedenen Sätzen auf immer genau gleiche Weise greift, dann ist die Regel in gewisser Hinsicht unabhängig von den kausalen Verbindungen der einzelnen Sätze. Sie lässt sich zwar nur anhand von kausalen Verbindungen zwischen „Umwelt" (im Universalspeicher) und verbalem Sprachverhalten dingfest machen, aber sie spielt ihr Spiel sozusagen auf einer höheren, abstrakteren Ebene.

<small>Wir folgen derselben Regel</small>

Und in dieser Abstraktheit jener Regel wurzelt die semantische Stabilität des Wortes „nicht". Die Regel ist so abstrakt, dass sie auch von Sprechern befolgt werden kann, die beim Sprechen mit völlig anderen Wirklichkeitsausschnitten kausal interagieren als der Eingetankte. Zum Beispiel können *wir* genau dieselbe Regel befolgen wie die Tanksprachler; und wir tun es dauernd!

Zwar interagieren wir nicht mit Bit-Tieren, wenn wir z. B. zoologische Beobachtungssätze verlauten lassen, sondern mit echten Tieren aus Fleisch und Blut. Aber wenn wir in unsere Beobachtungssätze das Wort „nicht" einfügen, dann ergeben sich daraus neue Beobachtungssätze, die sich zu den ursprünglichen (unnegierten) Beobachtungssätzen genau so verhalten wie im parallelen Fall der Tanksprache.

Die Regel operiert also bei uns über anderem kausalen Material als bei den Tanksprachlern – aber sie operiert hier wie dort auf exakt dieselbe Weise. *Es ist ein und dieselbe Regel.*

Und wenn es zutrifft, dass sich die Bedeutung eines Wortes aus seinem regelgeleiteten Gebrauch ablesen lässt, dann können wir nun mit gutem Grund an unserer Ausgangsthese festhalten: In der Tanksprache bedeutet das Wort „nicht" dasselbe wie bei uns; das Wort ist semantisch stabil. Wir haben ein erstes Beispiel für semantische Stabilität aufgespürt, und das, ohne auf irgendeine magische Theorie des Funktionierens von Sprache hereinzufallen. Semantische Stabilität impliziert keine Zauberei.

§9.6. Wir sind für unseren Existenznachweis in extrem winzigen Schritten vorwärtsgeschlichen – um sicher zu gehen. Auf der weiteren Suche nach Beispielen für semantische Stabilität in der Aussagenlogik können wir uns eines zügigeren Tempos befleissigen. Der Rest des aussagenlogischen Vokabulars erledigt sich nach unserer gründlichen Vorarbeit fast wie von selbst.

<small>Konjunktion</small>

So steht es im Fall des Worts „und" nicht anders als mit der Negation. Die für die Konjunktion „und" einschlägige Regel ist nicht minder abstrakt als die Negationsregel; und doch könnte auch sie ganz ohne kausale Interaktion zwischen Sprecher und Umwelt nicht greifen. Wie-

Kapitel III. Semantische Stabilität – Begriff und Existenznachweis

der kommt es auf das kausale Material, über dem die Regel operiert, nicht an. Die Konjunktionsregel funktioniert für Tanksprachler genau so wie für uns:

> Ist der Sprecher disponiert, einem der beiden Sätze p bzw. q zu widersprechen, so ist er auch disponiert, ihrer Konjunktion p & q zu widersprechen. Ist er disponiert, beiden Sätzen, sowohl p als auch q, zuzustimmen, so ist er auch disponiert, dem Gesamtsatz p & q zuzustimmen.[6]

Es liegt auf der Hand, dass man dieser Regel unabhängig davon folgen kann, ob in die Zustimmungs- bzw. Ablehnungsursachen der Teilsätze echte Tiger oder aber Bit-Tiger verwickelt sind. Wenn also das Gehirn im Tank sagt:

(5)   Da ist ein Tiger, und da ist ein Känguruh,

dann müssen wir in der deutschen Übersetzung zwar die Tiernamen ändern, nicht aber die Konjunktion:

($5_\text{ü}$)   Da ist ein Bit-Tiger, *und* da ist ein Bit-Känguruh.

Kurz, das Wort „und" ist semantisch stabil. Natürlich lässt sich diese Art von Überlegung bei allen anderen wahrheitsfunktionalen Satzoperatoren aus der Aussagenlogik wiederholen. Sie sind allesamt semantisch stabil.

Für dies Resultat spricht auch die altbekannte Tatsache, dass sich alle aussagenlogischen Operatoren mithilfe von „nicht" und „und" ausdrücken lassen. Die semantische Stabilität dieser beiden Wörter überträgt sich also auf den ganzen Rest.

Äquivalenz   §9.7. *Vertiefung.* Diese Überlegung funktioniert natürlich nicht ohne gewisse Zusatzannahmen. Sie funktioniert, wenn das folgende Theorem zutrifft:

> Sind die Sätze p und q aussagenlogisch äquivalent, so ist p genau dann semantisch stabil, wenn q semantisch stabil ist.

Beweis. Wir betrachten die Sprache L*, die der eingetankte enge Doppelgänger eines Sprechers von L spricht. L und L* sind in jedem Fall innensyntaktisch gleich. (Siehe §8.6. Die Details finden sich in Band 1, Abschnitt 24). Aber nicht nur das; der Sprecher von L und sein eingetankter Doppelgänger haben innensprachlich exakt denselben Logik-Unterricht genossen. Das bedeutet:

---

[6] Siehe Quine [WO]:57/8. (Die Probleme, die Quine in [RoR]:76–78 und in [PPiL]:12 aufwirft, können wir ignorieren, siehe Müller [SA]:§6.21).

Sind p und q in L aussagenlogisch äquivalent, so sind auch ihre innensyntaktischen Gegenstücke p* und q* in L* aussagenlogisch äquivalent. (Denn aussagenlogische Äquivalenz lässt sich innen*syntaktisch* ermitteln).

Sei nun p semantisch stabil. Dann gibt es laut Definition eine Übersetzung des Satzes p* von L* nach L, die innensyntaktisch identisch mit p ist, d.h.

(∗) $p = Ü_{L^* \to L}(p^*)$.

Nun gilt allgemein zweierlei: (i) Jede Übersetzung eines Satzes ist auch eine Übersetzung eines dazu aussagenlogisch äquivalenten Satzes. (ii) Jeder Satz, der einer Übersetzung irgendeines Satzes aussagenlogisch äquivalent ist, ist selbst eine Übersetzung dieses Satzes.

Wegen (i) ergibt sich aus (∗): p ist eine Übersetzung des Satzes q*. Und daraus ergibt sich wegen (ii): q ist eine Übersetzung des Satzes q*. Damit aber erfüllt q unsere Bedingung für semantische Stabilität. Wir haben mithin die eine Richtung des Bikonditionals aus unserem Prinzip abgesichert. Durch Vertauschung der Rollen von p und q zeigt man, dass p semantisch stabil ist, falls q semantisch stabil ist, Q.E.D.

Das soeben bewiesene Prinzip lässt sich leicht auf *prädikatenlogische* Äquivalenzen ausdehnen. Hinter dem prädikatenlogischen Prinzip und seinem aussagenlogischen Gegenstück verbirgt sich die innen*semantische* Gleichheit der Sprachen L und L* – ein Thema, das wir um der Kürze willen ausblenden müssen. Hier nur soviel: Der simulierte Logikunterricht für Sprecher der Sprache L* folgt denselben Regeln wie der echte Logikunterricht für Sprecher von L. Zwar werden die logischen Regeln im ersten Fall an Bit-Tafeln und im zweiten Fall an echten Tafeln vorgeführt, aber darauf kommt es nicht an. Die logischen Regeln selbst sind gleich. Und diese Beobachtung weist bereits über die Innensyntax hinaus. Nicht nur sind in der formalen Sprache des Gehirns im Tank dieselben Formeln wohlgeformt wie in unserer formalen Sprache; auch die Schlussregeln der beiden Sprachen unterscheiden sich nicht. *Weil* sie sich innen*syntaktisch* völlig gleich darstellen lassen, unterscheiden sie sich auch innen*semantisch* nicht! Sollte das plausibel sein, so wäre der erste Schritt in die Innensemantik geebnet. (Vergl. §8.10 und §23.8 bis §23.9).

10. Prädikatenlogik

§ 10.1. Nachdem die semantischen Stabilität im letzten Abschnitt bei den aussagenlogischen Konstanten „nicht", „und", „oder" etc. erste Erfolge gefeiert hat, drängt sich uns die Frage auf, wie ihre Chancen bei den prädikatenlogischen Konstanten stehen, also bei Wörtern wie:

  alle, einige, keine.

Kapitel III. Semantische Stabilität – Begriff und Existenznachweis

Ich möchte plausibel machen, dass diese Wörter gleichfalls semantisch stabil sind. Sie können allesamt über einen Kamm geschoren werden, da sie sich wechselseitig definieren lassen. So mag es uns genügen, wenn wir uns die Gründe für die semantische Stabilität des Wortes „alle" klarmachen.

Die moderne Logik hat uns ein attraktives Bild der Funktionsweise von Allsätzen beschert.[7] Dies moderne Bild werde ich hier zugrundelegen, ohne es zu begründen; das Bild hat für unsere Zwecke den Vorteil, dass es gar nicht erst zu der Annahme verleitet, das Wort „alle" müsse irgendwas bezeichnen, wenn es z.B. an Subjektposition eines Allsatzes vorkommt.

(Laut moderner Logik haben nur generelle und singuläre Terme bezeichnende Funktion. Das ist uns deshalb willkommen, weil dadurch die Gefahr im Keim erstickt ist, dass die kausale Theorie des Bezeichnens für Wörter wie „alle" einschlägig sein und deren semantische Stabilität beschädigen könnte).

Allsätze

§10.2. Um meine Behauptung plausibel zu machen, dass der Allquantor semantisch stabil ist, betrachten wir folgenden tanksprachlichen Allsatz:

(6)   Alle Eulen sind Vögel.

Wie gehabt, müssen die bezeichnenden Terme aus diesem Satz so in unsere Sprache übertragen werden, dass sie Muster aus gespeicherten Nullen und Einsen betreffen, diesmal Bit-Eulen und Bit-Vögel. Und der Satz behauptet einen ganz bestimmten Zusammenhang zwischen der Menge der Bit-Eulen und der Menge der Bit-Vögel. Er sagt, dass die erste Menge in der zweiten Menge eingeschlossen ist – und zwar nicht im räumlichen Sinne eingeschlossen, sondern im abstrakten, logischen Sinne. (Mengen sind keine räumlichen Entitäten; sie sind Abstrakta; dazu mehr im nächsten Abschnitt). So wäre der Satz falsch, wenn man im Universalspeicher eine Bit-Eule auftreiben könnte, die nicht auch ein Bit-Vogel ist. Das alles heisst, dass der tanksprachliche Satz (6) wie folgt ins Deutsche zu übertragen ist:

($6_{ü}$)   *Alle* Bit-Eulen sind Bit-Vögel –

ohne Änderung des Wortes „alle".

---

[7] Frege [BANF]:23 (§12). Vergl. Quine [MoL]:136–41.

10. Prädikatenlogik

Ähnlich wie im Fall von „nicht" und „und" kann man den Gebrauchsregeln des Wortes „alle" auf genau gleiche Weise folgen, ganz einerlei, wovon die Rede ist, ob von echten Tigern oder von Bit-Tigern.

§ 10.3. Dass es sich mit dem Allquantor ähnlich verhält wie mit „und", entspringt nicht dem Zufall. Man kann Allsätze als Abkürzungen für vielgliedrige Konjunktionen auffassen – zumindest im endlichen Fall (wenn also feststeht, dass nur endlich viele Gegenstände vom verwendeten Prädikatsausdruck bezeichnet werden). Stünde z.B. fest, dass es nur drei Eulen gibt, so hätte das Gehirn im Tank anstelle von (6) genausogut sagen können:

„Alle" und „und"

(7) Die erste Eule ist ein Vogel, und die zweite Eule ist ein Vogel, und die dritte Eule ist ein Vogel.

Und dass die hier auftauchenden Konjunktionszeichen bei Übersetzung in unsere Sprache nicht verändert zu werden brauchen, haben wir uns bereits klargemacht.

Zugeständnis. Im unendlichen Fall funktioniert diese Überlegung nicht; unendlich viele Konjunktionsglieder kann man nicht hinschreiben. Nun ist der Sprung in die Unendlichkeit bei uns genau so gross wie beim Gehirn im Tank. Insofern ist nicht zu sehen, warum unendlich grosse Gegenstandsbereiche die semantische Stabilität des Allquantors sollten verhindern können. Mehr als intuitive Plausibilität kann ich für diese metaphorische Überlegung allerdings nicht beanspruchen.

§ 10.4. Man könnte gegen die semantische Stabilität des Allquantors einwenden, dass Allsätze erst dann eine wohlbestimmte Aussage enthalten, wenn der Gegenstandsbereich feststeht, von dem die Rede ist. *Ohne Gegenstandsbereich keine Allquantifikation*, so mag man sagen. Und dieser Slogan kann deshalb gegen meine These (von der semantischen Stabilität des Allquantors) ins Feld geführt werden, weil die eingetankten Gehirne über anderen Gegenstandsbereichen quantifizieren als wir. Wir quantifizieren über der Menge aller Gegenstände, sie über der Menge aller Bit-Gegenstände. Heisst das nicht, dass der tanksprachliche Allquantor doch anders funktioniert als unserer und dass wir diesen Unterschied daher besser ans Tageslicht bringen sollten?

Gegenstandsbereiche

Einverstanden, machen wir den bislang implizit mitwirkenden Gegenstandsbereich in unseren Sätzen explizit. Laut moderner Analyse hätte der tanksprachliche Satz (6) etwa folgendermassen expliziert werden können:

86   Kapitel III. Semantische Stabilität – Begriff und Existenznachweis

(8)   Für alle materiellen Gegenstände x gilt: Wenn x eine Eule ist, so ist x ein Tier.

Und nun liegt es in der Tat nahe, in der deutschen Übersetzung dieses Satzes zu berücksichtigen, dass Tanksprachler mit dem Ausdruck „materieller Gegenstand" etwas anderes bezeichnen als wir – bit-materielle Gegenstände.[8] So erhalten wir:

($8_ü$)   Für alle *bit-materiellen* Gegenstände x gilt: Wenn x eine Bit-Eule ist, so ist x ein Bit-Tier.

Wie man sieht, hat sich der Abstand zwischen tanksprachlichem Original und deutscher Übersetzung vergrössert. Ursprünglich unterschieden sich Original und Übersetzung nur im zoologischen Vokabular:

(6)   Alle *Eulen* sind *Vögel*.
($6_ü$)   Alle *Bit-Eulen* sind *Bit-Vögel*.

Jetzt ist ein weiterer Unterschied hinzugekommen, der Unterschied zwischen „materiellem Gegenstand" und „bit-materiellem Gegenstand".

Bedeutet das nicht, dass dieser neue Unterschied (der erst bei ausführlicherer Fassung unserer beiden Sätze zutage getreten ist) schon von Anbeginn im Spiel war, und zwar versteckt in dem bloss oberflächlich gleichen Allquantor aus ($6_ü$) und (6)? Und spricht das nicht gegen die semantische Stabilität des Allquantors?

Drei Unterschiede

§ 10.5.   Dass sich bei ausführlicherer Formulierung der tanksprachliche Allsatz von seiner deutschen Übersetzung nicht in zweierlei Hinsicht, sondern in dreierlei Hinsicht unterscheidet, kann ich zugeben. Die semantische Stabilität des Wortes „alle" wird dadurch nicht erschüttert. Denn sehen wir uns die beiden ausführlicheren Fassungen noch einmal genauer an:

(8)   Für *alle* materiellen Gegenstände x gilt: Wenn x eine Eule ist, so ist x ein Tier.
($8_ü$)   Für *alle* bit-materiellen Gegenstände x gilt: Wenn x eine Bit-Eule ist, so ist x ein Bit-Tier.

Im Vergleich zu (6) und ($6_ü$) sind die neuen Fassungen länger geworden: einerseits ist ein weiterer genereller Term („materieller Gegenstand") ins

---

[8] Mehr zur semantischen Instabilität des Ausdrucks „materieller Gegenstand" im Abschnitt 16.

10. Prädikatenlogik

Spiel geraten, andererseits eine Variable („x"). Der neue generelle Term musste beim Übergang von (8) zu (8ü) umgedeutet werden – das ist ein alter Hut. Alle unsere bisherigen Beispiele für generelle Terme sind semantisch instabil. Die hinzugekommene Variable haben wir nicht verändert. (Und aus guten Gründen nicht; s. u. im Kleingedruckten). Aber selbst wenn wir auch noch die Variable verändert hätten, beträfen die Änderungen immer noch nicht das Wort, um das es uns gerade zu tun ist: das Wort „alle".

Dies Wort hat sich auch beim Übergang vom ausführlichen Original (8) zu dessen deutschem Gegenstück (8ü) nicht verändert! (Wie hätte man es auch ändern sollen? Es ist nicht einmal ein passabler Vorschlag zu seiner Uminterpretation in Sicht).

Damit sollte klar sein, wie wir den Einwand abwehren können. Wir brauchen die semantische Stabilität des Allquantors nicht anhand der ursprünglichen Sätze (6) und (6ü) zu verteidigen. Wenn man uns vorwirft, dass diese Sätze wichtige Aspekte der Quantifikation unausgesprochen lassen, dann gehen wir freudig zu den ausführlicheren Fassungen über und zeigen dort, dass das Wort „alle" semantisch stabil ist. Selbst wenn das Wort in weniger expliziten Kontexten von zweifelhafter semantischer Stabilität sein sollte, gibt es keinen Grund zur Beunruhigung; immer steht uns der Ausweg offen, den Schaden durch gesteigerte Ausführlichkeit zu beheben. (Und weil es unserem Gegner demzufolge nichts nützt, die Ausführlichkeit zu steigern, werden wir der Einfachheit halber fast immer mit den weniger ausführlichen Fassungen weitermachen).

§ 10.6. *Frage.* Wie erklärt es sich, dass sich die Variable beim Übergang von Tanksprache zum Deutschen nicht verändert? Müsste die Variable nicht schon deshalb geändert werden, weil sie für lauter Gegenstände steht, sie bezeichnet?

Die Frage beruht auf einer Konfusion. Erstens sind Variable keine bezeichnenden Terme. Es besteht kein Grund, die Variablen bei der Übersetzung der Tanksprache zu verändern. Die wesentliche Aufgabe einer Variablen besteht darin, Positionen in offenen Sätzen zu markieren, um den Quantoren einen eindeutigen Zugriff auf die gewünschte Leerstelle im fraglichen offenen Satz zu erlauben (siehe Quine [VEa]:228). Das kann man im Tank genauso wie ausserhalb des Tanks. (Dass sich hinter dem Gebrauch von Variablen keine tieferen Geheimnisse verbergen, hat Quine auf sehr elegante Weise nachgewiesen. Er schlägt insgesamt sechs Operatoren vor, mit deren Hilfe man eine Prädikatenlogik treiben kann, in der keine Variablen vorkommen, siehe [VEa]:231/2, 235. Wie man sich leicht klarmacht, sind Quines sechs Operatoren allesamt semantisch stabil).

Die Variable

Kapitel III. Semantische Stabilität – Begriff und Existenznachweis

Zweitens kommt es beim Gebrauch einer Variablen nicht auf deren Gestalt an (deren Wortlaut). Trotz unterschiedlichem Wortlaut sagt unsere bisherige Übersetzung des Satzes (8):

(8$_\text{ü}$) Für alle bit-materiellen Gegenstände x gilt: Wenn x eine Bit-Eule ist, so ist x ein Bit-Tier,

exakt dasselbe wie:

(8$_\text{ü}'$) Für alle bit-materiellen Gegenstände y: Wenn y eine Bit-Eule ist, so ist y ein Bit-Tier,

und sogar *exakt* dasselbe wie:

(8$_\text{ü}''$) Für alle bit-materiellen Gegenstände *bit-x*: Wenn *bit-x* eine Bit-Eule ist, so ist *bit-x* ein Bit-Tier –

falls man Variable dieser Form zuzulassen wünscht. Falls also die Fassung (8$_\text{ü}''$) mit den Bit-Variablen eine gelungene Übersetzung des Originals (8) sein sollte, so wären das auch ihre Gegenstücke ohne Bit-Variablen, die Sätze (8$_\text{ü}$) und (8$_\text{ü}'$). (Denn wenn zwei Sätze dasselbe besagen, dann sind entweder beide die gelungene Übersetzung irgendeines fremdsprachigen Satzes – oder beide nicht).

Existenz

§ 10.7. Wenn unsere Überlegungen so weit stimmen, wenn also das Wort „alle" semantisch stabil ist, dann lässt sich dies schöne Ergebnis leicht auf die zweite wichtige prädikatenlogische Konstante übertragen: auf den Existenzquantor „es gibt". Denn alles, was sich mithilfe dieses Quantors ausdrücken lässt, kann man ebensogut mithilfe der semantisch stabilen Wörter „alle" und „nicht" ausdrücken. Deren semantische Stabilität vererbt sich also auf den Existenzquantor.

Begründung. Wenn das Gehirn im Tank verlauten lässt:

(9) Es gibt Tiger,

so besagt dies ausführlicher:

(9') Es gibt einen materiellen Gegenstand x, für den gilt: x ist Tiger.

Dieser Satz ist logisch äquivalent zu:

(9'') Nicht für alle materiellen Gegenstände x gilt: x ist nicht ein Tiger.

Aufgrund der semantischen Stabilität des Allquantors und der Negation lautet die Übersetzung dieses tanksprachlichen Satzes in unsere Sprache wie folgt:

(9$_\text{ü}''$) Nicht für alle bit-materiellen Gegenstände x gilt: x ist nicht ein Bit-Tiger,

was logisch äquivalent ist zu:

(9$_\text{ü}'$) Es gibt einen bit-materiellen Gegenstand x, für den gilt: x ist ein Bit-Tiger, oder kürzer:

(9ü)   Es gibt Bit-Tiger.

§ 10.8. Es sieht so aus, als hätten wir nun alle Elemente unserer Sprache behandelt, die bei logischen Analysen durch die Symbolik der Aussagen- und Prädikatenlogik wiedergegeben werden. Sowohl die aussagenlogischen Satzjunktoren als auch die prädikatenlogischen Quantoren (als auch die Variablen) sind unseren Überlegungen zufolge semantisch stabil. Bei der Behandlung des prädikatenlogisch formalisierbaren Teils unserer Sprache haben wir jedoch ein Element übersehen, das in den üblichen Formalisierungen nicht eigens hingeschrieben wird, obwohl es uns in der natürlichen Sprache auf Schritt und Tritt begegnet: ich meine die Kopula „ist", mit deren Hilfe man einem beliebigen Ding ein beliebiges Prädikat zuschreiben kann. (In der formalen Sprache der Prädikatenlogik wird sie überhaupt nicht eigens hingeschrieben; sie wird nur durch Hintereinanderschreiben grossgeschriebener und kleingeschriebener Konstanten und Variablen sichtbar, etwa in „Fa"). Betrachten wir folgendes tanksprachliches Beispiel:

Kopula

(10)   Murr ist ein Kater.

Ohne viel Federlesens haben wir bei der Übersetzung von tanksprachlichen Sätzen wie diesem die Kopula immer unangetastet gelassen:

(10ü)   Bit-Murr *ist* ein Bit-Kater.

Und diese Übersetzung ist plausibel. Denn wer vermöge eines Subjekt/Prädikat-Satzes einem Gegenstand eine Eigenschaft zuspricht, der vollzieht einen sprachlichen Schachzug, dessen Charakter nicht davon abhängt, mit welchen Schachfiguren er spielt. Natürlich können Gehirne im Tank keinem echten Tier die Eigenschaft zusprechen, ein Kater zu sein; sie praktizieren Prädikation bei bit-materiellen Gegenständen, und anhand von Eigenschaften gespeicherter Nullen und Einsen im Universalspeicher. Aber obwohl sich ihr Material beim Prädizieren von dem unserem unterscheidet, tun sie anhand dieses unterschiedlichen Materials mit der Kopula genau dasselbe wie wir.

§ 10.9. Ich möchte nicht verschweigen, dass wir bei der Kopula gravierend von unserem sonst so gut bewährtem Muster der Uminterpretation tanksprachlicher *Verben* abgewichen sind. So hatten wir den Satz

Vergleich mit anderen Verben

90   Kapitel III. Semantische Stabilität – Begriff und Existenznachweis

(11)   Es naht ein Tiger,

mithilfe des Adverbs „kybernetisch" übersetzt:

(11ü)   Es naht *kybernetisch* ein Bit-Tiger.

Man hätte also versucht sein können, Satz (10) im gleichen Stil zu übersetzen:

(10ü′)   Bit-Murr *ist kybernetisch* ein Bit-Kater.

Der Vorschlag erinnert an den bizarren Versuch, das tanksprachliche Negationszeichen durch den Ausdruck „bit-nicht" wiederzugeben; er fällt auch derselben Art von Kritik zum Opfer.

Zur Erinnerung. Wir hatten den Vorschlag, die tanksprachliche Negation durch den Ausdruck „bit-nicht" wiederzugeben, mit der Bemerkung abgewehrt, dass er einem Missverständnis dessen entspringe, wie die Vorsilbe „bit" funktioniert, siehe §9.2. Genauso entspringt der augenblickliche Vorschlag (10ü′) einem Missverständnis dessen, wie der Zusatz „kybernetisch" funktioniert.

Wir hatten den Zusatz zunächst für jene Relationen zwischen Codes im Universalspeicher benutzt, die räumliche Relationen zwischen codierten Elementarteilchen widerspiegeln. Dadurch verwandelte sich die tanksprachliche Rede von „räumlicher Nähe" in den deutschen Ausdruck „kybernetische Nachbarschaft", siehe §4.3. Dann hatten wir den Gebrauch des Zusatzes auf Ausdrücke für Veränderungen und Aktionen ausgedehnt, und es entstanden Übersetzungen wie die „kybernetische Annäherung" und der „kybernetische Kuss", siehe §4.8.

So kam es, dass viele tanksprachliche Verben beim Uminterpretieren durch den Zusatz „kybernetisch" ergänzt wurden. *Diese Ergänzung hat aber bei der Kopula keinen Sinn.* Die Kopula drückt keine räumlichen Verhältnisse aus, keine räumlichen Veränderungen und erst recht keine Handlungen. Sie ist viel grundlegender als das, da sie in jeder Prädikation implizit mit enthalten ist. Es ist ein oberflächlicher Zug unserer Sprache, dass wir sie nur zuweilen und dann durch ein Verb ausdrücken.

Benennen und Urteilen

§10.10.   Wenn nun die Kopula semantisch stabil ist, wenn also das Gehirn im Tank beim Prädizieren genau dasselbe tut wie wir (allerdings anhand unterschiedlichen Materials), dann spricht das für die semantische Stabilität zweier anderer, sehr grundlegender Operationen: Benennen und Urteilen. Und in der Tat: In dem Augenblick, da wir uns darauf eingelassen haben, das Gehirn im Tank für interpretierbar zu erklären, haben wir ihm Urteile zugeschrieben, im einfachsten Fall also Sätze der Form

Fa,

d.h. (etwas ausführlicher) Sätze der Form

a *ist* F;

oder noch ausführlicher:

Ich urteile: a *ist* F.

Ganz ausführlich:

Ich urteile: das Ding *namens* a *ist* F.

In dieser letzten – ausführlichsten – Fassung eines einfachen Urteils habe ich die drei Elemente hervorgehoben, die in der Tanksprache genauso funktionieren wie bei uns, wenn auch anhand anderer Gegenstände und Eigenschaften. Was für „a" und „F" einzusetzen ist – etwa „Murr" und „Kater" –, ist zwar semantisch instabil. Aber um diesen Prädikatsausdruck und jenen Namen zu einem Urteil zusammenzufügen, braucht das Gehirn im Tank denselben Klebstoff wie wir. Wir sollten also zugeben, dass das Gehirn im Tank genauso wie wir benennen, prädizieren und urteilen kann.

§ 10.11. *Ausblick.* Aus alledem ergibt sich noch nicht die semantische Stabilität der *Ausdrücke* „Urteil", „Name" und „Eigenschaft zuschreiben". Denn diese Ausdrücke können auch zum Bezeichnen verwendet werden (etwa bei der Rede über andere Sprecher), während die kursiv hervorgehobenen drei Grundelemente des einfachen Urteils oben keine bezeichnende Funktion innehatten. Der assertorische Operator „Ich urteile, dass" (Freges Urteilsstrich) etwa dient im Urteil oben nicht der Bezeichnung, genausowenig wie die Kopula oder der Ausdruck „namens".   „Name" und „Urteil"

Dennoch stehen die Grundelemente des einfachen Urteils in engem Zusammenhang mit den drei bezeichnenden Ausdrücken „Urteil", „Name" und „Eigenschaft zuschreiben". So könnte man dafür plädieren, dass jemand nur dann selber urteilen kann, wenn er auch anderen Urteile zuschreiben kann (siehe Davidson [CoT]:199/200 *et passim*, [TVoK]:166 *et passim*, [EE]:201/2 *et passim*). Wie sich diese Idee in ein Argument zugunsten der semantischen Stabilität der Ausdrücke „Urteil", „Name" und „Eigenschaft zuschreiben" ummünzen lässt, kann ich hier nicht erörtern. (Bevor wir das Argument formulieren könnten, müssten wir unser Gedankenspiel für die Möglichkeit eingetankter *Fremd*zuschreibungen von Meinungen usw. öffnen, also sicherheitshalber mit einer *Gemeinschaft* eingetankter Gehirne bevölkern).

§ 10.12. Beiläufig: Da der Ausdruck „ich" auch im assertorischen Operator vorkommen kann (sozusagen als impliziter Bestandteil in Freges Urteilsstrich) und dort gewiss nichts bezeichnet, fällt es leichter, sich mit der semantischen   „Ich"

Stabilität der Ersten Person Singular anzufreunden. Selbst da, wo das Wort „ich" einen materiellen Körper zu bezeichnen scheint, wie in

(i) Ich bin 1,77 m gross,

kann man den Ausdruck für die Erste Person Singular semantisch stabil halten. Denn der Satz sagt soviel wie

(ii) *Mein* Körper ist 1,77 m lang,

und muss aus der Tanksprache so übersetzt werden:

(iii) *Mein* Bit-Körper hat eine kybernetische Länge von 1,77 Bit-Metern,

ohne Änderung des Possessivpronomens der Ersten Person Singular. Die semantische Stabilität der Ersten Person Singular lag von Anbeginn nahe. In §4.12 etwa haben wir uns die tanksprachliche Hypothese:

(iv) *Ich* bin vielleicht ein Gehirn im Tank,

wie folgt verdeutlicht:

(v) *Mein* Gehirn steckt nicht im Tank (und ist nicht an einen Simulationscomputer angeschlossen),

und dann bedenkenlos so übersetzt:

(vi) *Mein* Bit-Gehirn ist nicht im kybernetischen Innern eines Bit-Tanks abgespeichert (und ist nicht kybernetisch an einen Bit-Computer angeschlossen).

(Ich kann dieses Thema einstweilen nicht vertiefen und werde mich im folgenden auf die semantische Stabilität des Ausdrucks „ich" stützen, ohne viel Aufhebens von der Sache zu machen. Mehr dazu in §25.13 bis §25.14).

11. Mengenlehre

Stabilität beim Bezeichnen

§ 11.1. In den letzten beiden Abschnitten haben wir uns klargemacht, warum die aussagen- und prädikatenlogischen Konstanten semantisch stabil sind. Unserem übergeordneten Ziel sind wir damit nur einen winzigen Schritt nähergekommen. Wir wissen jetzt, dass wir von der Suche nach Beispielen für semantische Stabilität nicht mit leeren Händen zurückkommen müssen. Abgesehen von diesem erfreulichen Existenznachweis haben wir nichts Entscheidendes erreicht. Denn wir suchen ja nach semantisch stabilen Wörtern, um der beunruhigenden Lage eines eingetankten Gehirns aus dessen eigenem Munde Ausdruck zu verleihen – mithilfe *informativer* Wörter (und unter Berücksichtigung eventuell nötiger Uminterpretationen). Das sprachliche Arsenal der Aussagen- und Prädikatenlogik wird für dies Projekt nie und nimmer hinreichen. Wer nur über logische Wörter verfügt, kann überhaupt nichts Interessantes über die Welt sagen: Seine Sätze sind entweder logisch falsch oder logisch wahr; entweder gelten sie in jeder der denkbaren Welten – oder in keiner.

Um mit unserem Projekt voranzukommen, brauchen wir also semantisch stabile Vokabeln, mit deren Hilfe man echte Elemente irgendeiner Welt *bezeichnen* kann. Und bislang haben wir kein einziges semantisch stabiles Wort mit bezeichnender Funktion aufgetan. Schlimmer noch, unsere Überlegungen aus den letzten zwei Abschnitten wecken nicht die leiseste Hoffnung auf semantisch stabile Wörter, die etwas bezeichnen. Im Gegenteil! Unser Plädoyer für die semantische Stabilität von

nicht, und, alle, usw.

beruhte ganz entscheidend auf folgender Beobachtung: Jedes dieser Wörter gehorcht seiner Regel immer auf dieselbe Weise, und das unabhängig davon, wovon in den Sätzen die Rede ist, in denen es vorkommt. Die semantische Stabilität dieser Wörter wurzelt also gerade im Kontrast, der sich zwischen ihrer Funktion und dem Phänomen des Bezeichnens auftut.

Unsere nächste Frage muss daher lauten: Gibt es semantisch stabile Wörter, die etwas bezeichnen, also semantisch stabile singuläre oder generelle Terme? Ich werde diese Frage im vorliegenden Abschnitt positiv beantworten – anhand von Wörtern, mit deren Hilfe man das mathematische Vokabular erklären kann. (Im nächsten Abschnitt werden wir sehen, wie sich die Mathematik selber semantisch stabilisieren lässt). Durch dies Ergebnis werden wir wieder nur einen winzigen Schritt vorankommen. Denn die diesmal herausspringenden semantisch stabilen Vokabeln sind zwar Prädikatsausdrücke und haben damit bezeichnende Funktion (anders als die logischen Wörter, die wir bislang betrachtet haben). Aber es sind immer noch keine Wörter, mit deren Hilfe man sprachlich zwischen verschiedenen denkbaren Welten differenzieren kann. Es sind keine Wörter mit handgreiflichem Gehalt.

§11.2. Statt die schillernde Metapher vom handgreiflichen Gehalt z.B. durch Angabe notwendiger und hinreichender Bedingungen zu präzisieren, beleuchte ich sie lieber anhand unseres nächsten Beispiels für semantische Stabilität. Meiner Ansicht nach ist z.B. das Wort „Menge" semantisch stabil. Zwar hat dieser generelle Term bezeichnende Funktion – womit wir ein gutes Stück weiter sind als im letzten

Mengen wirken nicht

Abschnitt. Aber dem Term geht ganz sicher das ab, was ich unter „handgreiflichem Gehalt" hatte verstanden wissen wollen. Genau aufgrund dieses Mangels an handgreiflichem Gehalt sollte uns seine semantische Stabilität nicht wundern.

Der Term „Menge" bezeichnet abstrakte Gegenstände: Mengen kann man nach herrschender Auffassung weder anfassen noch in Raum und Zeit lokalisieren, und sie üben keine kausalen Wirkungen aus. Da Mengen nicht kausal wirken können, brauchen wir keine semantische Instabilität des Mengenbegriffs zu befürchten. Nach all unseren bisherigen Erfahrungen droht semantische Instabilität nur bei Wörtern, die etwas bezeichnen, das auf den Sprecher zumindest kausal wirken *kann*; nur bei solchen Wörtern greifen (externalistische) Überlegungen, in denen es um kausale Verbindungen geht.

Und in der Tat: Es ist plausibel, dass Gehirne im Tank Wörter, die nicht aufgrund von kausalen Verbindungen funktionieren, ganz genau so verwenden können wie wir. Im letzten Abschnitt haben wir uns diese Tatsache anhand logischer Operatoren klar gemacht; jetzt wiederholt sich das Spiel anhand eines Begriffswortes. Wie im Fall der logischen Operatoren unterscheiden sich auch die tanksprachlichen Gebrauchsregeln des Wortes „Menge" nicht von unseren Gebrauchsregeln. Den Gehirnen im Tank steht dieselbe Operation der Mengenbildung zur Verfügung wie uns. Ihr Mengenbegriff lässt sich von unserem nicht unterscheiden.

Rein oder
angewandt

§ 11.3. Ich möchte meine Behauptung zuerst kurz anhand der reinen Mengenlehre verdeutlichen; hier habe ich leichtes Spiel. Und obwohl die semantische Stabilität des Mengenbegriffs der reinen Mengenlehre hinreicht, um das Ziel dieses Kapitels zu erreichen und die Mathematik semantisch zu stabilisieren, werde ich in diesem Abschnitt auch (und in erster Linie) für die semantische Stabilität des Mengenbegriffs der angewandten Mengenlehre plädieren. Das wird schwieriger sein als im Fall der reinen Mengenlehre, aber die Mühe wird sich lohnen. Je interessantere und kostspieligere Fälle von semantischer Stabilität wir entdecken, desto näher kommen wir dem übergeordneten Ziel unserer Untersuchung.

Worin unterscheidet sich die angewandte von der reinen Mengenlehre? Einfach: In der angewandten Mengenlehre kommen Objekte vor, die selber keine Mengen sind; das sind die sogenannten Urelemente. In der reinen Mengenlehre spricht man dagegen *nur* über Mengen und lässt keine anderen Objekte zu. Die reine Mengenlehre braucht natürlich trotzdem einen Startpunkt, von dem aus sie in immer höhere

Gefilde der Mengenbildung aufsteigen kann; statt mit konkreten Objekten anzufangen (wie in der angewandten Mengenlehre möglich), fängt die reine Lehre mit der leeren Menge an und baut alles weitere auf dieser einen Menge auf.[9]

§ 11.4. Die Begriffe der reinen Mengenlehre sind allesamt semantisch stabil. Denn natürlich unterscheiden sich Axiome, Definitionen, Schlussregeln und Theoreme aus der tanksprachlichen reinen Mengenlehre nicht von denen aus unserer reinen Mengenlehre. Da sich der gesamte Gebrauch des reinen mengentheoretischen Vokabulars in diesen Axiomen, Definitionen, Schlussregeln und Theoremen erschöpft, müssen wir dem Gehirn im Tank denselben Mengenbegriff zugestehen, den wir für uns selbst in Anspruch nehmen.

Komplikation. Dass es konkurrierende Axiomatisierungen der reinen Mengenlehre gibt, tut nichts zur Sache. (Für einen ersten Überblick mit weiterer Literatur siehe Potter [STDS]). Die verschiedenen Systeme konkurrieren im Tank genau so wie bei uns. Wenn man will, kann man an dieser Stelle einen intuitiven Mengenbegriff ins Spiel bringen und sagen, dass das Gehirn im Tank deshalb denselben intuitiven Mengenbegriff verwendet wie wir, weil es so wie wir zwischen den verschiedenen Versuchen hin- und hergerissen ist, den intuitiven Mengenbegriff durch Axiomatisierung zu präzisieren.

Diese Sicht der Dinge liegt umso näher, weil das intuitive Wort „Menge" durch keine Prädikatskonstante der reinen Mengenlehre wiedergegeben wird. (Eine solche Konstante wäre natürlich überflüssig, weil die reine Lehre keine Objekte kennt, die *keine* Mengen sind).

§ 11.5. Bei der semantischen Stabilisierung der reinen Mengenlehre hatten wir leichtes Spiel, weil diese ohne weltliche, handgreifliche, konkrete Basis auskommt. (Sprecher aus beliebigen Welten können genau dieselbe leere Menge herausgreifen und – auf dieser aufbauend – genau dieselben komplizierten Mengen konstruieren und benennen). Laut angewandter Mengenlehre dürfen dagegen sogenannte Urelemente in die Mengenbildung eingehen, also irgendwelche Objekte, die selber keine Mengen sind. Als Urelemente können *wir* z. B. materielle Gegenstände wie Tiger heranziehen: diese Möglichkeit steht dem Gehirn im Tank nicht frei. Untergräbt dies nicht die semantische Stabilität des Mengenbegriffs, wie er in der angewandten Mengenlehre gebraucht wird? Ich möchte diese Sorge im folgenden zerstreuen. (Und wann immer im folgenden ohne weiteren Zusatz von Mengen, Elemen-

Die reine Lehre

Angewandte Mengenlehre

---
[9] Siehe Potter [STDS]:710.

96 Kapitel III. Semantische Stabilität – Begriff und Existenznachweis

ten usw. die Rede ist, soll sich dies auf den Fall der angewandten Mengenlehre beziehen. Dieser Fall ist für uns wichtiger und liegt unseren Intuitionen näher).

Die Tankwelt (der Gehalt des Universalspeichers) unterscheidet sich zwar hinsichtlich konkreter, handgreiflicher Dinge radikal von unserer Welt; aber hinsichtlich der angewandten Mengenlehre ist kein Unterschied zwischen den beiden Welten in Sicht. Denn auch die Axiome, Definitionen, Schlussregeln und Theoreme der angewandten Mengenlehre eines eingetankten Gehirns unterscheiden sich nicht von denen aus unserer angewandten Mengenlehre.

Technische Details

§11.6. *Vertiefung.* Dass die Vobabeln der angewandten Mengenlehre semantisch stabil sind, wenn es ihre reinen Gegenstücke sind, lässt sich am einfachsten einsehen, wenn man sich die systematischen Beziehungen zwischen den beiden Sorten von Mengenlehre ansieht. Zu jeder Axiomatisierung der reinen Mengenlehre gibt es eine parallele Axiomatisierung der angewandten Mengenlehre – und umgekehrt (Potter [STDS]:710). Heutzutage hat sich beispielsweise eine reine Fassung des Systems von Zermelo und Fraenkel eingebürgert; Zermelo (der Begründer der axiomatischen Mengenlehre) hatte seine Axiome aber ursprünglich für die angewandte Mengenlehre gefasst (Potter [STDS]:711). In dieser ursprünglichen angewandten Fassung steht anstelle des reinen Extensionalitätsaxioms:

$$\forall x \, \forall y \, (\forall z \, (z \in x \leftrightarrow z \in y) \rightarrow x = y),$$

eine Version dieses Axioms, das die Existenz von Urelementen („Ux") mitberücksichtigt:

$$\forall x \, \forall y \, (Ux \vee Uy \vee \forall z \, (z \in x \leftrightarrow z \in y) \rightarrow x = y).^{10}$$

Die anderen Axiome der reinen Mengenlehre gelten völlig unverändert auch in der angewandten Mengenlehre als Axiome; zusätzlich hat diese ein Axiom, das in der reinen Mengenlehre fehlt:

$$\exists y \, \forall x \, (U(x) \leftrightarrow x \in y).^{11}$$

Wer nun die semantische Stabilität des Mengenbegriffs der angewandten Mengenlehre bestreiten möchte, wird behaupten, dass der Ausdruck „x ist Urelement" („Ux") nicht semantisch stabil sei, weil er in unserer Sprache u. a. die Tiger bezeichne und in der Tanksprache stattdessen die Bit-Tiger. Doch das trifft nicht zu. In der angewandten Mengenlehre ist der Begriff des Urelements nicht inhaltlich gefüllt! Aus welchem Stoff die Urelemente gemacht sind, spielt für den Aufbau der angewandten Mengenlehre keine Rolle. Man könnte

---

[10] Siehe Potter [STDS]:710.
[11] Siehe Potter [STDS]:710.

beispielsweise – einem Bonmot Hilberts folgend[12] – Bierseidel heranziehen, um sich Urelemente *und Mengen* zu veranschaulichen. Eingetankten Gehirnen steht diese Veranschaulichung nicht offen. Aber das macht nichts; sie können stattdessen Bit-Bierseidel nehmen. Die ableitbaren Theoreme lassen sich von solchen feinen weltlichen Unterschieden nicht beeinflussen.

§ 11.7. Wenn es stimmt, dass der Mengenbegriff selbst im angewandten Fall semantisch stabil ist, so können Gehirne im Tank mithilfe des Wortes „Menge" genau dieselben abstrakten Entitäten bezeichnen wie wir. Das heisst natürlich nicht, dass sie jede einzelne Menge so müssten *herausgreifen* können wie wir; es heisst nur, dass sie denselben Mengenbegriff haben wir wir, also mit dem Wort „Menge" dasselbe meinen und dieselben Entitäten *bezeichnen* wie wir.

<small>Bezeichnen versus Herausgreifen</small>

Frage. Wie ist dieser feine Unterschied zwischen Herausgreifen und Bezeichnen zu verstehen? Machen wir uns die Lage anhand eines weniger vertrackten Beispiels klar. Wer das Wort „Tiger" beherrscht, der kann damit jeden einzelnen Tiger bezeichnen, etwa durch Verwendung des Wortes in folgendem Satz: „Alle Tiger haben Streifen". Er kann mit dem allgemeinen Term „Tiger" sogar die Tiger bezeichnen, über die er überhaupt nichts weiss und die er also durch keinen passenden singulären Term herausgreifen kann: Weder durch einen Eigennamen (da er sonst zumindest den Namen des Tigers wüsste), noch durch Beschreibung (da er sonst irgendein besonderes Merkmal des fraglichen Tigers kennen müsste), noch durch Ostension (da er dem Tiger sonst gegenüberstünde, also zumindest wüsste, wo sich dieser aufhält).

Wie bei Tigern, so bei Mengen. Das Gehirn im Tank bezeichnet mit dem allgemeinen Term „Menge" jede einzelne Menge – also auch jene Mengen, die es nicht durch einen geeigneten Term herausgreifen kann. Zum Beispiel gibt es keinen tanksprachlichen Ausdruck, mit dessen Hilfe das Gehirn im Tank *die* Menge aller Tiger herausgreifen kann. Der Mengenname (genauer: die Mengen*kennzeichnung* bzw. Mengen*bezeichnung*)

Die Menge aller Tiger,

ist semantisch instabil, weil einer seiner Teilausdrücke („Tiger") semantisch instabil ist. Kurz und gut, einige Mengenbezeichnungen mögen sehr wohl semantisch instabil sein; der allgemeine Term „Menge" ist es nicht, er ist semantisch stabil.

Dass einige Mengenbezeichnungen semantisch instabil sind, scheint nicht zu unserem ursprünglichen Plädoyer zugunsten der semantischen Stabilität des Mengenbegriffs zu passen: Dort haben wir gesagt, der Mengenbegriff sei deshalb semantisch stabil, weil er – abstrakte – Dinge bezeichne, die nicht kausal wirken könnten. Aber auch der Ausdruck „Die Menge aller Tiger" bezeichnet

---

[12] Nur mündlich überliefert, siehe Blumenthal [L]:403.

98 Kapitel III. Semantische Stabilität – Begriff und Existenznachweis

ein abstraktes Ding, das nicht kausal wirken kann: Wieso soll dieser Ausdruck trotzdem semantisch instabil sein?

Um dieser Verwirrung beizukommen, müssen wir die Behauptung zurücknehmen, dass jede Bezeichnung für Abstraktes *eo ipso* (mangels kausaler Wirksamkeit des Bezeichneten) semantisch stabil sein müsse. Stattdessen sollten wir nur behaupten: Jede *unzusammengesetzte* Bezeichnung für Abstraktes ist semantisch stabil. Manche zusammengesetzte Ausdrücke wie

Die Menge aller Tiger,

enthalten einerseits semantisch stabile, andererseits semantisch instabile Ausdrücke. Zwar bezeichnen sie als Ganzes ein Abstraktum – aber sie sind semantisch instabil, da es für die semantische Instabilität eines zusammengesetzten Ausdrucks hinreicht, wenn irgendeiner seiner Teilausdrücke semantisch instabil ist.

Elementrelation § 11.8. Wenn unsere These zutrifft, dass der Begriff der Menge semantisch stabil ist, weil eingetankte Gehirne mit diesem Begriff genau dieselben strukturellen Merkmale irgendwelcher Gegenstandsbereiche ausdrücken können wie wir, dann überträgt sich dies Ergebnis auf den zweistelligen Ausdruck

ist Element von.

Der Mengenbegriff und die Elementrelation sind nur zusammen verständlich: Man kann nicht die Existenz von Mengen bestreiten, aber zugleich den Ausdruck „Element von" als zweistelligen bezeichnenden Term auffassen; ebensowenig hat es Sinn, von Mengen zu reden, wenn man die Elementrelation nicht gelten lassen will.

Ich werde die semantische Stabilität der Elementrelation für den Fall der angewandten Mengenlehre diskutieren. (Wie oben dargetan, wirft der reine Fall so gut wie keine Schwierigkeiten auf. Ich werde im folgenden weiterhin nicht immer eigens erwähnen, dass wir es mit der angewandten Mengenlehre zu tun haben).

Was ich zugunsten der semantischen Stabilität des Mengenbegriffs vorgebracht habe, gilt ganz ähnlich bei der Elementrelation. Sie bezieht ihre Eigenschaften nicht von dem Material, aus dem die Elemente gemacht sind, die sie in Beziehung zu irgendwelchen Mengen setzt. Wer irgendeinem Objekt seinen Platz als Element in irgendeiner Menge zuweist, der vollzieht damit immer genau denselben Schachzug – einerlei ob das fragliche Objekt aus Elementarteilchen zusammengesetzt ist, ob es ein bit-materieller Gegenstand ist oder gar eine Zahl. Der Schachzug steht dem Gehirn im Tank genau so offen wie uns.

11. Mengenlehre 99

§ 11.9. Übrigens ist uns mit der semantischen Stabilisierung der Elementrelation ein überraschender Fortschritt gelungen, den wir eigens hervorheben sollten. Die Elementrelation bietet den ersten semantisch stabilen Begriff aus unserer Sammlung, mit dessen Hilfe man auch etwas über *konkrete Gegenstände* sagen kann! In manchen ihrer Anwendungen steht die zweistellige Elementrelation mit ihrem linken Fuss auf handfestem, konkretem Grund. Zum Beispiel hier:

Konkretes

(12) *Murr* ist Element der Menge aller Katzen.

Das linke Relationsglied in (12) ist in der Tat ein Objekt aus Fleisch und Blut. Und das bedeutet: *Einige* der Paare, die der zweistellige Ausdruck

Element von,

bezeichnet, haben (in ihrer ersten Komponente) mit ganz normalen, handgreiflichen Gegenständen zu tun.

§ 11.10. Trotz der überraschenden Ausweitung der semantischen Stabilität in z. T. konkretes Gelände sind wir unserem Hauptziel wieder nur ein unwesentliches Ziel näher gekommen. Wir haben immer noch nicht genug semantisch stabiles Material zusammen, um dem Gehirn im Tank zu helfen, über seine eigene Lage etwas Informatives zu sagen. Allein mithilfe der bislang erreichten semantisch stabilen Vokabeln:

Warum kommen wir nicht voran?

nicht, und, oder etc.; alle, einige, keine etc.; Menge, Element, Teilmenge etc.

kann man immer noch nicht sagen, was verschiedene mögliche Welten voneinander unterscheidet (und erst recht nicht, was die Tankwelt von unserer Welt unterscheidet). Dass in dieser Liste Wörter vorkommen, die etwas bezeichnen, sogar ein Ausdruck, der auch zum Reden über Konkretes taugt, das scheint nicht viel zu nützen.

Warum kommen wir nicht weiter? Warum verhilft uns der Ausdruck „Element von" nicht zur informativen Rede über die Welt, obwohl er *auch* solche Paare bezeichnet, in deren erster Komponente etwas Konkretes vorkommt? Die Antwort wird niederschmetternd sein. Wenn wir etwas Informatives über den Zustand der Welt sagen wollen (etwa über darin enthaltene Tanks), dann müssen wir dies mithilfe *ganzer Sätze* tun. In manchen ganzen Sätzen gelingt es einem Ausdruck wie „Element von", durch sein Bezeichnen von z. T. Konkretem dazu beizutragen, dass der Satz eine handgreifliche Information über die Welt ausdrückt. In anderen ganzen Sätzen gelingt dies demselben Ausdruck nicht (obwohl der Ausdruck dort immer noch dasselbe bezeichnet, also

z. T. etwas Konkretes). Ob es dem Ausdruck gelingt, hängt also nicht von ihm allein ab, sondern vom Kontext. Hier ist ein Beispiel für einen Kontext, in dem der Ausdruck keine interessante Information über die Welt bietet:

(13) Ist ein Objekt *Element in* der Schnittmenge zweier Mengen M und N enthalten, so ist es auch *Element in* der Menge M.

Und in folgendem Kontext bezeichnet der Ausdruck genau dasselbe wie in (13); plötzlich entsteht sehr wohl eine interessante Information:

(12) Murr ist *Element in* der Menge aller Katzen.

Warum erzeugen die beiden Kontexte so unterschiedliche Informationswerte? Die angekündigte niederschmetternde Antwort lautet: Der eine, uninformative Kontext (13) enthält nur lauter semantisch stabile Wörter – der andere, informative Kontext (12) enthält auch Wörter, die nicht semantisch stabil sind (etwa „Katze").

Kurz: Obwohl es uns gelungen ist, einen semantisch stabilen Ausdruck aufzutun, der unter anderem und zum Teil Konkretes bezeichnet, nützt uns dieser Ausdruck bislang immer nur im Verein mit semantisch instabilen Wörtern, um Sätze mit handfestem Gehalt zu formulieren.

Ist dies ein unglücklicher Zufall, oder hat das wahnsinnige Scheitern unserer Versuche Methode? Lassen wir uns nicht entmutigen. Wir werden die Liste der semantisch stabilen Ausdrücke so lange zu erweitern versuchen müssen, bis sie genug Wörter enthält, um wirklich informative Aussagen über die Welt zu treffen. Das wird uns gelingen; einstweilen sind wir davon noch weit entfernt.

Virtuelle Mengen

§ 11.11. *Vertiefung.* Sehen wir noch etwas genauer hin, um zu verstehen, wie wenig wir für unser übergeordnetes Ziel erreicht haben. Es lässt sich noch auf eine weitere Weise verdeutlichen, warum der informative Satz

(12) Murr ist Element in der Menge aller Katzen,

keinen guten Grund dafür abgibt, sich über die *konkrete* Bezeichnungskraft des Ausdrucks „ist Element in" zu freuen. Als Ganzes besagt der Satz nicht mehr und nicht weniger als:

(14) Murr ist eine Katze.

In diesem Satz kommt der Ausdruck „Element" nicht vor – und das ist ein Indiz dafür, dass er im Satz (12) nicht *wesentlich* vorkommt, da ja die beiden Sätze genau dasselbe sagen.

Diese Beobachtung lädt zu zwei verwandten Reaktionen ein. Einerseits könnte man sehr viele Sätze, in denen von Mengen und ihren Elementen die

11. Mengenlehre

Rede ist, ohne jeden Rückgriff auf mengentheoretisches Vokabular formulieren. Solange dabei nichts Wesentliches verloren geht, sollte man die mengentheoretische Redeweise als Rede über *virtuelle Mengen* ansehen (auf deren Existenz man sich nicht festzulegen braucht, siehe Quine [FLDV]:282–285; vergl. insbesondere p. 283).

§ 11.12. Andererseits entsteht hierdurch ein neuer Anwendungsfall für Quines These der Unerforschlichkeit des Bezeichnens.[13] Folgt man Quine, so spricht nicht der geringste Grund für die Annahme, dass Satz (12) *wirklich* von Paaren aus Elementen und Mengen handelt. Relativ zu einem Interpretationshandbuch handelt der Satz zwar von solchen Paaren; relativ zu einem anderen Interpretationshandbuch handelt er nur von Murr und Katzen. Relativ zu diesem Handbuch wird der Ausdruck „ist Element in der Menge aller Katzen" durch den einstelligen Prädikatsausdruck „ist Katze" interpretiert. Um seine These zu verteidigen, muss Quine natürlich darauf bestehen, dass auch die logische Binnenstruktur von Sätzen unerforschlich ist.[14]

Unerforschlichkeit

(Quine beschreibt die Lage zwar nicht so wie eben angedeutet; aber er diskutiert einen Fall für Unerforschlichkeit in der entgegengesetzten Abstraktionsrichtung: Durch Abbildung aller konkreten Elemente a aus dem Gegenstandsbereich einer Sprache auf Mengen der von a eingenommenen Raum/Zeit-Positionen (d.h. auf Mengen aus Quadrupeln von Zahlen (x,y,z,t)) kann man allen Ausdrücken, die ursprünglich etwas Konkretes bezeichnen, die Bezeichnung von etwas Abstraktem zuschreiben, siehe Quine [TTPi]:17/8).

Die Moral aus Quines Doktrin der Unerforschlichkeit hängt mit einer wohlbekannten Einsicht Freges zusammen (Frege [GA]:XXII) und lautet: Man sollte beim Interpretieren immer ganze Sätze ins Auge fassen; erst auf Ganzsatzebene hat die Frage Sinn, ob man mit seiner Interpretation richtig oder falsch liegt. Ich habe diese Lehre bislang aus Gründen der Übersichtlichkeit ignoriert und werde sie auch weiterhin ignorieren. (Es fällt leichter, bei der Uminterpretation der Tanksprache Wort für Wort vorzugehen). Meine Übersetzungen aus der Tanksprache verstossen nur gegen den Buchstaben der Lehre Quines; ihrem Geiste bleiben sie verpflichtet. Das kann man daran sehen, dass ich die Messlatte für Erfolg oder Misserfolg meiner Übersetzungen immer auf der Ebene des ganzen Satzes anlege.

§ 11.13. Wo stehen wir? Wenn die bisherigen Überlegungen aus diesem Abschnitt zutreffen, so sind die (abstrakten) Begriffe der Mengenlehre allesamt semantisch stabil. Dies nützt uns zwar nicht bei der informativen Beschreibung irgendwelcher Welten, hat aber trotzdem

Was fehlt für Mathematik?

---

[13] Vergl. Quine [WO]:51–54; [OR]:29–35 *et passim*; [PoT]:31–33, 50–52.
[14] Siehe dazu Wallace [OiCo]:160, Davidson [IoR]:228. Eine Unerforschlichkeit der logischen Form (allerdings ohne Unerforschlichkeit des Bezeichnens) scheint als erster Frege vertreten zu haben, vergl. Kemmerling [GIT]:15ff.

die sprachliche Ressourcen erweitert, bei denen wir und die eingetankten Gehirne übereinstimmen. In den letzten beiden Abschnitten haben wir die Logik semantisch stabilisiert; jetzt ist die Mengenlehre hinzugekommen.

Ziel dieses Kapitels war aber nicht die Mengenlehre, sondern die Mathematik. Nun lassen sich sämtliche mathematische Begriffe mithilfe von Logik und Mengenlehre ausdrücken; zusätzlich zu den von uns behandelten sprachlichen Mitteln braucht man nur noch das Zeichen für die Identität. Um also in diesem Abschnitt alle Voraussetzungen für die Mathematik zusammenzubringen, werde ich zu seinem Abschluss darlegen, dass der Begriff der Identität semantisch stabil ist; dabei werden wir auch kurz die semantische Stabilität des Wortes „Entität" streifen.

Identität

§ 11.14. Dass der Begriff der Identität semantisch stabil ist, wird keinen überraschen, der die semantische Stabilität z. B. der Elementrelation akzeptiert hat. So mag es anstelle einer ausführlichen Begründung meiner augenblicklichen These genügen, darauf hinzuweisen, dass sich in der Übersetzung des tanksprachlichen Satzes

(15)   Dieser Kater *ist identisch mit* Murr,

zwar allerlei ändert, nicht aber der Ausdruck für Identität:

(15$_\text{ü}$)   Dieser Bit-Kater *ist identisch mit* Bit-Murr.

Genau wie im Fall der Elementrelation kann man auf immer gleiche Weise auch die Identitätsrelation über ganz unterschiedliche Paare von Dingen aussagen, über Paare aus Katern genau so wie z. B. über Paare aus Bit-Katern. Das Material, über dem die Relation Ordnung schafft, mag sich wandeln; die Relation bleibt gleich.

Entität

§ 11.15.   Nun haben wir zwei zweistellige generelle Terme (zwei Relationsausdrücke) semantisch stabilisiert, die es beide – auch – erlauben, über Konkretes zu sprechen: erstens die Beziehung zwischen Menge und Element; zweitens die Relation der Identität. Gibt es denn keine *einstelligen* Terme, die semantisch stabil sind und Konkretes bezeichnen können?

Es gibt sie; der allereinfachste Fall lässt sich aus unserem letzten Beispiel hervorlocken. Das Wort „Identität" bietet uns einen einfachen Pfad zur Definition des Wortes „Entität", denn beide Wörter unterhalten enge begriffliche Beziehungen:

11. Mengenlehre

There is no entity without identity (Quine [fStS]:40),

sagt ein berühmter Lehrsatz der analytischen Philosophie. Und in der Tat – *alles, was mit sich selbst identisch ist, qualifiziert sich automatisch als Entität.* Die semantische Stabilität der Identitätsrelation dürfte sich daher auf den Entitätsbegriff vererben.

§ 11.16. *Bemerkung.* Man sollte die kursiv hervorgehobene Erläuterung nicht als reduktive Definition oder Explikation verstehen, da jemand bereits implizit über den Entitätsbegriff verfügen muss, um die Erläuterung anwenden zu können. Ausführlicher besagt die Erläuterung: — Keine Reduktion

(i) Alle x, für die gilt: x = x, sind Entitäten;

bzw. noch ausführlicher:

(ii) Alle *Entitäten* x, für die gilt: x = x, sind Entitäten.

Auch wenn man solche Erläuterungen nicht als reduktive Definitionen oder Explikationen verstehen kann, ändert dies nichts daran, dass „Identität" und „Entität" begrifflich im selben Boot sitzen und sich gemeinsam semantisch stabilisieren lassen.

Dass der Ausdruck „Entität" semantisch stabil ist, kann man sich auch über die semantische Stabilität von „Menge" und „Element" klarmachen. Alles, was Element irgendeiner Menge ist, gilt *eo ipso* als Entität. (Auch dies ist keine reduktive Definition!) Wenn ein Sprecher über denselben Mengenbegriff aus der angewandten Mengenlehre verfügt wie wir, also so wie wir Verstreutes zu einer abstrakten Gesamtheit *zusammen*fassen kann, dann muss er im selben Atemzug einzelne Entitäten *fassen* können; und so verfügt er auch über unseren Begriff der Entität.

Zur Terminologie. Aus meinen Erläuterungen ergibt sich, dass ich den Begriff der Entität in äusserst schwachem Sinn ansetzen möchte. Die mereologische Summe aus meinem Tintenfass und allen grün/rot gesprenkelten Objekten ist eine Entität (mit klaren, wenn auch bizarren Identitätskriterien). Am Ende des übernächsten Abschnitts werde ich den Ausdruck „Gegenstand" so schärfen, dass nur alle sinnvoll begrenzten Entitäten als Gegenstände gelten; die eben ins Spiel gebrachte mereologische Unsumme ist demzufolge kein Gegenstand. Den Ausdruck „Objekt" werde ich ohne begriffliche Hintergedanken verwenden, also dann, wenn es auf die genannten Feinheiten nicht ankommt.

12. Mathematik oder Nominalismus?

Drei Tiger

§ 12.1. In den letzten Abschnitten haben wir eine Sammlung semantisch stabiler Wörter angelegt, die zwar nichts Interessantes über die Welt zu sagen erlaubt, aber immerhin genug Aussagekraft bereitstellt, um Mathematik zu treiben. Alle mathematischen Begriffe lassen sich mithilfe mengentheoretischer und logischer Begriffe (einschliesslich Identität) definieren.[15] So ist auf einen Schlag die gesamte Mathematik semantisch stabilisiert.

Dies Ergebnis muss uns nicht überraschen. Von Anbeginn war damit zu rechnen, das sich z. B. die natürlichen Zahlen als semantisch stabil herausstellen würden. Das sieht man am besten durch ein Beispiel:

(16) Im Hundertmorgenwald lauern *drei* Tiger.

Es ist plausibel, dass dieser Satz folgendermassen aus der Tanksprache ins Deutsche übertragen werden muss:

(16ü) Im kybernetischen Innern des Bit-Hundertmorgenwalds lauern kybernetisch *drei* Bit-Tiger.

Und in dieser Übersetzung hat sich die Zahl Drei nicht verändert.

Über Externalismus

§ 12.2. So unschuldig und unstrittig die semantische Stabilität des mathematischen und mengentheoretischen Vokabulars auch erscheinen mag: es ist wichtig, sich klarzumachen, dass wir mit diesem Vokubular echte Gegenbeispiele gegen unseren ursprünglichen externalistischen Slogan

Ohne kausalen Kontakt kein Erfolg beim Bezeichnen,

haben einstecken müssen. Dieser Slogan war von Anbeginn überzogen, und zum Glück haben wir ihn stark abgemildert, bevor wir ihn zur endgültigen Verteidigung unserer zweiten (externalistischen) Prämisse

Die „Gehirn"-Äusserungen eingetankter Gehirne bezeichnen keine Gehirne,

eingesetzt haben. In seiner abgemilderten Fassung sagte der Slogan nicht mehr als dies:

---

[15] Das ist Freges grosse Leistung, siehe [GA]/I–II.

12. Mathematik oder Nominalismus?

Ohne kausalen Kontakt mit irgendwelchen Exemplaren einer natürlichen Art kein Erfolg beim Bezeichnen mithilfe des zugehörigen primären Artnamens.[16]

Das verträgt sich bestens mit der semantischen Stabilität der Wörter „sieben", „Menge", „Element" usw. Die Wörter sind allesamt keine Namen für natürliche Arten.

§ 12.3. Und obwohl es beruhigend ist, dass wir durch die Ergebnisse aus diesem Abschnitt nicht in Widerspruch zu unserem früheren Plädoyer für die externalistische Prämisse des Putnam-Beweises geraten sind, sollten wir uns fragen, ob wir es wirklich schaffen, mithilfe des abstrakten Vokabulars ohne jeden kausalen Kontakt etwas zu bezeichnen. Grenzt das nicht an Zauberei? — Nominalismus

Altehrwürdig ist das philosophische Unbehagen, das sich in dieser Frage ausdrückt. Seit Jahrhunderten rennen Nominalisten gegen abstrakte Entitäten Sturm – und zwar u. a. genau deshalb, weil sie es rätselhaft finden, wie wir imstande sein sollen, über abstrakte Entitäten nachzudenken, zu sprechen und etwas herauszubekommen.[17]

Wer die Existenz abstrakter Entitäten bestreiten möchte, kann dies auf mancherlei Weise tun; eine Möglichkeit besteht darin, mit unserem ursprünglichen externalistischen Slogan:

Ohne kausalen Kontakt kein Erfolg beim Bezeichnen,

in aller Radikalität ernstzumachen und jede Rede über nicht kausal wirksame „Gegenstände" auszuschliessen.

§ 12.4. Ich fürchte, ich kann diese Sicht der Dinge nicht schlagend widerlegen. Ich kann nur darauf aufmerksam machen, wie wenig für sie spricht. Zum einen liefern die apriorischen Gedankenexperimente, die für den abgemilderten externalistischen Slogan und für unsere zweite Prämisse sprachen, überhaupt kein apriorisches Argument zugunsten des unabgemilderten, radikalen Slogans. Putnams Geschichte von der Zwillingserde[18] hat nichts mit Zahlen, Mengen usw. zu tun und kann nicht mit abstraktem Personal nacherzählt werden. Zum anderen fällt es schwer, sich ein Argument mit unstrittigen Prämissen zugunsten des radikalen Slogans auszumalen. Seine Radikalität entspringt eher einer — Weltanschauung

---

[16] Siehe Band 1, § 25.5.
[17] Siehe Goodman [SoA]:24–33, Quine [Q]:225–229.
[18] Siehe Putnam [MoM]:223ff sowie unsere ausführliche Diskussion in Band 1, Abschnitte 14 bis 16.

hartgesotten szientistischen Weltanschauung als abwägender Überlegung: einer Weltanschauung, die nur das anerkennen *will*, was sich ins kausale Korsett der empirischen Naturwissenschaften zwängen lässt.

Das radikale nominalistische Verbot der Rede über Abstrakta würde *alle* Vokabeln betreffen, deren semantische Stabilität wir in den letzten beiden Abschnitten herausgearbeitet haben. (Die logischen Beispiele aus den zwei Abschnitten davor wären nicht betroffen, da sie nichts bezeichnen und daher nicht in den Geltungsbereich des Verbotes fallen). Wer das Verbot angreifen möchte, darf sich aussuchen, anhand welches Wortes er den Kampf ausfechten will. Eine einzige plausible Ausnahme hebelt das pauschale Verbot aus.

Nichts geht ohne Mengen

§ 12.5. Den plausibelsten Fall für eine Ausnahme liefert der Mengenbegriff. Denn mit Bezug auf Mengen stehen szientistische Nominalisten vor einer entscheidenden Schwierigkeit. Einstweilen funktionieren die empirischen Naturwissenschaften – allen voran die Physik – nicht ohne Rückgriff auf Mengen. Wie selbst hartnäckige Szientisten vom Schlage Quines befürchten, kann man ohne Existenzannahmen über Mengen nicht einmal die Mathematik zum Laufen bringen. Und ohne Mathematik keine *exakten* Naturwissenschaften; ohne Zahlen zum Beispiel kein Gravitationsgesetz.[19]

Solange diese (technische?) Schwierigkeit nicht behoben ist, tun nominalistische Szientisten nicht gut daran, die Rede von Mengen in philosophischen Bann zu schlagen: Sonst zögen sie sich den naturwissenschaftlichen Boden unter den eigenen Füssen fort.

Literatur. Quine hat eine Reihe von Annäherungsversuchen an das nominalistische Ideal ausprobiert, sah sich aber nie am Ziel; vergl. Quine [TTPi]:13–18, [RoR]:137–41, [fStS]:40–42.

Field hat einen heroischen Versuch unternommen, die Physik von den Zahlen zu befreien, siehe Field [SwN]. Wie nahe Field dem nominalistischen Ziel wirklich gekommen ist, kann ich hier nicht erörtern. Vergl. Fields Klarstellungen in [RMM]:45–52.

Selbst wenn es den Nominalisten am Ende doch gelingen sollte zu zeigen, wie man in den Naturwissenschaften ohne die Annahme auskommen kann, dass Zahlen und Mengen existieren, dürften die Wörter „Zahl" und „Menge" nicht aus unserem Vokabular verschwinden. Eher würde die Rede von Zahlen und Mengen als eine *façon de parler* aufgefasst werden, die keine ontologischen Lasten mit sich bringt. Und diese *façon de parler* dürfte für Tanksprachler auf dieselbe Weise funktionieren wie bei uns. Die Wörter „Zahl" und „Menge"

---

[19] Quine [Q]:226, 228.

12. Mathematik oder Nominalismus? 107

wären dann zwar keine Wörter, die wirklich etwas bezeichnen – aber sie wären immer noch semantisch stabil.

§ 12.6. *Problem.* Könnte es nicht geschehen, dass die Nominalisten die Rede über Zahlen und Mengen auf Begriffe zurückführen, die semantisch instabil sind? Es fällt schwer, sich das vorzustellen; aber diese psychologische Tatsache ist unwichtig: Warum sollte uns die zukünftige philosophische Entwicklung nicht auch einmal überraschen? [Instabile Reduktion?]

Vielleicht hilft die Variation eines Gedankens weiter, der auf Hartry Field zurückgeht. Man kann sich fragen, was wir tun würden, falls sich herausstellen sollte, dass unsere Mathematik zusätzliche empirische (bzw. bei Field: zusätzliche nominalistisch ausdrückbare) Konsequenzen mit sich bringt, wenn man sie z. B. der Physik hinzufügt; in diesem Falle ginge der Mathematik die Eigenschaft ab, die man „Konservativität" nennt. Wären wir bereit, uns darauf einzustellen, dass unsere Mathematik (vor dem Hintergrund eines Stücks theoretischer Naturwissenschaft) empirisch widerlegt werden könnte? Field verneint diese Frage: Laut Field ist nicht-konservative Mathematik *eo ipso* schlechte Mathematik. Wir würden den dafür verantwortlichen Theoriebereich aus der Mathematik entfernen. (Vergl. Field [SwN]:9–13, insbes. p.13; vergl. auch meine Darstellung unter Verschiebung des Akzents von nominalistischen zu empirischen Fragen in [SA]:§ 10.16 bis § 10.17).

Wenn wir diese Sicht der Dinge auf unser (im Kern ähnliches) Problem übertragen, ergibt sich: Wir werden eine semantisch instabile Reduktion des Mengenbegriffs für unangemessen erklären, weil sie unsere Intuition verletzen würde, dass das mengentheoretische Vokabular frei von konkretem Gehalt sein soll.

(Übrigens: Selbst wenn die empirische Naturwissenschaft ohne einen semantisch stabilen Mengenbegriff auskommen können sollte, bliebe der Begriff immer noch für die reine Mathematik wichtig).

Kapitel IV

VIELZWECKWÖRTER

13. Arten

Vorschau

§13.1. Im letzten Kapitel haben wir nachgewiesen, dass Logik, Mengenlehre und Mathematik mit Ausdrücken betrieben werden, die semantisch stabil sind. Die formalen Wissenschaften funktionieren im Tank genauso wie bei uns. Leider kann das Gehirn im Tank mit den Mitteln der formalen Wissenschaften allein nichts Informatives über seine missliche Lage sagen.

Um unserem übergeordneten Ziel näherzukommen, brauchen wir mithin semantisch stabile Ausdrücke mit mehr Gehalt. Die ersten Beispiele für solche Ausdrücke bieten Wörter, die ich *Vielzweckwörter* nennen möchte. Das sind Wörter, die in den unterschiedlichsten Redebereichen vorkommen und uns beim Umgang mit den unterschiedlichsten Wirklichkeitsbereichen zugute kommen. Im Unterschied zu den Vokabeln der formalen Wissenschaften (die ebenfalls in den unterschiedlichsten Redebereichen vorkommen und uns beim Umgang mit den unterschiedlichsten Wirklichkeitsbereichen zugute kommen) haben die Vielzweckwörter in jedem der verschiedenen Bereiche eine eigene Ausprägung. Sie folgen nicht in allen Bereichen *genau* denselben Regeln, sondern passen sich den Besonderheiten des jeweiligen Rede- bzw. Wirklichkeitsbereichs an. Dass wir in den verschiedenen Bereichen trotzdem ein und dasselbe Wort einsetzen, beruht meiner Ansicht nach nicht auf Zufall. Trotz aller Unterschiede werden die verschiedenen Anwendungsfälle eines Vielzweckwortes durch tiefliegende Gemeinsamkeiten zusammengehalten: Durch Familienähnlichkeiten, wie Wittgenstein das treffend genannt hat ([PU]:278 (§67)). Und die These dieses Kapitels lautet: Weil sich Vielzweckwörter aufgrund ihrer hohen Flexibilität in ganz verschiedenen Bereichen familienähnlich einsetzen lassen, *kann das Gehirn im Tank Vielzweckwörter genauso verwenden wie wir*; viele Vielzweckwörter sind semantisch stabil.

13. Arten

Ich werde diese These im vorliegenden Abschnitt anhand des Artbegriffs plausibel machen, um das Thema im nächsten Abschnitt anhand des Spielbegriffs und des Begriffs der Situation zu vertiefen. Die Vielfältigkeit meiner Beispiele wird uns einen Anhaltspunkt dafür geben, dass das Phänomen der semantischen Stabilität von Vielzweckwörtern stärker verbreitet ist, als man beim ersten Hinsehen meinen mag.

§ 13.2. Um der semantischen Stabilität des Artbegriffs eine gewisse Anfangsplausibilität zu verleihen, möchte ich an Putnams und Kripkes Überlegungen zur Funktionsweise des tanksprachlichen Artnamens „Tiger" erinnern (die wir im Band 1, Abschnitt 15 gründlich besprochen haben). Wir hatten aus Kripkes und Putnams Überlegungen abgeleitet, dass das eingetankte Gehirn mit diesem Wort alle Objekte bezeichnen kann, die dieselbe Tiefenstruktur haben wie jene Objekte, mit denen das Gehirn ursprünglich einmal in kausalem Kontakt stand, als es den Artnamen „Tiger" prägte. Und wir hatten festgehalten, dass es hierfür nicht darauf ankommt, ob diese Identität der Tiefenstruktur vom eingetankten Gehirn festgestellt wird, sondern nur darauf, ob sie tatsächlich vorliegt. All diese Überlegungen hatten wir in *unserer* Sprache vorgebracht. Als wir nach den Objeken gesucht haben, die der tanksprachliche Artname „Tiger" bezeichnet, kam es uns mithin auf Strukturgleichheit aus unserer Sicht an. Nun gehören strukturgleiche Objekte, aus unserer Sicht, zu ein und derselben Art. Und das bedeutet, dass wir den tanksprachlichen Artnamen „Tiger" so interpretiert haben, dass er aus unserer Sicht artgleiche Objekte bezeichnet (die Bit-Tiger). Unsere Regeln für die Interpretation tanksprachlicher Artnamen favorisieren also eine Übersetzung durch deutschsprachige Artnamen. Und wenn tanksprachliche Artnamen durch deutschsprachige Artnamen zu übersetzen sind, *dann stimmt der Artbegriff selber in beiden Sprachen überein!*

Arten im Tank

§ 13.3. Folgender Einwand drängt sich auf: Selbst wenn alle tanksprachlichen Arten wirklich auch Arten aus unserer Sicht sein sollten, so gilt die Umkehrung noch lange nicht. Zwar mögen *Bit-Tiger* sowohl aus unserer als auch aus Tanksicht ein und derselben Art angehören; weil aber das eingetankte Gehirn nicht von *echten Tigern* sprechen kann, gehören diese Dinge nur aus unserer Sicht – und nicht aus der Tanksicht – zu ein und derselben Art. Kurz, der tanksprachliche Artbegriff hat eine geringere Reichweite als unser Artbegriff und deckt sich mit diesem nur innerhalb der Grenzen des Universalspeichers.

Natürliche Arten

Ich gebe zu, dass der Einwand berechtigt ist. Ich habe ihn geradezu eingeladen, denn ich habe so über den Artbegriff zu reden angefangen, als hätte ich nur *natürliche* Arten im Sinn. Zwar habe ich das Epitheton „natürlich" in meinem Plausibilisierungsversuch sorgfältig vermieden; aber ich habe nichts gesagt, was auf irgendeinen anderen Artbegriff hingedeutet hätte. Und in der Tat: unsere natürliche Art der Tiger konstituiert aus der eingetankten Sicht keine natürliche Art. (Allenfalls eine *übernatürliche* Art).

Woran liegt das? Der Begriff der natürlichen Art ist eng mit den erklärenden Wissenschaften verbunden (den „Natur-Wissenschaften"), deren Aufgabe u. a. darin besteht, nach tiefliegenden Strukturmerkmalen zu suchen, die sich in beobachtbaren Gesetzmässigkeiten niederschlagen und den Bereich der uns prinzipiell zugänglichen Phänomene ordnen. Den Bereich der uns *prinzipiell* zugänglichen Phänomene: das sind nicht nur die Phänomene, mit denen wir (aufgrund unserer zufälligen Position in Raum und Zeit) tatsächlich in kausalen Kontakt geraten können, sondern auch die Phänomene, mit denen wir hätten in Kontakt treten können, wären wir wannanders woanders gewesen. Das bedeutet: Unser Begriff der natürlichen Art umfasst Arten von Dingen, die in unserem physikalischen Raum vorkommen; analog umfasst der tanksprachliche kleine Bruder dieses Begriffs nur Arten von Dingen, die im „physikalischen Raum" eingetankter Gehirne vorkommen: im Universalspeicher. Und also kann der Begriff der natürlichen Art nicht semantisch stabil sein.

Viel mehr Arten

§13.4. So weit gebe ich dem Einwand recht. Aber damit ist die Geschichte nicht zuende. Denn die Naturwissenschaften haben kein Monopol auf den Artbegriff. Arten spielen in allen Bereichen menschlicher Aktivität und Kommunikation eine herausgehobene Rolle. In der Musik, im menschlichen und gesellschaftlichen Miteinander, in Mode und Mathematik, in Märchen, Mythos und Moral – überall wollen wir sortieren und bilden Arten. Es gibt alle Arten von Arten: Tonarten und Stilrichtungen, die Art des Yuppies oder des Vertrauten, des Girlie-Looks, der Primzahl, der Hexen und Nymphen, der Sünde.

Verwenden wir in jedem der genannten Gebiete ein und denselben Artbegriff? Und wenn ja, wie soll er definiert werden? Die erste Frage möchte ich bejahen; und doch möchte ich mich weigern, die zweite Frage zu beantworten. Ich halte es für keinen sprachlichen Zufall, dass in ganz disparaten Bereichen immer wieder dieselben Wörter „Art", „gleichartig", „andersartig" usw. vorkommen. Unsere Sprache ist hier nicht achtlos und braucht auch nicht desambiguiert zu werden.

13. Arten

Trotzdem können wir unseren Artbegriff nicht durch hinreichende und notwendige Bedingungen reglementieren. Es wäre beispielsweise ein Fehler anzunehmen, dass einzig und allein der naturwissenschaftliche Artbegriff unsere wahre Idee der Art richtig trifft, während die anderen Verwendungen des Artbegriffs, streng gesehen, nicht ganz wörtlich zu nehmen sind. Nein, der naturwissenschaftliche Artbegriff fixiert nur eine unter vielen Möglichkeiten, von Arten zu reden. (Genauso fixiert der Begriff des Kartenspiels nur eine unter vielen Möglichkeiten, von Spielen zu reden – dazu mehr im nächsten Abschnitt). Nicht aufgrund notwendiger und hinreichender Bedingungen, sondern aufgrund von *Familienähnlichkeiten* reden wir in allen erdenklichen Bereichen in ein und demselben Sinn von Arten.[1]

§13.5. Und nun behaupte ich: Dieser Gebrauch des Wortes „Art" ist semantisch stabil. Wenn also eingetankte Gehirne auf den verschiedensten Gebieten zu sortieren anfangen und dabei wieder und wieder von „Arten" reden, dann meinen sie damit genau dasselbe, was wir mit dem Wort „Art" meinen. Die Wörter „Art", „gleichartig", „andersartig" usw. müssen bei der Interpretation eingetankter Gehirne ohne Änderung des Wortlautes ins Deutsche übersetzt werden. — Behauptung

Zur Terminologie. In früheren Kapiteln spielte der übergeordnete Artbegriff (Art *simpliciter*) keine Rolle; daher habe ich dort um der Kürze willen ohne Epitheton von Arten geredet, wo ich streng genommen von *natürlichen* Arten hätte reden müssen. Von nun an werde ich den Unterschied zwischen den beiden Begriffen deutlich markieren; spreche ich von Arten ohne Epitheton, so sind damit alle Arten gemeint (ausser in den Fällen, aus deren Kontext deutlich hervorgeht, dass doch nur die natürlichen Arten zur Debatte stehen).

§13.6. Wer dafür plädiert, irgendwelche Wörter aus der Tanksprache ohne Änderung ins Deutsche zu übersetzen, macht sich verdächtig, Putnams Warnung vor der magischen Theorie des Bezeichnens in den Wind zu schlagen. Was ist von diesem Verdacht im vorliegenden Fall zu halten? Er ist übereilt. Bevor ich ihn definitiv zurückweise, möchte ich daran erinnern, warum er nicht einmal auf den ersten Blick so plausibel ist wie etwa im Fall der unveränderten Übersetzung des tanksprachlichen Worts „Tiger". Da war die Situation völlig eindeutig: Das eingetankte Gehirn ist nie mit Tigern in Berührung gekommen und — Magie?

---
[1] Der Ausdruck „Familienähnlichkeit" ist Wittgensteins Wortprägung, siehe [PU]:277/8 (§66/7); vergl. p. 324 (§164) *et passim*. (Wittgenstein behandelt in diesem Zusammenhang das Wort „Art" nicht).

kann daher ohne Magie keine Tiger bezeichnen. Im Fall der Arten steht es besser. Wie wir gesehen haben, kennt das eingetankte Gehirn einige Arten: z. B. Bit-Tiger und Bit-Elektronen. Es steht sozusagen in Kontakt mit paradigmatischen Fällen von Arten. Selbst ein unverändert zu übersetzender tanksprachlicher Artbegriff kann also durch gewisse kausale Verknüpfungen startklar gemacht werden – ohne jede Zauberei.

Nun wäre es verrückt anzunehmen, dass die Extension des Artbegriffs auf genau dieselbe Weise fixiert wird wie etwa die Extension des Tigerbegriffs. Es wäre sowieso schon verrückt, weil das nicht einmal für den eingeschränkten Begriff der *natürlichen* Art vernünftig wäre; und es wäre noch verrückter nach allem, was wir uns zur Familienähnlichkeit der verschiedenen Arten (auf den verschiedenen Diskursfeldern) überlegt haben.

Kausaler Kontakt intensiv

§ 13.7. Zunächst: Hinsichtlich des Begriffs der natürlichen Arten kann man mir keinen Rückfall in die magische Theorie des Bezeichnens vorwerfen. Denn ich habe zugegeben, dass dieser Begriff nicht semantisch stabil ist. (Soviel zur Beruhigung). Trotzdem wird nicht einmal seine Extension nach demselben Schema fixiert wie etwa die Extension des Worts „Tiger". Denn sehen wir nur, was geschieht, wenn wir Putnams und Kripkes Bild auf den Begriff der natürlichen Art zu übertragen probieren: Der Sprecher gerät in kausalen Kontakt mit einer paradigmatischen Auswahl von *natürlichen Arten* (anstelle von *Tigern*), in deren Anwesenheit dann das Wort „natürliche Art" (statt: „Tiger") geprägt wird, mit dem Ergebnis, dass dies Wort alle X bezeichnet, die eine gemeinsame Struktur mit den meisten der ursprünglichen Exemplare aus der Auswahl teilen. – Dies ist (anders als im Fall der Tiger) nicht einmal ein halbwegs gelungenes Bild dessen, was bei der Festlegung der Extension geschieht. Es ist allenfalls eine Karikatur, in der die Kategorien durcheinandergebracht worden sind. Denn was soll es heissen, mit ein paar natürlichen Arten (im Gegensatz zu ihren Mitgliedern) in kausalem Kontakt zu stehen? Und welche Struktur soll die natürliche Art der Tiger mit der natürlichen Art der Elektronen gemeinsam haben? Etwa die Strukturgleichheit ihrer Mitglieder? Kategorienfehler winken. Nicht einmal die Extension des Wortes „natürliche Art" – und erst recht nicht die des Wortes „Art" – wird also genau so fixiert wie die Extension von Namen für einzelne natürliche Arten. (D. h. die natürlichen Arten formen keine natürliche Art).

Trotzdem funktioniert der Begriff der natürlichen Art nicht magisch. Die kausalen Voraussetzungen für sein Funktionieren sind nur komplizierter als im Fall von Namen für einzelne natürliche Arten. Die Taufe in Anwesenheit von ein paar paradigmatischen Exemplaren genügt hier nicht. Wissenschaftliche Praxis und philosophische Reflexion müssen hinzutreten. Der Sprecher muss beispielsweise damit vertraut sein, auf welche Weise Fragen der Artgleichheit angegangen werden. Und das heisst: Bevor ihm der Begriff der natürlichen Art zuerkannt werden kann, muss er in *intensiverem* kausalen Kontakt mit den Dingen gestanden haben als im Fall des Tigerbegriffs.

§ 13.8.   Soviel zum nicht-magischen Bild des Bezeichnens des Wortes „natürliche Art". (Eher eine hingeworfene Skizze als ein Bild). Wenn wir uns dem umfassenderen Begriff der Art, *simpliciter*, zuwenden, wird die Affaire noch unübersichtlicher. Mit *manchen* Arten geraten wir geradewegs auf kausale Weise in Berührung (z.B. mit den natürlichen Arten, wie skizziert); andere Arten gewinnen wir durch Reflexion (wie in der Mathematik, wenn wir z.B. Kegelschnitte klassifizieren); wieder andere durch ästhetische Aufmerksamkeit (z.B. bei der Klassifikation von Stilen); noch andere durch Training unserer Menschenkenntnis oder unserer moralischen Sensibilität. Und sobald wir in einen bislang unsortierten Bereich geraten, projizieren wir unseren Artbegriff dorthin. Kein Zweifel: Unser Artbegriff wird durch tausenderlei kausale Interaktionen gestaltet – und allerdings durch unsere phantastische Phantasie, immer neue Verbindungen zu entdecken. (Wir reden z.B. von barocken Personen).

Der Artbegriff funktioniert nicht durch Zauberei. Er hängt nicht nur vom Sprecher, sondern auch von der Welt ab, die ihn umgibt. Würde im Universum das nackte Chaos tanzen, so hätten wir überhaupt keinen Artbegriff.

Nun habe ich aber behauptet, dass der Artbegriff semantisch stabil ist, dass also eingetankte Gehirne unseren Artbegriff haben. Wie ist das möglich, wo doch ihre „Welt" (der Universalspeicher) so anders organisiert ist als unsere Welt? Anders organisiert – ja; aber *genauso ordentlich* organisiert! Den eingetankten Gehirnen präsentiert sich dieselbe Vielfalt klassifikationsfähiger Phänomene wie uns. Und da sie mit demselben Eifer und demselben Ähnlichkeitsinstinkt klassifizieren wie wir, sehe ich keinen Grund für den Verdacht, dass sie hierbei einen anderen Artbegriff verwenden als wir. Was auch immer die eingetankten Gehirne zu einer Art zusammengruppieren, wird auch aus unserer Sicht artgleich sein (Bit-Tiger, Barocksonaten, Primzahlen). Schon das ist ein Indiz dafür, dass ihr Artbegriff mit unserem übereinstimmt.

Vielfalt im Tank

Intention beim Sortieren

§ 13.9. Man mag abermals einwenden, dass unter unseren Artbegriff Arten fallen, mit deren Mitgliedern eingetankte Gehirne keinen Kontakt haben können. Ich antworte: Da der Artbegriff sowieso durch mannigfache Projektionen in immer neues Gelände funktioniert (und auch in Gelände, wo es auf kausalen Kontakt nicht ankommt), können wir die Interpretation des tanksprachlichen Artbegriffs ruhigen Gewissens in unser Universum ausdehnen. Das ist einfach nur eine weitere Projektion, die wir dem eingetankten Gehirn aus Wohlwollen zugestehen sollten.

Es ist ein Gebot der interpretativen Fairness, alle sprachlichen Intentionen eines Sprechers beim Übersetzen zu berücksichtigen. Eingetankte Gehirne verfolgen mit ihrem Wort „Art" dieselben Zwecke wie wir: Klassifikation mithilfe von Eigenschaften, auf die es im jeweiligen Bereich ankommt. Eingetankte Gehirne würden es sich, genau wie wir, verbitten, wenn ihnen einer vorschreiben wollte, dass der Artbegriff von vornherein auf ganz bestimmte Bereiche beschränkt bleiben soll. Sie nehmen sich, so wie wir, das Recht auf einen *offenen* Artbegriff heraus: auf einen Begriff, der so flexibel funktioniert, dass er in immer neuen Situationen stets seine treuen alten Dienste leistet.

All diese Intentionen von Tanksprachlern können wir wie folgt auf den Punkt bringen: Wenn ein Tanksprachler mit echten Tigern in Berührung geriete und sie genau genug analysierte, dann würde er sie in seiner eigenen Sprache als „artgleich" bezeichnen wollen.

Auch Intentionen, die wie hier in hypothetische Situationen fortgesetzt sind, müssen bei der Interpretation eines Sprechers berücksichtigt werden: sagt das Gebot der interpretativen Fairness. Und somit ist es geboten, dem eingetankten Gehirn *unseren* Artbegriff zuzuerkennen. Das tanksprachliche Wort „Art" ist, ohne jede Magie, semantisch stabil.

Einwand. Der im vorletzten Absatz herangezogene Konditionalsatz ist leer, weil sein Vordersatz unmöglich wahr sein kann: Tanksprachler stecken definitionsgemäss *für immer* im Tank und *können* daher nicht mit echten Tigern in Berührung geraten. – Falsch. Ein Tanksprachler ist ein Sprecher, dessen Sprache durch hinreichend langes Tank-Dasein in weiten Bereichen anders funktioniert als unsere Sprache. Wer bis gestern eingetankt war und heute aus dem Tank befreit wird, spricht immer noch die Tanksprache. (Was seine Wörter bezeichnen, ändert sich nicht sofort). – Ist denn die Befreiung aus dem Tank überhaupt möglich? Aber ja! Durch einen gigantischen Zufall könnten die Bit-Leiber Fleisch werden. (Vergl. Band 1, §7.4).

Der oben ausgebeutete Konditionalsatz hat also guten Sinn. Er ist genauso sinnvoll wie folgender wahre Satz:

13. Arten

Wenn ein Tanksprachler mit echten Tigern in Berührung geriete und sie genau genug analysierte, dann würde es sie in seiner eigenen Sprache *nicht* als „Tiger" bezeichnen wollen.

§ 13.10.   Falls der Gedankengang aus diesem Abschnitt überzeugend sein und der Artbegriff wirklich semantisch stabil sein sollte, dürfte es weitere semantisch stabile Vielzweckwörter geben. Im nächsten Abschnitt werden wir zwei von ihnen semantisch stabilisieren, die sehr verschieden sind. Aber zuvor möchte ich unseren Abschnitt abschliessen, indem ich einen flüchtigen Blick auf ein weiteres Vielzweckwort werfe, das sich meiner Ansicht nach auf genau dieselbe Weise semantisch stabilisieren lässt wie der Artbegriff. Ich meine das Wort „Gegenstand", das ich enger verstanden wissen will als das schon stabilisierte, rein formale Wort „Entität" und weiter verstanden wissen will als den naturwissenschaftlichen Ausdruck „*materieller* Gegenstand". (Wie ich das schillernde Wort „Gegenstand" verstehen möchte, wird in Kürze deutlicher werden).

Gegenstände

Selbstverständlich ist der Begriff des *materiellen* Gegenstandes semantisch instabil (dazu mehr in Abschnitt 16) – genauso wie der Begriff der *natürlichen* Art (s.o. § 13.3). Andererseits haben wir den formalen Begriff der Entität – der auf alles zutrifft, was mit sich selbst identisch ist, also auf alles – bereits semantisch stabilisiert; so wie den formalen Begriff der Menge.

§ 13.11.   Nun ist der Mengenbegriff genauso eng mit dem Entitätsbegriff liiert wie der Begriff der natürlichen Art mit dem Begriff des materiellen Gegenstandes. Schematisch lassen sich die Verhältnisse so darstellen:

Ein Schema

	Einzelnes	*Allgemeines*
naturwissenschaftliche Sprache (semantisch instabil)	materieller Gegenstand	natürliche Art
formalwissenschaftliche Sprache (semantisch stabil)	Entität	Menge

Der in diesem Abschnitt behandelte Begriff der Art *simpliciter* kommt in diesem Schema noch nicht vor; er liegt zwischen Natur- und Formalwissenschaften (und ist in allen Redegebieten zuhause). Erweitern wir unser Schema so:

	Einzelnes	*Allgemeines*
naturwissenschaftliche Sprache (semantisch instabil)	materieller Gegenstand	natürliche Art
Vielzweckwörter (semantisch stabil)	?	Art
formalwissenschaftliche Sprache (semantisch stabil)	Entität	Menge

Wohlerzogene Entitäten

§ 13.12. Welchen Ausdruck sollen wir in das freie Feld unseres Schemas einsetzen? Wir brauchen ein Vielzweckwort, das von den Naturwissenschaften nicht so streng reglementiert wird wie der Ausdruck „materieller Gegenstand", aber weniger formal funktioniert als das blutleere Wort „Entität". Unsere Sprache bietet hier keine eindeutige Wahl; ich schlage „Gegenstand" vor. Das Wort soll auf seiten des Einzelnen dasselbe leisten, was das Wort „Art" auf seiten des Allgemeinen leistet. So wenig, wie jede kunterbunt zusammengewürfelte Menge als Art angesehen werden kann, was folgende abartige Menge beweist:

$\{\pi;$ Iulius Caesar; Bachs Partita d-moll für Violine allein BWV 1004$\}$,

so wenig soll jede beliebige Entität als Gegenstand gelten. Die mereologische Summe aus meinem Tintenfass und allen grün/rot gesprenkelten Objekten ist zwar eine Entität (mit klaren, wenn auch bizarren Identitätskriterien, siehe § 11.16), aber nicht das, was ich hier als „Gegenstand" bezeichnen möchte; dafür ist diese mereologische Summe zu weit verstreut. Anders gewendet: Wenn Arten wohlerzogene Mengen sind, dann sind Gegenstände wohlerzogene Entitäten.

Damit vervollständigen wir unser Schema wie folgt:

	Einzelnes	*Allgemeines*
naturwissenschaftliche Sprache (semantisch instabil)	materieller Gegenstand	natürliche Art
Vielzweckwörter (semantisch stabil)	Gegenstand	Art
formalwissenschaftliche Sprache (semantisch stabil)	Entität	Menge

In dem Schema ist die These versteckt, die ich hier nicht eigens begründen werde: Der erläuterte Gegenstandsbegriff ist ein Vielzweckwort, lebt von seiner Projizierbarkeit in immer neue Gebiete und ist mithin semantisch stabil, so wie der Artbegriff. Hätte ich diese neue These zu begründen, so würde ich Etappe für Etappe die Reise nacherzählen, die wir mit dem Artbegriff bereits hinter uns gebracht haben.

14. Spiele und Situationen

§ 14.1. Mit der zentralen These aus dem letzten Abschnitt ist uns ein Durchbruch gelungen, und zwar in zweierlei Hinsicht. Einerseits haben wir die ersten semantisch stabilen Ausdrücke aufgetan, mit deren Hilfe sich informative Behauptungen formulieren lassen – jedenfalls informativere Behauptungen als die leerlaufenden Theoreme aus Logik, Mengenlehre und Mathematik. Die logischen, mengentheoretischen und mathematischen Theoreme gelten in jeder möglichen Welt; ihre semantische Stabilität (die wir im letzten Kapitel herausgearbeitet haben) kann uns daher nicht viel nützen. Dagegen erlaubt uns das (gleichfalls semantisch stabile) Begriffspaar „Art – Gegenstand", informative Sätze zu formulieren, die nicht in jeder möglichen Welt gelten, etwa: „Die Gegenstände lassen sich nach Arten klassifizieren". (In vollständig amorphen Welten wäre dieser Satz falsch, vergl. Band 1, § 22.5). Ob das Begriffspaar informativ genug ist, um auf interessante Weise zwischen unserer Lage und der Lage des Gehirns im Tank zu differenzieren, ist damit natürlich noch nicht entschieden. Wir werden im nächsten Abschnitt der Hoffnung, dass es sich so verhält, nachgehen – und dabei steckenbleiben. Es wird sich herausstellen, dass wir weitere Fälle für semantische Stabilität brauchen, wenn wir unserem übergeordneten Ziel (der Formulierung eines informativen Indikators) näherkommen wollen.

Wo stehen wir?

An diesem Punkt kommt die zweite Hinsicht ins Spiel, um deretwillen ich eingangs von einem Durchbruch gesprochen habe. Was wir uns im Detail zugunsten der semantischen Stabilität des Artbegriffs zurechtgelegt (und dann grob auf den Gegenstandsbegriff übertragen) haben, kann als Vorbild für ähnliche Überlegungen zugunsten der semantischen Stabilität anderer Begriffe dienen. (Wir müssen also nicht befürchten, dass „Art" und „Gegenstand" unsere einzigen Beispiele für interessante semantische Stabilität bleiben; die Hoffnung auf weitere Fälle ist berechtigt, und also auch die Hoffnung auf informative Indikatoren).

Wie sich die Überlegungen aus dem letzten Abschnitt auf neue Fälle übertragen lassen, möchte ich im vorliegenden Abschnitt anhand

Kapitel IV. Vielzweckwörter

zweier Beispiele verdeutlichen: anhand des Wortes „Spiel" und anhand der Wörter „Lage" bzw. „Situation".

Offen für Neues §14.2. Erinnern wir uns. Unser Plädoyer für die semantische Stabilität des Artbegriffs beruhte u.a. darauf, dass wir in den unterschiedlichsten Redebereichen auf vielerlei Weise Arten ausmachen und dass wir diese klassifikatorische Aktivität gleichsam von einem Gebiet ins nächste projizieren können. Anders gesagt, ist der Artbegriff offen für immer neue Kontexte und Anwendungen; er funktioniert nicht nur im engen Terrain der Naturwissenschaften.

Natürlich gibt es neben dem Artbegriff viele andere Begriffe, die nicht (oder: nicht nur) im engen Terrain der Naturwissenschaften funktionieren, sondern offen für immer neue Kontexte und Anwendungen sind. Die Gegenstände unserer bevorstehenden Betrachtung – die Begriffe des Spiels und der Situation – bieten nur Beispiele für ein viel weiter verbreitetes Phänomen. Wie wir sehen werden, haben die beiden Beispiele einen sehr verschiedenen Geschmack; auch das deutet darauf hin, dass wir einem allgemeinen Phänomen auf der Spur sind.

Spiele mit Materie §14.3. Beginnen wir mit Wittgensteins Beispiel des Spiels.[2] Zuallererst ein Zugeständnis: *Gewisse* Spiele *können* ohne wesentliche Beteiligung ganz bestimmter materieller Gegenstände nicht in Gang kommen, z.B. Fussball, Tischfussball, Jiujiutsu. Zum Tischfussball braucht man eine ganz bestimmte Art von Tisch in bestimmter Grösse; zum Jiujiutsu braucht man zwei menschliche Körper. Und wer keinen Fussball aus echtem Leder (oder aus ähnlichem Material) hat, sondern nur einen simulierten Bit-Ball aus Bit-Leder, kann kein richtiges Fussballspiel lostreten – allenfalls spielt er *Bit*-Fussball. (Aber er *spielt*, so wie der uneingetankte Fussballer auch).

Nicht alle Spielnamen sind daher semantisch stabil. Dem entspricht folgende Beobachtung aus dem letzten Abschnitt: Nicht alle Artnamen sind semantisch stabil – die Artnamen „Tiger" und „Elektron" sind es so wenig wie die Spielnamen „Fussball" und „Jiujiutsu". Und der Spielartname „Ballspiel" ist ebensowenig semantisch stabil wie der Artenartname „natürliche Art". Aber: So wie es semantisch stabile Artnamen *gibt* (etwa: „Primzahl"), so gibt es auch semantisch stabile Spielnamen. Denn nicht alle Spiele funktionieren so wie Ballspiele oder Kampfspiele.

---

[2] Siehe [PU]:239 (§3), 277–281 (§66 bis §71) *et passim*.

14. Spiele und Situationen

§ 14.4. Gewisse Spiele beruhen zwar auf der Beteiligung materieller Gegenstände, aber ohne dass es dabei auf die genaue Realisierung dieser Gegenstände *ankäme*. Schach, Go, Mühle und Tangram sind Beispiele für Spiele mit Spielfiguren oder Spielsteinen, die nicht unbedingt aus einem bestimmten Material (und nicht einmal aus physikalischer Materie) bestehen müssen. Eine Figur aus Bit-Elfenbein kann genauso als Weisse Schachkönigin verwendet werden wie unsere Schachköniginnen aus echtem Elfenbein. Das bedeutet: Man kann den Schachregeln folgen, ohne über die üblichen Schachfiguren zu verfügen. Und wenn ein Gehirn im Tank nur diesen Schachregeln folgt, so spielt es (freilich mit Objekten aus Bit-Materie) dasselbe Spiel wie wir – Schach (nicht etwa Bit-Schach). Das tanksprachliche Wort „Schach" wird sich ohne Änderung in unsere Sprache übertragen lassen; „Schach" ist semantisch stabil. (Auch der Ausruf „Schach dem König!" dürfte semantisch stabil sein).

Schach

§ 14.5. Wer an dieser Stelle zögert, dem möchte ich meine Behauptung anhand von Spielen verdeutlichen, an denen überhaupt kein materieller Gegenstand beteiligt zu sein braucht: Moralisches Jiujiutsu, Blindschach, Israelisch Pokern. Moralisches Jiujiutsu wird nicht mit dem Körper der Kämpfenden gespielt, sondern mit deren Geist (genauer: mit deren moralischem Gewissen); im Blindschach haben die Spieler das gesamte Schachbrett samt der aktuellen Figurenkonstellation im Kopf und rufen einander nur die Spielzüge zu, ohne sie auf einem echten Schachbrett nachzuvollziehen; und beim Israelisch Pokern denkt sich jeder Mitspieler eine Zahl aus – wer die höchste Zahl hat, gewinnt.

Spiele ohne Materie

Diese drei Spiele sind nicht an die physische Welt gebunden. Wir könnten sie (anders als Fussball) selbst dann weiterspielen, wenn wir das biologische Ende unseres Körpers überlebt hätten und als körperlose Seelen fortbestünden, die zwar miteinander zu kommunizieren, nicht aber die physikalische Wirklichkeit kausal zu beeinflussen vermögen. (Vorausgesetzt, dass die Rede vom körperlosen Weiterleben der Seele nach dem Tod verständlich ist; dazu etwas mehr in Abschnitt 25). Wenn das richtig ist, dann können sich eingetankte Gehirne erst recht an moralischem Jiujiutsu, Blindschach und Israelisch Pokern erfreuen. Sie stehen uns und der physischen Wirklichkeit (oder doch einem ihrer Ausschnitte) näher als körperlose Seelen.

Selbst wer also angesichts der semantischen Stabilität des Wortes „Schach" zurückhaltend bleiben möchte, wird wohl zugeben wollen, dass die drei zuletzt genannten Spiele im Tank genauso gespielt werden können wir ausserhalb. „Moralisches Jiujiutsu", „Blindschach" und „Israelisch Pokern" sind semantisch stabil.

Das Wort „Spiel"

§14.6. Wenn nun allerlei Spielnamen semantisch stabil sind, dann steht der ersten zentralen Vermutung dieses Abschnitts nichts mehr im Weg: Das Wort „Spiel" dürfte semantisch stabil sein. Sogar Bit-Fussballer und Fussballer tun (bei allem Respekt für die Unterschiede) in einer Hinsicht dasselbe: sie spielen. Zwar (in diesem Fall) nicht ein und dasselbe Spiel, aber sie *spielen* in ein und demselben Sinn von „spielen". (Und wie vorhin beim Artbegriff sollten wir auch jetzt der Versuchung widerstehen, mithilfe notwendiger und hinreichender Bedingungen klären zu wollen, worin genau der Sinn des Wortes „Spiel" besteht).

Frage. Wie weit reicht die Parallele zwischen den Überlegungen aus dem letzten Abschnitt zugunsten der semantischen Stabilität des Wortes „Art" und denen aus dem vorliegenden Abschnitt zugunsten von „Spiel"? Bislang mag es so aussehen, als erschöpfe sich die Parallele darin, dass die Extensionen der beiden Wörter gleichermassen bunt zusammengewürfelt sind: Es gibt tausende sehr verschiedener Spiele und tausende sehr verschiedener Arten; zudem kommen ständig neue (und neuartige) Spiele bzw. Arten hinzu, an die man vorher nicht gedacht hat.

Nur: Die phantastische Offenheit des Artbegriffs hatte einen anderen Aspekt, den wir beim Spielbegriff noch nicht beleuchtet haben. Wir können den Artbegriff in immer neue Diskurs*gebiete* projizieren; von Moral in die Mathematik, von Mode zum menschlichen Miteinander. Ist der Spielbegriff in dieser Hinsicht nicht doch beschränkter als der Begriff der Art? Lebt er nicht ausschliesslich in dem engen Bereich, in dem vom menschlichen Miteinander, ja: von Freizeit die Rede ist? (Und gefährdet das nicht seine semantische Stabilität?)

Meiner Ansicht nach ist der Artbegriff in dieser Hinsicht nahezu unschlagbar und in der Tat flexibler als der Spielbegriff. Trotzdem funktioniert der Spielbegriff in mehr Bereichen, als die augenblickliche Frage nahelegt. So wurde der Begriff im vergangen Jahrhundert plötzlich in die Mathematik projiziert (als mit der Spieltheorie ein neues mathematisches Gebiet geschaffen wurde, siehe Neumann/Morgenstern [ToGE]). Dann wurde der Begriff für die Logik fruchtbar gemacht (durch den Vergleich von Ableitungsschritten und Spielzügen, siehe Lorenzen [LA]). Wittgenstein projizierte den Begriff in die Sprachphilosophie ([BB]:36/7 und [PU]:239 (§3), 241 (§7), 298 (§108), 287 (§83) *et passim*). Zudem bekam der Spielbegriff eine eigene Rolle in einem bestimmten Zweig der Populärpsychologie (cf. Berne [GPP]). Dann wurde er zur Beschreibung bestimmter, nie dagewesener Interaktionen zwischen Mensch und Maschine herangezogen – spätestens seit Erfindung des Schachcomputers (siehe z.B. Newborn [KvDB]); und seit die ersten Schachcomputer-Turniere ausgerichtet wurden, sogar zur Beschreibung recht bizarrer Interaktionen zwischen zwei Maschinen (Newborn [KvDB]:283–85).

Diese Liste liesse sich fortsetzen. Und obwohl sie gewiss nicht so beeindruckend werden wird wie im Fall des Artbegriffs, dürfte sie jetzt schon lang genug sein, um plausibel zu machen, dass sich auch in Zukunft der Spielbegriff auf überraschende Weise in immer neue Diskursgebiete wird projizieren lassen. Und diese vielgestaltige Projizierbarkeit verleiht meinen früheren Argumenten zugunsten seiner semantischen Stabilität zusätzliches Gewicht.

§ 14.7. In meinem nächsten Beispiel werde ich nur in Andeutungen die Art von Überlegung wiederholen, die uns eben von der semantischen Stabilität des Wortes „Spiel" und im vorigen Abschnitt von der des Wortes „Art" überzeugt hat. Meiner Ansicht nach sind die Wörter „Lage" und „Situation" semantisch stabil. Diese Wörter sind weit abstrakter als das handfeste Wort „Spiel". In Sachen Abstraktheit bewegen sich „Lage" und „Situation" eher auf dem Niveau des Wortes „Art", ohne dass ihnen allerdings dessen philosophische Ergiebigkeit zukäme. Trotzdem sind die Wörter „Lage" und „Situation" nützliche Werkzeuge unserer Sprache, die für einen kurzen Augenblick unsere Aufmerksamkeit verdienen. *Situationen*

Die Hauptfunktion dieser Wörter liegt nicht im Bezeichnen – entgegen dem Anschein ihrer grammatischen Form. (Wir brauchen uns daher keine Sorgen zu machen, dass ihre Bezeichnungsweise wesentlich durch kausale Ketten bestimmt wird). Obwohl „Lage" und „Situation" ursprünglich in rein räumlichem Sinne verwendet worden sein mögen (also etwa zur Beschreibung und Bezeichnung geographischer oder architektonischer Verhältnisse), wurde ihre Verwendung in mehr und mehr Diskursbereiche oder Kontexte ausgedehnt. Wie im Fall von „Spiel" und „Art" sind die Wörter „Situation" und „Lage" offen für immer neue Anwendungsfälle. Eine ihrer Funktionen scheint mir darin zu liegen, dass wir mit ihrer Hilfe längere Berichte oder Ausführungen übersichtlicher gestalten können, etwa wenn wir sagen:

> Vergessen wir nicht die Besonderheiten der augenblicklichen dialektischen Lage.
>
> Wenn wir so weitermachen, stecken wir bald in einer misslichen politischen Lage.
>
> Zur Wetterlage: Ein kräftiges Hochdruckgebiet sorgt für sonnige Temperaturen in ganz Norddeutschland.
>
> Der Schwarze Schachkönig steht aus zwei Gründen in einer gefährdeten Lage.

Die militärische Lage ist ernst.

Die Rechtslage sah damals anders aus.

Das bewiesene Theorem versetzt uns in die Lage, neue Fragen aufzuwerfen. Usw.

Keine Magie

§ 14.8. Ich möchte keine Zeit darauf verschwenden, eingehender zu begründen, inwiefern die Vielfältigkeit dieser Beispiele für die semantische Stabilität des Wortes „Lage" spricht. (Im folgenden wird ohnehin nicht viel von dieser These abhängen). Dass das Wort in den Beispielen nicht magisch funktioniert, dürfte unstrittig sein. Aber wer wollte deshalb behaupten, dass seine Funktion, mangels Magie, in erster Linie von kausalen Faktoren bestimmt wird und dass wir kausale Ketten zurückverfolgen müssen, um herauszufinden, was „Lage" bezeichnet? Eine solche Behauptung wäre überzogen; sie entspränge der gleichmacherischen Versuchung, alle sprachlichen Phänomene über ein und denselben (kausalen) Kamm zu scheren. Wer die Vielfältigkeit meiner Beispielsätze auf sich wirken lässt, wird der Versuchung widerstehen. Und wer der Versuchung widersteht, dürfte gegen die semantisch Stabilität des Wortes „Lage" keine Einwände haben. Viele der oben angeführten Beispielssätze stehen dem Gehirn im Tank genauso offen wie uns. Und selbst dort, wo Teile eines Beispielsatzes (bei Übersetzung aus der Tanksprache) uminterpretiert werden müssen, wie im Fall von:

(1) Zur Wetterlage: Ein kräftiges Hochdruckgebiet sorgt für sonnige Temperaturen in ganz Norddeutschland,

bleibt das uns interessierende Wort „Lage" unverändert:

($1_{\text{ü}}$) Zur *Lage* des kybernetischen Wetters: Ein kybernetisch kräftiges Bit-Hochdruckgebiet sorgt kybernetisch für bit-sonnige Bit-Temperaturen in ganz Bit-Norddeutschland.

Zugegeben, Wörter wie „Lage" oder „Situation" mögen keine sonderlich auffällige Rolle in unserem sprachlichen Alltag spielen. (Zudem tragen sie nicht unbedingt zum guten Sprachstil bei). Aber sie treten verblüffend oft auf – fast immer ausserhalb des Rampenlichts. Ohne solche Wörter wäre unsere Sprache arm; so arm wie ohne das Wort „Fazit". Und es ist wichtig zu sehen, dass der semantischen Stabilität solcher Wörter keine Gefahr droht.

Bemerkung. Ob es ein zufälliger Zug unserer Sprache ist, dass das Wort „Lage" in tausend verschiedenen Kontexten und Diskursfeldern auftritt, vermag ich nicht zu sagen.

Selbst wenn das Deutsche die einzige Sprache wäre, die ein Wort wie „Lage" oder „Situation" in so disparaten Kontexten zu verwenden erlaubt wie vorgeführt, bliebe meine zweite zentrale These aus dem vorliegenden Abschnitt unangetastet: Selbst dann wären die *deutschen* Wörter „Lage" und „Situation" semantisch stabil.

(In diesem Fall sollte ich allerdings besser auf den Versuch verzichten, die These philosophisch auszubeuten. Denn wenn ein Wort wie „Lage" nur im Deutschen semantisch stabil wäre, dann könnte man darauf aufbauende philosophische Überlegungen in keine andere Sprache übersetzen. Das spräche gegen die fraglichen philosophischen Überlegungen: In der Tradition der analytischen Philosophie (in der meine Arbeit steht) gelten Überlegungen als verdächtig, die sich nur in einer einzigen Sprache formulieren und verstehen lassen).

§ 14.9. Mit dem vorliegenden Abschnitt habe ich zwei Zwecke verfolgt. Einerseits wollte ich eine Lockerungsübung durchführen, um zu zeigen, dass es (auch ausserhalb von Logik, Mengenlehre und Mathematik) lauter verschiedene Fälle der Verwendung von Wörtern gibt, die allesamt nicht magisch funktionieren und die trotzdem vom Gehirn im Tank ganz genau so verwendet werden können wie von uns. Die Übung diente dazu, die Buntheit der sprachlichen Phänomene, auch der Randphänomene, unverkrampft in den Blick zu bekommen, statt immer nur auf die einseitigen Lieblingsbeispiele der Philosophen zu starren: Beschreibung, Benennung, logisches Raisonnement. Sprache ist *natürlich* mehr als das.[3]

Fazit

Andererseits wollte ich die Liste der semantisch stabilen Wörter ausweiten und anhand der neuen Fälle plausibel machen, dass semantisch stabile Wörter sehr wohl informativ sein können. Dass die Liste immer noch nicht lang genug ist, um wirklich befriedigende Indikatoren fürs Tank-Dasein zu formulieren, werden wir im nächsten Abschnitt sehen.

15. Zuflucht zu Analogien?

§ 15.1. Sind die bislang gefundenen Fälle semantischer Stabilität ausdrucksstark genug, um dem Gehirn im Tank die Formulierung einer Hypothese zu erlauben, die seine missliche Lage auf informative Weise richtig beschreibt? Im vorliegenden Abschnitt möchte ich (ohne An-

Vorschau

---

[3] Darauf hat am wirksamsten der späte Wittgenstein aufmerksam gemacht, vergl. z.B. [PU]:298 (§ 108).

124   Kapitel IV. Vielzweckwörter

spruch auf Vollständigkeit) eine Reihe von Versuchen durchspielen, auf die man bei der Beantwortung dieser Frage verfallen könnte. Obwohl sie uns am Ende allesamt nicht befriedigen werden, ist das Ergebnis dieses Abschnittes nicht nur destruktiv. Denn erstens wird sich in der Reihe unserer Versuche ein Fortschritt abzeichnen; wir werden dem gesuchten informativen Indikator näherkommen. Zweitens werden wir am Ende des Abschnittes klarer sehen als bislang, was für sprachliche Ressourcen wir werden auftun müssen, um endlich doch noch zum Ziel zu gelangen.

Übel mitgespielt?

§ 15.2. Unser erster Versuch knüpft an die semantische Stabilität des Spielbegriffs an. Er bietet eine Formulierung, die im Deutschen recht natürlich klingt und auf zwanglose Weise zu beschreiben scheint, was uns an der Situation des eingetankten Gehirns ins Auge springt:

(2) Vielleicht wird mit mir dasselbe Spiel getrieben wie mit einem Gehirn im Tank.

Ob der Gehalt dieser Vermutung einen Indikator abgibt (also insbesondere aus dem Munde des eingetankten Gehirns wahr wird), hängt davon ab, wie wir den Ausdruck „dasselbe Spiel" verstehen. In einem engen Verständnis dieses Ausdrucks wäre die tanksprachliche Vermutung (2) sicherlich falsch; denn nach Übersetzung in unsere Sprache klingt sie so:

($2_{\ddot{u}}$) Vielleicht wird mit mir dasselbe Spiel getrieben wie mit einem Bit-Gehirn im Bit-Tank.[4]

Und das Spiel, das mit dem Gehirn im Tank getrieben wird, ist sicherlich nicht im strikten Sinne *dasselbe* Spiel wie das, das mit einem Bit-Gehirn im Bit-Tank getrieben wird. Fussball und Bit-Fussball sind zwar beides Spiele, wie wir uns im letzten Abschnitt zurechtgelegt haben – aber gewiss nicht dasselbe Spiel. (Wir hatten uns klargemacht, dass eingetankte Gehirne zwar dieselben geistigen Spiele, nicht aber dieselben physischen Spiele spielen können wie wir, siehe § 14.3 bis § 14.6).

---

[4] Um der Kürze willen erlaube ich mir, in dieser und manchen folgenden Übersetzungen davon abzusehen, dass streng genommen auch die räumliche Präposition „im" uminterpretiert werden müsste.

15. Zuflucht zu Analogien? 125

§ 15.3. Andererseits: In einem nicht ganz so strikten Verständnis sind Spiel derselben
Fussball und Bit-Fussball doch „dasselbe" Spiel. Genauer gesagt, sie Art
sind Spiele *derselben Art*, zumindest in gewisser Hinsicht. (Beides sind
Spiele mit zweimal elf Teilnehmern, mit einer bestimmten Weise der
Punktzählung usw.) Ein ähnlich lockeres Verständnis von „dasselbe"
könnte uns auch beim Satz (2) weiterhelfen. Lockern wir den Satz also
wie folgt auf:

(3) Vielleicht wird mit mir ein Spiel derselben Art getrieben wie mit
einem Gehirn im Tank.

Da der Artbegriff semantisch ebenso stabil ist wie der Spielbegriff, läuft
die Übersetzung dieses Satzes so:

($3_ü$) Vielleicht wird mit mir ein Spiel derselben Art getrieben wie mit
einem Bit-Gehirn im Bit-Tank.

Wenn ein Gehirn im Tank (zum Beispiel im Rahmen einer philosophischen Überlegung) eine Vermutung äussert, die so übersetzt werden muss, dann werden wir wohl nicht umhinkönnen zuzugeben, dass seine Vermutung in der Tat das Wahre trifft. Satz (3) scheint also ein Indikator zu sein. Wirklich informativ ist der Satz aber nicht. Denn er beruht auf einer Verwendung des Wortes „Spiel", die man (bei aller Begeisterung über die vielseitige Verwendbarkeit dieses Wortes) nur abseitig nennen kann. Das Wort wird in dem Satz zu metaphorisch verwendet, um zu einer interessanten Information beitragen zu können.

(Natürlich hängt die phantastische Offenheit des Spielbegriffs, die wir im letzten Abschnitt zugunsten seiner semantischen Stabilität ins Feld geführt haben, eng mit unserer Fähigkeit zusammen, Metaphern zu erfinden und zu verstehen. Der metaphorische Gebrauch des Wortes lässt sich nicht scharf von seinem unmetaphorischen Gebrauch in neuen Anwendungsfällen trennen. Aber je metaphorischer das Wort verwendet wird, d.h. je weiter wir uns vom Zentrum in die Randzonen seiner Verwendung bewegen, desto weniger lässt sich die Information greifen, die das Wort beisteuern soll. So in unserem Fall: Die Rede vom „Spiel", das mit dem Gehirn im Tank „getrieben wird", steht ganz am Rand der Verwendung dieses Wortes. Wer spielt denn mit dem Gehirn im Tank? Wie lauten die Spielregeln? Und welcher Gewinn steht auf dem Spiel? Selbst wenn wir die Tank-Konstellation nicht durch den nackten Zufall hätten entstehen lassen, sondern auf den Spieltrieb irgendeines bösen Wissenschaftlers zurückgeführt hätten, gäbe es keine unverkrampften Antworten auf diese Fragen).

Dieselbe Lage

§ 15.4. Trotz aller Kritik empfinde ich Satz (3) als Fortschritt. Mir kommt der Satz informativer vor als unser bislang bester Kandidat:

(4) Vielleicht bin ich in einer misslichen Lage gefangen, in der weitreichende philosophische Sorgen bewahrheitet sind. (Siehe § 5.5).

Vielleicht gelangen wir aber über Satz (3) hinaus, wenn wir seine Grundidee beibehalten und ohne Rückgriff auf die metaphorische Rede über Spiele auszudrücken versuchen. Was, wenn nicht das getriebene Spiel, könnte beim Gehirn im Tank „von derselben Art" sein wie beim Bit-Gehirn im Bit-Tank? Eine mögliche Antwort wird durch den Satz nahegelegt, der uns eben wiederbegegnet ist: Nicht das getriebene Spiel wäre von derselben Art, sondern die *Lage*, in der sie beide stecken. (Die semantische Stabilität dieses Begriffs scheint uns jetzt helfen zu können). Unser neuer Versuch läuft auf die Kreuzung der beiden Vorschläge (3) und (4) hinaus:

(5) Vielleicht stecken das Gehirn im Tank und ich in einer Lage derselben Art.

(Schöneres Deutsch böte die Formulierung: „Vielleicht stecken das Gehirn im Tank und ich in *derselben* Lage". Ich vermeide diese Formulierung, da sie wie oben zu verschieden strikten Lesarten des Ausdrucks „dieselbe Lage" einlädt). Die deutsche Übersetzung dieses tanksprachlichen Satzes lautet:

(5ü) Vielleicht stecken das Bit-Gehirn im Bit-Tank und ich in einer Lage derselben Art.

Und das scheint die Lage des Gehirns im Tank (aus dessen indexikalischer Perspektive) recht treffend zu beschreiben.

Zu blass

§ 15.5. Aber auch diesmal wirkt der erzielte Informationsgehalt zu blass. Wie wir im letzten Abschnitt gesehen haben, beruht die semantische Stabilität des Wortes „Lage" u. a. darauf, dass das Wort in erster Linie nicht der Bezeichnung oder Beschreibung dient, sondern der Übersichtlichkeit. Im Lichte dieser Einsicht klingt es misslich, verschiedene Lagen zu klassifizieren und in Arten einzuteilen: Das Zusammenspiel der Wörter „Lage" und „Art" in (5) will nicht recht überzeugen. Um diesem Mangel abzuhelfen, könnten wir in zwei Richtungen weiterdenken. Entweder müssten wir genauer darlegen, dass das Wort „Lage" auch in seiner bezeichnenden oder beschreibenden Funktion semantisch stabil bleibt. Diese Richtung möchte ich nicht einmal andeutungsweise verfolgen.

15. Zuflucht zu Analogien? 127

Oder wir müssten uns stärker darum bemühen, dem *Vergleich* zwischen dem, was in dieser oder jener Lage steckt, guten Sinn abzugewinnen. Wenn ich richtig liege, würde dabei der Artbegriff in den Hintergrund treten. An seiner Statt käme eine begriffliche Denkfigur ins Spiel, die mit dem Artbegriff verwandt ist, sich aber doch von ihm unterscheidet: die Bildung von Analogien.

§ 15.6. In einem ersten Anlauf dieser Richtung bietet sich uns folgende Verfeinerung des letzten Versuchs an: *Analogie*

(6) Vielleicht stecke ich in einer analogen Lage wie die Gehirne im Tank.

Wenn man zeigen könnte, dass die Rede von Analogien semantisch stabil ist (dazu mehr gleich im Kleingedruckten), dann wäre der neue Satz aus dem Munde eingetankter Gehirne folgendermassen in unsere Sprache zu übertragen:

($6_ü$) Vielleicht stecke ich in einer analogen Lage wie die Bit-Gehirne im Bit-Tank.

Ich denke, es besteht kein Zweifel, dass das eingetankte Gehirn (dem wir Satz (6) in den Mund gelegt haben) in einer analogen Lage steckt wie ein kybernetisch eingetanktes Bit-Gehirn. Unsere Übersetzung zeigt also, dass Satz (6) im Munde des Gehirns im Tank tatsächlich wahr ist (so wie wir es von jedem Indikator fürs Eingetanktsein verlangen).

Bemerkung. Mithilfe des Artbegriffes fassen wir i. A. *viele, einzelne* Gegenstände zusammen, in denen wir Gemeinsamkeiten sehen. Auch die Denkfigur der Analogiebildung beruht auf unserer Fähigkeit, Gemeinsamkeiten zu sehen; insofern ist sie mit dem Artbegriff verwandt. Aber sie unterscheidet sich von ihm in zweierlei Hinsicht. Erstens hinsichtlich der logischen Form dessen, was auf Gemeinsamkeiten hin zu betrachten ist: Beim Bilden von Analogien betrachten wir nicht einzelne Gegenstände, sondern Anordnungen oder Konfigurationen von Gegenständen; wir schauen die einzelnen Dinge nicht intrinsisch an, sondern achten auf ihre Relationen. Daher können wir bei der Analogiebildung für unsere Suche nach Gemeinsamkeiten auf reichhaltigeres Material zurückgreifen; der Ausgang dieser Suche ist allerdings i. A. weniger eindeutig.

Zweitens genügen für die Denkfigur der Analogie i. A. zwei Konfigurationen oder Anordnungen von Gegenständen (die dann analog genannt werden). Da die Bildung von Arten im Gegensatz hierzu normalerweise auf einer höheren Anzahl von Vergleichspunkten beruht, funktioniert sie auch in dieser Hinsicht eindeutiger als die Bildung von Analogien.

Insgesamt enthalten Aussagen über Analogien also blassere Informationen als Aussagen über Artzugehörigkeit. (Das könnte ein Indiz für die semantische Stabilität der Bildung von Analogien sein).

Im Unterschied zum Artbegriff, den wir in erster Linie zum Beschreiben benutzen, hat der Analogiebegriff über die Beschreibungsfunktion hinaus mindestens zwei weitere wichtige Funktionen (siehe Hesse [TFRA]:318/9). Einmal in der Argumentation – ich kann und muss hier allerdings nicht erörtern, ob Analogieschlüsse unzulässig oder zulässig sind. (Ausgestanden ist dieser Streit meines Erachtens nicht; ein gutes Beispiel für analoge Argumentation bieten Hyslop/Jackson [AItO]). Und dann bei der Bildung neuer Begriffe – darauf werden wir kursorisch in Abschnitt 23 zurückkommen, siehe §23.6. (Diese Verwendung von Analogien hat Thomas zu hoher Kunst verfeinert, zum Zwecke seiner negativen Theologie, siehe Thomas [ST]/1:270–280 (quaestio 13, articulus 5 und articulus 6)).

Recht informativ §15.7. Wie informativ ist unser neuer Kandidat? Natürlich bietet er weit weniger Informationsgehalt als sein analogiefreies Gegenstück, als unsere ursprüngliche skeptische Hypothese:

(7) Vielleicht bin ich ein Gehirn im Tank,

die genau aufgrund ihres hohen Informationsgehalts nicht als Indikator infrage kommt. Aber der neue Kandidat scheint – selbst nach Uminterpretation unter externalistischen Vorgaben – genug vom Gehalt der ursprünglichen skeptischen Hypothese (7) beizubehalten. Zwar ist ein Bit-Gehirn im Bit-Tank nicht *identisch* mit einem Gehirn im Tank, daher ist die ursprüngliche skeptische Hypothese falsch. Aber jedes Bit-Gehirn im Bit-Tank ist *analog* zu einem Gehirn im Tank, und das ist immer noch eine interessante Information. Auch nach Interpretation unter externalistischen Vorgaben sagt unser neuer Satz viel von dem, was wir mit der ursprünglichen skeptischen Hypothese im Sinn hatten, bevor sie durch Putnams Beweis aus dem Spiel geworfen wurde.

Ich vermute, dass sich ein Gutteil des Widerstandes gegen Putnams Beweis als Folge aus der Verwechslung dessen erklären lässt, was die beiden Hypothesen (6) und (7) besagen. Man spürte instinktiv, dass Putnams Beweis gegen die *analogisierte* Tank-Hypothese (6) nichts ausrichten würde, und bemerkte nicht, dass sich der Beweis nicht gegen diese Hypothese wendet, sondern nur gegen die schärfere Hypothese (7). (Und man übersah, dass nur die schärfere – und widerlegte – Hypothese in der Erkenntnistheorie zum Skeptizismus führen würde, während die per Analogie abgeschwächte Hypothese – die Putnam nicht widerlegen kann – erkenntnistheoretisch harmlos ist. Dazu mehr in Abschnitt 24). Einiges spricht also dafür, dass wir mit der Hypothese:

(6) Vielleicht stecke ich in einer analogen Lage wie die Gehirne im Tank,

am Ziel unserer Wünsche angekommen sind. Doch obwohl ich die Hypothese besser finde als ihre Vorgängerinnen, obwohl sie ein Indikator fürs Eingetanktsein ist *und* recht informativ, sollten wir über den augenblicklichen Stand der Dinge hinauszukommen versuchen, und zwar aus zwei Gründen.

§ 15.8. Erstens beruht der augenblickliche Eindruck von Erfolg auf einem Scheck, der noch nicht eingelöst ist: Wir haben noch nicht begründet, dass die Rede von Analogien wirklich semantisch stabil ist. Und für eine solche Begründung müssten wir viel Mühe aufbieten: mehr, als hier möglich ist. Schwierigkeiten

Denn wir sind weit davon entfernt, die Bildung von Analogien philosophisch zu durchschauen.[5] Allein durch das Aussprechen des *Wortes* „Analogie" ist es in unserem Zusammenhang nicht getan; das Wort ist kein Zauberwort und hat keine magische Kraft, trotz seiner (vermutlichen) semantischen Stabilität. Bevor wir den Prozess der Analogiebildung theoretisch durchdringen oder zumindest überblicken, können wir nicht behaupten, Sätze wie unsere augenblickliche Hypothese (6) durch und durch zu verstehen. Der Satz mag sehr wohl eine interessante Information ausdrücken; einstweilen wissen wir nicht genau genug, welche Information er ausdrückt. Und das ist der zweite Grund dafür, dass wir über das Erreichte hinauszukommen versuchen sollten.

Bemerkung. Eine ähnliche Überlegung findet sich bei Putnam:

> The skeptic can, indeed, say that the Brain in a Vat scenario is only meant as an *illustration* of the possibility that the external world is an illusion; but then he is back at the problem of giving *that* "possibility" content ([S]:257; Putnams Hervorhebungen).

Illustrationen, Bilder, Metaphern und Analogien sind machtvolle Mittel unserer Sprache, müssen aber in der Debatte um den Skeptizismus besonders umsichtig eingesetzt werden, wenn sie dazu dienen sollen, gehaltvolle Möglichkeiten aufzuwerfen.

---

[5] Eine gute (und von formalistischen Übertreibungen freie) Diskussion des Themas bietet Hesse [MAiS]. Siehe auch Hesse [TFRA] und die anderen im selben Sammelband erschienenen Beiträge: Helman (ed) [AR].

Weitersuchen	§ 15.9. Statt uns in das *allgemeine* Thema der Analogiebildung zu vertiefen und dadurch unser Verständnis des Satzes (6) zu erhöhen, schlage ich vor, neue Kandidaten für den Posten des informativen Indikators zu suchen: Kandidaten, in denen die abstrakte Rede von analogen Lagen durch etwas Spezifischeres ersetzt wird. Dadurch ersparen wir uns den Aufwand, den es erfordern würde, um dem facettenreichen Thema „Analogie" umfassend gerecht zu werden; und wir können uns auf den Aspekt dieses Themas konzentrieren, um den es uns in erster Linie zu tun ist: um die genaue Art der Entsprechung zwischen Gehirn im Tank und Bit-Gehirn im Bit-Tank. Wie wir sehen werden, lässt sich mehr darüber sagen, als aus dem (noch so gut verstandenen) Begriff der Analogie herauszuholen ist. Aber obwohl wir im folgenden ohne das Wort „Analogie" auskommen wollen, wird unsere weitere Untersuchung mit Analogien zusammenhängen. Wir werden *eine* Variation dieses Themas (bis in die Verästelungen) durchspielen, statt dem Thema in seinen vielen Aspekten nachzugehen.
Schach neben dem Tank	§ 15.10. Bevor wir die Suche nach verständlichen, informativen Indikatoren fürs Eingetanktsein fortsetzen, möchte ich ein paar Schritte zurücktreten und auf einen Etappensieg aufmerksam machen, den wir bislang nicht recht gewürdigt haben: Seit wir Wörter wie „Art" und „Spiel" semantisch stabilisiert haben, ist das Gehirn zum ersten Mal imstande, auf informative Weise von handfesten Gegenständen ausserhalb des Simulationscomputers zu sprechen. Nehmen wir z. B. an, dass neben dem Simulationscomputer zwei Schachspieler sitzen, die sich eine sehr ruhige Schachpartie liefern. (Das reinste Stellungsschach!) Wenn das Gehirn im Tank aufgrund irgendwelcher Stimulationen zu der Feststellung kommt:

(8) Wer kein einziges Schachgebot abgibt, kann das Spiel nicht gewinnen,

dann redet es damit nicht nur über die bit-menschlichen Schachspieler aus seiner Welt (aus dem Simulationscomputer). Da die Übersetzung der Feststellung (8) – aufgrund semantischer Stabilität der einschlägigen Begriffe – in unserer Sprache genauso klingt wie in der Tanksprache, bezieht sich die Feststellung *auch* auf die beiden ermatteten Spieler neben dem Computer. (Beide geben kein Schachgebot ab und werden daher von den ersten fünf Wörtern aus der Feststellung (8) bezeichnet).

15. Zuflucht zu Analogien? 131

§ 15.11. Mit dieser überraschenden Beobachtung ist allerdings nicht viel gewonnen. Erstens betrifft die tanksprachliche Feststellung (neben den uneingetankten Schachspielern) in erster Linie alle schachspielenden Bit-Menschen; sie zeigt nicht *zielgenau* aus der Tank-Konstellation heraus, sondern trifft die uneingetankten Schachspieler nur nebenbei. (Trotzdem sind die ersten fünf Wörter aus (8) besser als die Wörter „Entität" und „Gegenstand", mit deren Hilfe das eingetankte Gehirn noch weniger zielgenau über Entitäten ausserhalb der Tank-Konstellation sprechen kann; denn diese beiden Ausdrücke bezeichnen immer automatisch auch bit-materielle Gegenstände. Dagegen könnten die ersten fünf Wörter aus (8) *ausschliesslich* auf echte Menschen ausserhalb der Tankwelt zutreffen: dann, wenn keiner der Bit-Menschen jene extreme Form von Stellungsschach (ohne jedes Schachgebot) spielt. Lassen wir diese Komplikation besser beiseite).

Zweitens hilft dem Gehirn im Tank die beiläufige Rede u.a. über uneingetankte Schachspieler nicht bei der Formulierung informativer Indikatoren. In manchen der denkbaren Tank-Szenarien kommen uneingetankte Schachspieler vor, in anderen nicht. Ob das Gehirn im Tank hierüber Vermutungen anstellt, spielt keine Rolle. Schachpartien und andere Spiele sind für das Tank-Szenario nicht wesentlich. – Aber natürlich sind sie auch nicht für die Beobachtung wesentlich, von der wir uns eingangs haben überraschen lassen. Denn die Beobachtung lässt sich anhand des anderen semantisch stabilen Begriffs wiederholen – und dort mit mehr Erfolg. Anders als (uneingetankte) Spiele sind (uneingetankte) *Arten* durchaus wesentlich für das Tank-Szenario.

Ohne das, was wir die natürliche Art der Elektronen oder die natürliche Art der Nervenbahnen nennen, lässt sich das Tank-Szenario nicht beschreiben. Es wäre ein Fortschritt, wenn das Gehirn im Tank über (uneingetankte) natürliche Arten sprechen könnte, parallel zu seiner Rede über die zwei ermatteten Schachspieler von vorhin. Dieser Hoffnung wollen wir im verbleibenden Teil unseres Abschnitts nachgehen.

§ 15.12. Was ist aus Sicht des Gehirns im Tank (und in dessen Sprache) das Besondere an *unseren* natürlichen Arten, deren Exemplare ausserhalb des Universalspeichers existieren? Erstens sind diese natürlichen Arten auch in der Tanksprache „Arten", allerdings keine natürlichen Arten. Zweitens ist es dem Gehirn im Tank nicht möglich, über diese Arten zu reden. Versuchen wir es also zunächst so:

Marginalien: Unwichtig, nicht zielgenau; Versuch mit Arten

(9) Vielleicht gibt es Arten, von denen ich nicht sprechen kann.

Wenn ein Gehirn im Tank diese Vermutung vorbringt, dann wird sie, möchte man meinen, von Arten wie Nervenbahnen und Elektronen wahrgemacht: das sind Arten, von denen kein eingetanktes Gehirn sprechen kann und die trotzdem unter den tanksprachlichen Artbegriff fallen. Aber entgegen diesem Anschein kann die Vermutung nicht wahr sein; sie ist nicht einmal konsistent. Denn nehmen wir an, sie wäre wahr. Dann *kann* der Sprecher mithilfe des Ausdrucks:

Arten, von denen ich nicht sprechen kann,

über die fraglichen Arten reden – ein Selbstwiderspruch. Der Unfall lässt sich vermeiden:

(10) Vielleicht gibt es Arten, für die ich keinen Artnamen prägen kann.

Diese Vermutung ist (anders als ihre Vorgängerin) wirklich wahr, wenn sie von einem eingetankten Gehirn vorgebracht wird: Nervenbahnen und Elektronen liefern zwei Beispiele für Arten, für die das eingetankte Gehirn keinen Artnamen prägen kann, weil es nie in geeignetem Kontakt mit Exemplaren dieser Arten gestanden hat.

Komplikation. Zwar könnte der Ausdruck „Arten, für die ich keinen Artnamen prägen kann" mit etwas gutem Willen noch zur Einführung eines Artnamens verwendet werden: eines Artnamens für Arten. Aber es ist gewiss kein Artname für echte Nervenbahnen. Dafür ist der Ausdruck um eine Stufe zu abstrakt. Und wenn wir seine Abstraktheit absenken:

Die Menge der Exemplare aus allen Arten, für die ich keinen Artnamen prägen kann,

dann haben wir dadurch zwar eine bizarre *Menge* von Entitäten zusammengestellt – aber ganz bestimmt keine Art! So umgeht der augenblickliche Vorschlag auf recht raffinierte Weise die Gefahr, sich selbst zu widersprechen.

Kein Indikator §15.13. Obwohl sich die Vermutung (10) selbst im Fall ihrer Wahrheit nicht selbst widerspricht *und* sogar aus dem Munde eingetankter Gehirne wahr ist, dürfte sie kein Indikator für die Lage eingetankter Gehirne sein. Denn sie droht auch dann wahr zu sein, wenn sie von Sprechern vorgebracht wird, mit denen metaphysisch alles in Ordnung ist (also z. B. – wie wir hoffen wollen –, wenn sie von *uns* vorgebracht wird). Angesichts der bunten Artenvielfalt, für die ich plädiert habe, dürfte selbst metaphysisch bevorzugten Sprechern die Benennung gewisser Arten verschlossen sein. Vermutlich können sie schon gewisse mathematische Arten nicht benennen: aus prinzipiellem Mangel an Rechenkapazität. Und einerlei, ob es sich so verhält oder nicht: das Schicksal eines informativen Indikators sollte von solchen Feinheiten nicht abhängen.

Der in (10) verwendete Artbegriff ist also in jedem Fall zu weit. Es geht nicht um *irgendwelche* Arten, sondern um Arten von handfesten Gegenständen. Nervenbahnen und Elektronen sind handfest genug; Zahlen und Kegelschnitte nicht. Aber was ist ein handfester Gegenstand – wenn nicht *materiell*? Und damit scheinen wir in der Klemme zu stecken. Denn die Rede von materiellen Gegenständen ist nicht semantisch stabil! Wenn ein eingetanktes Gehirn sagt:

(11) Vielleicht gibt es Arten von materiellen Gegenständen, für die ich keinen Artnamen prägen kann,

dann meint es damit in unserer Sprache folgendes:

(11$_{ü}$) Vielleicht gibt es Arten von bit-materiellen Gegenständen, für die ich keinen Artnamen prägen kann.

Und die Elektronen und Nervenbahnen, die vorhin die Vermutung aus (10) wahrgemacht haben, können nicht für die Wahrheit der Vermutung aus (11$_{ü}$) in Anspruch genommen werden. Denn Elektronen und Nervenbahnen sind keine bit-materiellen Gegenstände. Sie sind nicht im Universalspeicher abgelegt. Auch (11) eignet sich mithin nicht als Indikator fürs Eingetanktsein.

§ 15.14. Zeit für eine Diagnose. Dass unsere Versuche aus dem vorliegenden Abschnitt allesamt gescheitert sind, scheint daran zu liegen, dass es dem Gehirn im Tank verwehrt bleibt, zielgenau alles und nur das herauszugreifen, was *wir* als „materiellen Gegenstand" bezeichnen. Aber ist es wirklich ausgemacht, dass dem Gehirn im Tank dies verwehrt bleiben muss? In späteren Kapiteln möchte ich die Frage verneinen; dort werden wir tanksprachliche Ausdrucksformen durchbuchstabieren, die raffinierter funktionieren als der Ausdruck „materieller Gegenstand". Im ersten Abschnitt des nächsten Kapitels möchte ich eine Möglichkeit erörtern, der man verfallen könnte, um dasselbe Ziel schneller zu erreichen: mithilfe der Behauptung, dass der Ausdruck „materieller Gegenstand" – entgegen dem bislang Gesagten – doch semantisch stabil sei. Wie wir sehen werden, ist diese Behauptung nicht haltbar.

Fazit

Kapitel V

LOKALISIERBARKEIT

16. Ist die Rede von materiellen Gegenständen semantisch stabil?

Vorschau

§ 16.1. In früheren Kapiteln haben wir ohne eigenes Argument vorausgesetzt, dass der tanksprachliche Ausdruck „materieller Gegenstand" bei Übersetzung in unsere Sprache verändert werden muss. Diese Voraussetzung erschwert unsere Suche nach informativen Indikatoren, wie wir am Ende des letzten Abschnitts schmerzlich haben erfahren müssen. Es lohnt sich also zu überlegen, ob sich der Ausdruck möglicherweise semantisch stabilisieren lässt. Zwei Versuche in dieser Richtung möchte ich im vorliegenden Abschnitt vorstellen und zurückweisen.

Der tiefere Grund für ihr Scheitern wird am Ende des Abschnittes ans Licht treten: Es gibt begriffliche Zusammenhänge zwischen Materie und Raum; so überträgt sich die semantische Instabilität räumlicher Begriffe auf den Ausdruck „materieller Gegenstand". Dass das räumliche Vokabular in der Tat semantisch instabil ist, werden wir im nächsten Abschnitt sehen. Dort werden wir zusätzlich zu unserer externalistischen (kausalen) Erfolgsbedingung eine neue – und im Konfliktfall mächtigere – Bedingung für Erfolg beim Bezeichnen auftun, die unserem Kapitel seinen Namen gegeben hat: die Bedingung der Lokalisierbarkeit. Ihr zufolge kann man nur diejenigen Gegenstände bezeichnen, die sich in das eigene räumliche Bezugssystem einordnen lassen. In den Naturwissenschaften gilt diese Bedingung immer. Gilt sie auch in anderen Redebereichen? Nein. Im dritten und letzten Abschnitt dieses Kapitels werden wir dem Gehirn im Tank dabei zusehen, wie es die Bedingung der Lokalisierbarkeit umgeht – mithilfe *metaphysischer* Vokabeln. Das wird den Weg zu unserem übergeordneten Ziel ebnen, dem Gehirn im Tank zur metaphysischen Spekulation über die eigene

Lage zu verhelfen. (Wir werden dies Ziel allerdings erst im Abschnitt 23 erreichen).

Thema dieses Abschnitts sind, wie gesagt, zwei (am Ende: erfolglose) Versuche, den Ausdruck „materieller Gegenstand" semantisch zu stabilisieren. Der erste dieser Versuche knüpft an eine Beobachtung von Wittgenstein an.

Literatur zum ersten Versuch. Ich beziehe mich auf Wittgenstein [üG]:126/7 (§36/7), 130 (§52/3), 131 (§57). (Wittgenstein redet in diesen Paragraphen nicht von materiellen, sondern von *physikalischen* Gegenständen). Ich möchte nicht so verstanden werden, als beanspruchte ich, über die richtige Auslegung des Beginns von *Über Gewissheit* zu verfügen. Ein Grund für die Schwierigkeit, Wittgensteins Überlegungen richtig zu verstehen, liegt darin, dass Wittgenstein oft mitten im Gedankengang das Beispiel wechselt (also manchmal von epistemischen Sätzen redet wie „Ich weiss, dass hier eine Hand ist"; manchmal von abstrakten Sätzen ohne epistemisches Vokabular wie „Es gibt physikalische Gegenstände"; manchmal von konkreten Sätzen ohne epistemisches Vokabular wie „Hier ist eine Hand"). Statt dieses Chaos zu entwirren, werde ich eine Überlegung vorführen, die zumindest von Wittgenstein angeregt wurde – selbst wenn Wittgenstein sie nicht (oder nicht so) unterschrieben hätte.

§16.2. Man kann einige Bemerkungen aus Wittgensteins posthum veröffentlichtem Werk *Über Gewissheit* ([üG]) so verstehen, als wolle uns Wittgenstein darauf aufmerksam machen, dass sowohl die idealistische Skeptikerin (die bestreitet, dass es materielle Gegenstände gibt) als auch ihr Gegner G.E. Moore (der deren Existenz beweisen will) den tatsächlichen Gebrauch des Ausdrucks „materieller Gegenstand" verkennen. Die Opponenten argumentieren beide so, als stünde fest, dass wir den Ausdruck verwenden, um Behauptungen auszutauschen und die Welt um uns zu beschreiben. Laut Wittgenstein dient der Ausdruck aber nicht der Beschreibung und kommt daher auch nicht in genuinen Behauptungen vor. Es sollte uns verdächtig stimmen, dass der Ausdruck – ausserhalb der Philosophie – äusserst selten verwendet wird. Wofür verwenden wir ihn, wenn nicht zum Aufstellen von Behauptungen? Eine der Antworten, die von Wittgensteins Text nahegelegt wird, besagt: Wir verwenden den Ausdruck im Sprachunterricht, z.B. wenn wir einem neuen Wort seinen Platz in unserem Netz von Begriffen zuweisen wollen. Wir sagen z.B. „Neutrinos sind materielle Gegenstände, die ..."[1] Solche Sätze sprechen keine genuinen Behauptungen aus, da sie allererst den Rahmen aufspannen, in dem

Wittgenstein über Materielles

---
[1] Vergl. Wittgenstein [üG]:126 (§36).

man Behauptungen aufstellen kann; der Rahmen wird (in Wittgensteins idiosynkratischer Redeweise) von den „grammatischen" oder „logischen" Sätzen aufgespannt.[2]

Verhielte es sich, wie Wittgenstein nahelegt, dann gehörte der Ausdruck „materieller Gegenstand" einer anderen Gattung an als die Namen für natürliche Arten wie „Tiger", „Nervenbahn", „Elektron". Anders als man auf den ersten Blick meinen mag, wäre dann der Ausdruck „materieller Gegenstand" kein Name für eine besonders umfassende natürliche Art. Worauf liefe das in unserem Zusammenhang hinaus? Es liefe darauf hinaus, dass wir den Ausdruck beim Übersetzen aus der Tanksprache nicht nach demselben Muster behandeln müssten wie die Wörter „Tiger", „Nervenbahn" und „Elektron". Der Ausdruck fiele nicht in den Geltungsbereich des externalistischen Slogans „Ohne kausalen Kontakt kein Erfolg bei der Denotation einer natürlichen Art" und müsste daher *nicht* uminterpretiert werden; der Ausdruck wäre semantisch stabil. Und das würde bedeuten, dass die Einwände aus dem vorigen Abschnitt gegen unseren letzten Kandidaten fürs Amt des informativen Indikators voreilig gewesen wären. Wir wären anscheinend unserem übergeordneten Ziel näher als gedacht.

Hilft uns nicht
§ 16.3. Aber so einfach sollten wir es uns nicht machen. Erstens würde Wittgensteins Gambit unser übergeordnetes Ziel in unerreichbare Ferne rücken – im Widerspruch zum eben durchgespielten Gedankengang (dazu gleich). Und zweitens ist Wittgensteins Beobachtung über den Gebrauch des Ausdrucks „materieller Gegenstand" viel zu einseitig (dazu später).

Zum ersten Kritikpunkt: Wenn wir Wittgensteins Gambit annehmen und den Ausdruck „materieller Gegenstand" aus dem beschreibenden und behauptenden Sprachspiel herauswerfen, dann spricht zwar allerlei für die semanische Stabilität dieses Ausdrucks. (In ähnlicher Weise ergab sich im Abschnitt 14 die semantische Stabilität der Ausdrücke „Lage" und „Situation" aus der Beobachtung, dass uns diese Ausdrücke nicht in erster Linie zum Bezeichnen, Beschreiben und Behaupten dienen).

Aber natürlich können semantisch stabile Ausdrücke, die nicht zum Beschreiben und Behaupten taugen, keine Hauptrolle in den Sätzen spielen, die wir suchen. Wir suchen nach informativen Indikatoren fürs Eingetanktsein; d.h. wir wollen die Lage des eingetankten Gehirns (aus

---

[2] Vergl. Wittgenstein [üG]:130/1 (§ 52–58, inbes. § 53 und § 57). Siehe auch [PU]:359 (§ 251).

dessen Sicht) sprachlich treffen, also beschreiben. Wenn der Ausdruck „materieller Gegenstand" gar keine beschreibende Funktion erfüllt (wie von Wittgenstein nahegelegt), dann kann er in den von uns anvisierten Sätzen keine Hauptrolle spielen. (Die augenblickliche Überlegung entspricht unserem früheren Einwand dagegen, den Ausdruck „Lage" in die gesuchten informativen Indikatoren einzubauen, siehe §15.5).

§16.4. Dies Ergebnis passt meiner Ansicht nach zu Wittgensteins Grundeinstellung gegenüber philosophischen Projekten wie dem, das wir hier verfolgen. Er würde uns vorwerfen, philosophierend die Sprache zu missbrauchen. In der augenblicklichen dialektischen Lage trifft mich der Vorwurf nicht. Denn auch ich habe mich dagegen ausgesprochen, dem Ausdruck „materieller Gegenstand" eine Hauptrolle im gesuchten informativen Indikator zuzugestehen.

Thesen in der Philosophie?

Wittgensteins allgemeinem Unbehagen gegenüber Thesen in der Philosophie kann ich hier nicht nachgehen; das würde den Rahmen dieser Untersuchung sprengen.[3] Trotzdem will ich kurz die Gelegenheit nutzen, um Wittgensteins Vorgehen in unserem Beispiel zu hinterfragen. Meiner Ansicht nach hat Wittgenstein darin recht, dass wir den Ausdruck „materieller Gegenstand" äusserst selten verwenden, um Behauptungen aufzustellen. Aber diese Beobachtung sollte uns nicht zu voreiligen Verallgemeinerungen hinreissen. Damit sind wir beim zweiten Kritikpunkt am von Wittgenstein nahegelegten Argument zugunsten der semantischen Stabilität von „materieller Gegenstand", den ich vorhin angekündigt habe. Meiner Meinung nach gibt es (auch ausserhalb der Philosophie) respektable Behauptungen, in denen der Ausdruck vorkommt.

§16.5. Wer angesichts der rettenden Oase am Wüstenhorizont „Palmen!" ruft, den würde die Antwort: „Das sind keine Palmen, sondern Luftspiegelungen" deshalb erschrecken, weil sie eine ausgewachsene Behauptung mit nur zu deutlichem Informationsgehalt darstellt. Natürlich ist das noch kein Beispiel für eine Behauptung mit dem verlangten Ausdruck. (Die Behauptung lautete ja nicht: „Das sind keine *materiellen Gegenstände*, sondern Luftspiegelungen". So etwas wäre in der Tat künstlich und kommt kaum vor). Erst durch Modifikation des Beispiels nähern wir uns dem behauptenden Gebrauch des Ausdrucks „materieller Gegenstand". Wenn man nämlich am Wüstenhorizont konfuse Sachen wahrzunehmen anfängt und „Was ist das?"

Fata Morgana

---

[3] Vergl. z.B. Wittgenstein [PU]:303/4 (§126 bis §129) und [PU]:265 (§47).

fragt, dann ist folgende Antwort angemessen und natürlich: „Das sind nicht einmal materieller Gegenstände, es sind Luftspiegelungen". Hier haben wir eine vollblütige Behauptung im besten Sinne des Wortes; ihr Wahrheitswert kann über Leben und Tod entscheiden.

Ich gebe es zu: Es ist nicht einfach, Situationen zu ersinnen, in denen Behauptungen über materielle Gegenstände ungekünstelt wirken. Aber das lässt sich schnell erklären. Die Behauptung, dass etwas ein materieller Gegenstand sei, ist so unspezifisch, dass sie in den wenigsten Fällen am Platze ist. In der Reihe der Ausdrücke:

Palme, Baum, Pflanze, Lebewesen, Naturgegenstand, materieller Gegenstand,

bezeichnet der letzte Ausdruck die allermeisten Sachen; in den wenigsten Situationen dient der Ausdruck daher einem echten Informationsbedürfnis. Kein Wunder, dass der Ausdruck selten in genuinen Behauptungen vorkommt. (Daher war es leichter, ein Beispiel zu ersinnen, in dem der Ausdruck verneint wurde).

Wo stehen wir? §16.6. Mit unserer Antwort auf Wittgensteins Gedankengang haben wir an einem konkreten Beispiel gesehen, dass sich auch besonders unspezifische Ausdrücke zum Behaupten verwenden lassen. (Viele ähnliche Überlegungen anhand vieler anderer Beispiele wären nötig, um Wittgensteins genereller Skepsis gegenüber Thesen in der Philosophie zu begegnen. Das kann ich hier, wie gesagt, nicht leisten).

Unsere Antwort bleibt hinter dem zurück, was wir zugunsten der semantischen *In*stabilität des Ausdrucks „materieller Gegenstand" zusätzlich hätten zeigen müssen. Wir haben nur plausibel gemacht, dass der Ausdruck in Behauptungen vorkommen kann. Das allein spricht noch nicht gegen seine semantische Stabilität. (Im Gegenteil, wir müssen hoffen, dass manche behauptungstauglichen Ausdrücke semantisch stabil sind – sonst könnte es keine informativen Indikatoren geben).

Eine natürliche Art? §16.7. Wenden wir uns also dem eingangs angekündigten zweiten Versuch zu, zu begründen, dass die behauptende Rede von materiellen Gegenständen semantisch stabil sei. Auch diesen zweiten Versuch werde ich zurückweisen. Wir werden allerdings sehen, dass der Fall komplizierter liegt, als es bislang schien.

Bislang haben wir Plädoyers für die Notwendigkeit von Uminterpretation darauf gestützt, dass die betroffenen Ausdrücke als Namen für natürliche Arten aufgefasst werden müssen (und daher in den Geltungsbereich des externalistischen Slogans fallen). Um also zu entscheiden, ob der Ausdruck „materieller Gegenstand" bei Übersetzung aus der Tanksprache uminterpretiert werden muss oder ob er semantisch stabil ist, sollten wir uns offenbar fragen, ob er für eine natürliche Art steht.

Aber so einfach ist es nicht. Wie wir gleich sehen werden, hält der Ausdruck „materieller Gegenstand" an dieser Stelle eine Überraschung für uns bereit. Wenn wir uns dafür entscheiden, den Ausdruck zu den Namen für natürliche Arten zu rechnen, dann löst dies ein Argument *zugunsten* seiner semantischen Stabilität aus; wäre der Ausdruck ein Name für natürliche Arten, so wiche er in Sachen Uminterpretation von den anderen Namen dieser Kategorie ab, die wir bislang betrachtet haben.

§ 16.8. Für die Namen natürlicher Arten gilt der externalistische Slogan: Ohne kausalen Kontakt kein Erfolg beim Bezeichnen. Nun steht das eingetankte Gehirn sehr wohl im kausalen Kontakt mit allerlei materiellen Gegenständen: Was es z. B. als „Tiger" bezeichnet, ist zwar aus unserer Sicht kein echter Tiger, sondern nur eine gewisse Abfolge von Nullen und Einsen, die im Universalspeicher abgelegt ist. Aber diese Nullen und Einsen formen einen ganz bestimmten (recht komplexen) *materiellen* Gegenstand. (Der Bit-Tiger ist keine abstrakte Ziffernfolge der reinen Mathematik, sondern die mereologische Summe aus physikalisch realisierten Symbolen, aus Zeichentokens).

Gehirn hat Kontakt

Das Gehirn im Tank steht zwar nicht mit *allen* materiellen Gegenständen in kausalem Kontakt, sondern nur mit einer Auswahl davon. (Das Gehirn unterhält nur zu ganz bestimmten Teilen des Universalspeichers kausale Verbindungen, wie sie für Erfolg beim Bezeichnen erforderlich sind). Nur: Als wir den externalistischen Slogan von überzogenen Ansprüchen befreit haben, mussten wir zugeben, dass es für Erfolg beim Bezeichnen irgendwelcher Exemplare einer natürlichen Art hinreicht, mit einer *Auswahl* ihrer Exemplare kausal verbunden zu sein.[4] Angewandt auf unseren Fall: Da das Gehirn im Tank mit einer Auswahl materieller Gegenstände in kausalem Kontakt steht (unter anderem mit Bit-Tigern und Bit-Bären), kann es mithilfe des Artnamens „materieller Gegenstand" alle materiellen Gegenstände bezeichnen, also auch die materiellen Gegenstände ausserhalb des Simulationscomputers. Und dies spricht wiederum für die semantische Stabilität des Ausdrucks „materieller Gegenstand".

---

[4] Siehe oben § 4.9 sowie ausführlich in Band 1, Abschnitt 25.

Mittelweg

§ 16.9. Damit liegt der zweite der oben angekündigten Versuche vor, die semantische Stabilität von „materieller Gegenstand" zu begründen. Ich möchte zeigen: Genau wie der erste – im Anschluss an Wittgenstein entwickelte – Versuch kann auch der zweite Versuch nicht gelingen. Beide Versuche sind zu extrem, allerdings an entgegengesetzten Enden einer Skala. Laut erstem Versuch taugt der Ausdruck überhaupt nicht zum Bezeichnen; laut zweitem Versuch ist der Ausdruck ein Musterbeispiel für Verwendbarkeit in Behauptungen, nämlich ein Name für eine natürliche Art, deren Mitglieder sich auf dieselbe Weise bezeichnen lassen wie im Fall der bislang betrachteten natürlichen Arten.

Zwischen den beiden Extrempositionen liegt die Wahrheit. Der Ausdruck taugt zum Bezeichnen, ist aber kein Name für eine natürliche Art, für dessen Verständnis der externalistische Slogan einschlägig wäre. Die erste These habe ich bereits begründet; die zweite These muss genauer gefasst werden, bevor sie sich begründen lässt.

Ich möchte mich nicht entscheiden müssen, ob der Ausdruck „materieller Gegenstand" als Name für eine natürliche Art aufzufassen ist, der anders funktioniert als die bislang betrachteten Namen für natürliche Arten – oder ob der Ausdruck, genau aufgrund seiner anderen Funktionsweise, überhaupt nicht mehr zu den Namen für natürliche Arten gerechnet werden sollte. Jede Entscheidung zwischen diesen beiden Möglichkeiten wäre willkürlich; wie man die Sache sehen will, ist nicht durch das vorgegeben, was wir bislang unter dem Ausdruck „natürliche Art" verstanden haben.

Keine Frage von Willkür ist allerdings die Behauptung, die beiden möglichen Sichtweisen gemein ist und auf die es mir ankommt: Aus der (zugestandenen) Tatsache, dass das Gehirn im Tank in kausalem Kontakt mit einer Auswahl materieller Gegenstände steht, ergibt sich nicht, dass es in seiner Sprache alle materiellen Gegenstände bezeichnen kann. Das gilt es im folgenden zu begründen; ich werde mit zwei Indizien zugunsten meiner Behauptung beginnen und sie zum Abschluss des Abschnitts mithilfe einer allgemeinen Überlegung absichern.

Repräsentative Auswahl

§ 16.10. Zunächst also das erste Indiz. Die Auswahl materieller Gegenstände, die mit dem Gehirn im Tank kausal verbunden sind, ist einseitig. Alle diese materiellen Gegenstände sind eine mereologische Summe aus computertechnisch realisierten Zahlencodes; sie sind eine Ansammlung konkreter Speicherinhalte. Zwar sind diese Speicherinhalte allesamt materielle Gegenstände; aber sie sind ein spezieller und extrem entlegener Fall dieser Gattung. Die typischen materiellen Gegenstände stecken nicht im Universalspeicher des Simulationscomputers. Dies Indiz spricht dafür, unseren externalistischen Slogan weiter zu verfeinern. Bislang besagte der Slogan:

> Ohne kausalen Kontakt mit einigen Mitgliedern einer natürlichen Art von Dingen kein Erfolg beim Denotieren dieser Art.

Im Lichte des augenblicklichen Problems sollten wir ihn genauer fassen:

> Ohne kausalen Kontakt mit einigen *repräsentativen* Mitgliedern einer natürlichen Art von Dingen kein Erfolg beim Denotieren dieser Art.

Diese Verfeinerung hätte sich auch anhand lebensnäherer Fälle angeboten. Wenn Dackel die einzigen Tiere sind, die auf einer abgeschiedenen Insel vorkommen, dann stehen die Bewohner dieser Insel erstens mit allerlei Dackeln in kausalem Kontakt, zweitens mit allerlei Hunden, drittens mit allerlei Wirbeltieren und viertens mit allerlei Tieren. Nur die erste dieser Kontaktformen zählt für Erfolg beim Bezeichnen; die Insulaner kennen bestenfalls den Begriff des Dackels. Die Insel-Dackel bieten zwar auch eine Auswahl an Hunden, Wirbeltieren oder Tieren – aber keine repräsentative Auswahl. In einer repräsentativen Auswahl an Hunden könnten, neben den Dackeln, Terrier und Schäferhunde vorkommen; in einer repräsentativen Auswahl an Tieren könnten zusätzlich Rotkehlchen, Kreuzottern, Wale und Spinnen vorkommen. (Um der Einfachheit willen ignoriere ich die Komplikation, die sich seit Darwin ergibt, wenn man zulässt, dass die Insulaner *sich selber*, zusammen mit den Dackeln, als repräsentative Auswahl für Wirbeltiere oder Tiere heranziehen könnten. Selbst seit Darwin stimmt meine Behauptung jedenfalls im Fall des Hundebegriffs; das genügt).

Kurz, mein erstes Indiz gegen den zweiten Versuch meiner Gegner, ein Argument zugunsten der semantischen Stabilität des Ausdrucks „materieller Gegenstand" zu lancieren, spricht dafür, mehr vom Erfolg beim Bezeichnen einer natürlichen Art zu verlangen als bislang; da der tanksprachliche Ausdruck „materieller Gegenstand" diese Hürde nicht überspringt, ist er semantisch instabil – selbst wenn wir ihn weiterhin als Namen für eine natürliche Art ansehen.

§16.11. Das zweite meiner beiden Indizien zielt dagegen auf die Unterschiede zwischen den üblichen Namen für natürliche Arten und dem Ausdruck „materieller Gegenstand". Das Indiz stützt sich auf die Beobachtung, dass die vorhin durchgespielten Taufzeremonien zur *Bizarre Taufe*

Einführung von Namen für natürliche Arten sich nicht recht auf die angeblich natürliche Art der materiellen Gegenstände übertragen lassen wollen. Dass der Sprachschöpfer angesichts einer (repräsentativen) Auswahl an Tigern zum ersten Male „Tiger" verlauten liess und dadurch jener biologischen Art ihren Namen verlieh, hat sich so zwar nie zugetragen; aber diese Fiktion bietet immerhin eine (um der Einfachheit willen zugespitzte) rationale Rekonstruktion dessen, wie solche Artnamen in Gang gesetzt worden sein mögen.[5] Im Fall der materiellen Gegenstände kann die entsprechende Fiktion noch nicht einmal als idealisierte rationale Rekonstruktion angesehen werden.

Welche repräsentative Auswahl materieller Gegenstände sollte der Sprachschöpfer versammeln, um den materiellen Gegenständen einen Namen zu verleihen? Um die bei der Taufe anwesende Festgesellschaft nicht in die Irre zu leiten, müsste der Sprachschöpfer möglichst verschiedene Beispiele materieller Gegenstände versammeln: etwa einen Hut, eine Wolke, eine Schneeflocke, eine Qualle, eine Spinne, eine Sternschnuppe und einen Spiralnebel. Aber wie soll die Festgesellschaft ahnen, worauf der Sprachschöpfer mit seiner kunterbunten Sammlung hinauswill? Die Suche nach tiefenstrukturellen Ähnlichkeiten würde keine aufschlussreichen Hinweise liefern (anders als im Fall einer repräsentativen Auswahl an Tigern oder Eisenproben).

(Und wenn die Festgesellschaft den Sprachschöpfer aufforderte, dem besseren Verständnis zuliebe eine Sammlung von Gegenbeispielen vorzulegen, so geriete dieser erst recht in Verlegenheit. Alles, was sich versammeln und vorzeigen lässt, ist *eo ipso* ein materieller Gegenstand. Die immateriellen Gegenstände lassen sich noch weniger per Ostension taufen, als wir es uns bislang für die natürlichen Arten zurechtgelegt haben. Sie formen noch weniger eine natürliche Art als die materiellen Gegenstände).

Diese Beobachtungen sprechen dagegen, den Ausdruck „materieller Gegenstand" so zu behandeln wie die anderen Namen für natürliche Arten.[6]

Einwand. Hat jede Auswahl materieller Gegenstände nicht doch *eine* bestimmte tiefenstrukturelle Gemeinsamkeit? Sind diese materiellen Gegenstände nicht allesamt aus Elektronen, Protonen und Neutronen zusammengesetzt? (Oder doch aus irgendwelchen Elementarteilchen? Oder aus Quarks?) Mag sein. Wie später deutlich werden soll, stellt diese tiefenstrukturelle Gemeinsamkeit

---

[5] Details in Band 1, Abschnitt 15. Siehe auch oben §13.7.
[6] In eine ähnliche Richtung zielt Austin [SS]:8.

16. Rede von materiellen Gegenständen

– selbst wenn sie sich greifen lassen sollte – nicht den wesentlichen Aspekt dessen dar, was materielle Gegenstände ausmacht. (Wir werden in §18.15 bis §18.17 eine Ahnung davon bekommen, was es heisst, dass es Entitäten aus Elektronen, Neutronen und Protonen geben *könnte*, die wir nicht als materielle Gegenstände auffassen wollen: etwa die Parallel-Katzen aus einer anderen Welt).

Aber nehmen wir zum Zweck des Arguments für einen Augenblick an, dass – bei uns – per Taufzeremonie festgelegt wurde, dass der Ausdruck „materieller Gegenstand" genau für alle aus Elektronen, Neutronen und Protonen zusammengesetzten Objekte steht. (In Wirklichkeit wäre die Sache komplizierter, aber das spielt für das bevorstehende Argument keine Rolle). Dann hätte die parallel simulierte Taufzeremonie in der Tankwelt genausoviel Erfolg wie bei uns. Das tanksprachliche Wort „materieller Gegenstand" bezeichnete dann alle aus *Bit*-Elektronen, *Bit*-Neutronen und *Bit*-Protonen zusammengesetzten Objekte. Echte Tiger und echte Elektronen sind aber nicht aus Bit-Elektronen, Bit-Neutronen und Bit-Protonen zusammengesetzt. Der tanksprachliche Ausdruck „materieller Gegenstand" würde also nicht alles bezeichnen, was wir so nennen; der Ausdruck wäre semantisch instabil. Und das ist es, was ich die ganze Zeit behaupte.

§16.12. Ob die bislang erwogenen Indizien dafür oder dagegen sprechen, die materiellen Gegenstände zu den natürlichen Arten hinzuzuzählen, ist noch offen und wird offenbleiben. Fest steht nur, dass der Ausdruck „materieller Gegenstand" – einerlei ob er eine natürliche Art benennt oder nicht – nicht unverändert aus der Tanksprache in unsere Sprache übernommen werden darf; der Ausdruck ist nicht semantisch stabil. Und laut unserem zweiten Indiz wirkt es zumindest plausibel, dass der Ausdruck nicht durch eine Taufzeremonie startklar gemacht werden kann. Dies muss nicht dagegen sprechen, den Ausdruck als Namen für natürliche Arten aufzufassen. Der Ausdruck wäre dann zwar kein primärer Name für eine natürliche Art; aber es könnte sich immer noch um einen sekundären Namen natürlicher Arten handeln: um einen Artnamen, der nicht durch Taufe, sondern durch Beschreibung eingeführt worden ist.

Zur Erinnerung: Im Band 1 haben wir zwischen primären und sekundären Namen für natürliche Arten unterschieden, weil wir nicht darauf festgelegt sein wollten, dass jeder Name für natürliche Arten einen (direkten oder indirekten) kausalen Kontakt zwischen Sprecher und irgendwelchen Exemplaren der fraglichen Art voraussetzt; nur die primären Artnamen setzen diesen kausalen Kontakt voraus, nur sie werden (zumindest in der rationalen Rekonstruktion) durch einen Taufakt in Gang gesetzt. Die sekundären Namen für natürliche Arten

Sekundäre Artnamen

sind dagegen durch sprachliche Kombination der primären Artnamen einzuführen: per verbaler Definition, durch Beschreibung.[7]

Diese verbale Weise der Einführung von Namen für natürliche Arten schafft Raum für die Möglichkeit, über gewisse natürliche Arten zu sprechen, ohne je mit irgendwelchen ihrer Exemplare kausal verbunden gewesen zu sein. Davon zeugt das Beispiel der Liger, dem Nachwuchs von Löwinnen und Tigern, denen man auch ohne eigenen kausalen Kontakt einen Artnamen zuweisen kann.[8]

Vergleich mit Ligern

§ 16.13. Was uns seinerzeit auf die sekundären Namen für natürliche Arten gebracht hat, unterscheidet sich stark von unserer augenblicklichen Motivation dafür, den Ausdruck „materieller Gegenstand" als Beispiel für sekundäre Artnamen ins Auge zu fassen. Im Fall der Liger war keine Taufzeremonie *nötig*, da der kausale Kontakt zwischen Sprecher, Löwen und Tigerinnen hinreichte, um die Liger auch ohne jeden eigenen kausalen Kontakt zu bezeichnen. Im Fall der materiellen Gegenstände ist keine Taufzeremonie *möglich*, obwohl der Sprecher mit mehr als genug materiellen Gegenständen kausal verbunden ist. Im ersten Fall haben wir Erfolg beim Bezeichnen trotz Mangel an kausalem Kontakt; im zweiten Fall Erfolg beim Bezeichnen trotz *Überfluss* an kausalem Kontakt. Und es ist einstweilen rätselhaft, wie dieser Erfolg im zweiten Fall zustandekommt. Das bringt uns zu einem weiteren Unterschied:

Im ersten Fall kennen wir die verbale Definition zur Einführung des sekundären Artnamens. („Liger sind die Produkte der Kreuzung zwischen Löwinnen und Tigern"). Im zweiten Fall steht die Definition noch aus. Und es ist alles andere als klar, wie sich der Begriff des materiellen Gegenstandes definitorisch auf andere Begriffe zurückführen lassen soll. (Wir haben bislang nur gesehen, wie schwer es ist, ihn per Taufakt einzuführen, ohne Rückgriff auf andere Wörter).

Partielle Definition

§ 16.14. Es liegt jenseits der Grenzen dieser Untersuchung, eine Explikation des Begriffs vom materiellen Gegenstand auszuarbeiten und gegen konkurrierende Vorschläge zu verteidigen; das würde ein eigenes Buch erfordern. Ich werde stattdessen nur eine der möglichen Explikationsstrategien skizzieren; sie kommt mit plausibel vor (ohne dass ich das hier begründen könnte) und hat den Vorzug, sich unverkrampft in unseren übergeordneten Gedankengang einfügen zu lassen.

---

[7] Siehe Band 1, Abschnitt 25.
[8] Siehe Band 1, § 25.4.

Sie läuft auf den Verzicht einer vollständig reduktiven Definition hinaus und begnügt sich mit einer partiellen Definition (die man oft auch als implizite Definition bezeichnet[9]). Statt den Begriff des materiellen Gegenstandes auf grundlegendere Begriffe zurückzuführen (wie in der reduktiven Definition), reicht es für dessen partielle Definition aus, seine begrifflichen Beziehungen zu anderen Begriffen herauszuarbeiten: zu Begriffen, die nicht etwa grundlegender sind als der Begriff des materiellen Gegenstandes, sondern sozusagen mit ihm auf einer Stufe stehen. In unserem Fall wären die räumlichen, zeitlichen und kausalen Begriffe mit dem Begriff des materiellen Gegenstandes in Beziehung zu setzen. Alle diese Begriffe hängen miteinander zusammen. Sie lassen sich nicht einzeln explizieren, sondern nur alle auf einen Schlag: Durch Angabe hinreichend vieler analytischer Sätze.

Bemerkung. Diese holistische Art der gleichzeitigen Explikation einer ganzen Reihe von Begriffen ist aus den Naturwissenschaften bekannt (wenngleich philosophisch immer noch umstritten). So lässt sich kein Begriff aus der Elektrizitätslehre unabhängig von den anderen Begriffen dieser Theorie erklären; erst wer die Theorie im ganzen beherrscht oder doch einen hinreichend grossen Teil dieser Theorie, versteht ihre Begriffe.[10] Ich habe anderswo zu zeigen versucht, wie sich unter den Bedingungen des Holismus aus der Formulierung einer kompletten Theorie die (analytischen) Sätze extrahieren lassen, die nicht den Gehalt der Theorie, sondern nur die begrifflichen Beziehungen ihrer theoretischen Terme widerspiegeln.[11] Da diese analytischen Sätze i. A. keine eindeutigen Bikonditionale implizieren (auf deren einer Seite jeweils nur einer der theoretischen Terme allein vorkäme), erlauben sie keine definitorische Reduktion dieser Terme.[12]

§16.15. Für die Zwecke unserer Untersuchung ist es nicht nötig, all diejenigen analytischen Sätze zu formulieren, durch die der Begriff des materiellen Gegenstandes (im Verein der mit ihm zusammenhängenden Begriffe) implizit erklärt wird. Ich kann die Suche nach diesen analytischen Sätzen abbrechen, sobald ich das Ziel dieses Abschnittes erreicht

Raum und Zeit

---

[9] Zur impliziten Definition siehe Schlick [AE]:30–37. (Schlick ([AE]:31/2) verweist auf Hilbert. Ob Hilbert die Begriffe seiner axiomatischen Geometrie wirklich im Sinne der logischen Empiristen hat implizit definieren wollen, darf man bezweifeln; Hilberts Formulierungen geben weniger her, siehe Hilbert [GG]:3/4). Vergl. auch Carnap [MCoT]:42–49, [OLTL]:79.
[10] Vergl. mein Beispiel des „unbeleckten Physikers" aus [SA]:§7.15.
[11] Siehe [SA]:§9.27 (Definition D9.1) und Kapitel 11 (insbes. §11.9 bis §11.11); siehe auch Müller [TAAS].
[12] Siehe Müller [SA]:§11.3.

und gezeigt habe, dass der Begriff des materiellen Gegenstandes nicht semantisch stabil ist. Wenn ich recht liege, genügt für unsere Zwecke ein einziger dieser analytischen Sätze, der unkontrovers scheint (weil er fast nichts verlangt). Er geht auf einen Zusammenhang zurück, der (in der einen oder anderen Fassung) von jedem Versuch einer impliziten Definition des Begriffs vom materiellen Gegenstand ausgeschlachtet wird und – in grober Annäherung – wie folgt lautet:

> Materielle Gegenstände lassen sich in ein System raumzeitlicher Relationen einordnen.[13]

Wie der Zusammenhang zwischen Raum, Zeit und Materie genau zu fassen ist (und worin, genau, die analytische Komponente dieses Zusammenhangs besteht), können wir offenlassen. Fest steht meiner Meinung nach, dass sich daraus ein begrifflicher Zusammenhang zwischen Raum und Materie ergibt, der äusserst schwach ist:

> Was sich überhaupt nicht räumlich lokalisieren lässt, gilt nicht als materieller Gegenstand.

Das ist der analytische Satz, mit dem ich weiterargumentieren will und ohne Gefahr weiterargumentieren kann. Wer dem Satz widerspricht, zeigt dadurch, dass er die Ausdrücke „materieller Gegenstand" und „räumlich lokalisieren" anders verwendet, als wir es in unseren Naturwissenschaften tun.

Dasselbe im Tank

§ 16.16. Auch in der Tanksprache gilt der Satz analytisch. Die Tank-Naturwissenschaften bieten ein genaues Spiegelbild unserer Naturwissenschaften; und die tanksprachlichen Wörter hängen auf dieselbe Weise miteinander zusammen wie bei uns. Das bedeutet: Was sich nicht mit tanksprachlichen Mitteln räumlich lokalisieren lässt, gilt in der Tanksprache nicht als „materieller Gegenstand".

An dieser Stelle wird endlich der Grund für die semantische Instabilität des Ausdrucks deutlich. Wäre der Ausdruck semantisch stabil, so würde er in der Tanksprache auch diejenigen materiellen Gegenstände bezeichnen, die sich ausserhalb des Simulationscomputers befinden, etwa den Schachspieler neben dem Tank oder das Gehirn im Tank. Aber diese (aus unserer Sicht: tadellosen) materiellen Gegenstände lassen sich nicht in das tanksprachliche Lokalisationssystem einordnen. Das räumliche Vokabular des Gehirns im Tank reicht nicht aus

---

[13] Meehl und Sellars benutzen diesen Zusammenhang sogar zur Definition dessen, was sie „physical$_1$" nennen, siehe [CoE]:252.

dem Simulationscomputer hinaus; es betrifft nur die systematischen Beziehungen zwischen den Speicherplätzen des Universalspeichers. Der Schachspieler neben dem Tank und das Gehirn im Tank finden in diesem „räumlichen" Bezugssystem keinen Platz. Sie sind jenseits dieses Systems anzutreffen.

Meine Überlegung lässt sich verkürzt so auf den Punkt bringen: Der Ausdruck „materieller Gegenstand" ist nicht deshalb semantisch instabil, weil das Gehirn im Tank keinen kausalen Kontakt zu allerlei materiellen Gegenständen hätte – sondern deshalb, weil der Ausdruck begrifflich mit dem räumlichen Vokabular zusammenhängt und weil das räumliche Vokabular semantisch instabil ist.

Natürlich setzt unser Gedankengang voraus, dass das räumliche Vokabular semantisch instabil ist. Diese Voraussetzung möchte ich im nächsten Abschnitt eingehender begründen.

17. Der physikalische Raum

§ 17.1. Am Ende des letzten Abschnittes haben wir uns an eine Überlegung angenähert, die zirkulär wirkt. Durch Verweis auf die engen begrifflichen Beziehungen zwischen Raum und Materie haben wir die semantische Instabilität räumlicher Vokabeln zugunsten der semantischen Instabilität des Ausdrucks „materieller Gegenstand" ins Feld geführt. Wenn wir diese Überlegung nicht verstärken, verfängt sie sich in folgendem Zirkel: Räumliche Vokabeln beschreiben – sollte man meinen – keinen Behälter („den" Raum), der unabhängig von seinem Inhalt bestimmt wäre.[14] Vielmehr ergeben sich die räumlichen Beziehungen *gleichzeitig* mit den materiellen Gegenständen. (Es hat wenig Sinn zu fragen, was im logischen Sinne Priorität hat: Materie oder Raum? Beide Begrifflichkeiten stehen auf derselben Ebene). Und das bedeutet, dass ich nicht so tun sollte, als stünde die semantische Instabilität des räumlichen Vokabulars fest, bevor die des Ausdrucks „materieller Gegenstand" feststeht. Anders gesagt: Die Plädoyers gegen die semantische Stabilität des räumlichen Vokabulars bzw. des Ausdrucks „materieller Gegenstand" sind ein und dieselbe Sache: Wenn das Gehirn im Tank keinen materiellen Gegenstand ausserhalb des Universalspeichers bezeichnen kann, dann hat es *eo ipso* keinen Zugriff auf

Ein Zirkel?

---

[14] Diese Einsicht geht auf den dritten Leibniz-Brief an Clarke zurück (Mitte Februar 1716), siehe Leibniz [LCB]:38/9.

räumliche Beziehungen, die aus dem Universalspeicher hinausragen; und umgekehrt, wenn es nicht auf solche hinausragenden räumlichen Beziehungen zugreifen kann, dann kann es *eo ipso* keinen materiellen Gegenstand ausserhalb des Universalspeichers bezeichnen.

Um uns trotz dieser wechselseitigen Beziehung nicht in einen Zirkel zu verstricken, müssen wir zusätzliche Überlegungen aufbieten. Das ist das Thema des vorliegenden Abschnitts: Ich werde neue Evidenzen gegen die räumliche Stabilität räumlicher Vokabeln sammeln.

Hier

§ 17.2. Beginnen möchte ich mit dem indexikalischen Ausdruck „hier" in seiner rein räumlichen Bedeutung. (Ich werde also entlegene Verwendungsweisen dieses Ausdrucks ausklammern, wie sie z. B. in der Gliederung längerer Texte auftauchen, etwa wenn wir schreiben: „Hier wird zum ersten Mal deutlich, dass ...") Nehmen wir an, dass das Gehirn im Tank sagt:

(1) Hier ist ein Tiger.

Es liegt auf der Hand, denke ich, dass das erste Wort dieses Ausrufs nicht die räumliche Umgebung *des Gehirns im Tank* bezeichnet. Denn der Satz behält seinen Wahrheitswert unabhängig davon, wie weit das Gehirn vom Simulationscomputer entfernt ist. Wenn wir das Verbindungskabel verlängern und das Gehirn mehr und mehr vom Simulationscomputer entfernen, so verändert sich nicht dadurch der Wahrheitswert des Satzes. Der Satz ist wahr, wenn dem Gehirn die Nähe eines Tigers simuliert wird, wenn also der vom Gehirn gesteuerte Bit-Körper an einer Stelle abgespeichert ist, auf die sich die Aktionen des Bit-Tigers unmittelbar und erschreckend schnell auswirken können. Das spricht dafür, den tanksprachlichen Satz (1) zuerst leicht umzuformen:

(2) In der Nähe meines Körpers ist ein Tiger,

und dann wie folgt zu übersetzen:

($2_\text{ü}$) In der kybernetischen Nähe meines Bit-Körpers ist ein Bit-Tiger.

Der ursprüngliche Satz (1) sollte also nicht so übersetzt werden:

($1_\text{ü}'$) *Hier* ist ein Bit-Tiger,

denn bei hinreichend langen Verbindungskabeln könnte dies falsch werden, selbst wenn (1), (2) und ($2_\text{ü}$) zutreffen.

17. Der physikalische Raum

§17.3. In unserer Überlegung haben wir die semantische Instabilität *Was zu zeigen ist* des Wortes „hier" auf die semantische Instabilität zweier Gruppen von Ausdrücken zurückgeführt: einerseits auf die semantische Instabilität der Ausdrücke „mein Körper" und „Tiger", andererseits auf die semantische Instabilität von Wörtern, mit denen wir räumliche Nähe bzw. Entfernung ausdrücken.

Dass die Ausdrücke „Tiger" und „mein [menschlicher] Körper" semantisch instabil sind, ist uns seit langem bekannt. Hier greift unsere bewährte externalistische Bedingung für Erfolg beim Bezeichnen. (Die beiden Ausdrücke bieten eindeutige Fälle, im Gegensatz zum Fall des Ausdrucks „materieller Gegenstand", durch den die Schwierigkeiten ausgelöst wurden, mit denen wir uns in diesem Kapitel herumschlagen).

Dass auch die Wörter für räumliche Abstände semantisch instabil sind, haben wir zwar seit langem immer wieder behauptet (beginnend in §4.8); begründet haben wir es nicht. Das will ich nun in drei Schritten nachholen.

§17.4. Für den ersten Schritt wollen wir annehmen, dass das Gehirn *Kilometer* im Tank herausgefunden hat, dass folgender Satz seiner Sprache zutrifft:

(3) Grönland ist 250 km von Island entfernt.

Dürften wir diesen Satz ohne Änderung der Entfernungsangabe übertragen:

(3ü′) Bit-Grönland ist *250 km* von Bit-Island *entfernt*,

so würde die Wahrheit dieses Satzes voraussetzen, dass die Speicherplätze, in denen Bit-Grönland realisiert ist, 250 km von den Speicherplätzen entfernt sind, in denen Bit-Island realisiert ist. Und das würde bedeuten, dass der tanksprachliche Satz (3) so wie seine angebliche deutsche Übersetzung (3ü′) nur dann stimmen kann, wenn sich der Simulationscomputer (in mindestens einer Richtung) mindestens 250 km weit ausdehnt. Diese Schlussfolgerung wäre absurd. Es mag zwar sein, dass der Simulationscomputer recht gross ist; aber natürlich *muss* er nicht derartige Ausmasse haben, bloss um dem Satz (3) die Chance auf Wahrheit zu bieten. (Zumal sich unsere Überlegung mithilfe des Abstandes zweier Galaxien wiederholen lässt).

Nun könnte man zugeben, dass die tanksprachlichen Kilometer-Angaben bei Übersetzung in unsere Sprache verändert (also umgerechnet) werden müssen; und doch könnte man darauf bestehen, dass in tanksprachlichen Sätzen wie (3) – nach Umrechnung der Längenskala – zumindest derselbe *Abstandsbegriff* vorkommt wie bei uns:

Gehirne im Tank messen genauso Abstände wie wir, allerdings auf einer anderen Skala. (Verhielte es sich so, dann wären die Längen-Einheiten semantisch instabil, und der Abstandsbegriff wäre semantisch stabil).

Messen im Tank §17.5. Um diese Möglichkeit auszuschalten, werden wir den zweiten der drei angekündigten Schritte unserer Überlegung vollziehen: Wir sollten uns vor Augen führen, wie das Gehirn im Tank vorgeht, wenn es in seiner Sprache „Entfernungen" bestimmt. Da es keine echten Zollstöcke aneinanderlegen kann, bleiben ihm alle Messungen echter Abstände verwehrt.[15] Bestenfalls wird es mit Bit-Zollstöcken „messen", also gewisse Codes im Simulationscomputer auf diese oder jene geregelte Weise manipulieren. Und bei diesen Manipulationen von Codes werden nicht einfach Abstände in einem anderen Massstab gemessen (weil etwa Bit-Zollstöcke viel kürzer wären als unsere Zollstöcke) – es werden dabei überhaupt keine Abstände gemessen. Was wird vom Gehirn im Tank gemessen, wenn es mit Bit-Zollstöcken arbeitet? Die Antwort: Gewisse systematische Beziehungen zwischen Zahlencodes. Zum Beispiel nennt das Gehirn im Tank den Radius eines Bit-Protons mit Recht „grösser" als den eines Bit-Elektrons, obwohl beide Objekte durch gleich lange Zahlencodes realisiert sind (die beide gleich viel Speicherplatz, also auch gleich viel physikalischen Raum in Anspruch nehmen. Siehe §4.4).

Nur ein Speicherplatz §17.6. Der dritte und letzte Schritt meiner Überlegungen gegen die semantische Stabilität von Vokabeln für Abstände zielt in eine ähnliche Richtung. Man kann sich nämlich leicht eine neuartige Generation von Speichermedien ausmalen, in denen verschiedene Speicherinhalte an ein und derselben physikalischen Stelle realisiert sind, gleichsam übereinander. Die Erinnerungen des menschlichen Gehirns scheinen ungefähr so gespeichert zu sein: Man kann einen bestimmten erinnerten Inhalt nicht gezielt durch Läsion einer kleinen Gehirnregion beseitigen, sondern offenbar nur durch grössere Läsionen, wodurch viele andere Erinnerungen mitzerstört werden.

Für unsere Zwecke werden wir uns sowohl vom (noch nicht vollständig durchschauten) Erinnerungsvermögen des Gehirns als auch vom technisch Machbaren in der Computertechnik entfernen und folgende extreme Möglichkeit ins Auge fassen: *Alle* Speicherplätze sind an

---

[15] Carnap gibt eine sehr übersichtliche Erklärung der Messung von Abständen, siehe [PFoP]:72/3, 86–95.

ein und derselben räumlichen Stelle im Computer angelegt; ihre Inhalte sind durch übereinandergelagerte, aber verschiedenartige physikalische Felder repräsentiert. So könnte der Wert des ersten Speicherplatzes durch die elektromagnetische Feldstärke gegeben sein, während sich der Wert des zweiten Speicherplatzes *an derselben räumlichen Stelle* aus der dort realisierten Gravitationsfeldstärke ergibt; usw.[16] Im Prinzip, wenngleich nicht in der Praxis, sind solchen Überlagerungen keine Grenzen gesetzt. Und das bedeutet, dass trotz der Wahrheit der tanksprachlichen Sätze

(3) Grönland ist 250 km von Island entfernt;
(4) Die Antilope ist woanders als der Löwe,

die hier bezeichneten Objekte allesamt an ein und derselben physikalischen Stelle im Simulationscomputer abgelegt sein könnten. Nicht einmal der tanksprachliche Ausdruck „woanders" kann also semantisch stabil sein; wir lagen von Anbeginn richtig, als wir das gesamte räumliche Vokabular aus der Tanksprache durch Zugabe des Ausdrucks „kybernetisch" übersetzt haben. Selbst im ausgemalten Fall der neuen Generation von Speichermedien trifft die korrekte Übersetzung des wahren tanksprachlichen Satzes (4) zu:

($4_{ü}$) Die Bit-Antilope ist *kybernetisch woanders* als der Bit-Löwe.

(In diesem Fall befinden sich zwei Speicherinhalte „kybernetisch woanders", wenn sie an ein und derselben Stelle durch verschiedene und einander überlagernde physikalische Felder realisiert sind).

Bemerkung. Falls man gegen die Idee von Thomas Schmidt einwendet, dass es nicht soviele verschiedene physikalische Kräfte gibt, wie wir Speicherplätze brauchen, können wir unsere Behauptung anders durchbringen. Diesmal behalten wir eine hohe Zahl von Speicherplätzen, die an vielen räumlich verschiedenen Stellen angelegt sind; aber wir benutzen diese Speicherplätze zur Speicherung *einer einzigen, ungeheuer grossen Zahl*: Diese Zahl funktioniert wie eine Gödelnummer und codiert das gesamte Universum auf einmal. Die in dieser gigantischen Zahl versteckte Information ist über alle Speicherplätze verstreut. Zerstört man einen einzigen Speicherplatz, so geht die Gödelnummer verloren und mit ihr die gesamte Information, die in ihr steckt. Auch in diesem Fall wären (z.B.) alle Bit-Elektronen an ein und derselben Stelle des physikalischen Raumes realisiert.

---

[16] Diese Idee geht auf eine mündliche Anregung von Thomas Schmidt zurück.

Fazit

§ 17.7. Die dreistufige Überlegung, die wir eben durchlaufen haben, bietet meiner Ansicht nach überwältigende Evidenz gegen die semantische Stabilität der räumlichen Vokabeln: Die Ausdrücke „hier", „woanders als", „Abstand", „Zoll" und „Kilometer" beschreiben in unserer Sprache andere Verhältnisse als in der Tanksprache; in der Tanksprache reichen diese Wörter nicht über die Grenzen des Universalspeichers hinaus.

Wenn das richtig ist, dann lassen sich mit den Mitteln der Tanksprache keine materiellen Gegenstände „räumlich" lokalisieren, die sich ausserhalb des Universalspeichers herumtreiben. (Dies Ergebnis läuft nicht auf die triviale – erkenntnistheoretische – Behauptung hinaus, dass das Gehirn nicht *herausfinden* kann, wo sich die materiellen Gegenstände ausserhalb des Universalspeichers herumtreiben; vielmehr gehört das Ergebnis in die Semantik: Das Gehirn im Tank kann mithilfe seines räumlichen Vokabulars nicht einmal *Vermutungen* über deren Aufenthaltsort *formulieren*). Und falls auch in der Tanksprache nur diejenigen Dinge als „materielle Gegenstände" gelten, die sich mit tanksprachlichen Mitteln „räumlich" lokalisieren lassen, dann gehören das Gehirn im Tank und der Schachspieler neben dem Tank nicht zu den Dingen, die das Gehirn im Tank als „materielle Gegenstände" bezeichnet: genau wie im letzten Abschnitt behauptet.

Voraussetzungen fürs Bezeichnen

§ 17.8. Ich möchte nun dartun, dass sich hinter diesem Resultat immer noch mehr philosophische Schwierigkeiten verbergen, als bislang herausgekommen ist. Genauer gesagt, möchte ich zeigen, dass wir über unsere augenblicklichen Annahmen hinaus eine weitere substantielle Voraussetzung machen müssen, um das eben erzielte Resultat aufrecht erhalten zu können. Denn wir haben nun eine neue Bedingung für Erfolg beim Bezeichnen (mithilfe des Wortes „materieller Gegenstand") eingeführt, die in eine gewisse Spannung zu unseren früheren (externalistischen) Bedingungen für Erfolg beim Bezeichnen gerät. Um unkontrollierbare Konflikte zwischen den beiden Erfolgsbedingungen zu vermeiden, sollten wir uns über deren Beziehungen Gedanken machen.

Wir haben – um mit der externalistischen Erfolgsbedingung zu beginnen – die ganze Zeit über angenommen, dass das Gehirn im Tank mit seinen (primären) Artnamen wie „Eisen" alle diejenigen Objekte bezeichnen kann, die dieselbe innere Struktur haben wie die Exemplare irgendeiner repräsentativen Sammlung, die vorlag, als der fragliche Artname geprägt wurde: Mit dem Wort „Eisen" greift das Gehirn im Tank all diejenigen Codes im Universalspeicher heraus, die auf die richtige

Weise kybernetisch aus Bit-Atomen der kybernetischen Ordnungszahl 26 zusammengesetzt sind, aus Bit-Eisen.

Ob irgendein materieller Gegenstand in diesem Sinne aus Bit-Eisen besteht oder nicht, lässt sich also im Prinzip durch Analyse dieses Gegenstands feststellen: durch *intrinsische* Analyse; seine räumlichen Beziehungen zu irgendwelchen anderen Gegenständen spielen dabei keine Rolle. (So besteht mein Sessel, trotz Stahlrohrkonstruktion, nicht aus Bit-Eisen, da er keine mereologische Summe irgendwelcher Codes ist).

§ 17.9. Hiermit in Konflikt gerät die neue Bedingung für Erfolg beim Bezeichnen. Diese Bedingung besagt, dass eine Voraussetzung für Erfolg beim Bezeichnen materieller Gegenstände darin besteht, dass der bezeichnete Gegenstand in das räumliche Lokalisationssystem des Sprechers eingeordnet werden kann. Ob diese Voraussetzung erfüllt ist oder nicht, lässt sich nicht durch intrinsische Analyse des zu überprüfenden Gegenstandes ermitteln, sondern nur durch Betrachtung seiner („räumlichen") Beziehungen zu anderen Gegenständen: durch *relationale* Analyse. Relational *versus* intrinsisch

Nun betrifft die erste Erfolgsbedingung Namen für natürliche Arten; die zweite den Ausdruck „materieller Gegenstand". An der Oberfläche ist noch kein Konflikt sichtbar. Der Konflikt bricht in dem Augenblick aus, in dem man versucht, die Eisengegenstände als materielle Gegenstände aufzufassen und beide Erfolgsbedingungen gleichzeitig anzuwenden.

Um den Konflikt zwischen den beiden Erfolgsbedingungen zu dramatisieren, wollen wir einen Fall konstruieren, in dem die intrinsische Analyse eines Gegenstandes *für* und seine relationale Analyse *gegen* Erfolg beim Bezeichnen spricht. Wir wollen uns also einen Gegenstand aus Bit-Eisen vorstellen, der nicht im Universalspeicher abgelegt ist. Wie wir vor kurzem am Beispiel meines Sessels gesehen haben, lassen sich auch Objekte ausserhalb des Universalspeichers daraufhin überprüfen, ob sie der inneren Struktur nach aus Bit-Eisen (d.h. aus bestimmten Zahlencodes) bestehen. Allerdings sind Zahlencodes ausserhalb des Universalspeichers ganz anders realisiert als im Universalspeicher; sie sind von anderer innerer Struktur (z.B. aus Kreide statt aus elektrischer Ladung). Wenn wir also Gegenstände ausserhalb des Universalspeichers intrinsisch auf Bit-Eisengehalt untersuchen, so dürfte der Test stets negativ ausgehen, wie im Fall meines Sessels.

Für den Fall, den wir uns ausmalen wollen, brauchen wir aber den positiven Ausgang dieses Tests. Wie soll das möglich sein?

Der Computer nebenan

§ 17.10. Es klingt rätselhafter, als es ist. Hier ist die Möglichkeit, die ich im Auge habe: Das gesuchte Objekt aus Bit-Eisen ist nicht im Universalspeicher desjenigen Computers realisiert, mit dem das Gehirn im Tank verbunden ist, *sondern in einem baugleichen Computer*, der neben der Tank-Konstellation steht und mit dem das Gehirn im Tank keinerlei Verbindung unterhält. Im Universalspeicher dieses Nachbarcomputers könnten dieselben Codes realisiert sein wie nebenan; und diese Codes würden sich (bei intrinsischer Analyse) als bit-eisenhaltig herausstellen.

Das bedeutet im Lichte unserer bisherigen Annahmen über Erfolg beim Bezeichnen mit tanksprachlichen Artnamen: Auch im zweiten Computer könnte es Gegenstände geben, die das Gehirn im Tank als „Eisen" bezeichnet.

Wie ist das möglich? Wir hatten uns doch darauf verständigt, dass tanksprachliche Wörter für Materielles sich nur auf Gegenstände aus dem räumlichen Lokalisationssystem der Tanksprache beziehen können: auf Gegenstände aus demjenigen Universalspeicher, an den das Gehirn im Tank selbst angeschlossen ist.

Da haben wir den Konflikt, vor dem ich gewarnt habe. Offenbar müssen wir uns entscheiden. Entweder genügen tiefenstrukturelle Merkmale für Erfolg beim Bezeichnen, also intrinsisch feststehende Merkmale des fraglichen Gegenstands – oder diese Merkmale genügen nur, wenn eine weitere Bedingung für Erfolg beim Bezeichnen erfüllt ist: die Lokalisierbarkeit im räumlichen Bezugssystem des Sprechers.

Lokalisierbarkeit fordern

§ 17.11. Es ist klar, dass ich mich für die zweite Möglichkeit entscheiden muss, wenn ich bei meinem Argument zugunsten der zentralen These aus dem letzten Abschnitt bleiben möchte. Wenn die dort behauptete semantische Instabilität des Ausdrucks „materieller Gegenstand" wirklich damit zusammenhängen soll, dass das räumliche Vokabular semantisch instabil ist, dann muss ich voraussetzen, dass man mit dem Ausdruck nur dann Erfolg beim Bezeichnen haben kann, wenn sich das Bezeichnete in das räumliche Bezugssystem des Sprechers einordnen lässt. Und wieso sollte diese Erfolgsbedingung nur für den Ausdruck „materieller Gegenstand" einschlägig sein? Sollten Ausdrücke wie „Eisen" nicht genau derselben Erfolgsbedingung unterworfen sein? Natürlich; andernfalls gerieten wir in die missliche Lage, behaupten zu müssen, dass etwas als „eisenhaltig" gelten kann, ohne als „materieller Gegenstand" durchzugehen.

Und damit sind wir bei der zusätzlichen substantiellen Annahme angelangt, von der ich vorhin gesprochen habe. Einerlei ob es um den Ausdruck „materieller Gegenstand" oder um Namen für natürliche

Arten oder um sonstige Wörter geht, mit denen irgendwelche Gruppen materieller Gegenstände bezeichnet werden sollen: mithilfe dieser Wörter kann ein Sprecher nur dann Erfolg beim Bezeichnen haben, wenn das Bezeichnete einen Ort im räumlichen Bezugssystem des Sprechers einnimmt.

Substantiell ist diese Annahme insofern, als sie alle Wörter für Materielles betrifft und im Konfliktfall stärker wiegt als die externalistische Erfolgsbedingung (die zuallererst Wörter für natürliche Arten betrifft und im Zweifel von der neuen Erfolgsbedingung überstimmt wird). Die neue substantielle Annahme drängt zwar das Gewicht unseres externalistischen Slogans zurück, wenn es um Erfolg beim Bezeichnen geht; und so stehen unsere bisherigen Überlegungen in neuem Licht da: Wir haben etwas gefunden, das grundlegender ist als der externalistische Slogan. Aber hierdurch werden unsere externalistischen Überlegungen zugunsten der Uminterpretation der Tanksprache nicht entwertet, sondern verstärkt. Natürlich sind innere Strukturgleichheit und kausaler Kontakt immer noch Voraussetzung für Erfolg beim Bezeichnen mithilfe von Namen für natürliche Arten. Aber wir sehen jetzt, dass die Erfüllung dieser externalistischen Bedingung nicht immer für Erfolg beim Bezeichnen hinreicht. Anstelle *einer* notwendigen Bedingung für Erfolg beim Bezeichnen haben wir jetzt zwei solcher Bedingungen. (Das macht leider die Suche nach informativen Indikatoren nicht einfacher).

§ 17.12. Taufen wir die neue Bedingung für Erfolg beim Bezeichnen auf den Namen *Bedingung der Lokalisierbarkeit*. (Sie hat einen externalistischen Zug; trotzdem möchte ich den Namen „Externalismus" weiterhin nur im Sinne der ursprünglichen Sprachregelung verwenden: für eine Bedingung, die auf kausalen Kontakt und Tiefenstrukturen zielt. Siehe oben § 13.2 sowie Band 1, § 14.5). Wie lässt sich die neue Bedingung für Erfolg beim Bezeichnen – *die Bedingung der Lokalisierbarkeit* – begründen? Da die Bedingung nicht alle Wörter betrifft, sondern nur Wörter wie „Elektron", „Eisen", „Hase" und „materieller Gegenstand" (im Unterschied zu „Primzahl"), liegt es nahe, für die Begründung beim Gebrauch der betroffenen Wörter anzusetzen. Bevor wir uns diesem Projekt zuwenden können, sollten wir genauer eingrenzen, welche Wörter der neuen Erfolgsbedingung (fürs Bezeichnen) unterworfen sind. Meine Antwort: Unsere Bedingung der Lokalisierbarkeit betrifft in erster Linie Ausdrücke aus den empirischen Naturwissenschaften.

Mit dieser Antwort zeichnet sich bereits eine Strategie zur Begründung der Erfolgsbedingung ab. Wenn wir objektive Naturwis-

Annäherungen (margin)

senschaft treiben wollen, dann müssen die dabei verwendeten sprachlichen Ausdrücke von Dingen handeln, die sich – im Prinzip – empirisch untersuchen lassen. Und eine solche Untersuchung hat überhaupt nur bei denjenigen Entitäten Sinn, an die sich der Wissenschaftler – zum Zweck der Untersuchung und im Prinzip – *annähern* kann. Diese Redeweise ist natürlich bildlich zu verstehen. „Annäherung" ist in manchen Fällen *de facto* nicht möglich; und auch nicht immer nötig. So könnte sich der Wissenschaftler kausalen Spuren seines Untersuchungsgegenstandes annähern statt dem Untersuchungsgegenstand selber. Aber auf diese Feinheiten kommt es hier nicht an. Entscheidend ist, dass Gegenstände, die sich samt ihrer kausalen Spuren jeder Annäherung entziehen, nicht in den Geltungsbereich der Naturwissenschaften gehören.

Was zählt?

§ 17.13. Dieser Fall lässt sich anhand unseres allerneuesten Gedankenspiels demonstrieren. Wir betrachten wieder ein eingetanktes Gehirn, neben dessen Tank – nutzlos – ein zweiter Computer herumsteht (der mit dem Gehirn nicht verbunden ist). Das Gehirn betreibt seine eingetankte Version von Naturwissenschaft und untersucht die Hypothese:

(5) 90% aller Eisenvorkommen gehören zum Isotop 56 (und haben also im Kern neben den 26 Protonen genau 30 Neutronen).

Unter welchen Bedingungen ist die Hypothese objektiv wahr? Zwei Möglichkeiten eröffnen sich. Laut erster Möglichkeit handelt die Hypothese von *allen* Bit-Eisenatomen, einerlei im Universalspeicher welches Computers sie realisiert sind. Laut zweiter Möglichkeit handelt die Hypothese nur von den Bit-Eisenatomen aus dem Universalspeicher des Computers, von dem der eingetankte Naturwissenschaftler seine Simulationen bezieht.

Die beiden Möglichkeiten können der Hypothese schon dann unterschiedliche Wahrheitswerte verleihen, wenn sich die beiden Universalspeicher nur leicht unterscheiden. Z.B. könnten im nutzlosen Universalspeicher des Nachbarcomputers nur 10% der Bit-Atome mit Ordnungszahl 26 genau 30 Bit-Neutronen im kybernetischen Innern des Bit-Kerns haben, während das im Universalspeicher des simulierenden Computers auf 90% der Bit-Atome mit Ordnungszahl 26 zutrifft. (Der Universalspeicher des simulierenden Computers bietet ein genaues Abbild unserer Welt; der des Nachbarcomputers ein weniger genaues Abbild).

17. Der physikalische Raum

§ 17.14. In der ersten möglichen Sichtweise wäre die tanksprachliche Hypothese (5) falsch, in der zweiten Sichtweise wahr. Welche der Sichtweisen ist richtig? Meiner Ansicht nach ist die Antwort klar. Solange sich das Gehirn im Tank in seinen naturwissenschaftlichen Bemühungen von denselben methodologischen Regeln leiten lässt wie wir, kommt es für die Wahrheit der Hypothese (5) nur auf die Bit-Eisenatome im Universalspeicher des Computers an, der das Gehirn tatsächlich mit Simulationen versorgt. Für den Wahrheitswert der Hypothese zählen nur die Bit-Eisenatome aus dem räumlichen Bezugssystem des eingetankten Wissenschaftlers: nur die Bit-Eisenatome, an die er sich im Prinzip annähern kann.

Objektive Wissenschaft

Und diese Sicht hat nichts mit den Übertreibungen der verifikationalistischen bzw. falsifikationalistischen Bedeutungslehre zu tun, wie sie den Logischen Empiristen vorgeschwebt haben mag.[17] Vielmehr lässt meine Sichtweise Raum für die Möglichkeit, zwischen verifizierten und wahren (bzw. falsifizierten und falschen) Meinungen zu unterscheiden – Raum für einen Unterschied, der für jeden Anspruch auf Objektivität wesentlich ist.

§ 17.15. Das Gehirn im Tank könnte sich bei der Untersuchung der Bit-Eisenatome aus seinem eigenen räumlichen Bezugssystem trotz aller Bemühungen vertun; dann wäre Hypothese (5) falsifiziert, aber wahr (oder verifiziert, aber falsch). Meine Sicht der Dinge schaltet also nicht jede Irrtumsmöglichkeit aus, sondern nur den angeblichen Irrtum, der durch Nichtberücksichtigung der Bit-Eisenatome aus dem Nachbarcomputer entsteht. Diese Art von Irrtumsquelle wird in den Naturwissenschaften nicht etwa aus Nachlässigkeit ausgeklammert; sie wird mit gutem Grund ausgeklammert: Sie ist nicht einschlägig für den objektiven Wahrheitswert der Hypothese (5), weil der tatsächliche Umgang mit dieser Hypothese (ihr Gebrauch) nicht im geringsten mit der Möglichkeit zusätzlicher Materie ausserhalb des räumlichen Bezugssystems zusammenhängt.

Erlaubte Kritik

In Informationen über den Gebrauch solcher Hypothesen fliessen nicht nur die tatsächlichen Rechtfertigungsmethoden ein, etwa Experiment, Beobachtung und theoretische Deduktion. Eine andere wichtige Information über den Gebrauch ergibt sich aus tatsächlich vorkommender Kritik an Verifikationen der Hypothese. So kann es vorkommen, dass die angeblich für (5) sprechenden Beobachtungen mit folgender Kritik konfrontiert werden:

---

[17] Mehr zum Verifikationalismus und Falsifikationalismus in Band 1, § 7.4.

(6) Du hast die anomalen Eisenvorkommen in Doppelsternsystemen vernachlässigt.

Derartige Formen von Kritik werden im Wissenschaftsbetrieb ernstgenommen; u. a. daraus ergibt sich, dass wir wissenschaftliche Hypothesen als Sätze mit Anspruch auf Objektivität verstehen. Und dieser Anspruch wird nicht dadurch geschmälert, dass die folgende Kritik im Wissenschaftsbetrieb weder vorkommt noch ernstgenommen würde, wenn sie doch vorkäme:

(7) Du hast die Frage vernachlässigt, ob es ausserhalb unseres Raumes anomale Eisenvorkommen geben könnte.

Wer so kritisiert, gebraucht das Wort „Eisen" anders als wir; er stellt sich ausserhalb der naturwissenschaftlichen Sprachverwendung. Und da unsere Regeln der naturwissenschaftlichen Sprachverwendung demselben Muster folgen wie die parallelen Regeln unserer eingetankten Doppelgänger, übertragen sich die eben gewonnenen Einsichten über den naturwissenschaftlichen Gebrauch von Wörtern wie „Eisen" auf den parallelen Fall der Tankwissenschaft: Mit den Wörtern der Naturwissenschaft allein kann das Gehirn im Tank nichts ausserhalb seines räumlichen Bezugssystems bezeichnen.

Ursachen

§ 17.16. *Lösung eines alten Problems.* Jetzt können wir auf unsere alte Frage aus Band 1 (§ 13.7 bis § 13.8) zurückkommen: Wie lassen sich irrelevante kausale Ketten bei der Frage nach Erfolg beim Bezeichnen ausschalten? Zwar übt der knurrende Tiger genau wie die Stromquelle des Simulationscomputers kausale Wirkungen auf das Gehirn im Tank aus – aber keine Wirkungen, die für Erfolg beim Bezeichnen einschlägig wären. Warum nicht?

Nach den Überlegungen aus dem vorliegenden Abschnitt dürfte die Antwort klarer sein als in Band 1. Die kausalen Ketten, die beim Tiger neben dem Tank bzw. bei der Stromquelle beginnen, pflanzen sich nicht im räumlichen Bezugssystem des Sprechers fort; sie laufen windschief zu diesem System. Das bedeutet: Die Begriffe von Raum und Materie hängen nicht nur wechselweise zusammen (s. o. § 16.15), sie hängen auch mit dem Begriff der Ursache zusammen; alle drei Begriffe lassen sich nicht auseinanderdividieren.

Vielleicht lässt sich diese Einsicht am deutlichsten anhand der Frage plausibel machen, warum das Gehirn im Tank keine *Gehirne* bezeichnen kann, obwohl es doch mit einem Gehirn (dem eigenen Gehirn) in besonders intensivem Kontakt steht. Für meine Antwort muss ich etwas ausholen. Das Gehirn im Tank steht nicht mit echten Hüten, Köpfen und Hälsen in kausalem Kontakt, sondern nur mit Bit-Hüten, Bit-Köpfen und Bit-Hälsen. (Nur diese Objekte machen sich in seinem Bewusstsein bemerkbar). In seinem Lokalisationssystem unterhalten die Bit-Hüte, Bit-Köpfe und Bit-Hälse bestimmte

„räumliche" Beziehungen, *und in dieses räumliche Beziehungsgeflecht lassen sich zwar Bit-Gehirne einordnen, aber keine echten Gehirne.* Es wäre bizarr, wenn der tanksprachliche Satz

Auf meinem Hals sitzt mein Kopf, und auf dem Kopf mein Hut,

wahr wäre (weil alle diese Wörter Bit-Dinge bezeichnen), wenn aber der Satz

In meinem Kopf steckt mein Gehirn,

falsch wäre, weil ausgerechnet das Wort „Gehirn" sich beim Interpretieren nicht dem Muster der anderen, benachbarten Wörter fügt. Nein, die Wörter „Kopf", „Hals" und „Hut" müssen *einheitlich* behandelt werden.

Es scheint also nicht auf kausalen Kontakt schlechthin anzukommen, sondern darauf, dass sich die per Kausalkontakt erfolgreich bezeichneten Sachen in ein *einheitliches* Lokalisationssystem einfügen.

18. Metaphysische Spekulation über parallele Welten

§18.1. Das Ergebnis des letzten Abschnitts ist in gewisser Hinsicht konservativ; es entstand durch Betrachtung unseres *tatsächlichen* Tuns und Redens in den Naturwissenschaften (und durch Übertragung dieser Betrachtung auf den Doppelgänger im Tank). Man könnte das Ergebnis dem zurechnen, was Strawson „deskriptive Metaphysik" ([I]:9–11) genannt hat und was ich lieber als sprachphilosophische Durchleuchtung unseres tatsächlichen Wissenschaftsbetriebs bezeichnen würde. Herausgekommen ist eine neue (und sehr allgemeine) Bedingung für Erfolg beim Bezeichnen materieller Gegenstände mithilfe naturwissenschaftlicher Wörter: Die so bezeichneten Objekte müssen einen Platz im räumlich-physikalischen Lokalisationssystem des Sprechers haben.

<small>Deskriptive Metaphysik</small>

Diese neue Bedingung der Lokalisierbarkeit verringert die Chancen für Erfolg beim Bezeichnen mithilfe naturwissenschaftlicher Ausdrücke. Das Gehirn im Tank, dessen räumliches Bezugssystem in den Grenzen des eigenen Universalspeichers gefangen ist, kann mithilfe seiner naturwissenschaftlichen Sprache nichts ausserhalb des Universalspeichers bezeichnen; da wir mithilfe unserer naturwissenschaftlichen Sprache sehr wohl über Gegenstände ausserhalb jenes Universalspeichers reden können, funktioniert unsere naturwissenschaftliche Sprache beim Bezeichnen anders als die des Gehirns im Tank: also ist die Sprache der Naturwissenschaften semantisch instabil. (Zumindest ihr deskriptiver Anteil – im Kontrast zu ihrem logischen, mengentheoretischen und mathematischen Anteil; ich werde diese Qualifikation um der Kürze willen oft weglassen).

Gegen Enge

§ 18.2. Das bedeutet: Wenn wir unsere gesamte Sprache am Modell der Naturwissenschaften ausrichteten, dann verfügten wir über keinen einzigen Ausdruck, der etwas bezeichnet und doch semantisch stabil wäre. Auch unsere bisherigen interessanten Beispiele für semantische Stabilität (ausserhalb von Logik, Mathematik, Mengenlehre) gingen uns dann verloren; zudem wäre die Hoffnung auf informative Indikatoren (fürs Eingetanktsein) verfehlt. Aber diese künstliche Beengung unserer sprachlichen Möglichkeiten sollten wir nicht hinnehmen. Unsere Sprache hat mehr Funktionen, als bei szientistischer Ausrichtung am Modell der Naturwissenschaften zugelassen würde; und das spricht nicht gegen unsere Sprache – sondern gegen szientistische Auffassungen von Sprache.

Um eines unserer früheren Beispiele (aus Abschnitt 14) noch einmal aufzugreifen: Die Begriffe des Spiels und des Spielers haben auf den ersten Blick nichts mit Naturwissenschaften zu tun. Obwohl sich Spiele und Spieler auch naturwissenschaftlich betrachten lassen, steckt in dem Thema mehr, als sich naturwissenschaftlich fassen lässt. Wir brauchen uns nicht vom Szientismus einschüchtern zu lassen und etwa die vorhin plausibel gemachte semantische Stabilität des Spielbegriffs zurückzunehmen, bloss weil sie einen Erfolg beim Bezeichnen zulässt, ohne dass die Lokalisierungsbedingung erfüllt wäre. Denn wieso sollten wir darauf bestehen, dass sich alle Spiele und alle Spieler räumlich lokalisieren lassen müssen? Um sie mit den Mitteln der Naturwissenschaft objektiv untersuchen zu können? Das wäre überzogen. Wer – wann immer von Spielen und Spielern die Rede ist – auf naturwissenschaftliche Objektivität pocht, der verfehlt den Witz des Spielbegriffs und disqualifiziert sich selber als Mitspieler.

Zwei Ziele

§ 18.3. Wie beim Begriff des Spiels, so bei den anderen semantisch stabilen Begriffen. Fast jedes unserer Plädoyers für semantische Stabilität läuft auf eine Absage an den Szientismus hinaus, auf eine Absage an den Versuch, unsere Sprache eindimensional zu reglementieren. Würden wir dem Szientismus folgen, so gäbe es keine semantische Stabilität, und unsere Sprache wäre arm. Ziel dieser Untersuchung ist erstens die Verteidigung der Vielfalt unserer Sprache und zweitens ihre Bereicherung. Das erste Ziel will ich durch deskriptive Metaphysik derjenigen Bereiche unserer Sprache erreichen, die nicht dem Modell der Naturwissenschaften folgen. Das zweite Ziel durch spekulative Metaphysik: durch die Schaffung neuer sprachlicher Ausdrucksformen, mit deren Hilfe wir noch mehr sagen können als bislang; mit deren Hilfe wir z.B. das formulieren können, was uns trotz Putnams Beweis noch immer am Szenario des Gehirns im Tank beunruhigt. (Und wenn es uns um die Formulierung eines Unbehagens zu tun ist, brauchen wir die szientistische Bedrohung nicht zu fürchten. Wer einem Unbehagen mithilfe von Kriterien für wissenschaftliche Objektivität beikommen will, zeigt einmal mehr die Art von Verarmung, die für den Szientismus so typisch ist).

Bemerkung. Strawson kontrastiert mit der deskriptiven Metaphysik nicht die spekulative Metaphysik, sondern die „revisionäre Metaphysik" ([I]:9–11); sie beansprucht, die Struktur unseres Denkens über die Welt zu verbessern ([I]:9). Trotz mancher Ähnlichkeiten ist das ein anderes Projekt als das Projekt, das ich spekulative Metaphysik nennen möchte. (Die spekulative Metaphysik im hier konzipierten Sinne stellt keine *Behauptungen* auf; auch nicht die Behauptung, dass die Strukturen unseres Denkens so und so zu verbessern seien).

§18.4. Wenn wir spekulative Metaphysik so auffassen wie eben umrissen, vermeiden wir von Anbeginn einen Fehler, der den spekulativen Metaphysikern oft vorgehalten worden ist: den Fehler, mithilfe unkontrollierter Spekulation Behauptungen zu *begründen*, die sich nicht begründen lassen. Aber darum geht es nicht in dem Projekt, das ich „spekulative Metaphysik" nennen will und im folgenden ein Stück weit verfolgen werde. Mir geht es nicht um die objektive Begründung irgendwelcher Behauptungen – sondern um die Formulierung von *Vermutungen*. (Und darum, den Geschmack dieser Vermutungen zu testen; nicht ihre Wahrheit).

Vermuten

Carnap hat (ähnlich wie viele andere) gegen die spekulative Metaphysik eingewandt:

> Man könnte ja durch unsere bisherigen Ergebnisse zu der Auffassung kommen, dass die Metaphysik viele Gefahren, in Sinnlosigkeit zu geraten, enthält, und dass man sich daher, wenn man Metaphysik betreiben will, bemühen müsse, diese Gefahren sorgfältig zu meiden. Aber in Wirklichkeit liegt die Sache so, dass es keine sinnvollen metaphysischen Sätze geben kann. Das folgt aus der Aufgabe, die die Metaphysik sich stellt: *sie will eine Erkenntnis finden* und darstellen, die der empirischen Wissenschaft nicht zugänglich ist (Carnap [ÜMdL]:236, meine Hervorhebung).

Um diese Kritik werden wir uns nicht scheren müssen. Sie beruht auf Mangel an Phantasie für verschiedene Formen der Sprachverwendung.

Man könnte die Kritik als sprechakttheoretisches Missverständnis dessen bezeichnen, was spekulative Metaphysik – auch – sein kann: Das Erwägen unbeweisbarer Vermutungen.[18]

Ob alle (oder die meisten) spekulativen Metaphysiker dieses – in gewisser Hinsicht – schwächere Ziel verfolgt haben, oder ob sie doch ambitionierter waren und Behauptungen begründen wollten, brauche ich hier nicht zu entscheiden. Da ich kein Monopol auf den Ausdruck „spekulative Metaphysik" beanspruche, brauche ich nur auf der These zu bestehen, dass es (u. a.) ein sinnvolles Projekt der Formulierung metaphysischer Vermutungen gibt. Diese These möchte ich im verbleibenden Teil unserer Untersuchung plausibel machen.

(Wieviele der wildesten Spekulationen aus der Geschichte der Metaphysik besser nicht als Behauptungen zu verstehen sind, deren Begründung ihr Urheber zu leisten beansprucht, sondern als tentative Vermutungen, kann ich hier nicht erörtern. Mehr zu verschiedenen überkommenen Auffassungen des metaphysischen Projekts im kleingedruckten Exkurs am Ende des nächsten Anschnitts, siehe § 19.9 bis § 19.19),

Rückblick

§ 18.5. Bevor ich die Argumentation zugunsten dieser programmatischen Betrachtungen unterbrochen habe, waren wir an eine Stelle gekommen, wo wir zum ersten Mal den Sprung in die spekulative Metaphysik hätten versuchen können. Genauer gesagt, standen wir an einer Stelle, wo wir einen solchen Sprung hätten *untersuchen* können. Denn einstweilen werden wir selber den Sprung nicht wagen; stattdessen wollen wir (weiterhin) von aussen zusehen, wie sich die Reden unseres eingetankten Doppelgängers verstehen lassen – wir wollen sehen, *ob* sie sich verstehen lassen, wenn er metaphysisch zu spekulieren beginnt. Erinnern wir uns. Wir hatten unserem eingetankten Doppelgänger eine naturwissenschaftliche Hypothese wie

(5) 90% aller Eisenvorkommen gehören zum Isotop 56,

in den Mund gelegt und dafür plädiert, dass die Hypothese nur von den Bit-Eisenatomen handelt, die seinem räumlichen Bezugssystem angehören – nicht etwa von den Bit-Eisenatomen im Nachbarcomputer, ausserhalb seines räumlichen Bezugssystems. Und dieses Plädoyer haben wir durch eine Betrachtung des naturwissenschaftlichen Sprach-

---

[18] Carnaps Antwort hierauf ist nicht überzeugend, da sie schon voraussetzt, was erst zu zeigen ist: dass metaphysische Vermutungen keinen propositionalen Gehalt haben (vergl. Carnap [ÜMdL]:232/3).

gebrauchs begründet. Szientisten wären mit alledem einverstanden gewesen; unser Gedankengang verlief vollständig in den respektablen Bahnen der deskriptiven Metaphysik und bezog sich allein auf naturwissenschaftliche Sprachverwendung.

§ 18.6. Nun haben wir in unseren programmatischen Betrachtungen deutlich gemacht, dass nicht alle Verwendungen der Sprache am Modell der Naturwissenschaften ausgerichtet zu sein brauchen. Das Gehirn im Tank kann die engen Grenzen der naturwissenschaftlichen Rede verlassen und sich z. B. *fragen*: Eine Frage im Tank

(8) Könnte Eisen vielleicht auch ausserhalb des physikalischen Raumes vorkommen?

Als Spielzug im naturwissenschaftlichen Sprachspiel wäre diese Frage nicht zugelassen; kein eingetankter Naturwissenschaftler würde sich durch solche Fragen von den üblichen Testverfahren für Hypothesen wie (5) abbringen lassen. Dessen wiederum kann sich das Gehirn im Tank bewusst sein, ohne sich von seiner Frage abbringen zu lassen. Es könnte auf Kritik von szientistischer Seite entgegnen:

(9) Meine Frage war nicht wissenschaftlich gemeint; ich wollte eine metaphysische Frage stellen.

Verstehen wir (von aussen), worauf das Gehirn im Tank mit seinen seltsamen Bemerkungen hinauswill? Ich denke schon; ich denke, dass uns unser intellektueller Instinkt sagt, worum es dem spekulierenden Gehirn im Tank zu tun ist: Es will fragen, ob nebenan so etwas wie ein Nachbarcomputer mit Bit-Eisenvorkommen steht. (Das ist allerdings eine Formulierung, die ihm versperrt ist).

§ 18.7. Aber wir wollen uns nicht mit irgendeinem Appell an Instinkte zufriedengeben; wir sollten versuchen, unseren Instinkt durch Verstand zu verstärken. Und dafür müssen wir zuallererst zugeben, wie schwer sich die tanksprachlichen Äusserungen: Drei prekäre Wörter

(8) Könnte *Eisen* vielleicht auch *ausserhalb* des physikalischen Raumes vorkommen?
(9) Meine Frage ist nicht wissenschaftlich gemeint; ich will eine *metaphysische* Frage stellen;

verstehen lassen. Hier tauchen gleich drei prekäre Ausdrücke auf, die ich kursiv hervorgehoben habe, da sie sich dem verlangten Verständnis zu entziehen scheinen: einmal „Metaphysik"; alsdann „ausserhalb"; und schliesslich „Eisen".

Kein Zaubermittel

§18.8. Der erste der drei prekären Ausdrücke ist kein Zaubermittel, um Unsinn in Sinn zu verwandeln. Im Gegenteil, seit der Metaphysik-Kritik der frühen analytischen Philosophie wirkt das Wort wie ein Alarmsignal: In seiner Umgebung muss man doppelt aufpassen, um nicht im Sumpf von Unsinn zu versinken. (Zudem wird das Wort oft wie ein Schimpfwort gebraucht: um den Gegner zu brandmarken).

Trotzdem hat das Wort im Satz (9) eine informative Funktion. Es schützt den Sprecher vor einem Missverständnis. Es schützt ihn davor, so interpretiert zu werden, als gehöre seine Frage (8) in den Machtbereich der Naturwissenschaften. Aber selbst unter solchem Schutz vor Missverständnissen wird man nicht automatisch richtig verstanden. Insbesondere sorgt der Schutz nicht dafür, dass man überhaupt etwas Verständliches gesagt hat. (Sonst könnte man der berechtigten Kritik am Sinn der eigenen Äusserungen immer ohne Mühe entgehen, etwa indem man sagt: „Bumm bimbimm bamm bimbimm: das ist metaphysisch gemeint"; oder: „Das Nichts nichtet: das ist metaphysisch gemeint"[19]).

Kurzum: Wenn ein Sprecher seine Äusserungen als „metaphysisch" auszeichnet, so muss er das rechte Verständnis seiner Ausdrücke eigens herstellen; billiger geht es nicht.

Unfug

§18.9. Damit kommen wir zu den anderen beiden prekären Ausdrücken aus der Rede des spekulierenden Gehirns im Tank: „Eisen" und „ausserhalb". Beide klingen wie solide Ausdrücke aus der Naturwissenschaft und dürfen genau so nicht verstanden werden, wenn die Frage

(8) Könnte *Eisen* vielleicht auch *ausserhalb* des physikalischen Raumes vorkommen?

---

[19] Carnaps Beispiele, siehe [SiP]:49 und [ÜMdL]:229–232. Ich habe Carnaps (vermutlich aus der Erinnerung falsch zitierte) Anspielung auf die Ursonate von Kurt Schwitters stillschweigend berichtigt, siehe Schwitters [U]:230. Und Carnaps Polemik gegen Heidegger unterstütze ich nur bis zu dem Punkt, wo sie darauf aufmerksam macht, dass die Phrase „Das Nichts nichtet" *ohne weitere Erläuterung* erst einmal nichts besagt.

18. Metaphysische Spekulation über parallele Welten

sinnvoll sein soll. Dass das Wort „Eisen" nicht im naturwissenschaftlichen Sinn verstanden werden darf, wenn die Frage (8) zulässig sein soll, haben wir bereits hervorgehoben. (Und wir werden später klären, wie das Wort im nicht-naturwissenschaftlichen Sinn aufgefasst werden könnte). Mit dem Ausdruck „ausserhalb" steht es fast genauso schlimm wie mit „Eisen". Denn wenn der Ausdruck eine räumliche Relation im Sinn der Naturwissenschaften bezeichnen soll (also in unserer Sprache: eine topologische Relation im physikalischen Raum; in der Tanksprache: eine kybernetisch-topologische Relation im Universalspeicher), dann führt die Rede von

(10) Entitäten ausserhalb des physikalischen Raumes,

in genau die Art von Unfug, den die Metaphysik-Kritiker so gerne herausstreichen und mit Recht lächerlich machen.

§18.10. Worin der Unfug besteht, möchte ich gleich doppelt vorführen: Zuerst für den Fall, dass die Phrase (10) aus unserer Sprache stammt; dann für den Fall der Tanksprache. Wenn *wir* von

<small>Kants Einsicht</small>

(10) Entitäten ausserhalb des physikalischen Raumes,

sprechen und das zweite Wort dieser Phrase im Sinne *unseres räumlichen Bezugssystems* verstanden wissen wollen, so geraten wir in die widersprüchliche Lage, von Entitäten zu reden, die zum räumlichen Bezugssystem dazugehören (da auf sie der räumliche Ausdruck „ausserhalb" angewendet werden kann) und zugleich nicht zu diesem Bezugssystem dazugehören.[20]

Dasselbe Problem hat das Gehirn im Tank mit seiner Äusserung der Phrase. Im Lichte unserer Übersetzungsregeln für sein räumliches Vokabular bedeutet die tanksprachliche Phrase (10) in unserer Sprache folgendes:

($10_ü$) Entitäten, die kybernetisch ausserhalb dessen liegen, was irgendwo kybernetisch lokalisiert ist.

Und nichts kann ausserhalb des Universalspeichers realisiert und gleichzeitig Relationsglied einer Relation („kybernetisch ausserhalb von") sein, deren Relata *per definitionem* im Universalspeicher realisiert sein müssen.

---

[20] So schon Kant [KRV]:454–457* (A 426–433, B 454–461).

Diagnose § 18.11. Treten wir einen Schritt zurück, um zu sehen, warum sich die tanksprachliche Phrase (10) im Unsinn verfängt. Der Grund dafür liegt darin, dass wir gezwungen waren, den Teilausdruck „ausserhalb" umzuinterpretieren. (Dazu waren wir gezwungen, weil wir im vorigen Abschnitt überwältigende Evidenz für die semantische Instabilität des gesamten räumlichen Vokabulars aufgeboten haben). Nur: *Wäre* der Ausdruck „ausserhalb" semantisch stabil (im Gegensatz zu „physikalischer Raum"), dann liefe die korrekte Übersetzung der Phrase so:

(10$_\text{ü}'$) Entitäten, die ausserhalb dessen liegen, was irgendwo kybernetisch lokalisiert ist –

und das wäre keineswegs Unsinn! Im Gegenteil, unter dieser Interpretation müsste man zugeben, dass die Phrase u. a. den Inhalt des Nachbarcomputers trifft. Denn der Inhalt des Nachbarcomputers liegt ganz gewiss ausserhalb des räumlichen Lokalisierungssystems des eingetankten Sprechers: ausserhalb des Universalspeichers, an den der Sprecher angeschlossen ist.

Das bedeutet, dass das Gehirn im Tank an die Stelle des semantisch instabilen Ausdrucks „ausserhalb" einen passenden semantisch stabilen Ausdruck setzen soll, wenn es seine Phrase

(10) Entitäten *ausserhalb* des physikalischen Raumes,

verständlich machen möchte.

Metaphysik mit Metaphern? § 18.12. Dafür bieten sich mehrere Möglichkeiten an, die wir durchmustern wollen. Die erste Möglichkeit bestünde in der Verwendung eines Zauberwortes:

(11) Entitäten ausserhalb des physikalischen Raumes (im *metaphysischen* Sinn des Wortes „ausserhalb").

Warum wir uns damit nicht zufrieden geben sollten, habe ich bereits dargelegt. Das Wort „metaphysisch" muss erst mit Substanz versehen werden, bevor es so funktioniert wie gewünscht. (Am Ende unserer Untersuchung wird das Wort hoffentlich weniger hohl als bislang klingen). Zweitens könnte das Gehirn im Tank seine Phrase gegen wörtliche Interpretationen des Ausdrucks „ausserhalb" wappnen, indem es sagt:

(12) Entitäten ausserhalb des physikalischen Raumes (im *metaphorischen* Sinn des Wortes „ausserhalb").

18. Metaphysische Spekulation über parallele Welten

Metaphorik also anstelle von Metaphysik: ein interessantes, schillerndes Projekt, dem ich gern gute Erfolgs-Chancen einräume. Wir werden es hier nicht verfolgen, weil es recht schwierig ist und den Rahmen unserer Untersuchung sprengen würde.

§ 18.13. Die dritte Möglichkeit der semantischen Stabilisierung dessen, was das Gehirn im Tank anstelle von „ausserhalb" in der Phrase (10) sagen sollte, ist bescheidener als ihre beiden Vorgängerinnen. Wir haben gesehen, dass die Negation semantisch stabil ist; also könnten wir den uns interessierenden Gehalt des prekären Wortes „ausserhalb" in seinem negativen Anteil zu fassen suchen. Dann entsteht folgende Variante der ursprünglichen Phrase: *Negation*

(13) Entitäten, die *nicht* im physikalischen Raum lokalisiert sind.

Ob diese Variante funktioniert wie gewünscht, hängt davon ab, wie wir die Reichweite der Negation in (13) bestimmen. Wenn wir die Phrase genauer so fassen:

(13′) Entitäten, die lokalisiert sind, aber *nicht* im physikalischen Raum,

dann haben wir nichts gewonnen. Denn jetzt bereitet uns der räumliche Ausdruck „lokalisiert" die Schwierigkeiten, denen wir durch Ersetzung des Ausdrucks „ausserhalb" hatten entgehen wollen. (Die deutsche Übersetzung dieser Fassung der Phrase lautet „Entitäten, die kybernetisch lokalisiert sind, aber nicht im Universalspeicher", und verfängt sich im selben Unsinn wie ihre Vorgängerin ($10_{\ddot{u}}$)).

§ 18.14. Aber wir haben noch nicht verloren. Zum Glück lässt sich die Negation aus (13) geschickter placieren, sozusagen weiter aussen als in (13′). Dann entsteht folgender Vorschlag: *Der beste Vorschlag*

(13*) Entitäten, von denen nicht gilt, dass sie im physikalischen Raum lokalisiert sind.

In dieser Fassung sagt die Phrase weniger als ihre Vorgängerinnen; nach Übersetzung ins Deutsche klingt sie so:

($13^*_{\ddot{u}}$) Entitäten, von denen nicht gilt, dass sie im Universalspeicher kybernetisch lokalisiert sind.

Die Phrase ist semantisch stabil genug, um u. a. das herauszugreifen, was sie herausgreifen soll: Bit-Eisen im Nachbarcomputer. Bit-Eisen aus dem Nachbarcomputer gehört in der Tat nicht zum räumlichen

Bezugssystem des Gehirns im Tank; es steckt nicht im Universalspeicher, an den das Gehirn angeschlossen ist.

Man könnte die tanksprachliche Phrase (13*) weiter zu verfeinern versuchen, da sie in der gegenwärtigen Fassung auch unerwünschte Entitäten bezeichnet – etwa die Primzahlen. (Und daran ändert sich auch nichts, wenn wir das blutleere, formale Wort „Entität" durch das gehaltvollere Vielzweckwort „Gegenstand" ersetzen, siehe oben § 13.10 bis § 13.12. Denn die Primzahlen *sind* Gegenstände im Redebereich der Mathematik). Eine ähnliche Schwierigkeit war uns gegen Ende des Abschnitts 15 begegnet, als wir uns mit der tanksprachlichen Phrase

Arten, für die ich keinen Artnamen prägen kann,

nicht zufrieden geben wollten, da sie nicht nur – wie gewünscht – echte biologische Arten (ausserhalb der kausalen Reichweite des Gehirns) denotiert, sondern auch mathematische Arten, um die es uns nicht zu tun ist (siehe § 15.13).

Paralleles Eisen

§ 18.15. Trotzdem stehen wir jetzt besser da als vorhin. Denn wir können die erreichte Phrase benutzen, um aus tanksprachlicher Sicht zu erklären, wie das Gehirn im Tank seine metaphysische Spekulation über Bit-Eisen aus dem Nachbarcomputer formulieren sollte. Die ursprüngliche tanksprachliche Formulierung

(8) Könnte *Eisen* vielleicht auch *ausserhalb* des physikalischen Raumes vorkommen?

hatte uns nicht überzeugt, da das Gehirn im Tank die beiden prekären Wörter „Eisen" und „ausserhalb" nicht im naturwissenschaftlichen Sinn hatte verwenden dürfen und da wir keinen anderen respektablen tanksprachlichen Gebrauch dieser Wörter hatten ausmachen können. Anstelle des räumlichen Ausdrucks „ausserhalb" haben wir uns vor kurzem mit der Negation begnügt; und obwohl die so entstehende Phrase (13*) leider auch die Primzahlen bezeichnet, hilft sie dem Gehirn im Tank, seine nicht-naturwissenschaftliche Rede von „Eisen" verständlicher zu machen. Um der Deutlichkeit willen sollte das Gehirn dies Wort bei seiner metaphysischen Spekulation besser vermeiden; „Eisen" ist ein naturwissenschaftlicher Ausdruck *par excellence*. Aber das Gehirn im Tank kann ein neues Wort prägen, z.B. „Parallel-Eisen" und dies neue Wort folgendermassen erklären:

18. Metaphysische Spekulation über parallele Welten 169

(14) *Definition*. Aus Parallel-Eisen bestehen Objekte dann, wenn sie zur selben Art gehören wie Objekte aus Eisen, aber nicht im physikalischen Raum lokalisiert sind.[21]

Diese Definition ist trickreich. Sie verbindet semantisch stabile Ausdrücke („Art", „nicht") mit semantisch instabilen Ausdrücken („Eisen", „im physikalischen Raum lokalisiert sein"). Der semantisch stabile Artbegriff aus der Definition zielt auf die intrinsischen Merkmale, die allem Bit-Eisen aus Simulations- und Nachbarcomputer gemeinsam zukommen; und der instabile Raumbegriff zerteilt die so entstandene übergeordnete Art der Bit-Eisensachen in die (im Prinzip) naturwissenschaftlich untersuchbare Hälfte (mit dem tanksprachlichen Namen „Eisen") und in die verbleibende Hälfte (namens „Parallel-Eisen").

§ 18.16. *Zur Terminologie*. Aus unserer Sicht könnte man die übergeordnete Art des Bit-Eisens als natürliche Art auffassen: aufgrund intrinsischer tiefenstruktureller Gemeinsamkeiten. In tanksprachlicher Sicht formt nur das Bit-Eisen aus dem eigenen Universalspeicher eine *natürliche* Art (deren Exemplare sich *natur*wissenschaftlich untersuchen lassen). Es sollte uns nicht verwirren, dass unser Begriff der natürlichen Art andere Arten umfasst als sein tanksprachliches Gegenstück; der Begriff der natürlichen Art ist semantisch instabil, siehe § 13.3. {Details}

Weil alle natürliche Arten *eo ipso* Arten sind, formt die natürliche Art der Bit-Eisensachen (aus Simulations- *und* Nachbarcomputer) aus unserer Sicht erst recht eine Art. Und weil der Artbegriff (im Gegensatz zum Begriff der natürlichen Art) semantisch stabil ist, fällt die Art des Bit-Eisens auch unter den tanksprachlichen Begriff der „Art".

Gegen diese trickreiche Konstruktion könnte man einwenden, dass das Gehirn im Tank mit dem Ausdruck:

Objekte, die *zur selben Art* gehören wie Eisen,

keine eindeutige Art herausgreifen kann. Könnte man nicht die Bit-Eisensachen aus dem Simulationscomputer mit ganz unterschiedlichen Gruppen von Objekten zu ganz verschiedenen Arten zusammenfassen?

Diese Frage brauche ich in unserem Zusammenhang nicht zu beantworten. Sie wirft zwar ein wichtiges Problem auf: Wodurch genau wird bestimmt, zu welcher Art sich eine gegebene Gruppe von Objekten am besten ausdehnen lässt? Ich möchte diese Frage ignorieren, weil sie nicht nur in unserem Zusammenhang Schwierigkeiten macht, sondern gegen jede geregelte Rede

---

[21] Die Negation soll hier und im folgenden einen weiten Skopus regieren, wie anhand von (13*) verdeutlicht.

über Arten gewendet werden kann. (Siehe dazu Goodman [NRoI]:72–83, [PfTo]:120–124 und Quine [NK]:116–121). Die Frage lässt jede Rede über Arten problematisch erscheinen und trifft daher meine augenblickliche Überlegung nicht zielgenau genug.

(Zudem ist sie weltfremd. Dass wir manche Gruppen von Objekten erfolgreich zu Arten zusammenfassen, kann keiner bestreiten. Wenn wir diese klassifikatorische Aktivität nicht präzise durchschauen – wenn wir sie z. B. nicht algorithmisieren können –, so spricht das nicht gegen unsere klassifikatorische Aktivität, sondern dagegen, überdrehte Standards an unser Selbstverständnis anzulegen).

Spekulation im Tank

§ 18.17. Wir haben ein neues Beispiel dafür aufgetan, wie sich durch Kombination von Wörtern neue Artnamen prägen lassen – und zwar ohne kausalen Kontakt zwischen Art-Exemplaren und Sprecher. Das neue Beispiel geht über unser bisheriges Beispiel der Liger hinaus (§ 16.12 f). Selbst wenn der Sprecher nie in kausalem Kontakt mit Ligern gestanden hat, wäre ein solcher Kontakt im Prinzip möglich (zumindest wenn der Sprecher wannanders woanders gewesen wäre). Dagegen kann sich der eingetankte Sprecher nicht einmal prinzipiell an Parallel-Eisen annähern. Seine eigene Definition schliesst von vornherein jede empirische Untersuchung von Parallel-Eisen aus. Die Rede von Parallel-Eisen gehört nicht in die Tankwissenschaft; sie gehört in die spekulative Metaphysik des Gehirns im Tank. Das Gehirn kann keine Behauptungen über Parallel-Eisen objektiv begründen; aber als metaphysische *Vermutung* hat der Satz:

(15) Vielleicht gibt es Parallel-Eisen,

guten Sinn. Denn wenn wir diese tanksprachliche Vermutung mithilfe der Definition (14) richtig interpretieren:

(15$_ü$) Vielleicht gibt es Objekte, die zur selben Art gehören wie Bit-Eisen, die aber nicht in meinem kybernetischen Lokalisierungssystem verwirklicht sind,

dann können *wir* sogar den Wahrheitswert der Vermutung bestimmen. Sie ist falsch, wenn der Tank, das Gehirn und sein Simulationscomputer in einem Universum ohne jeden weiteren Computer placiert sind; und sie ist wahr, wenn das Universum neben dem Simulationscomputer des Gehirns weitere (hinreichend ähnliche) Computer enthält und wenn in den Universalspeichern dieser Nachbarcomputer die richtigen Codes abgelegt sind.

18. Metaphysische Spekulation über parallele Welten

§ 18.18. Ich möchte diesen Abschnitt abschliessen, indem ich zu seinem Ausgangspunkt zurückkehre und frage, was wir durch unser neuestes Gedankenspiel darüber gelernt haben, wie man Metaphysik treiben könnte.   *In die Wüste?*

Vorweg: Unsere Interpretation (15ü) tanksprachlicher Vermutungen wie (15) verträgt sich nicht mit verifikationalistischen oder falsifikationalistischen Übertreibungen in der Bedeutungslehre. Wer einem Sprecher nur dann zugestehen will, über einen Begriff zu verfügen, wenn der Sprecher Behauptungen überprüfen kann, in denen der Begriff vorkommt, der übertreibt die Wichtigkeit des behauptenden Gebrauchs von Sprache.

Unsere Sprache hat tausendmal mehr Funktionen, als man bei gebanntem Blick auf die behauptenden Naturwissenschaften sehen kann.[22] Eine ihrer Funktionen besteht in der Äusserung von Vermutungen. Manche Vermutungen stammen aus der Naturwissenschaft, andere aus der Mathematik; manche lassen sich *de facto* überprüfen, andere nur im Prinzip, wieder andere überhaupt nicht. Schon in der Mathematik gibt es Vermutungen, die sich prinzipiell nicht überprüfen lassen. Nun lässt sich der vermutende Umgang mit Sprache in immer neue Gebiete projizieren; ein solches neues Gebiet, das in Wirklichkeit sehr alt ist, ist die spekulative Metaphysik.

Es wäre nichts als anti-metaphysischer Dogmatismus, wenn man die Metaphysik für sinnlos erklären wollte, bloss weil sie sich in erster Linie mit Vermutungen befasst. Wer einen solchen Grund wirklich ernst meint, sollte konsequent bleiben und überall gegen im Prinzip unüberprüfbare Vermutungen zu Felde ziehen. Nach einer solchen Aufräumaktion wäre unsere augenblickliche Sprache nicht mehr wiederzuerkennen. Wenige von uns wären bereit, sich mit der Wüstenlandschaft anzufreunden, die dann entstünde – und mit gutem Grund. Wieso sollten wir unsere Sprache immer weiter verarmen lassen?

§ 18.19. Hiergegen könnte man erwidern, dass viele metaphysische Äusserungen künstlich sind und im wirklichen Sprachgebrauch nicht vorkommen: Wer hat je von „Parallel-Eisen" reden hören? Meiner Ansicht nach lebt diese Erwiderung von einer vorgefertigten Meinung darüber, was als „wirklicher Sprachgebrauch" zählt und was nicht. Wer ohne Vorurteil alles zum wirklichen Sprachgebrauch dazuzählt, was tatsächlich gesagt wird, kann daraus keinen guten Grund gegen metaphysische Spekulation ableiten. Denn immer wieder beginnen   *Drei Aufgaben*

---
[22] Vergl. Wittgenstein [PU]:250 (§ 23).

Menschen, gewisse verwirrende Fragen zu stellen, von denen sie wissen, dass sie keine begründeten Antworten finden werden – und sie tun das sprechend, Sprache gebrauchend. Oft tun sie es in Gemeinschaft, wobei sie einander offenbar verstehen.

Vielleicht reicht meine Antwort so weit nur für ein Patt. Um den Streit zugunsten der spekulativen Metaphysik zu entscheiden, sollte man mehr tun. Erstens sollte man die metaphysische Sprachverwendung genauer beschreiben, zweitens ihre Beziehungen zu anderen Sprachverwendungen herausarbeiten, und drittens sollte man ihre Rolle im Leben der Spekulierenden benennen. Anhand solcher Untersuchungen könnte man genauer erklären, worin die Verständigung über metaphysische Vermutungen besteht. (Und man könnte schliesslich doch noch die schlechte Metaphysik ausschalten: jene Form von Metaphysik, die sich nicht mitteilen lässt).

Ich kann im verbleibenden Teil dieser Arbeit nicht alle drei Aufgaben erledigen. Insbesondere muss ich die dritte Aufgabe ausblenden. Verschiedene Formen der metaphysischen Spekulation mit dem Leben der Spekulierenden in Verbindung zu bringen, würde einen völlig neuen Ansatz erfordern und zuviel Platz kosten. (Zudem droht es, den Bereich dessen zu überschreiten, was in *wissenschaftlichen* Schriften über Philosophie erlaubt ist). Dagegen gehören die anderen beiden Aufgaben wirklich zum Programm dieser Arbeit: Erstens, Beschreibung der metaphysischen Sprachverwendung; zweitens, Untersuchung ihres Zusammenhangs mit anderen Sprachverwendungen. Ich kann diese beiden Programmpunkte allerdings nur für zwei ausgesuchte Formen der metaphysischen Spekulation in Angriff nehmen.

Alte Idee in neuen Kleidern

§18.20. Eine dieser Formen der Spekulation ist das Ziel unserer Untersuchung; die andere war Gegenstand des vorliegenden Abschnitts: die tanksprachliche Spekulation über „Parallel-Eisen". Sie wirkte auf den ersten Blick wie eine neue, exzentrische Idee, ist aber in Wirklichkeit eine alte Idee in neuen Kleidern. Natürlich hat bislang niemand über Parallel-Eisen spekuliert (und erst recht nicht über Bit-Eisen im Nachbarcomputer). Doch das ist eine oberflächliche Beobachtung. So wie wir das metaphysische Wort „Parallel-Eisen" (u.a. im Rückgriff auf das naturwissenschaftliche Wort „Eisen") erklärt haben, so lassen sich viele andere neue Wörter erklären: Parallel-Elektronen, Parallel-Kaninchen, Parallel-Wolken usw. Zusammengenommen formen sie das, was man als parallele Welt bezeichnet und worüber schon sehr viel spekuliert worden ist.

18. Metaphysische Spekulation über parallele Welten   173

Literatur. Ich kann hier nicht die disparaten Motivationen analysieren, die verschiedene Philosophen und Physiker zur Spekulation über parallele Welten bewogen haben; für jede Zunft nenne ich nur je einen prominenten Vertreter:

Der Philosoph David Lewis braucht die Existenz paralleler Welten, um unserer kontrafaktischen Rede gerecht zu werden, siehe Lewis [C]:84–91 und [oPoW]:1–5, 69–86, 92–96. Lewis rechnet seinen Glauben an die Realität der alternativen Welten zur Metaphysik ([C]:88), konzipiert diese Metaphysik aber anders, als ich vorschlage.

Aus physikalischer Richtung stammt der Vorschlag von Everett [RSFo]; er plädiert für eine Vermehrung der Katzen Schrödingers (und der Welten, die diese Katzen enthalten). Siehe die Beiträge in DeWitt et al (eds) [MWIo]. Wheeler (der diese Idee ursprünglich unterstützt hat) distanzierte sich, als ihm das damit verbundene metaphysische Gepäck zu schwer wurde (cf. Dirac et al [ODFP]:385/6).

Für eine Diskussion der Ideen von Lewis und Everett siehe Skyrms [PWPM]. Skyrms fordert eine *physikalische* Begründung der Annahme paralleler Welten und verkennt damit deren *meta*physischen Charakter, siehe [PWPM]:327, 330/31. Allerdings schreiben Lewis, Everett und Skyrms übereinstimmend so, als verstünde es sich von selbst, dass die Rede über parallele Welten in Form begründeter Behauptungen vonstatten gehen müsse; dass ich das anders sehe, habe ich oben dargelegt, siehe §18.4.

§18.21 Die Spekulation über parallele Welten ist nicht neu. Neu ist   Rückblick
mein Versuch, diese Spekulation verständlich zu machen. Statt die Spekulation nur in unserer Sprache zu beleuchten, d.h. von innen, habe ich ihren Wortlaut unserem eingetankten Doppelgänger in den Mund gelegt und von aussen zu betrachten versucht.[23] Dadurch wurde die metaphysische Spekulation über parallele Welten durchsichtiger. Bei wohlwollender Rückübersetzung in unsere Sprache ergaben sich Wahrheitsbedingungen, die wir verstehen (und sogar überprüfen können). – Das ist eine Möglichkeit, die metaphysische Spekulation mit naturwissenschaftlicher Rede in Verbindung zu bringen: die metaphysische Spekulation *eines* Sprechers mit der naturwissenschaftlichen Rede eines *anderen* Sprechers.

Aber zum richtigen Verständnis der metaphysischen Sprache gehört mehr, u.a. deren Abgrenzung von naturwissenschaftlicher Rede. Auch damit haben wir uns befasst. Z.B. haben wir dargetan, dass die tanksprachliche Spekulation:

---

[23] Auch Skyrms macht sich diese Spekulation durch Zuflucht zu anderen Sprachen verständlich, siehe [PWPM]:324/5.

Kapitel V. Lokalisierbarkeit

(15) Vielleicht gibt es Parallel-Eisen,

selbst wenn sie wahr sein sollte, keine neuen Untersuchungsmethoden für folgende naturwissenschaftliche Hypothese verlangt:

(5) 90% aller Eisenvorkommen gehören zum Isotop 56.

Wohlwollen § 18.22. Bevor wir uns zum Abschluss unserer Untersuchung auf die zweite Form der metaphysischen Spekulation zubewegen (der unser Hauptinteresse gilt), möchte ich ein Stichwort aufgreifen, das vor kurzem ohne viel Aufhebens gefallen ist, das aber ein wichtiges Leitmotiv für die bisherigen und weiteren Überlegungen darstellt: Wohlwollende Übersetzung. Wer metaphysische Vermutungen wie:

(16) Vielleicht gibt es Parallel-Eisen: Objekte, die zur selben Art gehören wie Objekte aus Eisen, aber nicht im physikalischen Raum lokalisiert sind,

für sinnlos erklärt, verstösst meiner Ansicht nach gegen eine goldene Regel guter Interpretation: Gegen das Prinzip des Wohlwollens. In unserem Fall wäre es nicht wohlwollend, davon abzusehen, dass das Gehirn im Tank mit seiner Äusserung (16) ausdrücklich eine Vermutung (und nicht etwa eine begründete Behauptung) formuliert. Zudem wäre es nicht wohlwollend, davon abzusehen, dass sich uns Wahrheitsbedingungen für die tanksprachliche Vermutung (16) geradezu aufdrängen, wenn wir z.B. neben dem Simulationscomputer des eingetankten Gehirns einen Nachbarcomputer voller Bit-Eisen sehen.

Unter der wohlwollenden Interpretation des Satzes (16), die darauf abzielt, das beste aus dem zu machen, was der Sprecher sagt, sollte man dem Sprecher nicht ohne Not blanken Unsinn zuschreiben.

Diese interpretationstheoretische Strategie zur Verteidigung des Sinnes metaphysischer Vermutungen funktioniert meiner Ansicht nach recht oft. Man transportiere die attackierte metaphysische Spekulation ohne Änderung des Wortlauts in die Sprache seines eigenen engen Doppelgängers und konstruiere dessen Umgebung so, dass die Vermutung bei wohlwollender Interpretation wahr wird. Wenn das gelingt, kann die Spekulation kein Unfug gewesen sein: auch nicht aus dem eigenen Munde.

18. Metaphysische Spekulation über parallele Welten

§18.23   Ob sich Kritiker der Metaphysik wie Carnap mit diesem neuen Sinnkriterium hätten anfreunden mögen, ist schwer zu sagen. Carnaps Unbehagen an der Metaphysik seiner Tage ist unter anderem darauf zurückzuführen, dass nach dem verlorenen ersten Weltkrieg unter den deutschen Philosophen und Politikern dunkles Denken und Vernunftfeindschaft grassierten.[24] Diese alten Gespenster möchte ich mit dem Projekt der spekulativen Metaphysik, das ich im Auge habe, nicht wiederbeleben. Meine Untersuchung orientiert sich an den aufklärerischen Denkstandards, die Männer wie Carnap in die Philosophie zurückgebracht haben. Das hat (auch) Konsequenzen für die Art des philosophischen Schreibens. Carnaps glasklare Sätze sind das Vorbild, nicht die originellen, aber schwer verständlichen Sentenzen Heideggers.

Wider die Dunkelheit

Wenn Stilkritik den lobenswerten Hintergrund des Angriffes bildet, den Carnap gegen die Metaphysik lanciert hat, dann ist es an der Zeit, sich auf die Rückkehr der (stilistisch bereinigten) metaphysischen Spekulation vorzubereiten. Diese Hoffnung ist nicht neu. Sie passt zu Günther Patzigs Erwartung von vor fünfunddreissig Jahren,

> dass die metaphysischen Probleme, von der Lichtfülle [Carnaps – O.M.] zuerst vertrieben, inzwischen wieder zutraulich genug geworden sind, sich ihrem alten Rätselfreund, dem Menschen, von neuem zu nähern (Patzig [N]:99).

Das metaphysische Problem des hinter uns liegenden Kapitels (die Spekulation über parallele Welten) war wie ein erster Kundschafter, der gleichsam aus Vorsicht vorausgeschickt worden ist. Da wir ihn nicht ohne Wohlwollen aufgenommen haben, brauchen sich vielleicht auch die grossen metaphysischen Probleme nicht länger zu verstecken. Eines von ihnen wird in den vor uns liegenden Kapiteln ans Licht kommen.

---

[24] Siehe Patzig [N]:94–97.

Kapitel VI

VORARBEITEN FÜR DIE EINGETANKTE SELBSTBESCHREIBUNG

19. Horizontale und vertikale Spekulation in der Metaphysik

Das übergeordnete Ziel

§ 19.1. Ich verfolge mit dieser Untersuchung das Ziel, eine Diagnose für die instinktive Beunruhigung zu geben, die das Gedankenspiel vom Gehirn im Tank in uns auslöst und die Putnams Beweis nicht löschen kann. Grob gesagt, lautet meine Diagnose, dass es ein Fehler ist, die Beunruhigung mit naturwissenschaftlichen Mitteln ausdrükken zu wollen – mithilfe von Wörtern wie „Gehirn", „Nervenbahn", „Nährflüssigkeit", „Computer" usw. Wegen der semantischen Instabilität dieser Wörter *kann* das Tank-Szenario kein Szenario sein, in dem wir stecken: Das ist der Kern von Putnams Beweis.

Der Beweis schliesst nicht aus, dass wir die Beunruhigung mithilfe anderer sprachlicher Mittel formulieren, die semantisch stabil sind. Die gesuchten Formulierungen der Beunruhigung hatten wir „informative Indikatoren" genannt; sie zeichnen sich dadurch aus, dass sie die Lage eines Gehirns im Tank (in dessen Sprache und selbst nach Berücksichtigung eventuell nötiger Uminterpretationen) richtig treffen. Einen vielversprechenden Kandidaten fürs Amt des informativen Indikators haben wir in Abschnitt 15 kennengelernt:

(1) Vielleicht stecke ich in einer analogen Lage wie die Gehirne im Tank. (Siehe § 15.6).

Wir haben seine Kandidatur nicht weiterverfolgt, weil er auf der Denkfigur der Analogie-Bildung beruht und weil es uns zu aufwendig schien, dieser Denkfigur in ihren vielen Facetten gerecht zu werden – wie es nötig gewesen wäre, bevor wir den Indikator wirklich hätten „informativ" nennen dürfen.

19. Horizontale und vertikale Spekulation in der Metaphysik 177

§ 19.2. Bei der weiteren Suche nach informativen Indikatoren ist uns aufgefallen, dass die Hauptschwierigkeit ihrer Formulierung darin liegt, dem Gehirn im Tank die gezielte Bezeichnung *handfester materieller Gegenstände* ausserhalb des Simulationscomputers zu ermöglichen (§ 15.14). Die Schwierigkeit gipfelte in einer neuen Bedingung für Erfolg beim Bezeichnen: in der Bedingung der Lokalisierbarkeit (siehe Abschnitt 17, insbes. § 17.11). Und der erste Schritt zur Überwindung der Schwierigkeit bestand darin, sich klarzumachen, dass die Bedingung der Lokalisierbarkeit zuallererst naturwissenschaftliche Ausdrücke regiert (§ 17.12 bis § 17.15). Wenn man dem Machtbereich der Bedingung entgehen will, sollte man sich daher bei der Formulierung informativer Indikatoren an nicht-naturwissenschaftliche Ausdrücke halten.
Rückblick auf die letzten Abschnitte

Wie solche nicht-naturwissenschaftlichen Wörter funktionieren können, haben wir uns im letzten Abschnitt anhand des Beispiels „Parallel-Eisen" verdeutlicht. Dabei sind wir zwar für eine Weile von der Suche nach informativen Indikatoren abgekommen; aber immerhin ist uns zum ersten Mal die Konstruktion einer tanksprachlichen Vermutung geglückt, die wirklich etwas Informatives über die Welt ausserhalb des Simulationscomputers sagt:

(2) Vielleicht gibt es Parallel-Eisen: Objekte, die zur selben Art gehören wie Objekte aus Eisen, aber nicht im physikalischen Raum lokalisiert sind. (§ 18.15 bis § 18.17).

Da diese Vermutung nichts mit Tank-Physik (oder allgemeiner: nichts mit Tank-Naturwissenschaft) zu tun hat und da sie sich auf einen Wirklichkeitsbereich richtet, der nicht im räumlichen Bezugssystem des Sprechers enthalten ist, haben wir die Vermutung zur tanksprachlichen Metaphysik gerechnet. Meta-Physik (in diesem Sinn) betrifft einen Bereich ausserhalb oder neben oder jenseits der Natur (physis): jenseits dessen, was das Gehirn im Tank „Natur" nennt und mit den Mitteln seiner Physik bzw. Naturwissenschaften untersucht.[1]

§ 19.3. Sollte diese Einordnung der tanksprachlichen Spekulation in die Metaphysik überzeugend sein, so verschärft sich allmählich die Kontur der Diagnose, die wir geben wollen: Da sich das Unbehagen, das etwa ein Gehirn im Tank trotz Putnams Beweis immer noch empfinden wird, nur durch erfolgreiches Bezeichnen über die Grenzen der Tank-Physis (der Bit-Natur) hinaus greifen und formulieren lässt,
Diagnose: Metaphysik

---

[1] Mehr zum Begriff der Metaphysik (und zu seiner Entstehung) im kleingedruckten Exkurs am Ende dieses Abschnitts, siehe § 19.9 ff.

spricht viel dafür, dieses Unbehagen als ein metaphysisches Unbehagen zu diagnostizieren. Der gesuchte informative Indikator, der das Unbehagen des Gehirns im Tank angemessen ausdrücken soll, dürfte also in die spekulative Metaphysik gehören – genau wie die metaphysische Vermutung (2).

Wenn das richtig ist, lässt sich unsere Diagnose so auf den Punkt bringen: Putnams Beweis zertrümmert den halbherzigen Versuch, mittels *natur*wissenschaftlicher Ausdrücke *Meta*physik zu treiben. Wir müssen den Versuch von seiner Halbherzigkeit befreien und seinen metaphysischen Charakter offen anerkennen, bevor wir dem Unbehagen gerecht werden können, das uns trotz Putnams Beweis immer noch befällt, wenn wir über das Gedankenspiel vom Gehirn im Tank nachdenken. Um die Diagnose abzustützen, müssen wir dem Gehirn im Tank alle sprachlichen Mittel an die Hand geben, die es für seine metaphysische Spekulation über die eigene Lage braucht. Das ist das Thema für den verbleibenden Teil unserer Untersuchung.

Horizontal und vertikal

§19.4. Die metaphysische Spekulation, auf die wir zusteuern wollen, ähnelt der metaphysischen Spekulation, der wir im letzten Abschnitt nachgegangen sind. Beide Formen der Spekulation funktionieren nur, wenn es dem Gehirn im Tank gelingt, sich gezielt auf handfeste Objekte ausserhalb seines Lokalisierungssystems zu beziehen. Die beiden Spekulationen unterscheiden sich aber hinsichtlich der Richtung ihres tanksprachlichen Bezugs nach draussen. Im Fall der Spekulation aus dem letzten Abschnitt zielte das Gehirn im Tank auf eine *parallele* Welt, die sozusagen auf derselben Ebene liegt wie die natürliche Welt des Gehirns im Tank. Die Richtung des tanksprachlichen Bezugs nach draussen war horizontal.

Anders im Fall der Spekulation, auf die wir jetzt zusteuern: Hier muss die Richtung des tanksprachlichen Bezugs nach draussen *vertikal* sein; sie muss nach oben weisen. Diesmal zielt das Gehirn im Tank nicht auf eine parallele Welt (den Universalspeicher des Nachbarcomputers), sondern auf eine übergeordnete Welt: auf eine Welt, in die seine natürliche Welt eingebettet ist und ohne die seine natürliche Welt gar nicht da wäre. (Die übergeordnete Welt enthält das Gehirn, allerlei Verbindungskabel, den Tank mit Nährflüssigkeit, und den Simulationscomputer samt Universalspeicher; die natürliche Welt des Gehirns im Tank – das, was es „Natur" nennt – steckt in Form von Zahlencodes im Universalspeicher und könnte ohne den Simulationscomputer der übergeordneten Welt nicht bestehen).

19. Horizontale und vertikale Spekulation in der Metaphysik

§ 19.5. In der vertikalen Richtung ist die metaphysische Spekulation ernster als in der horizontalen Richtung. Zudem fand die vertikale metaphysische Spekulation in der Geschichte der Philosophie mehr Aufmerksamkeit als ihr horizontales Gegenstück. Platons Höhlengleichnis oder die religionsphilosophische Spekulation über ein Höchstes Wesen bieten prominente Beispiele für spekulative Metaphysik in der vertikalen Richtung. Wir werden im folgenden nur eine ganz bestimmte Variante dieser Art der Spekulation ansteuern (ohne im Detail herausarbeiten zu können, wie sie mit ihren prominenten Vorläuferinnen zusammenhängt; vergl. aber den kleingedruckten Exkurs über den Begriff der Metaphysik am Ende dieses Abschnitts).

Vergleich der beiden Denkrichtungen

Die vertikale metaphysische Spekulation ist nicht nur ernster und beliebter als ihr horizontales Gegenstück; sie ist auch anspruchsvoller. Ihrem Erfolg stellt sich eine zusätzliche Hürde in den Weg. Denn sie ist doppelt so weit von der naturwissenschaftlichen Sprachverwendung entfernt wie die horizontale Spekulation: Für die naturwissenschaftliche Sprachverwendung gelten zwei Erfolgsbedingungen beim Bezeichnen (kausaler Kontakt und Lokalisierbarkeit); die horizontale metaphysische Spekulation verletzt nur die zweite dieser Bedingungen, während die vertikale Spekulation beide Bedingungen verletzen muss.

§ 19.6. Betrachten wir den Unterschied zwischen diesen beiden Spekulationsformen genauer, und beginnen wir mit der horizontalen Spekulation. Um hier Erfolg beim Bezeichnen zu haben, braucht das Gehirn im Tank sprachliche Ressourcen, die nicht von der Bedingung der Lokalisierbarkeit regiert werden: „Parallel-Eisen" gehört (wie wir gesehen haben) nicht zum räumlichen Bezugssystem des eingetankten Sprechers. Trotzdem ist dem eingetankten Sprecher das, was er als „Parallel-Eisen" bezeichnet, in gewisser Hinsicht vertraut. Es gehört zur selben Art wie die Bit-Eisenproben, mit denen er tatsächlich in Kontakt steht. Unsere ursprüngliche (externalistische) Erfolgsbedingung fürs Bezeichnen bleibt also bei horizontaler Spekulation in gewisser Hinsicht gewahrt: *Aufgrund* seiner kausalen Kontakte mit Bit-Eisenproben (aus dem eigenen Universalspeicher) kann der eingetankte Sprecher auch über Bit-Eisen aus dem Nachbarcomputer reden. Entscheidend für seinen Erfolg beim Bezeichnen ist also die tiefenstrukturelle Gleichheit zwischen dem, was er „Eisen", und dem, was er „Parallel-Eisen" nennt.

Zur horizontalen Spekulation

180 Kapitel VI. Vorarbeiten für die eingetankte Selbstbeschreibung

Bemerkung. Streng genommen bleibt bei der tanksprachlichen Rede über „Parallel-Eisen" nicht der Buchstabe, sondern nur der Geist der externalistischen Erfolgsbedingung gewahrt. Denn die Bedingung sagt:

Ohne kausalen Kontakt mit irgendwelchen Exemplaren einer *natürlichen* Art kein Erfolg beim Bezeichnen mithilfe eines Namens für diese *natürliche* Art,[2]

und erstens ist das Wort „Parallel-Eisen" kein Name für eine natürliche Art der Tanksprache; zweitens hat das Gehirn im Tank keinen Kontakt zu den Exemplaren der Art, die es „Parallel-Eisen" nennt.

Den Geist der externalistischen Bedingung tasten diese Feinheiten nicht an. Immerhin hat das Gehirn im Tank kausalen Kontakt mit Exemplaren dessen, was *wir* als „natürliche Art des Bit-Eisens" bezeichnen. Und genau dieser kausale Kontakt verhilft dem Gehirn im Tank zum erfolgreichen Bezeichnen mithilfe seines Wortes „Parallel-Eisen" (siehe § 18.16).

Zur vertikalen Spekulation

§ 19.7. Während also beim horizontalen Spekulieren die Lokalisierungsbedingung verletzt wird und die externalistische Bedingung (zumindest dem Geiste nach) gewahrt bleibt, verletzt man beim vertikalen Spekulieren beide Erfolgsbedingungen – *falls* die vertikale Spekulation möglich ist. Nicht nur befinden sich die zu bezeichnenden Gegenstände ausserhalb des Lokalisationssystems des Sprechers. Zudem steht der vertikal Spekulierende mit keinem einzigen Objekt in kausalem Kontakt, das den zu bezeichnenden Gegenständen aus der übergeordneten Welt auch nur ähnelt. Wenn der vertikal Spekulierende im Tank z.B. über die Nährflüssigkeit zu sprechen wünscht, ohne die sein Leben *de facto* unmöglich wäre, dann nützt ihm sein Kontakt zu irgendwelchen simulierten Nährflüssigkeiten aus dem Universalspeicher kein Stück. Was es – in seiner Naturwissenschaft – „Nährflüssigkeit" nennt, ist grundverschieden von der Nährflüssigkeit, die ihn am Leben hält; das letztere ist in der Tat flüssig, das erste besteht aus trockenen Zahlencodes. Und nichts könnte verschiedener sein als Flüssigkeiten und Zahlencodes!

Wie gesagt: Damit das Gehirn im Tank über seine eigene Lage Vermutungen anstellen kann, muss es Dinge bezeichnen können, die ausserhalb seines räumlichen Bezugssystems stehen *und* keine tiefenstrukturellen Ähnlichkeiten mit Dingen aus seinem Bezugssystem aufweisen; es muss sich über die Lokalisierungsbedingung und über die externalistische Bedingung für Erfolg beim Bezeichnen hinwegsetzen. Natürlich sind diese beiden Bedingungen nicht für jeden Erfolg beim

---

[2] Siehe § 13.2 bis § 13.4 sowie Band 1, Abschnitt 15.

19. Horizontale und vertikale Spekulation in der Metaphysik

Bezeichnen einschlägig; in der Mathematik werden sie ständig verletzt. (Aber mithilfe mathematischer Ausdrücke allein kann das Gehirn seine Lage im Tank gewiss nicht beschreiben). In erster Linie betreffen die beiden Bedingungen den Erfolg beim naturwissenschaftlichen Bezeichnen.

§ 19.8. Um dem Einflussbereich der beiden Bedingungen zu entkommen, muss die metaphysische Spekulation auf Abstand zu den Naturwissenschaften gehen. Aber sie darf diesen Abstand nicht überdehnen. Wenn sie ihre Identität nicht gefährden will, sollte die Metaphysik ihre Verwandtschaft mit den Naturwissenschaften nicht verleugnen. Beide Diskursformen haben wesentliche Gemeinsamkeiten. So zielt die Metaphysik genau wie die Naturwissenschaften auf *Beschreibung von Wirklichkeit*.

Wirklichkeit

Die Metaphysik (im hier konzipierten Sinne) zielt zwar nicht auf die begründete oder abgesicherte Beschreibung mithilfe von Behauptungen (wie die Naturwissenschaften), sondern eher auf die unabgesicherte, tentative Darstellung – mithilfe von Vermutungen (§ 18.4). Doch obwohl Naturwissenschaft und spekulative Metaphysik unterschiedliche Sprechakte vollziehen, richten sich beide auf vorgegebene Wirklichkeit und sind insofern deskriptiv. Im Gegensatz dazu zielt die Mathematik – zumindest laut anti-platonistischer Meinung[3] – nicht auf irgendeine vorgegebene Wirklichkeit, die sie beschriebe. (Was haben wir uns hier unter „Wirklichkeit" vorzustellen? Dazu gleich mehr im Kleingedruckten am Ausgang dieses Abschnitts, insbesondere § 19.14 bis § 19.16).

Es mag überraschen, dass das Gehirn im Tank bei der vertikalen metaphysischen Spekulation auf Beschreibung von Wirklichkeit zielen können soll, ohne die Bedingungen einhalten zu müssen, die überall da für erfolgreiches Bezeichnen gelten, wo man am erfolgreichsten die Wirklichkeit beschreibt: in den Naturwissenschaften. Wir sollten uns davon aber nicht zu sehr überraschen lassen. Schon im Fall der horizontalen Spekulation konnte sich das Gehirn im Tank über die grundlegendere Erfolgsbedingung (der Lokalisierbarkeit) hinwegsetzen – mithilfe trickreicher Kombination teils semantisch stabiler, teils semantisch instabiler Ausdrücke (§ 18.15). Wer so etwas überraschend findet, unterschätzt die kombinatorische Macht von Sprache. Wenn wir uns dagegen den Sinn für das kreative Ausdruckspotential bewahren, das unsere Sprache durch immer neue Zusammenstellungen alter

---

[3] Ein *locus classicus* für den Anti-Platonismus ist Benacerraf [WNCN].

Wörter gewinnt, dann können wir zumindest darauf hoffen, dass sich die beiden naturwissenschaftlichen Erfolgsbedingungen fürs Bezeichnen gleichzeitig überwinden lassen; so wie wir es für die vertikale metaphysische Spekulation brauchen, auf die wir zusteuern. Dieser Hoffnung werden wir in den nächsten beiden Abschnitten nachgehen.

Exkurs zum hergebrachten Begriff der Metaphysik

§ 19.9. Bevor ich in den nächsten Abschnitten die mich interessierende Form von Metaphysik zu entwickeln versuche, möchte ich den vorliegenden Abschnitt mit einem Exkurs zum hergebrachten Begriff der Metaphysik abschliessen, oder genauer: mit einem Exkurs zu hergebrachten Begriff*en* der Metaphysik. Unter den vielen Konzeptionen von Metaphysik, die in der Geschichte der Philosophie vorgekommen sind, bietet der hier verfolgte Ansatz nur *einen* Vorschlag. Wie verhält er sich zu konkurrierenden Konzeptionen? Ich werde konkurrierenden Konzeptionen von Metaphysik nicht entgegentreten, da ich kein Monopol auf den Begriff der Metaphysik beanspruche. Kann es mir demzufolge genügen, einfach das von mir angestrebte metaphysische Projekt in Gang zu bringen, ohne konkurrierende Konzeptionen auch nur in den Blick zu nehmen? Nein. Ich muss herausarbeiten, dass mein Projekt mit gängigen Konzeptionen von Metaphysik zumindest verwandt ist; sonst würde mein Projekt kaum das Epitheton „metaphysisch" verdienen. Daher möchte ich hier im Kleingedruckten versuchen, einige der vorkommenden Optionen für Metaphysik zu benennen und mit meinem Projekt in Verbindung zu setzen. Da um die Metaphysik seit Jahrtausenden unzählige hochkomplizierte Debatten toben, wird meine folgende Darstellung nicht einmal annähernd vollständig sein können. Ich werde mit einer Anmerkung zur Entstehung des Wortes „Metaphysik" beginnen und dann eine systematische Einteilung denkbarer Konzeptionen von Metaphysik vorschlagen, in der viele der tatsächlich vorkommenden Konzeptionen einen Platz finden.

Zur Entstehung des Begriffs

§ 19.10. Dass die Bezeichnung „Metaphysik" nicht von dem stammt, der das erste Buch unter diesem Titel geschrieben hat, ist vielen bekannt. Ob die Bezeichnung einer bibliothekarischen Verlegenheit entspringt, wie oft angenommen wird („dasjenige Buch, das *nach* dem aristotelischen Buch namens *Physik* einsortiert werden könnte"), oder ob sie doch eher durch Erwägungen in der Sache zustandegekommen ist, ist unter den Gelehrten umstritten. Wer einer überschwenglichen Konzeption von Metaphysik nachgeht und z.B. so wie Hans Reiner Preisschriften mit dem Titel

> Das Phänomen des Glaubens: Dargestellt im Hinblick auf das Problem seines *metaphysischen* Gehalts (siehe Reiner [PG], meine Hervorhebung)

abfasst, spricht sich naturgemäss gegen die Hypothese der bloss bibliothekarischen Entstehung des Ausdrucks „Metaphysik" aus (siehe Reiner [EUBN], insbesondere pp. 232–235). Und wer mit Metaphysik nüchterner umgeht und z.B. so wie Günther Patzig für eine

Ethik *ohne Metaphysik* (siehe Patzig [EoM], meine Hervorhebung)

plädiert, der freundet sich schneller damit an, dass der Begriff lange nach Aristoteles geprägt wurde und der Sache nach nicht viel über den Text des Aristoteles besagt (siehe Patzig [TOiM]:169n1; dasselbe etwas abgeschwächt bei Frede [UoGS]:81/82).

Natürlich dürfen wir es uns erlauben, in diesem historischen Streit neutral zu bleiben (so wie z.B. Barnes [M]:66n1). Dann mag man immer noch fragen, welche Konzeption von Metaphysik uns aus dem aristotelischen Text entgegentritt. Bedauerlicherweise ergibt sich hierbei kein einheitliches Bild. Aristoteles scheint einerseits, recht nüchtern, eine *allgemeine* Wissenschaft alles Existierenden im Blick gehabt zu haben (die im Gegensatz zu den Einzelwissenschaften genau diejenigen Charakteristika des Existierenden herausarbeitet, die dem Existierenden nur insofern zukommen, als es existiert; siehe [M]:Γ 1 (1003a)). Und andererseits geht es Aristoteles in seinem Text namens *Metaphysik*, eher überschwenglich, um eine bestimmte Form von Theologie (siehe [M]:E 1 (1026a) und Λ 6ff (1071bff)).

Dass eine Spannung zwischen diesen beiden Dingen besteht, dass sie jedenfalls bei erstem Hinsehen nicht auf ein und dasselbe Projekt hinauslaufen, liegt auf der Hand. (Diese und andere Spannungen innerhalb der aristotelischen Konzeption von Metaphysik arbeitet Barnes heraus, siehe Barnes [M], insbes. pp. 101–108. Ein plausibler Versuch, die Spannung aufzulösen und eine innere Einheit in der aristotelischen Metaphysik nachzuweisen, stammt von Patzig, siehe Patzig [TOiM], insbes. pp. 148–166).

Die genannte Spannung zieht sich nicht nur durch die *Metaphysik* des Aristoteles. Man wird ohne Übertreibung sagen dürfen, dass das abendländische Denken über Metaphysik immer wieder zwischen dem überschwenglichen und dem nüchternen Pol geschwankt hat. Seit Kants *Kritik der reinen Vernunft* ([KRV]), spätestens aber im 20. Jahrhundert, gewannen nüchterne Sichtweisen der Metaphysik die Oberhand. Ich verstehe meine Untersuchung als den Versuch, dieser Übermacht entgegenzutreten, muss aber zu einer feineren Differenzierung greifen, bevor ich sagen kann, *inwiefern* ich nüchternen Konzeptionen von Metaphysik entgegentreten möchte.

§19.11. Wenn wir aus dem Ausdruck Meta-Physik einen gewissen Kontrast zu Physik oder zum Physikalischen heraushören (und uns nicht auf die historische Debatte darüber einlassen, ob wir den Ausdruck bloss einem *bibliothekarischen* Kontrast zu einem gewissen Physik-Buch verdanken), dann eröffnet sich uns die Frage, *welchen* Kontrast zum Physikalischen wir sinnvollerweise mit dem Ausdruck verbinden sollten. Meiner Ansicht nach gibt es hierfür drei Möglichkeiten.

Drei Kontraste zur Physik

184 Kapitel VI. Vorarbeiten für die eingetankte Selbstbeschreibung

Ontologische Konzeption von Metaphysik:

Die Metaphysik behandelt Gegenstände ausserhalb der natürlichen, physikalischen Ordnung (physis); sie behandelt z. B. übernatürliche Gegenstände wie Gott, Engel und die Seelen der Verstorbenen.

Erkenntnistheoretische Konzeption von Metaphysik:

Die Metaphysik liefert Erkenntnisse, die sich nicht mit den Mitteln der Physik (und der anderen empirischen Naturwissenschaften) rechtfertigen lassen: sie liefert apriorische Erkenntnisse.

Semantische Konzeption von Metaphysik:

In der Sprache der Metaphysik spielen andere Ausdrucksmittel eine Rolle als die Vokabeln der empirischen Naturwissenschaften, z. B. die Wörter „Ich", „Freiheit", „übernatürlich" und „Gott".

Man kann diese Konzeptionen auf vielerlei Weise miteinander kombinieren. Hier ist eine Tabelle, in der alle denkbaren Kombinationsmöglichkeiten vorkommen und in deren letzter Spalte ich mögliche Vertreter der jeweiligen Position nenne (die im folgenden kurz erläutert werden).

ontologische Komponente	epistemische Komponente	semantische Komponente	Vertreter	siehe
ja	ja	ja	Platon, Wolff	§19.12
ja	ja	nein	nicht plausibel	§19.12
ja	nein	ja	Kant, Putnams Interpretation der Religion	§19.13 §19.14ff
nein	ja	ja	Fichte	§19.17
ja	nein	nein	nicht plausibel	§19.18
nein	ja	nein	Kant, Aristoteles	§19.18
nein	nein	ja	Halfwassen	§19.19

Metaphysik mit drei Komponenten

§19.12. Die anspruchvollste (und überschwenglichste) Konzeption von Metaphysik bestünde in der Verbindung aus der ontologischen, der erkenntnistheoretischen und der semantischen Komponente. Platons Ideenlehre bietet – einem weit verbreiteten Verständnis zufolge – eines der ersten durchgearbeiteten Beispiele für diese dreifache Verbindung aus ontologischer, semantischer und erkenntnistheoretischer Metaphysik. (Dies Verständnis der platonischen Ideenlehre ist nicht unwidersprochen geblieben. So schlägt Wieland (in [PFW]) eine weitgehend deflationäre Lesart der Ideenlehre vor, während Halfwassen

19. Horizontale und vertikale Spekulation in der Metaphysik

unter Berufung auf Krämer und Gaiser dafür plädiert, das Hauptgewicht der platonischen Metaphysik nicht in einem intelligiblen Reich jenseits der Sinneswelt zu sehen, sondern in der Suche „nach *dem Einen*, das alles Seiende in seiner Vielheit überhaupt erst ermöglicht und verstehbar macht", siehe Halfwassen [zETi]:7, Halfwassens Hervorhebung).

Überschwengliche Konzeptionen der Metaphysik, in denen die ontologische, die erkenntnistheoretische und die semantische Komponente ineinander verschränkt sind, waren vor Kant recht populär.[4] Sie wurden nach herrschender Meinung durch Kants *Kritik der reinen Vernunft* endgültig aus der Welt geschafft (so z. B. Cramer [WWWI]:6–9).

Wenn wir uns nun weniger anspruchsvolle Konzeptionen von Metaphysik zurechtlegen wollen, dann müssen wir offenbar auf mindestens eine der drei Komponenten verzichten. Frage: Welcher Verzicht ginge am wenigsten an die Substanz des metaphysischen Projekts? Vielleicht gibt es auf die Frage keine eindeutige Antwort. Fest steht, dass wir nicht gut nur auf die semantische Komponente verzichten können. Denn wenn wir daran festhalten, dass wir in der Metaphysik genuine Erkenntnisse über einen Gegenstandsbereich jenseits der physikalischen Welt gewinnen können, ohne dafür ein eigenes Vokabular zur Verfügung zu haben, dann fragt sich sofort, wie wir diese angeblichen Erkenntnisse mitteilen sollen. Und es fällt schwer, an Erkenntnisse zu glauben, die sich nicht mitteilen lassen. Somit stehen wir als nächstes vor der Wahl, entweder die erkenntnistheoretische (§ 19.13 ff) oder die ontologische Komponente (§ 19.17 ff) aus dem anspruchsvollsten (aber von Kant zerstörten) metaphysischen Projekt preiszugeben.

§ 19.13. Kants Umgang mit den metaphysischen Fragen nach Gott, Unsterblichkeit und Freiheit bietet ein prominentes Beispiel für eine Konzeption von Metaphysik, in der allein die erkenntnistheoretische Komponente fehlt. Kant hält die Fragen nach Gott, Unsterblichkeit und Freiheit für drängend.[5] Also muss er sie auch für verständlich halten – und so erlaubt er in seinem System genuin metaphysische Vokabeln (d. h. er lässt die semantische Komponente des metaphysischen Projekts im Spiel). Zwar meint Kant zeigen zu können, dass die drei Fragen nicht durch theoretischen Beweis positiv entschieden werden können.[6] Aber er möchte auch ohne *theoretischen* Beweis an Gott, Freiheit und Unsterblichkeit festhalten. Daher versucht er zu zeigen, dass es sich um drei Postulate der *praktischen* Vernunft handelt, d. h. dass wir um der Moral

Metaphysik ohne eigene Erkenntnis

---

[4] Siehe z. B. die Metaphysik bei Christian Wolff, in der apriorische Überlegungen (vergl. z. B. [VGvG]:§ 10, § 28, § 30/31) zu einem Beweis der Existenz Gottes führen ([VGvG]:§ 928–946) und zu einem Beweis der Unsterblichkeit der menschlichen Seele ([VGvG]:§ 921–926).
[5] Siehe Kant [KRV]:5 (A VII) sowie p. 42* (B 7).
[6] Siehe Kant [KRV]:368–604 (A 338–642/B 396–670).

willen nicht umhin können, Gott, Freiheit und Unsterblichkeit zu *postulieren*.[7] Und das bedeutet, dass Kant den Erkenntnisanspruch in Sachen Gott, Freiheit und Unsterblichkeit preisgegeben hat, ohne den ontologischen und den semantischen Anspruch hinsichtlich dieser metaphysischen Themen fallen zu lassen.

(Allerdings spielt die Freiheit in Kants Gebäude eine ganz andere – und wichtigere – Rolle als Gott und die unsterbliche Seele. Hätte Kant *nur* vom Postulat der Freiheit geschrieben, jedoch auf die Postulate Gottes und der unsterblichen Seele verzichtet, dann könnte man in dem so bereinigten Gebäude die *ontologische* Komponente der Metaphysik nur unter künstlichem Zwang dingfest machen. Denn das Freiheits-Postulat lässt sich leicht innerweltlich auffassen. Eine innerweltliche, nicht-ontologische Auffassung von Gott und unsterblichen Seelen bietet sich dagegen nicht so ohne weiteres an. Zusammengenommen bedeutet dies, dass die für Kants Gebäude zentrale Idee (der Freiheit) keine ontologisierte Metaphysik erfordert, während die für seinen Gedankengang weniger wichtigen Ideen (Gottes und der Unsterblichkeit) sehr wohl in metaphysische Ontologie führen. Kurz: Man kann Kants Metaphysik ontologiefrei modernisieren, ohne ihm viel Gewalt anzutun. Das dürfte die Haltung vieler moderner Kant-Interpreten sein).

Ich plädiere in meiner Untersuchung ebenfalls für die Option, das metaphysische Gesamtprojekt durch Preisgabe seiner erkenntnistheoretischen Komponente abzuschwächen: Wir verzichten auf metaphysische Erkenntnis und deuten die Pointe des philosophischen Gedankenspiels vom Gehirn im Tank als Anzeichen für unsere erkenntnistheoretische Beschränktheit hinsichtlich eines Themas, das Gegenstände jenseits der Natur betrifft. An die Stelle metaphysischer Behauptungen und Begründungen treten Vermutungen, in denen mithilfe nicht-wissenschaftlicher Ausdrucksmittel über unsere Position im Wirklichkeitsganzen spekuliert werden soll.[8] (Und diese metaphysischen Ausdrucksmittel sind im Gegensatz zu denen der Naturwissenschaften semantisch stabil). Kurz, in meiner Untersuchung möchte ich die semantische und die ontologische Komponente des metaphysischen Projekts zusammenhalten – auf Kosten seiner erkenntnistheoretischen Komponente. Unser Ansatz hat sich einem Problem zu stellen, dessen Dringlichkeit viele moderne Kant-Interpreten zur ontologiefreien Modernisierung des kantischen Gebäudes gebracht hat und das uns recht viel Mühe kostet: Wie kann man sinnvoll über einen Bereich der *Wirklichkeit* reden, über den man im Prinzip kein Wissen erwerben kann, dessen Elemente sich weder im physikalischen Raum lokalisieren noch durch kausalen Kontakt dingfest machen lassen – im Unterschied zu den Elementen der naturwissenschaftlich zugänglichen Wirklichkeit?

---

[7] Siehe z. B. Kant [KRV]:22–23 (B XXI) sowie p. 28 (B XXX). Siehe auch Kant [KPV]:142–149 (223–233) sowie pp. 154–161 (241–252).

[8] Siehe oben § 18.4, § 18.18, § 19.5 bis § 19.8.

19. Horizontale und vertikale Spekulation in der Metaphysik 187

§ 19.14. Es ist nicht ganz leicht zu sagen, welchen Wirklichkeitsbegriff wir voraussetzen müssen, wenn wir daran festhalten wollen, dass die Naturwissenschaften genau wie die vertikale bzw. horizontale metaphysische Spekulation auf vorgegebene Wirklichkeit zielen, mit halbwegs einheitlichem Sinn von „Wirklichkeit". *Putnam über Religion*

In der Religionsphilosophie stellt sich dasselbe Problem hinsichtlich der Wirklichkeit Gottes. Zwar können religiöse Menschen ganz ohne Formulierungen wie „Wirklichkeit Gottes" auskommen; zudem brauchen sie derartige Formulierungen (wenn sie sie doch benutzen) nicht ontologisch oder transzendent aufzuladen. Aber viele religiöse Menschen glauben buchstäblich an die *Existenz* Gottes, ohne zu meinen, dass dieser Gott innerhalb der natürlichen Welt existiert. Was mag es bedeuten, wenn sie von der Wirklichkeit Gottes reden? Ich stelle diese sprachphilosophische Frage nicht deshalb, weil ich mich selber für oder gegen einen ontologischen, transzendenten Gottes-Begriff aussprechen wollte, sondern weil ich mich – bei aller Neutralität – dafür interessiere zu verstehen, *was es hiesse*, sich für oder gegen einen solchen Gottes-Begriff auszusprechen. In diesem Zusammenhang schreibt Putnam:

> Am I saying that religious language also [i.e, like mathematical or ethical language–O.M.] makes objective claims without corresponding to reality? Not at all. But must I not then claim that it describes some extraordinary part or region of reality? The answer is that the religious person feels that the Reality of God is such that not only is God not a "part" of what is ordinarily called "reality", but that, in comparison with the Reality of God, the right of what we ordinarily call "reality" to *be* so called is what is problematic ([oNT]:410).

Ich möchte zu diesem Zitat zwei Bemerkungen machen.

§ 19.15. Erstens: Mir scheint, Putnams Formulierung beleuchtet nicht nur die Frage nach der Wirklichkeit Gottes, sondern allgemeiner die Frage nach einer Wirklichkeit jenseits der Natur (jenseits des Geltungsbereichs unserer Naturwissenschaften); das ist ganz allgemein die Frage nach einer transzendenten Wirklichkeit – eine Frage aus der Metaphysik. *Metaphysik und Religion*

In meiner Sicht geben manche religiöse Sätze Antworten auf manche metaphysische Fragen; selbstverständlich nicht die einzig möglichen Antworten. (Man könnte die Fragen auch nihilistisch oder naturalistisch beantworten).

Putnam spricht im nächsten Satz nach der zitierten Passage von der Transzendenz Gottes. Aber er will die Übertragung seiner Formulierungen auf die Metaphysik nicht gelten lassen, weil sich die metaphysische Spekulation – anders als religiöse Versuche der Wirklichkeitsbeschreibung – nicht im Strom des Lebens bemerkbar macht (mündliche Mitteilung). Da ich mich entschlossen habe, den lebenspraktischen Aspekt der Metaphysik in dieser Arbeit auszublenden (siehe § 18.19), kann ich hier nicht darlegen, warum ich Putnams

Abwehr gegen die Metaphysik für unbegründet halte. Meiner Ansicht nach ist sie ein Überbleibsel der traditionellen Metaphysikfeindlichkeit aus den frühen Tagen der analytischen Philosophie.

„Wirklichkeit" ganz anders? §19.16. Zweitens nimmt Putnam in dem zweiten Satz nach dem Zitat oben einen Teil des zuvor Gesagten zurück, indem er relativierend feststellt:

> We may also say that "corresponds to reality" has a *wholly* different meaning as applied to religious language ([oNT]:410, meine Hervorhebung).

Dass der Ausdruck „mit der Wirklichkeit übereinstimmen" im religiösen Redebereich eine *vollständig* andere Bedeutung haben soll als z.B. im naturwissenschaftlichen Redebereich, finde ich überzogen. Verhielte es sich so, dann wären Sätze über die Wirklichkeit Gottes weit weniger informativ, als sie uns gemeinhin vorkommen. Insbesondere könnten sie nicht zur Verständigung zwischen religiösen und unreligiösen Menschen dienen. Putnam ist mit dieser Konsequenz einverstanden und lehnt sich damit an *sehr* tentative Gedanken Wittgensteins an.[9]

Obwohl ich mich in diese pessimistische Sicht nicht so schnell fügen möchte, will ich nicht so tun, als gäbe es kein philosophisches Problem beim Verständnis der Rede von der transzendenten Wirklichkeit Gottes. Im Gegenteil, hier liegt ein äusserst schwieriges Problem. Es ist meiner Ansicht nach verwandt (wenn auch selbstverständlich nicht identisch) mit dem Hauptproblem unserer Untersuchung: So schwer es ist, zu verstehen, wie es Gläubigen und Nicht-Gläubigen gelingen soll, über einen transzendenten Gott zu reden und Ihn (wenn es Ihn gibt) zu bezeichnen, so schwer ist es zu verstehen, wie es dem eingetankten Gehirn gelingen soll, über den Tank zu reden, in dem es steckt (oder über die Programmiererin des Simulationscomputers). Putnam wird mir zustimmen, dass in beiden Fällen keine kausale Theorie des Bezeichnens helfen kann. Woher dann der Erfolg beim Bezeichnen – wenn man hier beim Bezeichnen erfolgreich sein kann? Das ist in Religion und in Metaphysik eine gleichermassen knifflige Frage.

Wenn ich recht liege, dann hängt eine der möglichen Antworten in beiden Fällen mit der Projektion von Begriffen in neue Redebereiche zusammen. Was das im Fall der Gehirne im Tank heissen kann, werden wir im verbleibenden Teil unserer Untersuchung sehen. Die religiöse Sprache werden wir aus Platzgründen nicht weiter betrachten können. Hier möchte ich nur eine kurze Kritik am letzten Putnam-Zitat skizzieren: Mir scheint, der religiöse Mensch dürfte mit dem Wort „Wirklichkeit" (in Ausdrücken wie „Wirklichkeit Gottes") nicht etwas *vollständig* anderes meinen als wir alle, wenn wir sagen: „Die Wirklichkeit von Neutrinos ist durch dies Experiment nachgewiesen". Beide Male ist aber auch nicht genau dasselbe gemeint. Vielmehr funktioniert das

---

[9] Siehe Wittgenstein [LoRB]:55, Putnam [RP]:143–48 *et passim*.

19. Horizontale und vertikale Spekulation in der Metaphysik

Wort „Wirklichkeit" in beiden Bereichen familienähnlich; es ist ein Vielzweckwort (§ 13.1).

(Die Projektion dieses Wortes in die Mathematik oder in die Moral würde meiner Sicht zufolge die Familienbande sprengen und wäre allenfalls metaphorisch zu verstehen. Wodurch unterscheiden sich die Wirklichkeiten in Alltag, Wissenschaft, Religion und Metaphysik von den „Wirklichkeiten" in Mathematik und Moral? Die Antwort auf diese Frage ist schwierig und führt weit über den Rahmen dieser Untersuchung hinaus; ich kann sie hier nur andeuten: Wenn es sie gibt, so *enthalten* die übergeordneten Wirklichkeiten aus Religion oder Metaphysik unsere physikalische Welt *als Bestandteil*; dagegen ist die Schnittmenge aus der mathematischen „Wirklichkeit" und unserer physikalischen Welt bzw. die Schnittmenge aus dem moralischen Reich der Pflichten und unserer physikalischen Welt leer. – Bei diesen unzureichenden Bemerkungen muss ich es bewenden lassen).

§ 19.17. Erkenntnistheoretisch anspruchsvoll ist weder Kants Konzeption der metaphysischen Rede von Gott, Unsterblichkeit (sowie eventuell der Freiheit) noch meine Konzeption der vertikalen bzw. horizontalen metaphysischen Spekulation. Wer nun in erster Linie auf Wissen abzielt, wird Metaphysik völlig anders konzipieren. Er wird die ontologische Komponente des metaphysischen Projekts aufgeben und das Projekt gleichsam innerweltlich fortführen. (Und diese Fortführung des metaphysischen Projekts steht nicht im *Widerspruch* zu der von mir vorgeschlagenen Fortführung; die beiden Fortführungen können friedlich koexistieren, solange keine Seite das Monopol auf den Begriff der Metaphysik haben möchte). Metaphysik ohne eigene Ontologie

Eine Möglichkeit der innerweltlichen (nicht-ontologischen) Fortführung des metaphysischen Projekts bestünde darin, seine erkenntnistheoretische mit seiner semantischen Komponente zu verbinden: Es ginge um den apriorischen Beweis von Sätzen, die sich zwar auf die physikalische Welt beziehen, aber nicht mit den semantischen Mitteln der empirischen Naturwissenschaft. An diesen Platz gehören insbesondere die Versuche, mithilfe des Wortes „ich" (das in den empirischen Naturwissenschaften nicht vorkommt) genuine Erkenntnisse auszusprechen, die apriori gewonnen werden können und vor dem Zugriff der empirischen Wissenschaften sicher sind. Offenbar hat z. B. Fichte in seiner *Wissenschaftslehre* einen derartigen ontologiefreien Ansatz gewählt (siehe Henrich [FI]; mit *Natur*wissenschaft in unserem Sinn hat Fichtes *Wissenschaftslehre* wenig gemein).

§ 19.18. Das metaphysische Projekt könnte weiter abgespeckt werden: Auch unter Verzicht auf eigene sprachliche Ausdrucksmittel könnte man nach bestimmten Sätzen suchen, die sich mit den Mitteln der Naturwissenschaften formulieren lassen und dennoch apriori gerechtfertigt werden können – etwa indem man zeigt, dass man diese Sätze voraussetzen muss, wenn objektive Erfahrungserkenntnis überhaupt möglich sein soll. Die kantische Theo- Metaphysik ohne eigene Ontologie und ohne eigenes Vokabular rie der synthetischen Urteile apriori war das erste Beispiel für diese Form bloss erkenntnistheoretischer Metaphysik.[10] Zumindest kann man versuchen, Kants Theorie in diese Richtung zu trimmen, indem man von allen Komplikationen absieht, die durch die Rede von „apriorischen *Begriffen*" entsteht.[11] (Wollte man dagegen die schwer verständliche Rede von apriorischen Begriffen zulassen und deren Vorkommen in apriorischen *Urteilen* erlauben, dann hätte man ein metaphysisches Projekt mit eigenen (apriorischen) Erkenntnissen *und* eigenen (apriorischen) Vokabeln, also eine weniger abgespeckte Durchführung des metaphysischen Projekts, die in meiner Klassifikation denselben Platz einnähme wie die im letzten Paragraphen aufgeführten Konzeptionen).

Die aristotelische Konzeption einer allgemeinen Wissenschaft von allem Existierenden lässt sich ebenfalls als Versuch verstehen, ohne eigenes genuin metaphysisches Vokabular zu apriorischer Erkenntnis unserer Welt zu gelangen. (Falls man dagegen die aristotelischen Kategorien nicht zur Sprache der Naturwissenschaften zählen möchte, sollte auch diese Konzeption eher im vorausgegangenen Paragraphen eingeordnet werden. Beiläufig: Dass dieser Teil der Metaphysik des Aristoteles heutzutage gern als *Ontologie* bezeichnet wird, spricht nicht gegen meinen Vorschlag, ihn in meinem Schema an einer Stelle unterzubringen, wo von „Metaphysik *ohne Ontologie*" die Rede ist. Denn ich habe oben dagetan, dass ich unter einer genuin ontologischen Komponente im metaphysischen Projekt nur dann sprechen will, wenn das fragliche Projekt über die weltlichen Entitäten hinaus zusätzliche Entitäten ins Spiel bringt; und die aristotelische Seins-Wissenschaft scheint genau darauf verzichten zu können; sie bietet uns eine innerweltliche Ontologie).

Eben haben wir Fassungen des metaphysischen Projekts im Blick gehabt, in denen allein die erkenntnistheoretische Komponente im Vordergrund steht und die weder eigene semantische noch eigene ontologische Ressourcen beanspruchen. Gibt es auch metaphysische Projekte, in denen ausschliesslich eine andere der drei Komponenten vorkommt?

Eine Metaphysik mit eigener Ontologie, die sich weder Erkenntnisse noch ein eigenes Vokabular zutraut, vermag ich mir schwer vorzustellen; sie liesse sich kaum mitteilen.

---

[10] Siehe Kant [KRV]:213–286 (A 158–235, B 197–294). Wenn ich Kant richtig gedeutet habe, dann kann man sagen, dass in Kants System deshalb zwei verschiedene, abgespeckte metaphysische Projekte durchgeführt werden, weil er alle drei Komponenten der Metaphysik im Spiel lassen will, sie aber nicht zusammenführen kann und daher die ontologische Komponente getrennt von der erkenntnistheoretischen Komponente zu verwirklichen versuchen muss: So ergeben sich eine erkenntnistheoretische Metaphysik der Natur(-Wissenschaft) ohne Extra-Ontologie und eine ontologische Metaphysik der Sitten ohne genuines, theoretisches Wissen.

[11] So war es meine unausgesprochene Strategie in den Aufsätzen [KAaM] und [EGMS], mit Kant für synthetische *Urteile* apriori zu plädieren, ohne die Rede von apriorischen *Begriffen* auch nur aufkommen zu lassen.

§19.19. Sehr wohl vorstellbar ist dagegen eine Metaphysik mit eigenen sprachlichen Ausdrucksmitteln, die weder eine eigene Ontologie in den Blick nimmt, noch beansprucht, Erkenntnisse zu gewinnen. Der aktuelle Ansatz von Halfwassen bietet ein Beispiel für diese Konzeption. Halfwassen grenzt sich ausdrücklich von ontologischen Konzeptionen ab ([zETi]:7) und spricht von einer absoluten Transzendenz, die „das Herausgenommensein aus der Totalität des Seins und des Denkbaren schlechthin, somit eine radikale Jenseitigkeit" meint ([zETi]:11). Zwar verwendet Halfwassen Ausdrücke, die gewiss nicht in die Naturwissenschaften passen; aber er sieht die Vollendung des mithilfe jener Ausdrücke charakterisierten metaphysischen Denkens in einer negativen Theologie: {Metaphysik ohne Ontologie und ohne Wissen}

> sie bietet als die Verneinung aller positiven Gehalte und zugleich des Vollzugs des Denkens dessen einzige und darin unüberbietbare Möglichkeit zum Ausdruck absoluter Transzendenz. Überbietbar wäre sie allein durch die ekstatische Transformation des Denkens in die unterschiedslose Einheit mit dem Absoluten, in der das Denken sich selbst verlassen hat ([zETi]:13).

Hier tritt uns eine Vollendung (oder gar Überwindung) des metaphysischen Projekts entgegen, in der sich alle drei der von uns genannten Teilkomponenten verflüchtigen. Eine so vollendete (oder überwundene) Metaphysik kann vielleicht nicht mehr zur *theoretischen* Philosophie gezählt werden. Sie mag trotzdem von hoher *praktischer* Bedeutung sein, und das bringt mich zu einem Geständnis, mit dem ich unseren kleinen Exkurs über vorkommende Formen der Metaphysik abschliessen möchte: Ich muss zugeben, dass dieser Exkurs – genau wie der verbleibende Teil unserer Untersuchung – einen blinden Fleck hat: Die *praktische Funktion der Metaphysik* für uns und unser Leben kommt in unserer Untersuchung fast nirgends vor; und zwar nicht deshalb, weil ich sie für unwichtig hielte, sondern allein deshalb, weil ich es mir aus Platzgründen nicht erlauben kann, noch einen weiteren Ball in die Luft zu werfen.

20. Erfolg beim Bezeichnen mit Relationsausdrücken

§20.1. Für die vertikale Spekulation des Gehirns über seine Lage im Tank müssen die Bedingungen der Lokalisierbarkeit und des kausalen Kontakts umgangen werden. Wie sich die Lokalisierbarkeit umgehen lässt, haben wir bereits am Beispiel der horizontalen Spekulation (über parallele Welten) gesehen. Daher sollten wir uns als nächstes überlegen, ob (und wenn ja: wie) ein Sprecher über Entitäten von bislang unbekannter innerer Struktur reden kann. Der Sprecher müsste in dieser Angelegenheit notwendig scheitern, wenn er nur *einstellige* generelle Terme zur Verfügung hätte, für die sich die Frage, ob sie ein bestimm- {Relation erforderlich} tes Objekt bezeichnen, aufgrund der intrinsischen Merkmale des fraglichen Objektes entscheidet. Ausschliesslich mithilfe solcher Ausdrücke könnte der Sprecher kein einziges Objekt mit vollständig neuer innerer Struktur bezeichnen; rein intrinsisch kann man nicht über das hinauskommen, was man schon hat. Diese Stagnation kann überwunden werden, sobald *mehrstellige* Ausdrücke (Relationsausdrücke) ins Spiel kommen, die nicht rein intrinsisch funktionieren. So ist es uns vor langer Zeit gelungen, mithilfe des dreistelligen Relationsausdrucks

... ist direkter Nachkomme von --- und __,

(*und* mithilfe der beiden intrinsisch funktionierenden Wörter „Löwe", „Tigerin") einen einstelligen Ausdruck zu konstruieren, den ein Sprecher zur Bezeichnung von neuartigen Objekten verwenden kann: von Objekten mit einer inneren Struktur, zu denen er noch nie in Kontakt getreten ist:

... ist direkter Nachkomme einer Tigerin und eines Löwen (siehe § 16.12 bis § 16.13).

Das ist ein lehrreiches Beispiel für die Kraft unserer Sprache, sich durch Kombination verschiedener Ausdrücke, die allesamt mit altbekannten Tiefenstrukturen verknüpft sind, zur Bezeichnung neuartiger Objekte (mit völlig neuen Tiefenstrukturen) aufzuschwingen.

Relationale Tiefenanalyse

§ 20.2. Das Beispiel ist aber noch in einer anderen Hinsicht lehrreich. Es deutet darauf hin, dass Relationsausdrücke nicht nach dem Muster funktionieren, das wir uns im Gefolge Putnams und Kripkes für die Namen natürlicher Arten zurechtgelegt hatten (siehe § 13.2 und Band 1, Abschnitt 15). Keine intrinsische Analyse verschiedener direkter Nachkommen (der verschiedensten Lebewesen) wird tiefgreifende strukturelle Ähnlichkeiten enthüllen, die für das Verständnis des Ausdrucks „direkter Nachkomme" einschlägig wären und darüber entschieden, was der Ausdruck bezeichnet. Ein solches Muster passt deshalb nicht auf Relationsausdrücke, weil sie nicht einzelne Objekte bezeichnen (die sich auf tiefenstrukturelle Gemeinsamkeiten untersuchen liessen), sondern Paare oder Dreier-Gruppen von Objekten (bzw. allgemeiner: n-Tupel von Objekten). Um das Wort „direkter Nachkomme" zu fassen, nützt nicht der kausale Kontakt zu einer Auswahl direkter Nachkommen; sondern es kommt auf eine Auswahl von *Dreier*gruppen an (die aus einem Nachkommen und seinen zwei Erzeugern bestehen) und darauf, unter den Dreiergruppen aus dieser Auswahl Ähnlichkeiten im *Zusammenhang* zwischen deren einzelnen Elementen vorzufinden.

So müsste man mit einer Reihe von Entenfamilien, Hundefamilien, mit einer Reihe menschlicher Familien und mit einer Reihe von gekreuzten Familien (z. B. aus Pferdestute, Esel und Maultier) im kausalen Kontakt gestanden haben, um mit dem Ausdruck

... ist direkter Nachkomme von --- und __ ,

Erfolg beim Bezeichnen zu haben.

Trotz der logischen Unterschiede zwischen diesem (dreistelligen) Allgemeinterm und den (einstelligen) Namen für natürliche Arten orientiert sich die Funktionsweise des dreistelligen Terms immer noch erstaunlich eng an den Namen natürlicher Arten.[12] Was den verschiedenen Dreier-Familien aus der fraglichen Auswahl gemeinsam ist, könnte sich sehr wohl durch Analyse von Tiefenstrukturen dingfest machen lassen – durch vergleichende Analyse von Erbgut, wie sie bei Vaterschaftstests eingesetzt wird. (Dabei würde natürlich nicht allein das Erbgut des jeweiligen Nachkommen untersucht, sondern die Beziehungen zwischen dessen Erbgut und dem seiner Eltern. Man könnte das als relationale Tiefenanalyse bezeichnen, oder genauer: als Analyse der Relationen zwischen intrinsischen Tiefenstrukturen).

§20.3. Aber diese Besonderheit unseres Beispiels lässt Relationsausdrücke in grösserer Nähe zu den Namen für natürliche Arten rücken, als man im Normalfall annehmen darf. Die wenigsten Relationsausdrücke funktionieren über Tiefenstrukturen der bezeichneten Paare, Tripel etc. Und schon im Fall der betrachteten Dreier-Familien bieten Ergebnisse der genetischen Tiefenanalyse nicht den einzigen und nicht den wichtigsten Anhaltspunkt fürs Funktionieren des Ausdrucks

Historische und räumliche Analyse

... ist direkter Nachkomme von --- und __ .

Eher kommt es bei der Verwendung dieses Ausdrucks auf die *Entstehung* des ersten Relationsglieds an (sowie auf die Beteiligung der anderen beiden Relationsglieder an dieser Entstehung) – und das wird eher durch historische Analyse aufgedeckt als durch Analyse der Tiefenstruktur.

Zudem gründet sich die Verwendung von Relationsausdrücken oft auf *räumliche* Beziehungen (einschliesslich ihrer Veränderungen) und weniger auf Beziehungen zwischen Tiefenstrukturen. Die Relationsausdrücke „jagen" und „verspeisen" sind Beispiele für diesen Sach-

---

[12] Putnam geht sogar so weit, die „parent relation" als natürliche Art zu titulieren ([S]:257).

194   Kapitel VI. Vorarbeiten für die eingetankte Selbstbeschreibung

verhalt.[13] Das spricht dafür, dass es für Erfolg beim Bezeichnen mit Relationsaudrücken nicht so sehr um kausalen Kontakt und Tiefenstrukturen geht, sondern eher um erfolgreichen Zugriff auf die zugrundeliegenden räumlichen Verhältnisse. Und damit gewinnt bei diesen Ausdrücken die Lokalisierungsbedingung noch grösseres Gewicht (im Vergleich zur externalistischen Bedingung für Erfolg beim Bezeichnen): In vielen Fällen kann ein Sprecher einen Relationsausdruck nur dann erfolgreich verwenden, wenn die Verwendung des Ausdrucks auf räumlichen Verhältnissen (und deren Veränderungen) beruht, die in das räumliche Lokalisierungssystem des Sprechers eingeordnet werden können. Das trifft in erster Linie auf naturwissenschaftliche Relationsausdrücke zu; sie sind natürlich nicht semantisch stabil.

Stabile Relationen

§20.4. Aber nicht alle Relationsausdrücke sind so eng an das räumliche Bezugssystem des Sprechers gefesselt wie die naturwissenschaftlichen Relationsausdrücke. Insbesondere dort, wo ein Relationsausdruck seine Eigenheiten durch Projektion von einem Bereich in den nächsten mitnimmt, kann man den Ausdruck erfolgreich einsetzen, ohne die Lokalisierungsbedingung zu beachten. Solche Relationsausdrücke können semantisch stabil sein, wie folgender Abkömmling unseres alten Beispiels aus Abschnitt 14 zeigt:

... spielt mit --- .

Dieser Ausdruck mag zwar zunächst aufgrund räumlicher Verhältnisse in Schwung gekommen sein (etwa anhand von Tennis oder Golf). Da er sich aber mühelos in Diskursbereiche projizieren lässt, in denen räumliche Verhältnisse keine Rolle spielen, betrifft der Ausdruck auch eventuelle Spielpartner ausserhalb des räumlichen Lokalisiationssystems des Sprechers (etwa die beiden ermatteten Schachspieler neben dem Tank, §15.10).

Fazit

§20.5. Fassen wir die bisherigen Ergebnisse aus diesem Abschnitt zusammen. Erstens: Wenn man über Objekte vollkommen neuartiger Struktur sprechen möchte (wie für die vertikale metaphysische Spekulation nötig), dann reichen dafür die durch kausalen Kontakt eingeführten (einstelligen) Namen für natürliche Arten nicht aus.

---

[13] Ich fände es merkwürdig, hier von natürlichen Arten zu sprechen; genauso wie im Fall der metrischen Relation aus der allgemeinen Relativitätstheorie, wo meiner Ansicht nach Putnam etwas zu locker mit dem Ausdruck „natürliche Art" umgeht (siehe [S]:257).

Zweitens: Mehrstellige Relationsausdrücke funktionieren nicht in erster Linie aufgrund gemeinsamer Tiefenstrukturen der bezeichneten Paare, Tripel oder n-Tupel. Daher darf man erwarten, mit ihrer Hilfe über Objekte reden zu können, die eine andere innere Struktur haben als die Objekte, mit denen man (z. B. bei Einführung des Ausdrucks) in kausalem Kontakt stand.

Drittens: Für Erfolg beim Bezeichnen mittels naturwissenschaftlicher Relationsausdrücke kommt es – wie bei den anderen naturwissenschaftlichen Ausdrücken – auf die Lokalisierbarkeit im räumlichen Bezugsystem des Sprechers an.

Viertens: Die Bedingung der Lokalisierbarkeit kann aber von semantisch stabilen Relationsausdrücken verletzt werden, und zwar sogar von solchen Relationsausdrücken, die man zuerst aufgrund räumlicher Verhältnisse lernt, dann aber in neue, nicht-räumliche Diskursgebiete *projiziert*.

§ 20.6. Kurz, wir sind gut beraten, uns an Relationsausdrücke zu halten, wenn wir dem Gehirn zur vertikalen Spekulation über seine Lage im Tank verhelfen wollen. So stellt sich uns die Frage: Mithilfe welcher Relationsausdrücke wird das Kunststück gelingen? Meine Antwort hängt mit dem Thema der Projektion zusammen, das eben schon kurz angeklungen ist. Manche Relationsausdrücke eignen sich, um andere sprachliche Ausdrücke von einem Redebereich in den nächsten zu projizieren; sie sind sozusagen Vehikel des Bedeutungstransportes zwischen verschiedenen Redebereichen. Ich schlage also vor, nach einem semantisch stabilen Relationsausdruck auszuschauen, mit dessen Hilfe man zwischen verschiedenen Wirklichkeitsbereichen hin- und herwechseln kann.

Projektion

In dieser Fassung ist die Skizze meines Vorschlags gröber als nötig. Uns geht es nicht um den Wechsel von irgendeinem beliebigen Wirklichkeitsbereich zu irgendeinem anderen beliebigen Wirklichkeitsbereich. Uns interessiert nur der Wechsel in vertikaler Richtung. Damit ist freilich noch nicht viel gewonnen. Denn im Rückblick kann man sagen, dass wir seit vielen Kapiteln versucht haben, vertikal den Wirklichkeitsbereich zu wechseln; und dabei sind wir stets mit dem Kopf gegen denselben Dachbalken gestossen. – Genauer gesagt, haben wir vergeblich versucht, den Wirklichkeitsbereich *nach oben* zu wechseln. Es gibt aber noch eine andere Richtung für den vertikalen Wechsel: *nach unten* (indem man etwa von der Rede über Eulen zur Rede über Bit-Eulen wechselt). Und während wir fast die ganze Zeit hindurch den Wirklichkeitsbereich nach unten gewechselt haben, ist uns nicht aufgefallen, dass wir damit dem Ziel unserer Untersuchung seit langem sehr, sehr nah waren.

Vier Behauptungen

§ 20.7. Durch diese Andeutungen gewinnt die Grundidee meines Vorschlags ihre ersten Konturen: Mithilfe des Bit-Präfixes kann man sich sprechend von einer Wirklichkeitsebene in die darunterliegende Wirklichkeitsebene bewegen: eine vertikale Bewegung, nur leider in der falschen Richtung. Aber die Abwärtsbewegung lässt sich rückgängig machen; für den Wiederaufstieg drehe man die Relation um, die das Bit-Präfix ausdrückt.

Sollte diese Grundidee funktionieren, müssten die folgenden vier Behauptungen zutreffen. Erstens: Das Bit-Präfix ist semantisch stabil. Zweitens: Das Präfix drückt eine Relation aus. Drittens: Diese Relation lässt sich umdrehen. Viertens: Auch der sprachliche Ausdruck für diese umgedrehte Relation ist semantisch stabil.

Dass die ersten beiden Behauptungen richtig sind, möchte ich im nächsten Abschnitt vorführen; Gegenstand des übernächsten Abschnitts sind die dritte und vierte Behauptung.

21. Eine semantisch stabile Vorsilbe

Verschachtelung

§ 21.1. Wir wollen zeigen, dass das Gehirn im Tank durch Umdrehung der Bit-Vorsilbe vertikal spekulieren und über die Welt reden kann, in die seine eigene natürliche Welt eingebettet ist. Wie wir am Ende des letzten Abschnittes angemerkt haben, lautet die erste der vier Behauptungen, die zu diesem Zweck begründet werden muss: Das Bit-Präfix ist semantisch stabil.

Um zu sehen, ob das stimmt, müssen wir annehmen, dass das Gehirn im Tank beginnt, in seiner Sprache über „Gehirne im Tank" nachzudenken. Stellen wir uns (der Einfachheit zuliebe) vor, dass es sich nicht bloss in akademischen Gedankenspielen zu diesem Thema ergeht, sondern dass es durch einen handfesten Anlass dazu gebracht wird, Ausdrücke wie „Gehirn im Tank", „Simulationscomputer" usw. zu verwenden: Das Gehirn erfährt die lebensechte Simulation eines alarmierenden medizinisch-technischen Fortschritts; dem Gehirn im Tank wird die Realität eingetankter Gehirne vorgegaukelt – durch gezielte Simulation von Tanks, Kabeln usw. aus dem Simulationscomputer.[14]

---

[14] Worauf die *Iteration* des Gedankenspiels vom Gehirn im Tank hinausläuft, haben wir in § 6.3 angesprochen.

(Da wir uns das eingetankte Gehirn weiterhin als unseren Doppelgänger vorstellen wollen, der dasselbe erlebt wie wir, müssen wir uns für eine Weile vorstellen, dass auch wir bereits Gehirne im Tank beobachtet haben. Wie gesagt, diese Annahme dient nur der anschaulicheren Darstellung und könnte auf Kosten der Einfachheit genausogut weggelassen werden).

Um sich über die eigene Situation zu beruhigen, studiert das eingetankte Gehirn die Bit-Ausgabe von *Reason, Truth and History* sowie die umfangreiche Sekundärliteratur. Dass es in seiner Sprache recht hat, wenn es zu Putnams Konklusion vordringt:

(3) Mein Gehirn steckt nicht im Tank (und ist nicht an einen Simulationscomputer angeschlossen),

haben wir uns bereits klargemacht. Die Übersetzung dieser tanksprachlichen Konklusion lautet:

(3$_\text{ü}$) Mein Bit-Gehirn ist nicht im kybernetischen Innern eines Bit-Tanks abgespeichert (und ist nicht kybernetisch an einen Bit-Computer angeschlossen),

und *das* trifft auf die Lage des deduzierenden Sprechers sehr genau zu (§4.12).

§21.2. Sobald sich das eingetankte Gehirn in Putnams Beweis vertieft und die gelernte Lektion auf die ihm vorgegaukelten Gehirne im Tank anwenden will, fragt es sich: — Gehirn redet von „Bit-Katzen"

(4) Wenn die Gehirne im Tank „Katze" sagen – was bezeichnen sie mit diesem Wort?

Wir hatten uns in unserer Sprache fast wortwörtlich dieselbe Frage gestellt (§3.1). Und da das Gehirn im Tank unser getreuer Doppelgänger ist, beantwortet es die Frage mit denselben Worten wie wir:

(5) Die Bit-Katzen.

Es verwendet bei dieser Antwort zwar dieselben Wörter wie wir – aber sie bezeichnen in seiner Sprache nicht dasselbe wie bei uns.

Begründung. Nehmen wir das Gegenteil an; dann wäre der Ausdruck „Bit-Katze" semantisch stabil. Dann würden die tanksprachlichen Ausdrücke „Katze" und „Bit-Katze" beide dasselbe bezeichnen: die Bit-Katzen. Und damit würde das Gehirn im Tank dem kybernetisch eingetankten Bit-Gehirn im Ergebnis zugestehen, mit dem Wort „Katze" das zu bezeichnen, was es selber „Katze" nennt. Diese Interpretation passt nicht zu den heftigen Protesten

198   Kapitel VI. Vorarbeiten für die eingetankte Selbstbeschreibung

des Gehirns im Tank gegen kybernetisch magische Theorien des Bezeichnens! Wenn wir das Gehirn wohlwollend interpretieren und ihm keine philosophischen Anfängerfehler beim Interpretieren des (kybernetisch eingetankten) Bit-Gehirns unterstellen wollen, dann müssen wir seine Verwendung des Ausdrucks „Bit-Katze" semantisch destabilisieren.

Bit-Bit-Katzen

§ 21.3. Wenn also der tanksprachliche Ausdruck „Bit-Katze" nicht die Bit-Katzen bezeichnet: Was bezeichnet er dann? Meine Antwort: die Bit-Bit-Katzen! Die Antwort klingt verwirrender, als sie ist. Um sie zu begründen, machen wir uns zuerst klar, dass Bit-Katzen nicht nur in der „physikalischen Welt" des eingetankten Gehirns vorkommen; sie sind (als gespeicherter Inhalt im Universalspeicher) ebenso ein Teil unserer physikalischen Welt – wenn auch ein recht unbedeutender Teil. Damit stehen zwei Sachen fest: *Erstens*, es ist sinnvoll, diese Bit-Katzen wiederum durch Vorschaltung des Bit-Präfixes in den Universalspeicher zu verschieben, also ihr eingetanktes Gegenstück herauszugreifen: Die Rede von Bit-Bit-Katzen hat guten Sinn. Und *zweitens* bedeutet es, dass folgende Wortfolge sowohl in unserer Sprache als auch in der Tanksprache wahr sein muss:

(6) Bit-Katzen sind dasselbe wie bestimmte physikalische Objekte im Universalspeicher (z. B. ganz bestimmte elektrische Ladungen in ganz bestimmten Kondensatoren).

Wenn wir also das tanksprachliche Wort „Bit-Katze" übersetzen wollen, so können wir stattdessen ebensogut den tanksprachlichen Ausdruck

(7) bestimmte physikalische Objekte im Universalspeicher,

übersetzen. Dessen Übersetzung lautet auf Deutsch:

($7_ü$) bestimmte bit-physikalische Objekte im kybernetischen Innern des Bit-Universalspeichers.

Diese deutsche Phrase kann man sich auch anders entstanden denken: Sie bezeichnet das, was im eingetankten Gehirn Vorstellungen von Bit-Katzen auslösen würde; sie bezeichnet das eingetankte Gegenstück unserer Bit-Katzen. Und das genau *sind* Bit-Bit-Katzen.

Abstieg zu den Kondensatoren

§ 21.4. *Genauere Begründung.* Wenn wir das Zeichen „•" als Operator der syntaktischen Verkettung von Ausdrücken verstehen und wenn „$Ü_{Ts \to Dt}$" ein syntaktischer Operator ist, der tanksprachliche Ausdrücke in ihre deutschen Übersetzungen umwandelt, dann sieht eine schematische Darstellung unserer Überlegung folgendermassen aus:

21. Eine semantisch stabile Vorsilbe   199

$\ddot{\text{U}}_{\text{Ts}\to\text{Dt}}$ („Bit-Katze")
= $\ddot{\text{U}}_{\text{Ts}\to\text{Dt}}$ („bestimmte physikalische Objekte im Universalspeicher")
= „Bit" • „bestimmte physikalische Objekte im Universalspeicher"
= „Bit" • $\ddot{\text{U}}_{\text{Ts}\to\text{Dt}}$ („Katze")
= „Bit" • „Bit-Katze"
= „Bit-Bit-Katze".

Man könnte bemängeln, dass in der zweiten und dritten Zeile dieser Argumentation sehr unspezifisch von „*bestimmten* physikalischen Objekten im Universalspeicher" die Rede ist und dass es alles andere als klar ist, ob dies die deutsche Übersetzung des tanksprachlichen Ausdrucks „Katze" sein muss, wie für den Übergang zur vierten Zeile vorausgesetzt. (Auch Bit-Hunde sind „*bestimmte* physikalische Objekte im Universalspeicher"; nur andere).

In der Tat soll das erste Wort der bemängelten Phrase „bestimmte physikalische Objekte im Universalspeicher" nur als Platzhalter verstanden werden; wir haben uns nicht die Mühe gemacht, durchzubuchstabieren, was für physikalische Objekte die Bit-Katzen genau sind. Um das Unbehagen zu zerstreuen, könnte ich die Argumentation anhand eines einfacheren tanksprachlichen Ausdrucks wiederholen; etwa anhand von „Bit-Proton" anstelle von „Bit-Katze". Im Abschnitt 4 haben wir genauer festgelegt, was Bit-Protonen sein sollen (§ 4.4). Sie sind physikalisch im Universalspeicher realisierte Zahlencodes der Form „010". (Und Bit-Katzen sind hochkomplexe mereologische Summen solcher dreistelliger Codes, die wir nicht näher spezifiziert haben). Bevor wir die eigentliche Argumentation in Gang setzen können, müssen wir uns fragen, wie diese dreistelligen Zahlencodes der Form „010" realisiert sind. Mein Vorschlag: Durch die elektrische Ladung in drei benachbarten Kondensatoren; ungeladene Kondensatoren repräsentieren die Code-Ziffer „0"; hinreichend stark geladene Kondensatoren repräsentieren die Code-Ziffer „1". (Bei einer Spannungsdifferenz von 2 V und einer Kapazität von 10^{-11} F trüge ein Kondensator für die Ziffer „1" eine Ladung von $2 \cdot 10^{-11}$ C, das entspricht 124 843 945 Elektronen). Bit-Protonen bestehen demzufolge letztlich aus ca. 125 Millionen Elektronen im mittleren von drei Kondensatoren. Man könnte also, statt mit der mangelhaften, weil zu unspezifischen Gleichsetzung:

(i) Bit-Katzen sind dasselbe wie bestimmte physikalische Objekte im Universalspeicher,

mit der eben spezifizierten Gleichsetzung argumentieren:

(ii) Bit-Protonen bestehen aus 125 Millionen Elektronen im mittleren von drei Kondensatoren im Universalspeicher.

Dass sich an der obigen Kette syntaktischer Gleichheiten durch diese Erhöhung der Genauigkeit nichts Wesentliches ändert, dürfte auf der Hand liegen.

Kapitel VI. Vorarbeiten für die eingetankte Selbstbeschreibung

Eine Zusatzregel

§21.5. Es ist klar, dass unsere Überlegung bei Bit-Bit-Katzen und Bit-Bit-Protonen genauso funktioniert wie z. B. bei Bit-Bit-Wolken und Bit-Bit-Quallen. So bekommen wir die folgenden Interpretationsregeln:

(8) Der tanksprachliche Ausdruck „Bit-Katze" bezeichnet die Bit-Bit-Katzen;
(9) Der tanksprachliche Ausdruck „Bit-Proton" bezeichnet die Bit-Bit-Protonen;
(10) Der tanksprachliche Ausdruck „Bit-Wolke" bezeichnet die Bit-Bit-Wolken;
(11) Der tanksprachliche Ausdruck „Bit-Qualle" bezeichnet die Bit-Bit-Quallen.

Diese Regeln zeigen ein sehr einheitliches Muster. Sie ergeben sich aus unseren ursprünglichen Interpretationsregeln:

(12) Der tanksprachliche Ausdruck „Katze" bezeichnet die Bit-Katzen;
(13) Der tanksprachliche Ausdruck „Proton" bezeichnet die Bit-Protonen;
(14) Der tanksprachliche Ausdruck „Wolke" bezeichnet die Bit-Wolken;
(15) Der tanksprachliche Ausdruck „Qualle" bezeichnet die Bit-Quallen;

– zumindest dann, wenn man für das Bit-Präfix selber eine einzige Zusatzregel hinzufügt:

(16) Die tanksprachliche Vorsilbe „Bit" ist semantisch stabil.

Verschiebung in den Speicher

§21.6. Und in der Tat laufen unsere Überlegungen zur Uminterpretation tanksprachlicher Ausdrücke, in denen die Vorsilbe „Bit" vorkommt, genau auf die semantische Stabilität der Vorsilbe hinaus. Zwar verändern sich die *zusammengsetzten* Ausdrücke

Bit-Katze, Bit-Proton, Bit-Wolke, Bit-Qualle,

bei Übersetzung aus der Tanksprache, sind also als ganzes semantisch instabil. Aber diese Veränderungen sind nur auf die semantische Instabilität der naturwissenschaftlichen Teilausdrücke „Katze", „Proton", „Wolke", „Qualle" zurückzuführen; der Bit-Bestandteil der zusammengesetzten Ausdrücke kann ohne Veränderung in unsere Sprache herübergenommen werden. (Genauso konnte der – kursiv gesetzte – mengentheoretische Teil des komplexen Ausdrucks „die *Menge* aller

Tiger" ohne Änderung aus der Tanksprache in unsere Sprache übertragen werden, siehe Abschnitt 11, insbesondere § 11.7).

Dass die Bit-Vorsilbe semantisch stabil ist, braucht uns nicht zu überraschen. Wenn das Gehirn im Tank von der tanksprachlichen Rede über „Katzen" zur tanksprachlichen Rede über „Bit-Katzen" wechselt, dann verschiebt es dabei die ursprünglich bezeichneten Objekte an eine bestimmte Stelle im Universalspeicher; dasselbe tun wir, wenn wir vor irgendeinen unserer Namen für natürliche Arten (etwa „Baum") das Präfix „Bit" vorschalten. In beiden Fällen ist der Ausgangspunkt dieser Verschiebung eine Menge physikalischer Objekte (mit ähnlicher Tiefenstruktur) – bei uns z.B. die Menge aller Bäume; beim Gehirn im Tank die Menge aller Bit-Katzen (das, was es in seiner Sprache als „Katze" bezeichnet). Auch der Zielpunkt der Verschiebung ist in beiden Fällen gleich: eine Menge bestimmter Konfigurationen von Codes im Universalspeicher – bei uns die Menge aller Bit-Bäume; beim Gehirn im Tank die Menge aller Bit-Bit-Katzen.

Natürlich kann das Gehirn im Tank keine echten Bäume mithilfe der Bit-Vorsilbe verschieben – da es einstweilen nicht von echten Bäumen sprechen kann (dazu mehr im nächsten Abschnitt). Aber anhand der Artexemplare, von denen es sprechen kann, tut es genau dasselbe, was wir durch Vorschalten der Bit-Vorsilbe tun. Das tritt besonders deutlich zutage, wenn man ein Beispiel betrachtet, in dem *wir* die Bit-Vorsilbe vor einen Ausdruck setzen, der etwas bezeichnet, von dem auch das Gehirn im Tank sprechen kann; etwa vor unseren Ausdruck „Bit-Katze" (der ja dasselbe bezeichnet wie der tanksprachliche Ausdruck „Katze"). Das Ergebnis unserer Verschiebung ist in diesem Beispiel exakt dasselbe wie beim Gehirn im Tank: das, was *wir* „Bit-Bit-Katzen" nennen (und was das Gehirn im Tank „Bit-Katzen" nennt).

§ 21.7. Mit Bedacht habe ich bis zum gegenwärtigen Augenblick offengelassen, was für eine Art von Ausdruck die eigentümliche Bit-Vorsilbe ist, die uns schon so lange begleitet hat. An der sprachlichen Oberfläche wirkt sie wie ein syntaktischer Operator, der gewisse generelle Terme (Namen für natürliche Arten) in gewisse andere generelle Terme verwandelt (in Namen für natürliche Arten innerhalb des Universalspeichers). Die Vorsilbe scheint so ähnlich zu funktionieren wie die deutsche Vorsilbe „Ur", die gewisse (zweistellige) Relationsausdrücke wie:

Enkel, Grossonkel, Grossmutter, Urenkelin,

Das Bit-Präfix

Kapitel VI. Vorarbeiten für die eingetankte Selbstbeschreibung

in gewisse andere (zweistellige) Relationsausdrücke verwandelt:

Urenkel, Urgrossonkel, Urgrossmutter, Ururenkelin.

Für unsere Zwecke ist diese Sichtweise nicht sehr hilfreich. Um die Zahl der Parameter kleinzuhalten, sollten wir ohne Not keine neuen sprachlichen Kategorien ins Spiel bringen; wir sollten versuchen, mit den Kategorien auszukommen, die wir schon betrachtet haben. Damit sind wir bei der zweiten meiner vier Behauptungen, die ich zu begründen habe: Die Bit-Vorsilbe kann als Relationsausdruck verstanden werden.

Die Bit-Relation §21.8. Um das plausibel zu machen, möchte ich darlegen, wie sich Sätze, in denen die Bit-Vorsilbe vorkommt, in Sätze umformen lassen, in denen stattdessen ein geeigneter Relationsausdruck vorkommt. Betrachten wir einen deutschen Satz, den einer von uns angesichts eines genau durchleuchteten Universalspeichers äussern könnte:

(17)   Da ist eine Bit-Katze.

Meiner Ansicht nach kann man in diesen Satz dieselbe logische Struktur hineinlesen wie in folgenden Satz:

(17*) Da ist ein Bit-Gegenstück einer Katze.

Natürlich muss ich jetzt genauer erklären, was der neue relationale Ausdruck:

(18)   x ist ein Bit-Gegenstück von y,

bedeuten soll. In einem ersten Anlauf erkläre ich den Ausdruck so:

(19)   x ist genau dann Bit-Gegenstück von y („x ist bit-reliert mit y"), wenn gilt:

y ist ein materieller Gegenstand und x ist eine mereologische Summe aus physikalisch realisierten Zahlencodes im Universalspeicher, die den Aufbau von y aus Elementarteilchen genau widerspiegelt.

Diese Erklärung genügt zur Begründung meiner zweiten Behauptung; sie ist allgemein genug, um uns die Gewissheit zu schenken, dass sich *alle* unsere bisherigen Aussagen über Bit-Katzen, Bit-Bit-Katzen, Bit-Tiger, Bit-Gehirne usw. in relationale Aussagen verwandeln lassen, in denen nur noch von echten Katzen, Tigern, Gehirnen usw. die Rede ist *und* von deren Bit-Gegenstücken. Die ganze bunte Vielfalt des Bit-Zoos wird durch (19) auf den normalen Zoo und auf den relationalen Ausdruck (18) zurückgeführt. Aber trotz dieser umfassenden Anwendbarkeit ist die Erklärung nicht allgemein genug. Warum wir uns mit der Erklärung nicht zufrieden geben sollten, werden wir im nächsten Abschnitt sehen.

§ 21.9. *Bemerkung.* Wie die codierte Widerspiegelung eines aus Elektronen, Protonen und Neutronen zusammengesetzten materiellen Gegenstandes im Universalspeicher aussehen könnte, haben wir oben genauer ausgeführt, siehe § 4.2 bis § 4.4. Wenn der Universalspeicher tatsächlich ein isomorphes Abbild unserer Welt bietet (wie seinerzeit bei seiner Beschreibung angenommen), so lässt sich die Relation „ist Bit-Gegenstück von" sogar als Funktion auffassen. (Sollte es mehrere Universalspeicher geben wie im Gedankenspiel mit dem Nachbarcomputer (§ 17.10, § 18.15 ff), so müsste man für jeden Universalspeicher U eine eigene eineindeutige Relation ansetzen: „ist *in U* Bit-Gegenstück von").

Mit und ohne Isomorphie

Nehmen wir aber einmal an, dass dem Gehirn im Tank eine Welt vorgegaukelt wird, die mit unserer Welt nicht in isomorphe Deckung gebracht werden kann; nehmen wir z. B. an, dass unsere Welt abgesehen von uns und der Tank-Konstellation nichts enthält. Dann entsteht eine Schwierigkeit. Wenn wir den ursprünglichen Satz

(17)   Da ist eine Bit-Katze,

relational paraphrasieren:

(17′)   Da ist eine mereologische Summe von physikalisch realisierten Codes x, *so dass es eine Katze y gibt,* für die gilt: x ist ein Bit-Gegenstück von y,

so setzt diese Paraphrase die Existenz mindestens einer echten Katze voraus – und der ursprüngliche Satz (17) schien keine solche Existenzvoraussetzung mit sich zu bringen. Die Schwierigkeit lässt sich umgehen. Folgende Paraphrase des ursprünglichen Satzes beruht nicht auf der Existenz irgendwelcher Katzen:

(17**)   Da ist eine mereologische Summe von physikalisch realisierten Codes x, so dass für alle y gilt: *Wenn* y eine Katze ist, dann ist x ein Bit-Gegenstück von y.

(Der hier verwendete Konditionalsatz müsste allerdings so stark gelesen werden, dass er kontrafaktische Fälle unterstützt und im Fall der Nicht-Existenz von Katzen auf folgendes hinausläuft: Wenn y eine Katze *wäre,* so wäre x ein Bit-Gegenstück von y.

Eine weitere Komplikation dieser letzten Paraphrase hängt damit zusammen, dass ihr zufolge jede Bit-Katze das Bit-Gegenstück jeder Katze wäre: Die Bit-Relation wäre nicht mehr eineindeutig, sondern würde alle Exemplare einer natürlichen Art aus dem Universalspeicher mit allen Exemplaren der passenden Art außerhalb des Speichers verbinden. Diese Konsequenz ist willkommen, wenn der Universalspeicher kein isomorphes Abbild unserer Welt bietet; die

Bit-Relation würde dann nicht (wie bislang) anhand des *vollständigen* subatomaren Aufbaus aus Elementarteilchen erklärt werden müssen, sondern nur anhand derjenigen Elementarteilchen, die für die Artzugehörigkeit der betroffenen Exemplare einschlägig wären: etwa anhand der Elementarteilchen aus deren DNS-Molekülen).

22. Was sind Über-Katzen?

Inversion

§22.1. Im letzten Abschnitt haben wir gesehen, dass die Bit-Vorsilbe semantisch stabil ist und dass sie sich in einen zweistelligen Relationsausdruck umformen lässt. Damit sind die ersten beiden unserer Begründungspflichten eingelöst. Gegenstand des vorliegenden Abschnitts sind die anderen beiden Behauptungen, die uns noch von unserem Ziel trennen: Die Relation

(18) x ist ein Bit-Gegenstück von y,

lässt sich umdrehen (Behauptung 3) und ist auch in ihrer invertierten Fassung semantisch stabil (Behauptung 4). Auf den ersten Blick scheinen diese beiden Behauptungen unmittelbar aus den zuvor begründeten Behauptungen hervorzugehen:

Jede zweistellige Relation lässt sich umdrehen. Man kann alles, was sich mithilfe einer Relation R sagen lässt, genauso mithilfe ihrer Inversion R* sagen; dafür müssen lediglich die Rollen der beiden Leerstellen vertauscht werden. Die Inversion einer Relation bietet nur zusätzlichen Formulierungsspielraum für ein und dieselbe Sache – so wie im Deutschen der Übergang von aktiven zu passiven Verbformen.[15] Demzufolge kommt durch den Übergang zur Inversion einer Relation nichts Neues ins Spiel: nichts, was beim Übersetzen neue Ressourcen erfordern würde. Und das bedeutet, dass der sprachliche Ausdruck einer invertierten Relation semantisch stabil sein muss, wenn der sprachliche Ausdruck für die ursprüngliche Relation semantisch stabil war. Kurz, die Umkehrung der Relation

(18) x ist ein Bit-Gegenstück von y,

ist semantisch stabil.

---

[15] So ähnlich Quine [VEa]:230/1.

22. Was sind Über-Katzen?

§22.2. Sind wir damit nicht schon am Ziel? Leider nein; denn dieser übereilte Gedankengang beruht auf einer Voraussetzung, die noch nicht begründet wurde: auf der Voraussetzung, dass der ursprüngliche Relationsausdruck:

Ein Verdacht

(18) x ist ein Bit-Gegenstück von y,

semantisch stabil ist. Wir haben zwar im letzten Abschnitt die semantische Stabilität der Bit-Vorsilbe plausibel gemacht (Behauptung 1) *und* dargelegt, wie man mithilfe des Relationsausdrucks dasselbe sagen kann wie mithilfe der Bit-Vorsilbe (Behauptung 2). Aber dass sich die semantische Stabilität der Vorsilbe automatisch auf den Relationsausdruck überträgt, versteht sich nicht von selbst. Der Relationsausdruck birgt in sich mehr sprachliche Ausdruckskraft als die Vorsilbe. Insbesondere kann der Relationsausdruck umgedreht werden – wie dagegen die Vorsilbe umgedreht werden soll, ist nicht klar. Und es könnte sein, dass die erhöhte sprachliche Ausdruckskraft des Relationsausdrucks auf Kosten seiner semantischen Stabilität geht. Folgender Gedankengang nährt diesen Verdacht. Zwar kann das Gehirn im Tank genau wie wir mithilfe des Relationsausdrucks

(18) x ist ein Bit-Gegenstück von y,

vertikal den Wirklichkeitsbereich wechseln: nach unten. Genau wie bei uns entstehen auch die tanksprachlichen „Bit-Gegenstücke" irgendwelcher Objekte durch Verschiebung dieser Objekte in den Universalspeicher. Aber im tanksprachlichen Fall verschieben sich dabei in den Universalspeicher nur gewisse Codes aus dem Universalspeicher; die Verschiebung findet nur *innerhalb* des Universalspeichers statt.

In unserem Fall *kann* die Verschiebung ebenfalls innerhalb des Universalspeichers stattfinden (wenn wir z.B. die Bit-Gegenstücke von *Bit*-Katzen bestimmen); aber sie *muss nicht* innerhalb des Universalspeichers stattfinden. Was das Gehirn mithilfe des Ausdrucks „Bit-Gegenstück" bewirkt, ist mithin nur ein Spezialfall dessen, was wir mit dem Ausdruck bewirken.

§22.3. Unser Verdacht bestätigt sich, wenn wir uns daran erinnern, wie wir den Ausdruck „Bit-Gegenstück" im letzten Abschnitt erklärt haben:

Umkehrung gilt nicht

(19) x ist genau dann Bit-Gegenstück von y („x ist bit-reliert mit y"), wenn gilt:

y ist ein *materieller* Gegenstand und x ist eine mereologische Summe aus *physikalisch* realisierten Zahlencodes im *Universalspeicher*, die den Aufbau von y aus *Elementarteilchen* genau widerspiegelt.

Die wichtigsten Wörter aus dieser Erklärung sind natürlich nicht semantisch stabil. Wenn das Gehirn im Tank die Erklärung wortwörtlich wiederholt, so meint es damit in unserer Sprache folgendes:

(19$_ü$) x ist genau dann Bit-Gegenstück von y („x ist bit-reliert mit y"), wenn gilt:

y ist ein bit-materieller Gegenstand und x ist eine kybernetisch-mereologische Summe aus bit-physikalisch realisierten Zahlencodes im kybernetischen Innern des Bit-Universalspeichers, die den kybernetischen Aufbau von y aus Bit-Elementarteilchen genau widerspiegelt.

Und die einzelnen Glieder x und y der hierdurch erfassten Paare sind allesamt Zahlencodes im Universalspeicher: Etwa das Paar, das aus einer Bit-Katze y und ihrem Bit-Gegenstück, der Bit-Bit-Katze x besteht. Dieses Paar fällt zwar auch unter *unsere* Bit-Relation; was tanksprachlich „bit-reliert" ist, ist auch in unserer Sprache bit-reliert. Aber die Umkehrung gilt nicht: Nicht alles, was in unserer Sprache bit-reliert ist, fällt auch unter die gleichnamige Relation der Tanksprache.

Die alte Leier

§ 22.4. Unser Verdacht hat sich in Gewissheit verwandelt: So, wie wir die Sache im letzten Abschnitt eingefädelt haben, ist die Bit-Relation *nicht* semantisch stabil. Damit sind wir angesichts der Bit-Relation an eine Stelle gekommen, die wir zuvor schon zweimal berührt hatten: das erste Mal angesichts des Begriffs der natürlichen Art (§ 13.3), das zweite Mal angesichts des Begriffs des materiellen Gegenstands (Abschnitt 16). In allen drei Fällen mussten wir uns gegen semantische Stabilität entscheiden, obwohl das eingetankte Gehirn in den Grenzen *seiner* Welt mit den Ausdrücken

natürliche Art, materieller Gegenstand, bit-reliertes Paar,

dieselben Dinge bezeichnet, die wir mit diesen Wörtern in *seiner* Welt bezeichnen:

Alles, was das Gehirn im Tank als „natürliche Art" bezeichnet, bildet auch aus unserer Sicht eine natürliche Art. (Aber nicht umgekehrt: Unsere natürliche Art der Katzen fällt nicht unter den tanksprachlichen Begriff der „natürlichen Art"). Alles, was das Gehirn im Tank

22. Was sind Über-Katzen?

als „materiellen Gegenstand" bezeichnet, ist auch aus unserer Sicht ein materieller Gegenstand. (Aber nicht umgekehrt: Unsere Katzen sind aus tanksprachlicher Sicht keine „materiellen Gegenstände"). Und wie wir eben gesehen haben, herrschen dieselben Verhältnisse bei der Bit-Relation.

Kurz, in einem eingeschränkten Gegenstandsbereich funktionieren die tanksprachlichen Fassungen der drei Ausdrücke genauso wie unsere Fassungen dieser Ausdrücke; der einzige Unterschied besteht darin, dass unsere Fassungen der Ausdrücke einen umfassenderen Gegenstandsbereich abdecken als ihre tanksprachlichen Geschwister.

Woran liegt das? Es liegt daran, dass die drei Ausdrücke in den Machtbereich der Naturwissenschaften fallen und somit der Bedingung der Lokalisierbarkeit unterworfen sind (§17.12 bis §17.15). Die Tank-Naturwissenschaften handeln nur von Phänomenen, die das Gehirn im Tank in sein räumliches Bezugssystem einordnen kann; innerhalb dieses Bezugssystems (das in unser Bezugssystems eingebettet ist) funktionieren die drei Ausdrücke wie bei uns.

§22.5. Wären wir Szientisten, so könnten wir unser metaphysisches Projekt an dieser Stelle abbrechen und uns mit der semantischen Instabilität der drei Ausdrücke zufriedengeben. Aber wir haben dem Szientismus schon an allerlei Wendepunkten unserer Untersuchung widerstanden, indem wir über das semantisch instabile, naturwissenschaftliche Vokabular hinaus andere – semantisch stabile – Ausdrücke gefunden oder erfunden haben: aus Diskursbereichen, die vielleicht nicht so exakt und schlagkräftig organisiert sind wie die Naturwissenschaften, die uns aber der Verteidigung gegen szientistische Allmachtsansprüche wert erschienen. So haben wir uns ausgehend vom Fall des naturwissenschaftlichen Begriffs der natürlichen Art aufgeschwungen zum Begriff der Art, *simpliciter*: zu einem respektablen Begriff, der sich durch mannigfache Projektion in immer neue Diskursbereiche semantisch stabilisieren liess.[16]

Erwiderung

Ein ähnliches Manöver soll uns jetzt zu einer semantisch stabilen Schwester der instabilen Bit-Relation verhelfen: Der Ausdruck „ist bit-reliert mit" (bzw. „ist Bit-Gegenstück von") wird zunächst wie gehabt eingeführt (mithilfe von naturwissenschaftlich regierten Ausdrücken, deren Instabilität offenkundig ist) *und dann in andere Wirklichkeitsbereiche projiziert*.

---

[16] Vergl. §13.8 bis §13.9 und die Übertragung dieser Überlegungen auf den Gegenstandsbegriff in §13.10 bis §13.12.

Das Projektionsergebnis wollen wir als „*umfassende* Bit-Relation" bezeichnen. (So, wie der semantisch instabile Begriff der natürlichen Art ein Spezialfall des stabilen Artbegriffs war, so soll nun die semantisch instabile Bit-Relation als Spezialfall der stabilen umfassenden Bit-Relation erwiesen werden).

Bemerkung. Das Wort „Projektion" soll in meinem Ansatz keine argumentative Last tragen. (Es ist, für sich genommen, nicht viel klarer als das Wort „Analogie", mit dem wir uns nicht hatten zufriedengeben wollen, siehe Abschnitt 15, insbes. §15.6 bis §15.9). Ich benutze das Wort „Projektion" als griffige Abkürzung für die teilweise komplizierten Manöver, durch die ich dem Gehirn im Tank neue sprachliche Ressourcen an die Hand geben will. Kurz, das Wort wird erst durch unsere Überlegungen mit eigenem Gehalt gefüllt.

<small>Auftakt der Projektion</small>

§22.6. Um die Situation unter Kontrolle zu halten, werden wir die Projektion nicht von innen, in unserer Sprache durchführen – sondern von aussen, anhand der Tanksprache. Das Gehirn im Tank bleibt also zunächst bei der ursprünglichen Definition aus dem Machtbereich seiner Naturwissenschaften:

(19) x ist genau dann Bit-Gegenstück von y („x ist bit-reliert mit y"), wenn gilt:

y ist ein materieller Gegenstand und x ist eine mereologische Summe aus physikalisch realisierten Zahlencodes im Universalspeicher, die den Aufbau von y aus Elementarteilchen genau widerspiegelt.

Dann sagt es:

(20) Die *umfassende* Bit-Relation geht in die eben definierte Bit-Relation über durch Einschränkung des Gegenstandsbereichs auf räumlich lokalisierbare Entitäten.

Durch diesen Hinweis zeigt das Gehirn seine Bereitschaft, die neue („umfassende") Bit-Relation im Fall der Fälle auch von Entitäten ausserhalb seines räumlichen Bezugssystems gelten zu lassen. Natürlich weiss es nicht, ob der Fall der Fälle tatsächlich eintritt, ob also auch Entitäten von der neuen Relation betroffen sein können, die nicht in seinem räumlichen Bezugssystem lokalisierbar sind und nicht in den Geltungsbereich seiner Naturwissenschaften fallen. *Wenn* es solche Entitäten jenseits seines räumlichen Bezussystems geben sollte, so kommen sie als Kandidaten für Relata der neu eingeführten Relation infrage. Die Relation ist damit dem Machtbereich der Naturwissenschaften ein Stück weit entzogen.

22. Was sind Über-Katzen?   209

§22.7. Aber das genügt nicht. Das Gehirn im Tank muss genauer eingrenzen, wie die umfassende Relation in anderen Wirklichkeitsbereichen funktionieren würde. Die eigentliche Projektion muss erst noch geleistet werden.   *Horizontale Projektion*

Eine dieser Projektionen zielt in parallele Welten und hängt mit der horizontalen metaphysischen Spekulation zusammen, der wir im letzten Kapitel nachgegangen sind (§18.15 bis §18.17). So sagt das Gehirn etwa:

(21) Unter anderem wäre Parallel-Bit-Eisen mit Parallel-Eisen umfassend bit-reliert – falls es Parallel-Eisen und Parallel-Bit-Eisen geben sollte.

Mit dieser Projektion verlässt das Gehirn im Tank den Machtbereich seiner Naturwissenschaften. Wenn solch eine Form horizontaler metaphysischer Spekulation zulässig sein sollte (und dafür habe ich im letzten Kapitel plädiert), dann ist gegen (21) nichts einzuwenden. Und damit haben wir einen ersten substantiellen Schritt zur Erklärung der umfassenden Bit-Relation getan.

Bemerkung. Diese partielle Erklärung ist trickreicher, als man auf den ersten Blick meinen könnte. Sie greift auf die bereits eingeführte Vorsilbe „Parallel" zurück. Diese Vorsilbe kann nach den bisherigen Erklärungen vor beliebige Ausdrücke aus dem Machtbereich der Naturwissenschaften geschrieben werden, also auch vor Ausdrücke, die ihrerseits mit der (naturwissenschaftlich beschränkten) Bit-Vorsilbe beginnen. Das heisst, dass die tanksprachliche Rede von „Parallel-Bit-Eisen" (in dieser Reihenfolge!) bereits im letzten Kapitel verständlich war. Und unsere augenblickliche Erklärung nutzt dieses Vorverständnis aus, um die Bit-Relation ausserhalb des naturwissenschaftlichen Machtbereichs zu erläutern (anhand von Objekten aus der parallelen Welt). Sie läuft darauf hinaus, „Bit-Parallel-Eisen" mit „Parallel-Bit-Eisen" zu identifizieren. Hierdurch wird die naturwissenschaftlich beschränkte Bit-Vorsilbe in neues Terrain projiziert.

§22.8. Statt unsere Aufmerksamkeit erneut auf den Fall der horizontalen Spekulation zu konzentrieren, schlage ich vor, dem Gehirn beim vertikalen Spekulieren zuzuhören. Es ist nämlich mit seinen Erläuterungen zur umfassenden Bit-Relation noch nicht fertig. Als nächstes sagt das Gehirn: *Projektion nach oben*

(22) Vielleicht gibt es Entitäten, die nicht in meinem räumlichen Bezugssystem lokalisierbar sind und deren Bit-Gegenstücke (im *umfassenden* Sinn dieser Relation) echte Katzen sind.

Wie vorhin bei der horizontalen Spekulation haben wir auch hier keine tanksprachliche Behauptung, deren objektive Gültigkeit das Gehirn glaubt nachweisen zu können; wir haben eine Vermutung. Mithilfe der Vermutung projiziert das Gehirn die (semantisch instabile) Bit-Relation versuchsweise in neues Terrain. Das Gehirn ist sich dessen bewusst, dass der Projektionsversuch nicht gelingen muss. Ob er gelingt, hängt davon ab, wie es um die „metaphysische Lage" des Gehirns im Tank bestellt ist. Von aussen wissen wir Interpreten mehr über seine tatsächliche Lage. Wir sehen, dass neben dem Tank eine Katze sitzt, die sich ausserhalb des räumlichen Bezugssystems des Gehirns aufhält *und* deren Bit-Gegenstück in der Tat die „echte Katze" ist, von der das Gehirn spricht.

Wohlwollen

§ 22.9. Es wäre nicht wohlwollend, wenn wir uns trotz unserer Kenntnis der Intentionen des Sprechers (denen zufolge seine Vermutung (22) genau nicht in den Machtbereich der Naturwissenschaften gehören soll) und trotz unserer Kenntnis seiner tatsächlichen Lage (die nur zu gut zu seiner Vermutung passt) weigern wollten, den Sprecher so zu verstehen, als redete er in (22) über die Katze neben dem Tank. Nein; machen wir stattdessen das beste aus dem, was der Sprecher sagt. Und meiner Ansicht nach führt die wohlwollende Interpretation zu folgender Übersetzung der tanksprachlichen Spekulation:

(22$_ü$) Vielleicht gibt es Entitäten, die nicht in meinem Universalspeicher kybernetisch lokalisiert sind und deren Bit-Gegenstücke (im umfassenden Sinn dieser Relation) echte Bit-Katzen sind.

Beim Übersetzen habe ich die umfassende Bit-Relation aus der Tanksprache unangetastet gelassen; meiner Ansicht nach ist diese Relation semantisch stabil: im Gegensatz zu ihrer naturwissenschaftlich beschränkten kleinen Schwester.

In meiner Interpretation wird die tanksprachliche Vermutung (22) wahr (wovon das Gehirn natürlich nichts wissen kann): Die Katze neben dem Tank ist einer derjenigen Gegenstände ausserhalb des Universalspeichers, deren Bit-Gegenstücke (im umfassenden Sinn dieser Relation) als Bit-Katzen im Universalspeicher stecken.

Bemerkung. Um diese letzte Feststellung wasserdicht zu machen, brauchen wir Interpreten kein sehr tiefes Verständnis unseres eigenen Ausdrucks *„umfassend* bit-reliert" zu haben; für uns genügt es zu wissen, dass alle (im naturwissenschaftlich beschränkten Sinn) bit-relierten Paare *eo ipso* auch im umfassenden Sinn bit-reliert sind. (Wir können uns also im Augenblick mit der wortwörtlichen Wiederholung des Auftaktes (19) und (20) der tanksprach-

22. Was sind Über-Katzen?

lichen Erläuterung begnügen). In unserer Sprache ist die Bit-Katze deshalb umfassend bit-reliiert mit der Katze neben dem Tank, weil sie mit ihr schon in der naturwissenschaftlich beschränkten Bit-Relation steht. Das bedeutet: Wir interpretieren die tanksprachliche Metaphysik partiell durch unsere Naturwissenschaft. (Das funktioniert nicht für die ganze Metaphysik aus dem Tank. Es funktioniert nicht, wenn das Gehirn noch eine Stufe höher spekulieren möchte und sagt:

(∗) Vielleicht gibt es Entitäten, die nicht in meinem räumlichen Bezugssystem lokalisiert sind und deren *Bit-Bit*-Gegenstücke (im umfassenden Sinn dieser Relation) echte Katzen sind.

Für die Interpretation dieser Vermutung müssten wir unsere eigenen metaphysischen Ressourcen bemühen).

§ 22.10. Man mag meiner wohlwollenden Interpretation vorwerfen, zu paternalistisch zu sein und gleichsam über den Kopf des Sprechers hinweg die bestmögliche Interpretation zu erzwingen – ohne dem Sprecher die Chance zu eröffnen, die Erfüllung seiner sprachlichen Intentionen selber zu kontrollieren. Zu einem solchen Vorwurf lädt jede Interpretation ein, die sich an Quines und Davidsons Prinzip des Wohlwollens hält. Ich kann das Prinzip des Wohlwollens hier nicht eingehender begründen; ich kann nur an seine intuitive Plausibilität erinnern, auf die wir uns an vielen Stellen unserer Untersuchung gestützt haben.

Paternalismus?

Wer das Prinzip *tout court* ablehnt, hätte unseren wohlwollenden Interpretationen bereits früher Einhalt gebieten müssen – unter anderem an den Wendepunkten, wo uns das Prinzip in die *Uminterpretation* der Tanksprache leitete (und genau nicht in die semantische Stabilität). Immerhin haben wir die tanksprachlichen Beobachtungswörter (und auch die zwirdischen Artnamen) *aus Wohlwollen* uminterpretiert.[17] Wir haben die Intentionen des Sprechers ernst genommen, mithilfe jener Wörter Naturwissenschaften zu treiben und das zu beschreiben, womit er *de facto* in kausalem Kontakt steht – und haben uns nicht darum gekümmert, ob er genau genug wusste, oder auch nur hätte wissen können, welche inneren Strukturen für seinen Erfolg beim Bezeichnen einschlägig sind.[18]

---

[17] Siehe § 3.7 bis § 3.8 (und Band 1, Abschnitte 14, 15).
[18] So ähnlich auch Putnam in seiner ursprünglichen (und vom Realismus inspirierten) Präsentation seines Gedankenspiels der Zwillingserde, siehe [MoM]:235–38.

Schon damit haben wir uns beim Interpretieren paternalistisch gegeben – um das Beste aus dem zu machen, was der Sprecher sagt. Wie gesagt, wer das Prinzip des Wohlwollens *tout court* ablehnt, hätte bereits gegen unsere damalige wohlwollende Interpretation protestieren müssen. Dann wäre das zwirdische Wort „Eisen" durch unser (lockerer definiertes) Wort „Eisen" zu übersetzen gewesen und hätte u.a. das Element *ferrum* bezeichnet. Und die tanksprachlichen Wörter „Katze" und „Gehirn" wären durch unsere Wörter „Katze" und „Gehirn" zu übersetzen gewesen; sie wären semantisch stabil. In einer solchen dialektischen Lage wäre es natürlich witzlos, dem Gehirn *mithilfe* des Prinzips des Wohlwollens zum erfolgreichen Bezeichnen von Dingen ausserhalb des Simulationscomputers verhelfen zu wollen, die es erst recht ohne Prinzip des Wohlwollens bezeichnen kann. Die Probleme, mit denen wir uns seit vielen Kapiteln herumschlagen, kommen überhaupt erst durch Anwendung des Prinzips des Wohlwollens zustande. Kurz: Falls das Prinzip *tout court* preisgegeben würde, hätten wir im Augenblick (und seit vielen Kapiteln) keine Sorgen.

Wohlwollen und Externalismus

§ 22.11. Aber natürlich meine ich, dass wir uns die augenblicklichen Sorgen zu Recht machen, weil das Prinzip des Wohlwollens in früheren Stadien der Untersuchung mit guten Gründen zum Einsatz kam. Die Gründe für seinen Einsatz habe ich seinerzeit an Ort und Stelle auseinandergesetzt. Und wen diese damaligen Gründe immer noch überzeugen, der sollte konsequent bleiben und gegen den erneuten Einsatz des Prinzips des Wohlwollens nichts einwenden, was so umfassend ist, dass es gegen jeden Einsatz des Prinzips eingewandt werden könnte.

Genau dieses Fehlers macht sich der Paternalismus-Vorwurf schuldig, gegen den ich mich im Moment wehre. Auch unsere früheren Anwendungen des Prinzips des Wohlwollens haben den Erfolg des Sprechers beim Bezeichnen von Faktoren abhängen lassen, die der Sprecher selber nicht unbedingt unter Kontrolle hatte. Diese Abhängigkeit der angemessenen Interpretation von *äusseren* Faktoren spiegelt sich im Etikett wider, das derartigen Sichtweisen des Funktionierens von Sprache angehängt wurde: Externalismus. Unser augenblicklicher Appell an das Prinzip des Wohlwollens könnte ebenfalls – im weitesten Sinn – externalistisch genannt werden und passt gut zum Geist unserer früheren Überlegungen. (Ich ziehe es allerdings vor, das Etikett für die ursprüngliche, enge Sicht zu reservieren: für die Sicht, die mit Kausalketten und Tiefenstrukturen zu tun hat und für Erfolg beim naturwissenschaftlichen Bezeichnen einschlägig war; siehe Band 1, § 14.5).

Bemerkung. Obwohl der augenblickliche Appell ans Prinzip des Wohlwollens dort für semantische Stabilitäten sorgt, wo die früheren (i. e. S. externalistischen) Appelle für Instabilität sorgten, geht die Parallele zwischen beiden Appellen weiter, als bislang herausgekommen ist:

In beiden Fällen bezieht sich der Sprecher bei der Einführung des Wortes zunächst nur auf eine *Auswahl* der zu bezeichnenden Gegenstände und weitet dann den Bereich des Bezeichneten aus. Im externalistischen Fall besteht die ursprüngliche Auswahl aus einer Anzahl anwesender Exemplare, auf die der Sprecher zeigen kann (Kausalkontakt). Und durch die Ausweitung bezeichnet das Wort dann auch alle abwesenden Objekte mit gleicher Tiefenstruktur; das ist eine Art von Projektion. Ganz ähnlich im augenblicklichen Fall. Hier bezieht sich der Sprecher durch die Definition der naturwissenschaftlich zugänglichen Bit-Relation:

(19) x ist genau dann Bit-Gegenstück von y („x ist bit-reliert mit y"), wenn gilt:

y ist ein materieller Gegenstand und x ist eine mereologische Summe aus physikalisch realisierten Zahlencodes im Universalspeicher, die den Aufbau von y aus Elementarteilchen genau widerspiegelt,

zunächst nur auf eine Auswahl von Paaren (aus materiellen Gegenständen und deren Bit-Gegenstücken) – und weitet den Kreis des Bezeichneten auf all jene Paare aus, die auf gleiche Weise miteinander zusammenhängen wie die Paare der ursprünglichen Auswahl.

In beiden Fällen hängt der Erfolg beim Bezeichnen nicht nur davon ab, was der Sprecher sagt, denkt oder sich vorstellt – sondern auch davon, wie es in seiner Umwelt zugeht.

§22.12. Wo stehen wir nach der Zurückweisung des Paternalismus-Vorwurfes? Wir haben die tanksprachliche Bit-Relation durch horizontale und vertikale Projektion umfassender werden lassen, haben sie dadurch semantisch stabilisiert und konnten dem Gehirn im Tank die erfolgreiche Bezeichnung von Paaren ausserhalb seines räumlichen Bezugssystems zugestehen: Bei der horizontalen Projektion der Bit-Relation befanden sich *beide* Glieder der erfassten Paare ausserhalb seines Bezugssystems. (Parallel-Eisen und Parallel-Bit-Eisen sind beide im Nachbarcomputer abgespeichert). Bei der vertikalen Projektion befand sich nur das zweite Relationsglied (die Katze) ausserhalb des räumlichen Bezugssystems des Gehirns im Tank; ihr Bit-Gegenstück (im umfassenden Sinn der Relation) war eine wohlerzogene Bit-Katze innerhalb des Machtbereichs der Tank-Naturwissenschaft.

Plan vollendet

Wenn also die umfassende Bit-Relation (im Gegensatz zu ihrer naturwissenschaftlich beschränkten Schwester) semantisch stabil ist, dann kann unser ursprünglicher Plan anhand dieser semantisch stabi-

214   Kapitel VI. Vorarbeiten für die eingetankte Selbstbeschreibung

len Relation zu seiner Vollendung gebracht werden, die uns bei ihrer instabilen Schwester verwehrt geblieben ist: Wir drehen die umfassende Bit-Relation um, erkennen die semantische Stabilität des Ergebnisses an und verwenden dies zur vertikalen metaphysischen Spekulation *nach oben*.

Über-Katzen

§ 22.13. In der Tanksprache haben wir die umfassende Bit-Relation sowieso schon umgedreht. Wir haben das Gehirn nach jenen y fragen lassen,

> deren Bit-Gegenstück (im umfassenden Sinn des Wortes) echte Katzen sind.

Statt in der Tanksprache „Bit-Gegenstücke echter Katzen" zu bestimmen, haben wir – umgekehrt – das bestimmt, dessen „Bit-Gegenstück echte Katzen sind". Als wir die Bit-Relation zum Zwecke der semantischen Stabilisierung in verschiedene Richtungen projiziert haben, haben wir demzufolge u. a. wie von allein alles geleistet, worauf wir mithilfe der semantischen Stabilität der (umfassenden) Bit-Relation hinauswollten: Wir wollten dem Gehirn helfen, über die Katze neben dem Tank zu sprechen und haben ihm genau dabei geholfen. Die Projizierbarkeit der Bit-Relation nach oben geht mit ihrer semantischen Stabilität Hand in Hand – und zwar inniger, als man hätte meinen wollen. Um spätere Formulierungen zu erleichtern, resümiert das Gehirn im Tank seinen Triumph bei den Katzen wie folgt:

(23) *Definition.* y ist eine Über-Katze, wenn eine echte Katze das Bit-Gegenstück von y ist (im umfassenden Sinn der Bit-Relation).

Wenn wir diese Definition in unsere Sprache übersetzen (und dabei die semantische Stabilität der umfassenden Bit-Relation und die Instabilität des Ausdrucks „Katze" berücksichtigen), dann kommt heraus, dass unsere Katzen in der Tanksprache als „Über-Katzen" gelten. Die Vorsilbe „Über" ist die gesuchte Umkehrung der Vorsilbe „Bit"; sie ist semantisch stabil und macht den Effekt der „Bit"-Vorsilbe rückgängig: Sie verschiebt Codes aus dem Universalspeicher zurück zu deren Urbildern aus der darüberliegenden Wirklichkeit. Über-Bit-Katzen sind Katzen sind Bit-Über-Katzen.

Andere Über-Sachen

§ 22.14.   Nun hatten wir es in Wirklichkeit nicht auf die Katze neben dem Tank abgesehen; uns ging es um tanksprachlichen Erfolg bei der Selbstbeschreibung: beim Bezeichnen des Tanks, der Nährflüssigkeit im Tank und des Gehirns, das in dieser Nährflüssigkeit herum-

22. Was sind Über-Katzen?

schwimmt – und um tanksprachlichen Erfolg beim Bezeichnen des Computers, an den das Gehirn angeschlossen ist.

Von diesem Ziel trennt uns nur noch ein kleiner Transfer. Natürlich lassen sich unsere Überlegungen zugunsten tanksprachlicher Spekulation über echte Katzen sofort in parallele Überlegungen zugunsten der Spekulation über echte Tanks und Gehirne überführen:

(24) *Definition.* y ist ein Über-Gehirn, wenn ein echtes Gehirn das Bit-Gegenstück von y ist (im umfassenden Sinn der Bit-Relation).

(25) *Definition.* y ist ein Über-Tank, wenn ein echter Tank das Bit-Gegenstück von y ist (im umfassenden Sinn der Bit-Relation).

(26) *Definition.* y ist ein Über-Computer, wenn ein echter Computer das Bit-Gegenstück von y ist (im umfassenden Sinn der Bit-Relation).

Mithilfe dieser Definitionen schwingt sich das Gehirn im Tank zum erfolgreichen Bezeichnen echter Gehirne, echter Tanks und echter Computer auf.

Wie es mit diesen Mitteln seine eigene Lage vermutend treffen kann und welche Konsequenzen sich daraus ergeben, ist Gegenstand des nächsten Kapitels.

§ 22.15. *Vertiefung.* Da unser weiterer Gedankengang auf Projektion in den übergeordneten Wirklichkeitsbereich beruht, sollte ich diese Projektion so gut wie nur möglich absichern. Sie wird umso zielgenauer funktionieren, je inniger sie sich in das Netz der Begriffe einweben lässt, die wir bereits semantisch stabilisiert haben. Zwei mögliche Ansatzpunkte dafür möchte ich kurz nennen; der eine verstärkt die Projektion lokal, der andere global. — Algorithmen

Erstens kann das Gehirn im Tank über den Über-Computer allerlei Informatives sagen. Denn sowohl auf dem, was es „Computer" nennt, als auch auf dem, was es „Über-Computer" nennt, laufen *Algorithmen*. Der Begriff des Algorithmus ist ein mathematischer Begriff und also semantisch stabil. Mithin dürfte folgender Satz unsere bisherige Definition des Über-Computers verstärken:

Auf Über-Computern können dieselben Algorithmen laufen wie auf Computern.

(Die Rede vom „Ablaufen" eines Algorithmus ist natürlich zunächst nicht semantisch stabil und muss im selben Atemzug nach oben projiziert werden wie der Ausdruck „Computer").

Ähnliche punktuelle Verstärkungen lassen sich mithilfe anderer semantisch stabiler Ausdrücke erzielen, etwa mithilfe des Spielbegriffs. (Zum Beispiel: „Über-Menschen können so spielen wie wir").

§ 22.16. Zweitens kann das Gehirn im Tank die Projektion nach oben global   Zeit verstärken, indem es mehr über die Besonderheiten des übergeordneten Wirklichkeitsbereichs sagt und ihn z. B. von der mathematischen oder moralischen „Wirklichkeit" abgrenzt (vergl. oben § 19.14 bis § 19.16). Wenn sich zeigen lässt, dass einige temporale Ausdrücke wie

andauern, beginnen, sich verändern, früher als,

semantisch stabil sind, dann erhöhen folgende Sätze das tanksprachliche Verständnis der Projektion nach oben:

Im Über-Computer finden Veränderungen statt.

Mein Über-Gehirn existiert nicht seit jeher.

Die über-materiellen Gegenstände werden und vergehen.

Je mehr Verbindungen dieser Art wir zwischen unseren altbekannten Begriffen und der neuen, zum Zwecke der vertikalen Spekulation eingeführten Vorsilbe „Über" herstellen können, desto besser verstehen wir die metaphysische Spekulation nach oben. Sie ist zwar etwas anderes als die alltägliche und die wissenschaftliche Rede über die Welt; aber sie ist nicht vollständig von diesem altbekannten Bereich abgeschnitten.

(Die semantische Stabilisierung der temporalen Vokabeln muss ich einer anderen Gelegenheit vorbehalten. Hier nur eine Andeutung: Zeitliche Kategorien lassen sich nicht nur auf physikalische Prozesse und physikalische Gegenstände anwenden (von denen das Gehirn im Tank grösstenteils abgeschnitten ist), sondern auch auf Elemente des Bewusstseinsstroms (der durch das Gehirn im Tank genauso hindurchfliesst wie durch uns). Das Gehirn im Tank steht mit der verfliessenden Zeit in ebenso engem Kontakt wie wir. Diese Überlegung sagt nichts darüber, ob sich die exaltiertesten zeitlichen Begriffe aus der Physik *allesamt* semantisch stabilisieren lassen; der Ausdruck „Nanosekunde" könnte semantisch instabil sein, selbst wenn der Ausdruck „Dauer" semantisch stabil ist; hier liegt die Situation anders als im Fall des Abstandsbegriffs, siehe § 17.4 und § 17.5).

Kapitel VII

METAPHYSISCHE SPEKULATION STATT ERKENNTNISTHEORETISCHER SKEPSIS

23. Selbstbeschreibung des Gehirns im Tank

§ 23.1. Die Bit-Vorsilbe funktioniert in der Tanksprache genauso wie bei uns; sie ist semantisch stabil. Was sich mit ihrer Hilfe sagen lässt, kann man auch mithilfe der Relation „x ist Bit-Gegenstück von y" sagen. Diese Relation war zunächst nur für Gegenstände x und y aus dem räumlichen Bezugssystem des Sprechers erklärt worden und war daher semantisch instabil. Durch horizontale und vertikale Projektion liess sich die Relation in eine umfassendere Relation umwandeln, deren semantische Stabilität uns zum Ziel unserer Wünsche brachte: Indem der eingetankte Sprecher die umfassende Relation umdreht, kann er sich eine Vorsilbe namens „Über" herbeidefinieren, die den Effekt der Bit-Vorsilbe genau rückgängig macht.

Eine Vermutung aus dem Tank

Da die neue Vorsilbe semantisch stabil ist, kann der Sprecher im Tank nun über Dinge aus einer Welt reden, in die seine natürliche Welt eingebettet ist. Mithilfe seiner Ausdrücke

Über-Katze, Über-Gehirn, Über-Tank usw.

bezeichnet der eingetankte Sprecher echte Katzen, Gehirne, Tanks – ausserhalb seines räumlichen Lokalisationssystems, ausserhalb des Universalspeichers, an den er angeschlossen ist. Soweit unsere Ergebnisse aus dem letzten Kapitel. Die Ergebnisse erlauben es dem Gehirn im Tank, informative Vermutungen über seine eigene Lage anzustellen. Es könnte beispielsweise sagen:

(1) Vielleicht habe ich ein Über-Gehirn, das in einem Über-Tank voller Über-Nährflüssigkeit steckt und an einen Über-Computer angeschlossen ist.

Tanksprachlich wahr

§ 23.2. Weil diese Vermutung von echten Gehirnen, Tanks und Computern handelt, kommt sie der gesuchten treffenden Selbstbeschreibung des Gehirns im Tank erfreulich nahe. Dass die genaue Formulierung (1) zu wünschen übrig lässt, weil sie die räumlichen Präpositionen „in", „voller", „an" unverändert übernommen hat, ist ein Mangel, den wir hier ausser acht lassen wollen. (Er liesse sich durch vertikale Projektion auch dieser Ausdrücke beheben, führte dann aber zu gewundenen Formulierungen, die uns den Blick fürs Wesentliche verstellen würden. Ich werde diese Qualifikation im folgenden nicht mehr wiederholen, sondern stillschweigend das richtige Verständnis der Präpositionen voraussetzen). Für unsere Zwecke genügt es zu sehen, dass die tanksprachliche Vermutung (1) grob dahin zielt, wohin sie zielen sollte: auf echte Gehirne und Tanks.

Halten wir fest: Aus dem Munde eingetankter Gehirne ist die Vermutung wahr. Zwar ist das eingetankte Gehirn nicht das, was *wir* ein Über-Gehirn nennen würden; es ist ein Gehirn, kein Über-Gehirn. Aber es ist das, was es selbst, in seiner eigenen Sprache, als „Über-Gehirn" bezeichnet – und allein darauf kommt es für die Wahrheit der Vermutung aus dem eigenen Munde an.

Ein Indikator

§ 23.3. Ist die Vermutung das, was wir einen Indikator genannt haben? Differenziert sie zwischen den metaphysischen Situationen, in denen verschiedene Sprecher stecken könnten – vor allem, wenn man etwa nötige Uminterpretationen berücksichtigt? Ändert sich ihr Wahrheitswert in Abhängigkeit der metaphysischen Lage dessen, der sie äussert?

Ja; ob wir ein Über-Gehirn im Über-Tank sind, wissen wir zwar nicht. (So wenig wie das Gehirn wissen wir selber um die eigene metaphysische Lage). Aber wir *hoffen*, kein Über-Gehirn im Über-Tank zu sein. Und ein Sprecher, der sich wirklich an „der äussersten Schale der Realität" befindet, hätte Unrecht, wenn er in seiner Sprache sagte:

(1) Vielleicht habe ich ein Über-Gehirn, das in einem Über-Tank voller Über-Nährflüssigkeit steckt und an einen Über-Computer angeschlossen ist.

Denn wessen Welt in keine übergeordnete Welt eingebettet ist, der bezeichnet mit den Ausdrücken „Über-Gehirn", „Über-Tank" usw. überhaupt nichts.

23. Selbstbeschreibung des Gehirns im Tank

Bemerkung. Nicht jeder sinnvolle Ausdruck muss unter allen Umständen etwas bezeichnen, das es gibt. So bezeichnet der Ausdruck „meine Urgrosstanten" nicht unbedingt irgendwelche Personen aus Gegenwart oder Vergangenheit. (Obwohl der Ausdruck wohldefiniert ist, kann es sein, dass mein Stammbaum an den für Urgrosstanten vorgesehenen Stellen leer ist). Ebenso könnten die wohldefinierten Ausdrücke „Über-Gehirn", „Über-Tank" usw. aus dem Munde gewisser Sprecher ins Leere zeigen.

§ 23.4. Wahr aus dem Munde eingetankter Gehirne, hoffentlich falsch aus unserem Munde und ganz sicher falsch aus dem Munde von Sprechern, die auf der „äussersten Schale der Realität" leben: Die Vermutung (1) differenziert auf gewünschte Weise zwischen den Situationen des jeweiligen Sprechers und erfüllt damit unsere Anforderungen an Indikatoren fürs Eingetanktsein (bzw. genauer: für das, was uns an der Lage eingetankter Gehirne beunruhigt, siehe Abschnitt 6). [Informativ]

Ist der Indikator informativ? Allemal; er sagt sehr präzise, was der Fall sein müsste, wenn er zuträfe. Zwar gehört der Indikator nicht in den Machtbereich der Naturwissenschaften des jeweiligen Sprechers; der Sprecher kann seine Wahrheit nicht empirisch überprüfen, da „Über-Gehirne" – wenn es sie gibt – nicht in seinem räumlichen Bezugssystem vorkommen (sondern jenseits oder oberhalb dieses Systems) und da er sich demzufolge an „Über-Gehirne" nicht zum Zwecke der Untersuchung annähern kann (vergl. § 17.12).

Das heisst, der Indikator (1) enthielte keine interessante Information, wenn man nur mithilfe der Naturwissenschaften etwas Interessantes über die Wirklichkeit sagen könnte – wie die Szientisten uns einreden wollen. Aber lassen wir uns von den Szientisten nicht beirren. Der Indikator (1) enthält sehr wohl interessante Information.

Das lässt sich besonders leicht an seiner tanksprachlichen Fassung sehen. Wenn man sie aus der Tanksprache in unsere Sprache übersetzt, handelt sie von echten Gehirnen und echten Computern: von sehr interessanten Sachen, die in *unseren* Naturwissenschaften eine respektable Rolle spielen. Und hier zeigt sich erneut ein Zusammenhang zwischen metaphysischer und naturwissenschaftlicher Rede: Wer metaphysisch spekuliert, sagt etwas, was sich möglicherweise (von aussen betrachtet) in der naturwissenschaftliche Sprache eines Interpreten ausdrücken lässt (und was dieser Interpret dann auch auf Wahrheit hin empirisch untersuchen kann, siehe § 18.21).

Besser als Analogien

§ 23.5. Diese Beobachtung hilft uns, den Informationsgehalt unseres neuen Indikators mit dem seines bislang vielversprechendsten Vorläufers zu vergleichen:

(2) Vielleicht stecke ich in einer analogen Lage wie die Gehirne im Tank (§ 15.6).

Wenn unsere Annahme (die wir nicht hatten begründen können) zutrifft, dass die Bildung von Analogien semantisch stabil ist und im Tank genauso funktioniert wie ausserhalb des Tanks, dann ist die Vermutung (2) ein Indikator – darüber haben wir uns bereits verständigt. Sie beschreibt (nach Übersetzung aus der Tanksprache) die Lage des Gehirns im Tank zutreffend:

($2_{ü}$) Vielleicht stecke ich in einer *analogen Lage* wie die Bit-Gehirne im kybernetischen Innern eines Bit-Tanks.

Aber die Information dieser Beschreibung ist weniger wert als die Information (1) unseres neuen Indikators. Der neue Indikator bietet (nach Übersetzung aus der Tanksprache) eine erstklassige, wissenschaftlich präzise Information über die Lage des Sprechers. Dagegen enthält sein Vorgänger auch nach Übersetzung aus der Tanksprache den weichen Begriff der Analogie. So wichtig dieser Begriff ist (und so unverzichtbar er für die *Entstehung* neuer naturwissenschaftlicher Einsichten sein mag) – er gehört selber nicht zu den sprachlichen Ausdrucksmitteln der Naturwissenschaften (zumindest nicht in seiner semantisch stabilen Fassung, auf die wir uns hier stützen müssen). Ja, der für uns einschlägige Begriff der Analogie ist nur deshalb semantisch stabil, weil er keinen eigenen Platz in der Terminologie der Naturwissenschaften innehat.[1] Der Begriff ist zu flexibel, um im strengen Regiment der exakten Wissenschaften eine gute Figur abzugeben: Jenes kann mit diesem in hundert Hinsichten analog, in hundert anderen Hinsichten disanalog sein. Das ist der Grund dafür, dass der alte, analogisierende Indikator (2) es in Sachen Informativität nicht mit unserem neuen Indikator aufnehmen kann.

Ein Fall von Analogie

§ 23.6. *Bemerkung.* Jedenfalls bis auf weiteres nicht. Man müsste viel investieren, um unser Verständnis semantisch stabiler Analogiebildungen so zu verschärfen, dass Sätzen wie (2) doch noch ein höherer Informationsgehalt

---

[1] Das ist die milde Version einer These, die Quine schon bei den natürlichen Arten aufgestellt hat: Seiner Ansicht nach verschwinden die Arten aus dem Vokabular einer Wissenschaft, je weiter diese Wissenschaft fortschreitet, siehe [NK]:138.

zukommt als bislang.² Weil ich diese Investition gescheut habe, ist es mir im Abschnitt 15 des vorletzten Kapitels günstiger vorgekommen, die Kandidatur des analogisierenden Indikators nicht weiterzuverfolgen und stattdessen den *genauen Entsprechungen* zwischen Gehirn im Tank und Bit-Gehirn im Bit-Tank nachzugehen. Und dabei sind wir auf unseren neuen Indikator gestossen.

In irgendeiner Hinsicht sollte daher unser neuer Indikator mit seinem nicht weiterverfolgten Vorgänger zusammenhängen. In welcher Hinsicht genau? Vage gesagt, sehen wir Analogien, wenn wir gewisse Verhältnisse von einem Bereich in einen anderen *projizieren*; andererseits hatten wir die Vorsilbe „Über" durch Projektion gewonnen. Das lässt erwarten, dass der Zusammenhang zwischen dem analogisierenden Vorgänger und seinem analogiefreien Nachfolger enger ist als gedacht. Und in der Tat, unsere Erläuterung der Vorsilbe „Über" hätten wir (etwa anhand der Katzen) genausogut wie folgt resümieren können:

> Etwas ist eine Über-Katze, wenn es sich zu Katzen so verhält, wie sich Katzen zu Bit-Katzen verhalten.

Es dürfte auf der Hand liegen, dass in dieser Formulierung auf die Denkfigur der Analogiebildung zurückgegriffen wird und dass für sie ungefähr dieselben projektiven Ressourcen erforderlich sind wie für unsere Erklärung der Über-Katzen aus dem letzten Abschnitt, billiger geht es nicht. Anders gewendet: Unser endgültiger informativer Indikator ist – genau wie seinerzeit in §15.9 versprochen – dadurch entstanden, dass wir *einer* Facette des Themas der Analogien bis in die Verästelungen gefolgt sind. (Dabei sind wir ohne allgemeine Theorie der Analogie ausgekommen).

§23.7. Wir haben das Ziel erreicht, das wir uns vor vielen Kapiteln gesetzt haben. Wir haben einen Satz gefunden, der sich besser als der informative, aber nicht richtig differenzierende Satz: *Am Ziel*

(3) Vielleicht bin ich ein Gehirn im Tank,

und besser als der uninformative, aber differenzierende Satz:

(4) Vielleicht stimmt mit meiner Lage irgend etwas nicht,

eignet, um die Lage zu beschreiben, vor der wir uns angesichts des Gedankenexperiments vom Gehirn im Tank fürchten müssen. Unser Vorschlag vereint die Vorzüge der beiden Sätze (3) und (4) und vermeidet deren Nachteile. Er ist eine gelungene Mischung der beiden Sätze: das, was wir einen informativen Indikator genannt haben (§5.8).

Was bleibt jetzt noch zu tun? Einerseits könnten wir fragen, ob es andere informative Indikatoren gibt. Die Antwort ist positiv; wir werden den Grund dafür nur im Kleingedruckten andeuten. Für unsere

---

² Siehe z. B. Niiniluoto [ASiS].

Zwecke reicht der Nachweis, dass es mindestens einen informativen Indikator gibt – und den Nachweis haben wir soeben geführt.

Andererseits bleibt die Frage, was die Existenz informativer Indikatoren philosophisch bedeutet. Was bedeutet sie für uns? Und was, insbesondere, bedeutet sie für unseren Anspruch auf Wissen über die Wirklichkeit? Diese Fragen werden uns in den vor uns liegenden Abschnitten beschäftigen.

Gottes Standpunkt

§ 23.8. *Gibt es andere informative Indikatoren?* Ich möchte hier nur einen weiteren Weg skizzieren, auf dem wir ebenfalls zu einem informativen Indikator hätten kommen können. Der Weg wäre mindestens so lang geworden wie der, den wir gewählt haben; er hätte uns allerdings durch andere philosophische Landschaften geführt.

Seine Grundidee hängt mit der altehrwürdigen Suche nach dem Gottesstandpunkt zusammen. Nach unseren Polemiken aus Abschnitt 2 gegen die Versuchung, den Gottesstandpunkt als sprachfreien Standpunkt zu bestimmen (§ 2.10 bis § 2.15), bietet sich folgende Idee an: Das Gehirn im Tank steckt deshalb in einer misslichen Lage, weil *wir* es von aussen (in unserer Sprache) zu recht als „Gehirn im Tank" bezeichnen.

Dieser Sachverhalt wäre nicht alarmierend, wenn unsere Sprache mit der des Gehirns im Tank nichts zu tun hätte. Aber die beiden Sprachen haben viel miteinander zu tun. Erstens sind sie innensyntaktisch identisch. Zweitens folgen sie denselben logischen Regeln. Drittens sind sie innen*semantisch* identisch.

Das erste Thema haben wir in § 8.6 behandelt (und ausführlicher in Band 1, Abschnitt 24); das zweite in den Abschnitten 9 und 10 (siehe insbesondere § 9.7). Mehr Mühe bereitet das dritte Thema, das wir bislang nur angetippt haben (§ 8.10); es ist zudem am wichtigsten. Daher zumindest einige Andeutungen zum Thema Innensemantik. Dem Gehirn ist im Tank ein Sprachunterricht vorgegaukelt worden, der sich *von innen* so anfühlt, wie sich unser Sprachunterricht angefühlt hat; und so hat es dieselben Dispositionen entwickelt, auf simulierten sinnlichen und verbalen Input mit verbalem Output zu reagieren. Das hat eine Reihe von Konsequenzen: Zwar *bezeichnen* viele tanksprachliche Wörter andere Sachen als ihre deutschen Gegenstücke; aber die analytischen Sätze und die innersprachlichen Synonymien lauten in beiden Sprachen wortwörtlich gleich. (So ist in beiden Sprachen der Ausdruck „Junggeselle" synonym zum Ausdruck „unverheirateter Mann im heiratsfähigen Alter, der noch nie verheiratet war". Und in beiden Sprachen ist der Satz „Alle Junggesellen sind verheiratet" analytisch. Ich habe in [fWfW] zwei Begriffe des analytischen Satzes vorgeschlagen, die hier passen könnten: einen aus der Innenperspektive und einen aus der behavioristischen Aussenperspektive).

Aufgrund solcher Ähnlichkeiten zwischen den beiden Sprachen wäre es informativ und in der Tat fürs Gehirn im Tank höchst alarmierend, wenn folgende tanksprachliche Vermutung zuträfe:

23. Selbstbeschreibung des Gehirns im Tank 223

Es könnte eine Sprache geben, die meiner Sprache in Innensyntax und Innensemantik genau gleicht und in der das Prädikat „Gehirn im Tank" auf mich zutrifft.

§23.9. Wie gesagt, diese Formulierung ist überaus informativ. Ist sie aber auch ein Indikator? Ich denke schon. Um das zu begründen, müsste man viel leisten. Es müsste gezeigt werden, dass die Ausdrücke

Offene Probleme

Sprache; innensyntaktisch gleich; innensemantisch gleich; zutreffendes Prädikat,

semantisch stabil sind. Meiner Ansicht nach lässt sich das zeigen. So wie sich die Wörter „Spiel", „Spielregel", „Spielzug" usw. – aufgrund ihrer Flexibilität und vielfältigen Projizierbarkeit – als semantisch stabil erwiesen haben, so kann man auch das Arsenal zur Beschreibung von Sprachen semantisch stabilisieren. (Es war Wittgensteins geniale Idee, Sprachen und Spiele in ein enges Verhältnis zu bringen; diese Liaison könnte uns im augenblicklichen Kontext nützen.[3] Dass die Liaison von Dauer ist und hält, was wir uns von ihr versprechen, müsste allerdings erst nachgewiesen werden; und das kostet weit mehr Raum, als hier dafür frei ist).

Eine der unzähligen Schwierigkeiten, die uns der skizzierte allerneueste Kandidat fürs Amt des informativen Indikators aufgibt, betrifft den Begriff des „Bezeichnens". Wie kann der Begriff semantisch stabil sein, wenn er doch der externalistischen Sicht unterworfen sein soll und nur aufgrund kausaler Verbindungen funktioniert? In der Tat: Liesse sich der Begriff des Bezeichnens auf die kausalen Begriffe der Naturwissenschaften reduzieren, so könnte er nicht semantisch stabil sein. Aber natürlich muss man keiner solchen Reduzierbarkeit das Wort reden, nur um an der externalistischen Bedingung für Erfolg beim Bezeichnen festzuhalten. (Putnam z.B. ist ein dezidierter Gegner solcher Reduktionen[4] und hat den Externalismus selber in die Welt gebracht!) Erstens benennt der Externalismus keine *analytische* Voraussetzung fürs Bezeichnen, sondern eine synthetische Voraussetzung (die allerdings apriori gilt). Zweitens betrifft diese Voraussetzung nicht jeden Erfolg beim Bezeichnen, sondern nur einen ganz bestimmten Bereich der Sprache: den Bereich der naturwissenschaftlichen Rede. Und drittens lässt sich der beschränkte Begriff des naturwissenschaftlichen Bezeichnens erweitern und in andere sprachliche Bereiche projizieren; genau dadurch kommt seine semantische Stabilität zustande. Hier ist ein Zitat von Putnam, das dies illustriert:

Reference is [...] 'abstract' [...] In possible worlds which contain individual things or properties which are not physical [...], we could still *refer*: we could

---

[3] Wittgenstein [PU]:287 (§83) *et passim*.
[4] Siehe z.B. [WTIR]:213/4, [RP]:35–59 oder [TKoS]:492/3.

refer to disembodied minds, or to an emergent non-material property of Goodness, or to all sorts of things, in the appropriate worlds ([WTIR]:223, Putnams Hervorhebung).

Eine andere der zahllosen Schwierigkeiten, die der hier skizzierte allerneueste Indikator mit sich bringt, hängt mit dem Begriff der Innensprache zusammen: Wieviel Phänomenalismus handelt man sich ein, wenn man diesen Begriff mit Gehalt füllen möchte? Man scheint z. B. auf Tiger-Eindrücke zurückgreifen zu müssen, wenn man den innensprachlichen Erwerb des Wortes „Tiger" erklären möchte und behaupten möchte, dass dies Wort innensprachlich in unserer Sprache genau so funktioniert wie in der Tanksprache. Obwohl ich der Meinung bin, dass Ausdrücke wie „visueller Tiger-Eindruck" respektabel sind und semantisch stabil, mag ich mich hier in dieses Thema nicht vertiefen, weil der Widerstand gegen jede phänomenalistische Anwandlung so stark geworden ist, dass es ein eigenes Buch erfordern würde, ihm wirksam zu begegnen.

Meine Andeutungen über Innensemantik hängen mit Versuchen zusammen, die zweidimensionale semantische Analyse (siehe dazu z. B. Stalnaker [A] und David Lewis [ICC]) auf die Resultate der Gedankenspiele mit Zwillingserden anzuwenden, wie es z. B. von Haas-Spohn ([VISB]:88–115) und Jackson ([fMtE], chapter 2) vorgeschlagen worden ist, um den internen Zugang des Sprechers zur Semantik seiner eigenen Sprache zu sichern. Überträgt man diese Überlegungen auf die Gedankenspiele mit eingetankten Gehirnen, so kommt man vermutlich um phänomenalistische Überlegungen nicht herum. In einer Hinsicht könnte ich mein Ziel vielleicht einfacher erreichen als die Anhänger der zweidimensionalen Analyse: Für meine Zwecke würde es genügen, wenn ich zeigen könnte, dass die passende Tanksprache und unsere Sprache innensemantisch identisch sind. Dafür brauche ich mich nicht darauf festzulegen zu lassen, ob sich die intern zugänglichen Bedeutungen *völlig unabhängig von Variationen der Umgebung* festhalten lassen (wie die Zweidimensionalisten meinen) – denn ich interessiere mich nicht für beliebige Variationen des Kontextes, sondern nur für den Unterschied zwischen Tankwelt und unserer Welt. Trotzdem bieten die zweidimensionalen Ansätze *einen* Rahmen, in dem ich meine Hoffnung auf Innensemantik weiterverfolgen könnte.

(Einen anderen, zweifellos verwandten Rahmen bieten die Vorschläge derer, die wie Fodor in der Semantik für „narrow content" plädieren, ohne zu bestreiten, dass unsere Doppelgänger auf der Zwillingserde oder Gehirne im Tank mit ihren Artnamen andere Dinge *bezeichnen* als wir, siehe Fodor [P]:46–53).

24. Was vom Skeptizimus übrig bleibt

§24.1. Im letzten Abschnitt haben wir dabei zugesehen, wie das Gehirn im Tank mithilfe vertikaler metaphysischer Spekulation seine eigene Lage richtig beschrieben hat. Anders als Putnam (in der ursprünglichen Präsentation seines Beweises[5]) behauptete, ist das eingetankte Gehirn sehr wohl in der Lage, über echte Gehirne und echte Tanks zu sprechen. Der informative Indikator zerstört mithin brüchige Brücken hin zur gewünschten Konklusion. Er hilft uns, klarer zu sehen, wie der Beweis besser nicht präsentiert werden sollte. Man sollte sich in dem Beweis davor hüten, zuviel zu behaupten und dem Gehirn jede Chance auf Erfolg beim Bezeichnen echter Gehirne oder Tanks abzusprechen. In unserer endgültigen Fassung des Beweises sind wir diesem Fehler nicht verfallen. Unsere Fassung des Beweises bleibt davon unberührt, dass das Gehirn echte Gehirne und Tanks zwar nicht mithilfe der tankwissenschaftlichen Ausdrücke „Gehirn", „Tank", sondern mithilfe der metaphysischen Ausdrücke „Über-Gehirn", „Über-Tank" bezeichnen kann. (Unsere zweite Prämisse war äusserst schwach und sprach sich nur gegen die tanksprachliche Bezeichnung von Gehirnen *mithilfe des Wortes „Gehirn"* aus, siehe §1.1 und Band 1, §21.6).

Trotzdem scheinen unsere jüngsten Ergebnisse in einer gewissen Spannung zu dem zu stehen, was man sich von Putnams Beweis vielleicht erhofft hat und was gleichsam die Seele des Beweises ausmacht. Es liegt nahe, dass sich die Gegner des Putnam-Beweises durch die Entdeckung des informativen Indikators bestätigt sehen und sagen: Nachdem das Gehirn im Tank nun seine eigene Lage doch treffen kann, ist Putnams Beweis wertlos geworden.

Ich möchte in Form dreier Thesen zeigen, dass diese negative Reaktion übereilt ist und dass vom antiskeptischen Geist des Putnam-Beweises mehr übrig bleibt, als man angesichts unserer jüngsten Ergebnisse fürchten könnte. Meiner Ansicht nach tastet der gefundene informative Indikator weder Putnams Konklusion an – noch die antiskeptische Kraft seines Beweises: Das sind die ersten beiden meiner drei Thesen. Mehr noch, der informative Indikator *erhöht* die antiskeptische Plausibilität des Beweises, indem er unser instinktives Unbehagen an dem Beweis mildern hilft. Das wird die dritte und letzte meiner Thesen sein, durch die ich unsere jüngsten Ergebnisse mit dem Geiste des Beweises von Putnam versöhnen möchte.

Zurück in die Skepsis?

---
[5] Siehe [RTH]:12–15, [S]:267n22 und unsere Diskussion oben in §7.2.

Putnams Beweis gilt noch

§ 24.2. Zur ersten These. Dass Putnams Konklusion nicht von unserem informativen Indikator erschüttert werden kann, liegt auf der Hand. Putnams Konklusion

(5) Ich bin kein Gehirn im Tank,

ist eine Selbstbeschreibung mithilfe naturwissenschaftlicher Ausdrücke; dagegen enthält der Indikator:

(1) Vielleicht habe ich ein Über-Gehirn in einem Über-Tank (das an einen Über-Computer angeschlossen ist),

metaphysische Ausdrücke und *kann* Putnams Konklusion nichts anhaben. Selbst wenn die Vermutung des Indikators zutreffen sollte (wie etwa aus dem Munde eines Gehirns im Tank), geriete sie nicht in Konflikt mit Putnams Konklusion. Da Gehirne keine Über-Gehirne sind und Tanks keine Über-Tanks, kann man sehr wohl ein Über-Gehirn im Über-Tank sein, ohne zugleich ein Gehirn im Tank zu sein.

(In der Tanksprache lässt sich das vielleicht besser überblicken. Der tanksprachliche Satz „Ich bin ein Über-Gehirn im Über-Tank" bedeutet nach Übersetzung in unsere Sprache: „Ich bin ein Gehirn im Tank" und ist aus dem Munde des eingetankten Gehirns wahr. Und Putnams Konklusion „Ich bin kein Gehirn im Tank" bedeutet nach Übersetzung aus der Tanksprache: „Ich bin kein Bit-Gehirn im Bit-Tank" und ist aus dem Munde des eingetankten Gehirns *auch* wahr).

Zuverlässig beobachten

§ 24.3. Dies Ergebnis leitet mich zu meiner zweiten These: Der informative Indikator tastet das antiskeptische Potential des Beweises von Putnam nicht an. Der Indikator wirft eine bestimmte *metaphysische* Möglichkeit auf und betrifft somit einen anderen – höheren – Wirklichkeitsbereich als den Bereich der Phänomene, die von den Naturwissenschaften beschrieben werden. Ob er zutrifft oder nicht und ob er sich überhaupt formulieren lässt, spielt für unseren Erfolg beim naturwissenschaftlichen Zugang zur Welt (zur „Natur") keine Rolle.

Man mag fragen, ob die Wahrheit des Indikators nicht doch auf unseren naturwissenschaftlichen Zugang zur Natur durchschlagen könnte, weil der Indikator eine übergeordnete Welt betrifft und daher stärker wiegt als alle Sätze aus den Naturwissenschaften. Ich finde, diese Befürchtung ist übertrieben. Um sie zu entschärfen, wollen wir uns die Situation abermals anhand des Gehirns im Tank verdeutlichen. In dessen Sprache ist der Indikator:

24. Was vom Skeptizismus übrig bleibt 227

(1) Ich bin ein Über-Gehirn im Über-Tank,

ein wahrer Satz. Zerstört das die Zuverlässigkeit der tanknaturwissenschaftlichen Beobachtungen? Kein Stück! Wenn dem Gehirn ein täuschend echtes Kaninchen vorgegaukelt wird, obwohl gar kein Kaninchen da ist, dann beruht diese Gaukelei auf bestimmten Codes aus dem Universalspeicher: auf Bit-Kaninchen. Aber das ändert nichts an der Zuverlässigkeit des tanksprachlichen Beobachtungssatzes:

(6) Da ist ein Kaninchen.

Denn einerlei ob das Gehirn im Tank einen informativen Indikator formulieren kann oder nicht: der Ausdruck „Kaninchen" gehört in die Tankwissenschaft und ist semantisch instabil. Die tanksprachliche Behauptung (6) handelt nicht vom (fehlenden) Kaninchen, sondern vom (vorhandenen) Bit-Kaninchen. Vergessen wir nicht, dass in der Tankwissenschaft Behauptungen wie (6) vorkommen, und nicht etwa exaltierte metaphysische Behauptungen wie

(7) Da ist ein Über-Kaninchen,

von deren Richtigkeit der eingetankte Sprecher nichts wissen kann und die keine tanksprachlichen Beobachtungssätze sind.

Tanksprachliche Beobachtungssätze wie (6) sind dagegen zuverlässig und i. A. wahr, wie wir seit langem wissen. (Siehe Abschnitt 3). Sie behalten ihre Zuverlässigkeit, ihre Tendenz zur Wahrheit, selbst im Lichte unserer neuesten Resultate. Unsere Entdeckung der semantischen Stabilität (und die dadurch ermöglichte Formulierung informativer Indikatoren) führt ja nicht zur semantischen Stabilisierung der *gesamten* Tanksprache. Und die Instabilität des naturwissenschaftlichen Teils der Tanksprache rettet diesen Bereich des eingetankten Redens vor allen Bedrohungen, die sich angeblich aus der möglichen Wahrheit des Indikators ergeben sollen.

§24.4. Die Rettung betrifft nicht nur alle Sätze, die wir in unseren wissenschaftlichen Labors testen und an den naturwissenschaftlichen Fakultäten lehren. Auch im ausserwissenschaftlichen Alltag besteht (angesichts der möglichen Wahrheit des Indikators) kein Anlass zur Beunruhigung. Wenn das Gehirn im Tank Hunger spürt und sich nach und nach durch Tat und Beobachtung von der Wahrheit der folgenden Sätze überzeugt, dann wird es sich schon bald an den ersehnten Simulationen erfreuen:

<small>Wissen im Alltag</small>

Da ist ein lebendiges Kaninchen.

Hier sind Pfeil und Bogen.

Der Pfeil hat das Kaninchen getroffen.

Das Kaninchen ist tot.

Der Ofen ist warm.

Hier sind Rosinen, Rum, Boskops, Weissbrot, Kardamom, Pfeffer, Salz.

Die Kartoffeln sind gar.

Der Braten steht auf dem Tisch.

Bemerkung. Ich habe diese – fürs Gehirn im Tank erfreuliche und fürs Bit-Kaninchen bedauerliche – Sequenz von Sätzen u.a. deshalb ins Spiel gebracht, weil ich eine Einseitigkeit zurechtrücken wollte, die sich in die letzten Kapitel durch verkürzte Formulierungen eingeschlichen hatte. Ich habe die metaphysische Spekulation immer nur vom Machtbereich der Naturwissenschaften abgegrenzt und dabei den einseitigen Eindruck erweckt, als stünden ihr ausschliesslich die empirischen, exakten und experimentellen Zugänge zur Welt gegenüber. Aber der so umrissene Bereich ist zu eng, um von der metaphysischen Gegenwelt abgegrenzt zu werden. Die eben aufgeführten Sätze gehören ganz bestimmt nicht in die Wissenschaften. Und in dem Kontrast, auf den ich es abgesehen hatte, stehen die aufgeführten Sätze erst recht nicht auf Seiten der Metaphysik. Obwohl ihre Gegenstände in der obigen Sequenz nicht naturwissenschaftlich abgehandelt werden, sondern eher wie in einem Jagd- oder Kochbuch, oder in einem Ratgeberbuch für den Neuen Mann, *könnten* sie Ziel einer naturwissenschaftlichen Untersuchung sein. (Und das trifft auf die metaphysischen Gegenstände – selbst wenn es sie gibt – nicht zu. Der Sprecher kann seine „Über-Katzen" genausowenig jagen oder essen, wie er sie naturwissenschaftlich untersuchen kann).

Wie gesagt, in den bisherigen Formulierungen habe ich unsere Wissensansprüche aus dem Alltag stillschweigend in denen aus der Wissenschaft aufgehen lassen. (Warum diese Angleichung nicht völlig unhaltbar ist, kann man in Band 1, Abschnitt 16 nachlesen).

Was wäre so schlimm?

§ 24.5. Die Möglichkeit der Wahrheit unseres Indikators bedroht also unsere Wissensansprüche weder im Alltag noch in den Naturwissenschaften. Trotzdem haben wir diese Möglichkeit oft genug bedrohlich genannt und mehr als einmal betont, dass wir hoffen, dass sie sich in unserem Munde nicht erfüllt. Was ist bedrohlich an der metaphysischen Möglichkeit, ein Über-Gehirn im Über-Tank zu sein? Was wäre so schlimm, wenn die Hypothese aus unserem Munde wahr wäre?

24. Was vom Skeptizimus übrig bleibt

Und was ist fürs Gehirn im Tank schlimm, dass sie aus seinem Munde tatsächlich wahr ist?

Für einen eingetankten Szientisten vom Schlage Quines, zum Beispiel, wäre es überhaupt nicht schlimm, wenn die metaphysische Hypothese aus seinem Munde wahr würde. Szientisten à la Quine interessieren sich nur für die ökonomische Strukturierung des sinnlichen Inputs – und für seine effiziente Steuerung.[6] Unsere eingetankten Doppelgänger sind hierbei genauso erfolgreich wie jeder von uns, selbst bei der effizienten Steuerung des kulinarischen Inputs. Für eingetankte Szientisten (oder Naturalisten oder Empiristen, was im augenblicklichen Zusammenhang auf dasselbe hinausläuft) macht der tatsächliche Wahrheitswert der Hypothese keinen Unterschied aus. (Daher die szientistische, naturalistische und empiristische Neigung, derartigen Hypothesen jeden Sinn abzusprechen, siehe Band 1, §7.4 bis §7.7. Wie wir im nächsten Abschnitt sehen werden, steht hinter dieser Neigung ein handfester Sachzwang. Würde der Szientist die metaphysische Hypothese nicht ignorieren, so entzöge ihre Wahrheit – und sogar die Möglichkeit ihrer Wahrheit – seinem Weltbild die Grundlage, vergl. §25.4ff und §26.8).

Im Tank schlägt (auch bei den philosophischen Gegnern dieser Anhänger von Wüstenlandschaften) die Wahrheit der Hypothese nicht aufs alltägliche und wissenschaftliche Wissen durch. Und zwar nicht etwa deshalb, weil im Fall ihrer Wahrheit das vorgetäuschte Kaninchen so gut simuliert wäre wie ein echtes Kaninchen – sondern deshalb, weil man auch im Fall ihrer Wahrheit mit einem echten „Kaninchen" im Kontakt steht: mit dem, was man selber „Kaninchen" nennt. Und das gilt natürlich für jeden Sprecher, unabhängig von seinen philosophischen Vorlieben.

§24.6. Wiederholen wir die Frage: Warum finden wir die metaphysische Möglichkeit bedrohlich, ein Über-Gehirn im Über-Tank zu sein? Meine Antwort hat zwei Teile. Einerseits finden wir es bedrohlich, da die Hypothese einen Sachverhalt betrifft, über den wir prinzipiell nichts wissen können. Die metaphysische Hypothese führt uns die Grenzen unserer Erkenntnisfähigkeit vor Augen. Den anderen Teil der Antwort muss ich kontrafaktisch formulieren: Wenn wir erführen, dass die Hypothese aus unserem Munde wahr ist (was wir laut vorausgegangener Teilantwort nie erfahren werden), dann müssten wir unser Selbstverständnis gewaltig ändern: so gewaltig, dass selbst die blosse

Was wir nicht wissen

---
[6] Quine [TTPi]:22. Siehe Band 1, §7.5.

Möglichkeit der Wahrheit der Hypothese bedrohlich wirkt. Auf diesen Teil meiner Antwort werden wir im nächsten Abschnitt zurückkommen. Den vorliegenden Abschnitt werden wir mit der Erörterung meiner zuvor erwähnten (erkenntnistheoretischen) Teilantwort abschliessen. Sie wird uns zu der dritten meiner Thesen hinführen, mit deren Hilfe ich dem Eindruck entgegentreten will, dass unsere jüngsten Ergebnisse den antiskeptischen Geist des Beweises von Putnam untergraben. Die dritte These wird sagen, dass die antiskeptische Überzeugungskraft des Beweises durch die Entdeckung der neuen metaphysischen Möglichkeiten verstärkt wird.

Die antiskeptische Kraft des Beweises von Putnam rettet unsere Wissensansprüche in Alltag und Wissenschaft: sie rettet unseren Anspruch, über viele Dinge aus unserem räumlichen Bezugssystem allerlei zu wissen. Wie gesagt, tastet der informative Indikator diese Wissensansprüche nicht an. Er umreisst ein neues Thema: Das Thema einer Welt mit Über-Katzen und Über-Gehirnen, einer *übernatürlichen* Welt. Dass wir über dies Thema kein Wissen werden erwerben können, darin liegt die skeptische Wirkung, die von unserer Entdeckung des informativen Indikators ausgeht.

Keine globale Erschütterung

§24.7. Diese skeptische Wirkung ist bei näherem Hinsehen recht schwach und kommt nicht im entferntesten der globalen Erschütterung gleich, die der traditionelle erkenntnistheoretische Skeptizismus angeblich mit sich bringt. Der traditionelle erkenntnistheoretische Skeptizismus (den wir anhand des Gedankenspiels vom Gehirn im Tank ins Rollen gebracht und durch Putnams Beweis gestoppt haben) hätte *all* unsere Wissensansprüche in Alltag und Wissenschaft erschüttert, oder doch *fast* alle – wenn er sich nicht hätte widerlegen lassen. Im Gegensatz hierzu zerstört die Entdeckung des informativen Indikators nur unsere Hoffnung auf Wissen hinsichtlich einiger weniger Sätze: hinsichtlich metaphysischer Sätze, die von Über-Katzen und Über-Computern handeln.

Grob gesagt, lautet die skeptische Botschaft unserer jüngsten Ergebnisse: Das Gedankenspiel vom Gehirn im Tank führt uns von aussen vor Augen, dass es über die Lage des eingetankten Gehirns etwas zu wissen gäbe, worüber dem Betroffenen jede Hoffnung auf Wissen verwehrt ist. Anders als Putnam gemeint hat,[7] kann das eingetankte Opfer sehr wohl *aussprechen*, was es da zu wissen gäbe; es kann nur

---

[7] Siehe [RTH]:12–15, [S]:267n22 und unsere Diskussion oben in §7.2.

24. Was vom Skeptizimus übrig bleibt

nicht herausfinden, wie es um die Wahrheit dessen bestellt ist, was es ausgesprochen hat.

Und was für das Gehirn im Tank gilt, gilt auch für uns. Auch wir können mithilfe des gefundenen informativen Indikators eine Vermutung über unsere Lage aussprechen, die wir im Prinzip weder bestätigen noch widerlegen, weder erhärten noch mit guten Gründen angreifen können.

§ 24.8. Dass die Entdeckung unseres informativen Indikators diesen – beschränkten – skeptischen Effekt hat, erhöht meiner Ansicht nach die *anti*skeptische Überzeugungskraft des Beweises von Putnam: genau wie meine dritte These sagt. Ohne die Entdeckung des Indikators scheint Putnams Beweis zuviel zu zeigen (und erweckt daher unser Misstrauen). Der Beweis scheint zu zeigen, dass es mit uns – und mit dem Gehirn im Tank, das den Beweis wortwörtlich wiederholt – erkenntnistheoretisch zum besten bestellt ist. Wenn wir nur sorgfältig beobachten, Flüchtigkeitsfehler vermeiden, unsere Theorien an das Beobachtete anpassen und dabei alle theoretischen Anforderungen an gute Theorien (wie Konsistenz, Kohärenz, Schönheit, Einfachheit, Sparsamkeit) berücksichtigen, dann können wir im Prinzip alles über die Welt wissen, was es zu wissen gibt.[8]

Unartikuliert schreien?

Aber wenn der Beweis soviel zeigen könnte, dann wäre er nicht glaubwürdig. Wir würden uns betrogen fühlen, weil wir instinktiv spüren, dass das Gedankenspiel vom Gehirn im Tank Abgründe der Unwissenheit aufreisst, die kein philosophischer Beweis schliessen kann. Bevor wir den informativen Indikator entdeckt haben, konnten wir unser Misstrauen nicht artikulieren. Beim Versuch seiner Artikulation sind wir immer wieder mit dem Kopf gegen denselben Dachbalken gestossen. Wieder und wieder mussten wir mitansehen, wie sich der Grundgedanke von Putnams Beweis gegen unsere hilflosen Artikulationsversuche wenden liess. Sie waren nicht semantisch stabil genug und hätten daher im Fall der Fälle (den sie sprachlich zu erfassen suchten) genau das nicht erfasst, was sie erfassen sollten. Hätten wir keinen informativen Indikator aufgetan, so wäre uns nichts geblieben als ein unartikulierter Schrei. Wir wären nicht zur Ruhe gekommen. Zu tief

---

[8] Dass eine ideale Theorie (die alle Daten richtig erfasst und alle zusätzlichen Anforderungen wie Schönheit usw. erfüllt) *eo ipso* wahr ist, hat Putnam in seinen Überlegungen zum internen Realismus an verschiedenen Stellen ausgeführt (siehe z. B. [RTH]:49/50 oder seine Kritik am metaphysischen Realismus in [RR]:124–26). Zu Putnams neuer Position siehe [SNS]:17–20.

sitzt die Sorge, die das Gedankenspiel vom Gehirn im Tank ins uns – oder doch in den meisten von uns – auslöst.

Durch die Entdeckung des informativen Indikators hat sich die missliche Situation auf einen Schlag entspannt. Der Indikator benennt das Thema, über das ein Gehirn im Tank nichts wissen kann, obwohl es da etwas zu wissen gäbe: etwas Wichtiges, und zwar über die Lage des eingetankten Opfers selbst.

<small>Der Wert des Beweises</small>

§ 24.9. Und wortwörtlich dasselbe Thema ist auch für uns wichtig. Wir sind zwar kein Gehirn im Tank (sagt Putnams unangefochtener Beweis), aber wir könnten in einer analogen Lage stecken. Diese Möglichkeit spricht der gefundene Indikator auf informative Weise aus. Und er benennt auch für uns das Thema, dessen epistemische Unzugänglichkeit wir schon immer instinktiv gespürt haben, seit wir über das Gedankenspiel vom Gehirn im Tank begannen nachzudenken.

Durch die Artikulation unseres Unbehagens, durch seine sprachlich saubere Formulierung, verliert das Gedankenspiel viel von seiner bedrohlichen Wirkung. Denn die angemessene Artikulation dessen, was es zu wissen gäbe und worüber wir doch nichts wissen können, zeigt uns nicht nur die Grenzen unseres Wissens, sondern auch das, was innerhalb dieser Grenzen liegt. Anders als man ohne Putnams antiskeptischen Beweis hätte meinen mögen, zerstört das Gedankenspiel vom Gehirn im Tank nicht all unser Wissen. Putnam hat uns gezeigt, dass das Gedankenspiel unsere Wissensansprüche in Alltag und Wissenschaft nicht angreift. Das ist viel wert. Wir können uns leichter mit diesem erfreulichen Ergebnis anfreunden, wenn wir zugeben, dass unserer Erkenntnis trotzdem prinzipielle Grenzen gezogen sind: Grenzen, die uns das Gedankenspiel vom Gehirn im Tank instinktiv *spüren* lässt und die das metaphysische Gedankenspiel vom Über-Gehirn im Über-Tank zum ersten Mal zu *artikulieren* erlaubt.

Anders gesagt: Ohne Entdeckung des informativen Indikators schien Putnams Beweis zu schön, um wahr zu sein; seit der Entdeckung des Indikators wirkt der Beweis glaubwürdiger. Und weil er uns nun nicht länger blendet, erkennen wir erst seinen wahren Wert.

25. Unser Selbstverständnis im Lichte metaphysischer Möglichkeiten oder Gibt es ein Weiterleben nach dem Tod?

§25.1. Das Gehirn im Tank trifft – ohne das jemals herausfinden zu können – ins Schwarze, wenn es die metaphysische Möglichkeit

(1) Vielleicht bin ich ein Über-Gehirn im Über-Tank,

aufwirft. Ob wir auch ins Schwarze treffen, wenn wir diese Möglichkeit in unserer Sprache wortwörtlich wiederholen, wissen wir nicht. Selbst wenn wir mit der metaphysischen Spekulation recht hätten, würde sich an unserem Alltag und in unserer Wissenschaft nichts ändern; wir würden nicht nur keinen Unterschied *bemerken*, sondern stünden in diesen Bereichen mit unseren Wissensansprüchen recht gut da – jedenfalls nicht schlechter als im Falle der Falschheit der metaphysischen Hypothese.

Soviel haben wir im vorausgegangenen Abschnitt herausgefunden. Ich möchte unsere Untersuchung im vorliegenden Abschnitt mit der Frage abschliessen, was es für uns bedeuten würde, wenn wir wüssten, dass sich unsere metaphysischen Befürchtungen bewahrheiten und wir seit jeher ein Über-Gehirn im Über-Tank sind.

§25.2. Meiner Ansicht nach müssten viele von uns in diesem hypothetischen Fall ihr Selbstverständnis verändern – und zwar gravierend. Gewiss betrifft diese Behauptung nicht jeden; und nicht jeden auf gleiche Weise. Wie wir uns selbst verstehen, ist eine sehr individuelle Frage. Und zum Glück sind auch die Antworten individuell. Das will ich nicht bestreiten, auch wenn ich es im folgenden wagen möchte, eine exemplarische Änderung im Selbstverständnis anzusprechen, die von der besagten metaphysischen Möglichkeit ausgehen könnte. Sie betrifft unsere Haltung zu der Frage, ob es ein Weiterleben nach dem Tod gibt. Meiner Ansicht nach bietet uns diese Frage einen aussagekräftigen Lackmustest zur Klassifikation von Selbstbildern: Das sich im Lichte unserer metaphysischen Gedankenspiele aufdrängende Selbstbild führt zu einer neuen Öffnung gegenüber der Frage des Weiterlebens nach dem Tod; dagegen passt weder die Frage noch ihre optimistische Beantwortung zu dem modernen, säkularen Selbstbild, das sich im letzten Jahrhundert des vergangenen Jahrtausends in den westlichen Ländern stark verbreitet hat und sich immer noch weiterverbreitet. Ob dies Selbstbild wirklich jemals die Vorherrschaft innehatte oder haben wird,

Resümee

Naturalismus und Szientismus

brauche ich nicht zu entscheiden; für meine Zwecke genügt es, dass recht viele Leute solche oder ähnliche Vorstellungen über sich und ihre Position in der Wirklichkeit hegten, hegen und wohl auch hegen werden.

Die Facette dieses Selbstbildes, die ich hier in den Mittelpunkt stellen möchte, könnte man als naturalistische oder szientistische Versuchung bezeichnen; das erste Etikett (des Naturalismus) wird üblicherweise von denen für sich in Anspruch genommen, die der Versuchung erliegen[9] – das zweite Etikett benennt dieselbe Position aus der kritischen Distanz derer, die der Versuchung widerstehen wollen.[10] (Aus dieser kritischen Distanz habe ich in unserer Untersuchung des öfteren vor dem Szientismus gewarnt). Es ist allerdings gar nicht so einfach, der Versuchung zu widerstehen. Wenn ich richtig liege, sind wir alle für die Versuchung anfällig – deshalb, weil die Naturwissenschaften unser gesamtes Denken und Tun durchdringen und uns mit Macht Respekt abverlangen. Und es ist diese in uns angelegte naturalistische Versuchung, die sich gegen das Gedankenspiel vom Über-Gehirn wehrt, weil es sie bedroht.

<small>Drei naturalistische Akzente</small> §25.3. Die naturalistische bzw. szientistische Versuchung des modernen Menschen umfasst ein ganzes Bündel aus Thesen, die von Fall zu Fall unterschiedlich stark betont werden; man kann ontologische, semantische und erkenntnistheoretische Betonungen unterscheiden. Wenn der Naturalismus mit ontologischem Akzent vertreten wird, läuft er auf folgende Thesen hinaus: Es gibt nur natürliche Entitäten aus einer einheitlichen Welt (die raumzeitlich zusammenhängt und kausal strukturiert ist); die natürliche Welt deckt die gesamte Wirklichkeit ab. Die Welt besteht ausschliesslich aus den Gegenständen der Naturwissenschaft, genauer: aus ihren möglichen Untersuchungsgegenständen. Alle anderen Entitäten (Götter, Seelen, Zauberberge) gehören ins Reich der Sage und haben in einem modernen Weltbild nichts verloren.[11]

Vertritt man den Naturalismus mit semantischer Betonung, so hat man folgende Behauptungen im Gepäck: Was sich nicht im Vokabular der Naturwissenschaften ausdrücken lässt, ist sinnloses Gerede. Behauptungen ausserhalb der Naturwissenschaften müssen entweder

---

[9] Siehe z. B. Fodor [ToC]:52/3 und vor *einigen* Jahren Müller [SA]:§4.2 bis §4.3.
[10] Siehe z. B. Putnam [RP]:x. Vollmer plädiert auf moderate Weise für Naturalismus und versucht sich dabei vom Szientismus abzugrenzen, siehe [WIN]:207/8.
[11] Siehe Quine [TDoE]:44, Vollmer [WIN]202, Kanitscheider [NWW]:184/5, Franzen [GN]:72.

25. Selbstverständnis im Lichte metaphysischer Möglichkeiten

in die Sprache der Naturwissenschaften übertragen werden können – oder verabschiedet werden.[12]

Und unter erkenntnistheoretischer Betonung sagen Naturalisten ungefähr folgendes: Es gibt kein apriorisches Wissen. Unsere einzige Chance auf Erkenntnis beruht auf Beobachtung und Experiment, wie von den Naturwissenschaften exemplarisch vorgeführt. Jeder Anspruch auf Objektivität gründet sich auf die empirische Methode der exakten Naturwissenschaft.[13] (Wie die Rolle der Mathematik – die durchaus den Respekt vieler Naturalisten geniesst – in dies Bild eingepasst werden müsste, ist eine schwierige Frage, über die ich hier nicht einmal in Andeutungen reden möchte; vergl. aber §12.3 bis §12.6).

In ihrer jeweiligen Reinform tritt die ontologische, semantische und erkenntnistheoretische Betonung des Naturalismus selten auf; und die Mischung seiner drei Betonungen kann sehr verschieden ausfallen. Trotzdem könnte man eine typische naturalistische Gesamtposition wie folgt auf den Punkt bringen: Alles, was es gibt, lässt sich im Prinzip auch beschreiben; und alles, was sich beschreiben lässt, lässt sich im Prinzip empirisch untersuchen. Kurz: Die gesamte Wirklichkeit liegt offen vor uns.

§25.4. Diese moderne Selbstgewissheit wird von unserer Entdeckung des informativen Indikators untergraben. Der Indikator spricht die Vermutung aus, dass wir vielleicht ausserhalb des physikalischen Raumes ein Über-Gehirn haben. Diese Vermutung passt nicht in den sprachlichen Rahmen, den die Naturwissenschaften aufspannen; es ist eine Vermutung, die einen Bereich der Wirklichkeit betrifft, der jenseits der ontologischen Reichweite der Naturwissenschaften liegt und ihren empirischen Überprüfungsmethoden entzogen ist.

Wo der Konflikt liegt

Wenn diese von uns entdeckte metaphysische Möglichkeit tatsächlich verwirklicht wäre, dann lebten wir nicht „an der äussersten Schale der Realität"; so hatten wir uns die Sache des öfteren metaphorisch zurechtgelegt. (Und ich hoffe, dass die Metapher durch unsere Erörte-

---

[12] Das ist in Strawsons Redeweise der reduktive Naturalismus – „reductive (or strict) naturalism" –, dem Strawson einen nicht-reduktiven Naturalismus gegenüberstellt: „nonreductive (or liberal or catholic) naturalism", siehe [SN]:1, 2, 40. Den liberalen Naturalismus werde ich hier nicht behandeln; meiner Ansicht nach ist es ein unglücklicher Zufall aus der Geschichte der philosophischen Terminologie, dass so entgegengesetzte Auffassungen unter derselben Überschrift geführt werden.

[13] Siehe z.B. Quine [TTPi]:21 und [FMoE]:67, 72; weniger extrem Vollmer [WIN]: 207–209. Kitcher gibt eine sehr detaillierte, sympathisierende Diskussion naturalistischer Ansätze in der Erkenntnistheorie, siehe [NR].

rungen allmählich Kontur gewinnt). Hinsichtlich der *Zuverlässigkeit* unserer Erkenntnisse in Wissenschaft und Alltag würde sich dadurch nichts ändern, wie wir gesehen haben: Diese Erkenntnisse beschreiben die Ebene der Realität, auf der wir leben – und im grossen und ganzen recht gut. Trotzdem hätte die entdeckte metaphysische Möglichkeit eine erkenntnistheoretische Konsequenz. Nicht die Zuverlässigkeit, sondern die *Reichweite* unserer wissenschaftlichen und alltäglichen Erkenntnisse wäre auf dramatische Weise beschränkt. So, wie die Tankwissenschaft die Verhältnisse im Universalspeicher recht zuverlässig beschreibt und nichts über die riesige Welt jenseits jenes Speichers sagt, so blieben auch unserer Naturwissenschaft wichtige Wirklichkeitsbereiche verschlossen.

Schon die blosse Möglichkeit, dass es sich so verhalten könnte, dürfte unsere erkenntnistheoretische Selbsteinschätzung antasten – zumindest die erkenntnistheoretische Selbst*über*schätzung, wie sie für Naturalisten und Szientisten so bezeichnend ist. Wenn wir die gefundene metaphysische Hypothese als Möglichkeit ernstnehmen, dann sehen wir (bei allem Respekt für die Naturwissenschaften), wie dubios der naturalistische, szientistische Anspruch ist, die gesamte Wirklichkeit zu treffen.

Ein Einwand §25.5. Nun mag man mir entgegenhalten, dass wir diesen Anspruch der Szientisten und Naturalisten zurückweisen können, auch ohne uns irgendwelchen überholten und exaltierten metaphysischen Spekulationen über eine Welt jenseits der Natur hinzugeben. Ist die hier verteidigte metaphysische Spekulation nicht viel zu weit von unseren intellektuellen Bedürfnissen und unserem modernen Alltag entfernt, als dass ausgerechnet sie gegen den Szientismus ins Feld geführt werden könnte? Warum sollten wir uns heute noch um eine metaphysische Hinterwelt scheren?[14]

Auf diesen Einwurf erwidere ich zweierlei. Erstens führen viele Wege zum anti-szientistischen Ziel; ich habe nichts gegen den Versuch einzuwenden, sich auf deflationäre Weise der szientistischen Versuchung zu erwehren, also den Machtansprüchen der modernen Naturwissenschaften gleichsam mit innerweltlichen Mitteln entgegenzutreten. Dies bescheidenere Projekt steht nicht im Gegensatz zu dem hier verfolgten metaphysischen Projekt; die beiden Projekte ergänzen einander.

---

[14] Den Ausdruck „Hinterwelt" hat Nietzsche ins Spiel gebracht, zuerst in [VMS]:22 (§17), dann ausführlicher in [ASZ]:31-34.

25. Selbstverständnis im Lichte metaphysischer Möglichkeiten

Man könnte das von mir verfochtene Projekt als eine anti-szientistische Maximal-Position bezeichnen (ohne sie deshalb etwa als *antiwissenschaftliche* Position aufzufassen). Sie kann leichter angegriffen werden als ihr innerweltliches, deflationäres Gegenstück; insofern ist es riskant, auf sie zu setzen. Andererseits verheisst sie den grössten Landgewinn gegen die Szientisten; wenn sie sich halten lässt, so ist besonders viel für die anti-szientistische Sache erreicht. Und genau das ist der Grund, warum ich sie interessant finde – ohne damit, wie gesagt, andere anti-szientistische Positionen abwerten zu wollen.

Der in Rede stehende Einwurf seitens deflationärer Szientismus-Gegner umfasste jedoch auch Behauptungen, die sich gegen die friedliche Koexistenz der beiden anti-szientistischen Lager aussprachen; und hier setzt meine angekündigte zweite Antwort auf den Einwurf an. Ich bestreite, dass die von mir verteidigte metaphysische Spekulation auf uninteressante Belanglosigkeiten über Hinterweltlerisches hinausliefe.

Um dem Verdacht der Belanglosigkeit entgegenzutreten, möchte ich im verbleibenden Teil des vorliegenden Abschnitts herauszuarbeiten versuchen, dass die angeblich weltfremde Spekulation vom Über-Gehirn im Über-Tank mit einer Frage zusammenhängt, die jeden von uns unmittelbar angehen dürfte: mit der Frage des Weiterlebens nach dem Tod. Wenn ich damit recht habe, dann spricht das auch für meine Behauptung, dass uns unser langer Weg von der Erkenntnistheorie in die Metaphysik geleitet hat.

Bemerkung. Gegen Nietzsches Polemik wider die „Hinterweltler" habe ich wenig vorzubringen. Ich werde in der Tat zugeben, dass die von mir befürwortete metaphysische Spekulation mit der Idee der Unsterblichkeit zu tun hat, die Nietzsche attackiert ([VMS]:22 (§17)). Der Ausdruck „Hinterweltler" klingt, als wolle Nietzsche die provinzielle Belanglosigkeit solcher Spekulationen lächerlich machen – aber diese Verwandtschaft der Metaphysik mit dem Hinterwälderischen wird von Nietzsche nirgends begründet. Seine Polemik kreist um andere Aspekte der metaphysischen Spekulation: einerseits um deren Kälte und Farblosigkeit (Nietzsche spricht von „ihren grauen, frostigen, unendlichen Nebeln und Schatten", siehe [VMS]:22 (§17)); andererseits um die Schwächlichkeit der Spekulierenden („Leiden war's und Unvermögen – das schuf alle Hinterwelten", siehe [ASZ]:32). Der erste Aspekt beruht auf Nietzsches ästhetischem Temperament, dem wir uns nicht unterwerfen müssen; der zweite Aspekt enthält eine psychologische Verallgemeinerung, die in ihrer Allgemeinheit sicher falsch ist.

Zum Begriff der Person

§25.6. Ich möchte mich an die Frage des Weiterlebens nach dem Tod mithilfe einer Vorüberlegung zum Personenbegriff annähern. Die These dieser Vorüberlegung wird lauten, dass sich uns im Lichte der Spekulation vom Über-Gehirn im Über-Tank ein erweiterter Personenbegriff aufdrängt, der sich dem Zugriff durch die Naturwissenschaftler eindeutig entzieht.

Wenn die metaphysische Möglichkeit unseres informativen Indikators verwirklicht wäre, wenn wir also ein Über-Gehirn im Über-Tank hätten, dann wären wir eine andere Art von Person, als wir gemeinhin denken. Mindestens eine Komponente unserer Personalität läge ausserhalb unseres räumlichen Bezugssystems und wäre dem Zugriff empirisch-naturwissenschaftlicher Untersuchungen entzogen.

Diese Art von Person wäre einigermassen seltsam. *Welche* sinnlichen Erlebnisse solch eine Person hätte, hinge von der räumlichen Position ihres biologischen Körpers ab (und insbesondere davon, auf welche materiellen Körper sich ihre Sinnesorgane richten); *ob* sie dagegen überhaupt sinnliche Erlebnisse hätte, hinge zusätzlich vom ordnungsgemässen Funktionieren ihres Über-Gehirns ab: eines nicht-materiellen Gegenstands. Die fragliche Person wäre über mehrere Realitätsschichten verstreut – zugegebenermassen eine bizarre Möglichkeit.

(Trotzdem hat sie einen nahezu ebenso bizarren Vorläufer: Strawson spielte mit der Möglichkeit von Personen, die über mehrere Körper verstreut sind: Was eine solche Person sieht, hängt von der Position des Körpers C im physikalischen Raum ab; ob sie überhaupt etwas sieht, hängt davon ab, ob die Augenlider des Körpers A geöffnet oder geschlossen sind. Siehe Strawson [I]:90/1).

Mehr noch, selbst wenn die metaphysische Möglichkeit nicht verwirklicht sein sollte, entzieht sich unser Selbstverständnis als Person den Naturwissenschaften. Denn die szientistische Gewissheit, dass sich unsere Personalität im Prinzip vollständig mit den Mitteln der Naturwissenschaften erfassen lasse (und dass wir beispielsweise durch vollständige Entschlüsselung des genetischen Codes oder durch vollständige Kenntnis des menschlichen Gehirns alles über uns wissen werden oder doch im Prinzip wissen könnten, was es zu wissen gibt[15]), diese szientistische Gewissheit zerschellt schon an der blossen *Möglichkeit*, dass wir vielleicht ein Über-Gehirn haben. Wäre die szientistische Gewissheit berechtigt, so müsste sich die metaphysische Möglichkeit

---

[15] Derartige Versuche des rein szientistischen Umgangs mit uns selber greifen Platz; eine der Pionierinnen ist Patricia Churchland, siehe z. B. [N]:10 *et passim*.

25. Selbstverständnis im Lichte metaphysischer Möglichkeiten

des Über-Gehirns empirisch ausschliessen lassen. Wir haben aber gesehen, dass sie jeder naturwissenschaftlichen Überprüfung entzogen ist.

§ 25.7. *Frage.* Würden wir Wesen als Personen gelten lassen, die von einem Über-Gehirn ausserhalb des physikalischen Raumes gesteuert werden? Ich glaube ja. Insbesondere dann, wenn jeder von uns solch ein seltsames Wesen wäre. Ein Einwand

Diese Antwort gewönne an Plausibilität, wenn sich der Personenbegriff als semantisch stabil erweisen liesse. Und dafür sprechen meiner Ansicht nach eine Reihe von Indizien. Erstens: Wenn die Begriffe des Spiels und der Sprache semantisch stabil sein sollten, wie oben dargelegt (Abschnitt 14) bzw. angedeutet (§ 23.9), dann auch die Begriffe des Spielers und des Sprechers. Und da die Sätze

Alle Spieler sind Personen;

Alle Sprecher sind Personen,

analytisch gelten, müsste demzufolge auch der Personenbegriff semantisch stabil sein.

Zweitens kommt dem Personenbegriff die Flexibilität und mannigfache Projizierbarkeit zu, die für semantisch stabile Begriffe so bezeichnend ist. Unser biologisches Bild des *homo sapiens sapiens* bietet – selbst wenn es zutreffen sollte – nicht die einzigen Beispiele für Entitäten, die unter unseren Personenbegriff fallen. Das Gehirn im Tank ist sicher kein *homo sapiens sapiens* – und doch würden wir es per Projektion als Person gelten lassen. Das ergibt sich u. a. daraus, dass wir es interpretieren konnten; und auch daraus, dass wir es als Träger von Rechten und Pflichten ansehen: Wir fänden es moralisch verwerflich, das Gehirn im Tank sinnlos zu quälen; und wir fänden es moralisch verwerflich, wenn das Gehirn im Tank seinen Bit-Körper so durch den Universalspeicher steuern würde, dass die anderen eingetankten Gehirne sinnlosem Leid ausgesetzt wären.

Was für eine Art von Person wäre das Gehirn im Tank? Der Sitz des Bewusstseins dieser Person gliche unserem bis aufs Haar; nicht aber der Körper, den dieses Bewusstsein steuert. Zwar steuert das eingetankte Gehirn einen bestimmten materiellen Gegenstand, so wie wir. Aber es steuert keinen Körper aus Fleisch und Blut – sondern nur einen Bit-Körper, eine Kolonne von Codes, Konfigurationen von Ladungen in gewissen Kondensatoren.

Wie zu Beginn der Überlegungen zum Personenbegriff angedeutet, gäbe es noch eine weitere Art von Person, wenn wir ein Über-Gehirn im Über-Tank hätten. Und selbst wenn es diese dritte Art von Person *de facto* nicht gibt, füllt sie doch unseren Personenbegriff mit aus. (So wie eine hypothetische Tierart, die sich nur hätte herausbilden können, wenn die Kontinentaldrift anders verlaufen wäre, unseren Begriff des Tieres mit ausfüllt).

Man kann die Sache also so sehen, dass die Gedankenspiele vom Gehirn im Tank und vom Über-Gehirn im Über-Tank unseren Personenbegriff *erweitern*.

240 Kapitel VII. Metaphysische Spekulation

Bedrohliches und Tröstliches

§ 25.8. Wenn unser Bewusstsein seinen Sitz nicht im Gehirn, sondern in einem Über-Gehirn ausserhalb unseres räumlichen Bezugssystems hätte: Wie bedrohlich wäre das? Man könnte das sehr bedrohlich finden, weil unser Überleben dann von Faktoren abhinge, die unserer Kontrolle noch viel radikaler entzogen sind, als wir gemeinhin annehmen. (Immerhin setzen wir z. B. darauf, Gehirntumoren medizinisch behandeln zu können; sässe der Tumor im Über-Gehirn, so wäre jeder Versuch einer medizinischen Behandlung witzlos – wenn man einmal die geheimnisvolle Möglichkeit der Therapie mit Placebos ausser Betracht lässt).

Aber man muss diese Möglichkeit des Über-Gehirns nicht bedrohlich finden. Die existentielle Abhängigkeit von Faktoren ausserhalb des physikalischen Raumes verringert im Gegenzug unsere Abhängigkeit von unserem biologischen Körper. Unser Bewusstsein mit Wohnsitz im Über-Gehirn könnte das biologische Ende unseres Körpers überleben. Die Möglichkeit des Weiterlebens nach dem Tod – von der unsere Naturwissenschaften nichts wissen wollen – gewinnt eine frische Beleuchtung, wenn wir die metaphysische Möglichkeit erwägen, dass wir ein Über-Gehirn im Über-Tank haben könnten.

Ein kybernetischer Unfall

§ 25.9. Wie wir gleich sehen werden, brauchen wir unser bisheriges Szenario nur leicht abzuwandeln, um uns *eine* Möglichkeit dessen zurechtzulegen, was es heissen könnte, das eigene biologische Ende mental zu überleben. Um der Einfachheit willen möchte ich wieder mit einer Betrachtung aus der Aussenperspektive beginnen. Wir betrachten wieder unseren eingetankten engen Doppelgänger und fragen uns, wie seine Geschichte weitergehen mag, wenn das Ende dessen naht, was er seinen „biologischen Körper" nennt. Stellen wir uns z. B. vor, dass sein Bit-Körper beim kybernetischen Radfahren mit einem Bit-Auto so heftig kollidiert, dass jede Hilfe zu spät kommt. Die Folge: Stillstand seines Bit-Herzens eine Minute nach dem Unfall.

Dies tragische Geschehen spielt sich vollständig im Speicher des Simulationscomputers ab – beruhigend weit weg vom Tank und dem darin herumschwimmenden Gehirn. Wird der Simulationscomputer diesem Gehirn Minuten nach dem Ereignis immer noch Sinnesreize übermitteln? Natürlich nicht. Denn nach dem kybernetischen Ende des zugehörigen Bit-Körpers funktionieren dessen Bit-Augen nicht mehr und können daher keine visuellen Reize für das eingetankte Gehirn erzeugen.

Was wird dann aus dem Gehirn im Tank? Bislang haben wir nichts gesagt, was uns in dieser Frage zu einer Entscheidung zwänge. Wir

25. Selbstverständnis im Lichte metaphysischer Möglichkeiten

könnten die Geschichte so fortspinnen: Im Moment des kybernetischen Todes des zugehörigen Bit-Körpers im Simulationscomputer wird ein Mechanismus in Gang gesetzt, der auch den biologischen Tod des Gehirns im Tank zur Folge hat. (Z. B. könnte die Blut-Zufuhr abgestellt werden). In diesem Fall dürfte das, was das Gehirn im Tank seinen „biologischen Tod" genannt hat, mit dem zusammenfallen, was es als „Ende meines mentalen Lebens" bezeichnet hätte – zumindest unter den üblichen materialistischen Voraussetzungen, die wir *zunächst* zum Zwecke des Arguments *nicht* hinterfragen wollen und die besagen, dass das mentale Leben eines Gehirns in dem Augenblick aufhört, in dem das Gehirn biologisch zu leben aufhört.

§ 25.10. Es ist wichtig sich klarzumachen, dass wir die Geschichte des Gehirns im Tank selbst unter diesen materialistischen Voraussetzungen optimistischer hätten fortspinnen können. Wir hätten uns genausogut dagegen entscheiden können, das Gehirn im Tank ausgerechnet in dem Moment sterben zu lassen, in dem sein Bit-Körper von einem Bit-Mobil überfahren wird. Nichts hindert uns daran, in Gedanken das Gehirn im Tank auch nach dem kybernetischen Tod seines Bit-Körpers weiterhin mit Nährstoffen und frischem Blut zu versorgen. Zwar darf das Gehirn (mangels funktionierender Bit-Augen, Bit-Ohren usw.) keine Sinnesreize aus dem Simulationscomputer empfangen – aber deshalb muss es nicht gleich sterben.

Gehirn lebt weiter

Oder vielleicht doch? Natürlich wäre es ein heftiger Schock für das Gehirn im Tank, plötzlich aller sinnlichen Erfahrung und aller bit-körperlichen Selbsterfahrung beraubt zu sein. Der Schock könnte tödlich für das Gehirn im Tank ausgehen; das Gehirn könnte an einem schockbedingten Schlaganfall sterben. – Aber diese Gefahr lässt sich abwenden. So könnten im entscheidenen Moment beruhigende oder gar euphorisierende Drogen in den Tank geträufelt werden.

Und in der Tat: Wenn wir diese Drogen nicht zu hoch dosieren, dann könnte sich das Weiterleben des Gehirns im Tank nach dem kybernetischen Tod seines Bit-Körpers recht angenehm gestalten. Ohne von den Sinnen oder anderen Körpereinflüssen gestört zu werden, könnte es sich in heiterer Grundstimmung vollständig der Kontemplation hingeben, könnte sein Bit-Leben Revue passieren lassen und allgemeine philosophische Schlüsse aus seiner aktuellen Lage ziehen.[16] Ob wir es um diese Lage beneiden würden, können wir offen lassen, denn mir kommt es auf etwas anderes an. Ich möchte im folgenden erstens zei-

---

[16] So schon die erfundene Figur Dr. Landy in Dahl [WM]:34.

gen, dass das Gehirn im Tank selber korrekte Sätze über sein mentales Schicksal nach dem kybernetischen Tod seines Bit-Körpers formulieren kann (§25.11 bis §25.15): Wie wir sehen werden, klingen die fraglichen Sätze so ähnlich wie die traditionellen metaphysischen Sätze, mit denen auch bei uns über das Weiterleben spekuliert wird; und das Gehirn im Tank kann mit diesen Sätzen sein eigenes Schicksal deshalb treffen, weil entscheidende ihrer Vokabeln semantisch stabil sind. Damit wird eine deutliche Verbindung zwischen einem traditionellen Thema der Metaphysik und den Gedankenbewegungen aus unserer Untersuchung zutagetreten.

In einem zweiten Schritt möchte ich herausarbeiten, was das Erreichte für *unser* Selbstverständnis bedeutet. Ich möchte vorführen, wie uns unser metaphysisches Gedankenspiel die Augen dafür öffnen kann, dass für das Weiterleben nach dem Tod genausoviel spricht wie dagegen. Natürlich werden selbst nach diesem Patt die materialistischen, szientistischen und naturalistischen Gegner der Hypothese des Weiterlebens unbeindruckt in ihrer Ablehnung der Hypothese verharren können. (Schliesslich verspreche ich keinen *Beweis* dieser Hypothese!) Aber sie werden nicht länger behaupten können, dass ihre Sicht die einzig vernünftige (oder doch: die vernünftigere) Sicht der Dinge sei. Sollten meine Überlegungen aus diesem zweiten Schritt richtig sein, so wäre erwiesen, dass die Art der metaphysischen Spekulation, die ich in dieser Untersuchung verständlich machen wollte, dazu beitragen könnte, die Karten zwischen den Anhängern der Hypothese vom Weiterleben und ihren Gegnern neu zu mischen.

Eingetankte Hoffnung aufs Weiterleben

§25.11. Ich beginne mit einer tentativen Behauptung. Wenn wir die Geschichte des Gehirns im Tank so optimistisch fortspinnen wie zuletzt ausgemalt, dann war zu Lebzeiten seines bit-biologischen Körpers der folgende tanksprachliche Satz wahr:

(8) Nach dem biologischen Ende meines Körpers wird mein mentales Leben (zumindest teilweise) weitergehen.

Um zu überprüfen, ob dieser tanksprachliche Satz in unserer neuen Fortsetzung der Tank-Geschichte wahr ist, müssen wir ihn in unsere Sprache übersetzen (und zwar ohne seine semantisch stabilen Teile zu verändern). Folgende Übersetzung kommt uns in den Sinn:

($8_{ü}$) Nach dem kybernetischen Ende meines Bit-Körpers wird mein mentales Leben (zumindest teilweise) weitergehen.

25. Selbstverständnis im Lichte metaphysischer Möglichkeiten 243

Hierbei habe ich einerseits die semantische Stabilität der zeitlichen Vokabeln „nach", „Ende", „weitergehen" vorausgesetzt; andererseits habe ich vorausgesetzt, dass der Ausdruck „mentales Leben" semantisch stabil ist. Die erste Voraussetzung ist in unserem Zusammenhang unschuldig und möge mir zum Zweck des Arguments zugestanden werden (siehe oben §22.16). Die zweite Voraussetzung geht ins Herz der Debatte:

Materialistische Philosophen des Geistes könnten mir entgegenhalten, dass sich die semantische Instabilität des materiellen Vokabulars auf das mentale Vokabular vererbt, weil mentale Prozesse auf materielle Prozesse reduziert werden können. Wie wir sehen werden, sticht dieser Einwand am Ende nicht; er wird uns allerdings dazu bewegen, dem Gehirn im Tank sicherheitshalber einen treffgenaueren Satz über das Weiterleben nach dem Tod in den Mund zu legen: einen Satz, der die unspezifische Rede von irgendeinem „mentalen Leben" vermeidet (und stattdessen auf das Fortleben von *Gedanken* zielt, s. u. Satz (16) in §25.15).

§25.12. Nehmen wir einmal an, der Materialist hätte recht mit der Behauptung, dass sich mentale auf materielle Prozesse reduzieren lassen. Frage: Auf welche materiellen Prozesse wären dann die mentalen Prozesse des Gehirns im Tank zu reduzieren? Nach allem, was wir uns in dieser Untersuchung zurechtgelegt haben, dürfte die Antwort feststehen. Wenn das Gehirn im Tank z. B.

Materialistische Reduktion eingetankter Gedanken

(9) Da ist ein Tiger,

denkt, dann reduziert sich dies einerseits auf neurophysiologische Prozesse im eingetankten Gehirn selber, andererseits auf deren kausale Verbindung zu gewissen (zeitgleich oder früher realisierten) Bit-Tigern. Nehmen wir an, einen Tag später erinnert sich das Gehirn und denkt:

(10) Gestern war da ein Tiger.

Dann reduziert sich dieser Gedanke (immer noch unter der zugestandenen Voraussetzung meiner materialistischen Gegner) auf gewisse *gegenwärtige* neurophysiologische Prozesse im eingetankten Gehirn und deren kausale Verbindung zu *früher* realisierten Bit-Tigern. Und diese materielle Konstellation, auf die sich der eingetankte Gedanke

(10) Gestern war da ein Tiger,

reduziert, kann durchaus einen Tag nach dem kybernetischen Unfalltod seines bit-biologischen Bit-Körpers verwirklicht sein. (Denn in der reduzierenden materiellen Konstellation kommt der dann nicht mehr funktionierende Bit-Körper nicht vor, den das Gehirn im Tank früher durch den Simulationscomputer gesteuert hatte).

Das bedeutet: Wenn wir im materialistischen Geiste auf das Gehirn im Tank nach dem Verlust seines Bit-Körpers blicken, so werden *wir* dem Gehirn immer noch gewisse Gedanken über gewesene Bit-Tiger zuschreiben können. Und einen Tag vor dem kybernetischen Tod seines Bit-Körpers werden wir zu recht sagen dürfen:

(11) In einem Tag – selbst nach dem kybernetischen Tod seines Bit-Körpers – wird das Gehirn im Tank immer noch denken können, dass es vor einem Tag einem Bit-Tiger kybernetisch begegnet ist.

Kurz, *von aussen* können wir dem Gehirn selbst dann noch Gedanken zuschreiben, wenn es das hinter sich hat, was es seinen „biologischen Tod" nennt.

<small>Gehirn schreibt sich Gedanken zu</small>

§25.13. Die entscheidende Frage lautet: Kann sich das Gehirn in diesem Falle *selber* Gedanken zuschreiben, d.h. von innen? Ich wüsste nicht, warum wir ihm diese Fähigkeit absprechen sollten. Zunächst: Wenn das Gehirn – noch zu Lebzeiten seines Bit-Körpers – sagt:

(12) *Ich denke*, dass da ein Tiger ist,

oder vielleicht deutlicher:

(13) *Ich urteile*, dass da ein Tiger ist,

dann bedeutete es einen extremen Mangel an Wohlwollen, wenn wir nicht bereit wären, diese tanksprachlichen Äusserungen durch Formulierungen wie „Ich denke, dass ..." oder „Ich urteile, dass ..." in unsere Sprache zu übersetzen. (Siehe oben § 10.10 bis § 10.11). Zugegeben, der propositionale Gehalt des fraglichen Gedankens oder Urteils muss externalistisch uminterpretiert werden (er betrifft Bit-Tiger, keine Tiger). Das spricht zwar dafür, dass der durch (12) ausgedrückte eingetankte Gedanke ein *anderer* Gedanke ist als unser gleichlautender Gedanke. Aber auch ein anderer *Gedanke* ist ein Gedanke. Selbst nach Berücksichtigung externalistischer Uminterpretationen bleibt die eingetankte Rede von Gedanken über Bit-Tiger eine Rede, in der Gedanken (im besten Sinne dieses Wortes) ausgedrückt werden. Kurz, wenn das Gehirn im Tag zu Lebzeiten seines Bit-Körpers sagt:

(12) *Ich denke*, dass da ein Tiger ist,

25. Selbstverständnis im Lichte metaphysischer Möglichkeiten   245

oder

(13) *Ich urteile*, dass da ein Tiger ist,

dann lautet die angemessene, wohlwollende Übersetzung dieser Äusserungen so:

(12ü) *Ich denke*, dass da ein Bit-Tiger ist,

bzw.

(13ü) *Ich urteile*, dass da ein Bit-Tiger ist.

Ändert sich daran etwas, wenn das Gehirn diese Sätze nach dem kybernetischen Tod seines Bit-Körpers formuliert? Ich wüsste nicht warum. *Von aussen* würden wir dem Gehirn ohne funktionierenden Bit-Körper ohnehin genuine Gedanken zugestehen (s. o. §25.12); es wäre abermals ein Zeichen für extremen Mangel an Wohlwollen, wenn wir dem Gehirn plötzlich die entsprechende *Selbst*zuschreibung nicht zugestehen wollten.

§25.14. Diese Überlegung überträgt sich fast automatisch auf eine eingetankte Erinnerung an ehemalige „Tiger"-Gedanken: Dasselbe *ex post & ex ante*

(14) *Ich habe gestern gedacht*, dass da ein Tiger ist.

Selbst wenn das Gehirn diesen Satz nach dem kybernetischen Tod seines Bit-Körpers formuliert, lautet die angemessene Übersetzung meiner Ansicht nach so:

(14ü) *Ich habe gestern gedacht*, dass da ein Bit-Tiger ist.

Und wenn also die eingetankte Selbstzuschreibung von Gedanken im *Rückblick* semantisch stabil funktioniert, dann spricht alles dafür, dass sie so auch in der Vorschau funktioniert. Wenn also das eingetankte Gehirn kurz vor dem kybernetischen Tod seines Bit-Körpers sagt:

(15) *Ich werde morgen denken*, dass ich heute einem Tiger begegnet bin,

dann dürfte auch hier der mentale Vorspann die Übersetzung in unsere Sprache unbeschadet überstehen:

(15ü) *Ich werde morgen denken*, dass ich heute einem Bit-Tiger kybernetisch begegnet bin.

Und damit haben wir alle einschlägigen Verwendungsweisen der Selbstzuschreibung von Gedanken semantisch stabilisiert: Zuerst die Selbstzuschreibung gegenwärtiger Gedanken (vergl. (12) und (13)), dann die Selbstzuschreibung vergangener Gedanken (vergl. (14)) und schliesslich die Selbstzuschreibung zukünftiger Gedanken (vergl. (15)).

Teilweise mental weiterleben

§25.15. Ich bin nicht sicher, ob dies Ergebnis darauf hinauslaufen muss, dem Ausdruck „mein mentales Leben" semantische Stabilität zuzuschreiben – wie wir es tun müssten, wenn wir den uns ursprünglich interessierenden Satz aus §25.11:

(8) Nach dem biologischen Ende meines Körpers wird mein mentales Leben (zumindest teilweise) weitergehen,

wie gewünscht übersetzen wollen:

(8$_{ü}$) Nach dem kybernetischen Ende meines Bit-Körpers wird *mein mentales Leben* (zumindest teilweise) weitergehen.

Es könnte immer noch sein, dass die eigenen Urteile und Gedanken zwar einen semantisch stabilen Teil des eigenen mentalen Lebens ausmachen, dass dies mentale Leben aber auch semantisch instabile Bestandteile umfasst. Zum Glück brauchen wir diese Komplikation nicht zu beachten. Denn wenn wir dem mentalen Weiterleben nach dem Tod auf der Spur sind, dann brauchen wir nicht auf der *vollständigen* Weiterführung dieses mentalen Lebens zu beharren. (Z.B. wäre es vielleicht ein Weiterleben ohne sinnliche Erfahrung oder ohne körperliche Schmerzen). Also genügt folgender Satz:

(16) Selbst nach dem biologischen Ende meines Körpers werde ich irgend etwas denken können.

Wenn das Gehirn im Tank *diesen* Satz äussert, dann muss das nach allem Gesagten so in unsere Sprache übersetzt werden:

(16$_{ü}$) Selbst nach dem kybernetischen Ende meines Bit-Körpers werde ich irgend etwas denken können.

Und mit dieser Vermutung hat das Gehirn recht, falls es im Tank sogar über den kybernetischen Tod seines Bit-Körpers hinaus am Leben gehalten wird.[17] Damit ist der erste Teilschritt des in §25.10 angekündigten Gedankenganges komplett. Das Gehirn im Tank kann

---

[17] Ob die Wahrheit jener Vermutung darauf hinausläuft, dass das eingetankte Gehirn *als Person* weiterlebt, können wir offenlassen. Vielleicht ist ein lebendes, menschliches Gehirn ohne Menschenkörper bzw. ohne Bit-Körper nicht als Person anzusehen.

25. Selbstverständnis im Lichte metaphysischer Möglichkeiten

korrekte Sätze über sein mentales Weiterleben nach dem kybernetischen Tod seines Bit-Körpers aussprechen. Um (in dem versprochenen zweiten Teilschritt) zu sehen, was das für uns und unsere Auseinandersetzung mit dem Materialismus bedeutet, möchte ich untersuchen, was ein eingetankter Materialist gegen die Tank-Hypothese vom Weiterleben einwenden könnte; wir werden das Scheitern des eingetankten Materialisten zur Kenntnis nehmen und daraus lernen, dass weder apriorischen noch empirischen Spielarten von Materialismus die Vorherrschaft über unser Denken gebührt.

§25.16. Wenn das mithilfe von (16) spekulierende Gehirn im Tank von einem eingetankten Materialisten gefragt wird, wie es sich sein „gedankliches Weiterleben nach dem Tod" vorstellt und ob es etwa an „Bewusstsein ohne materiellen Träger" glaubt, dann kann es sich folgendermassen verteidigen: *Der Materialist im Tank*

(17) Vielleicht ist der Träger meines Bewusstseins kein Gehirn, wie Ihr Materialisten denkt, sondern ein Über-Gehirn im Über-Tank; wenn mein Gehirn stirbt, könnte mein Über-Gehirn weiterleben, und so würde ich sogar nach meinem Hirntod immer noch Gedanken fassen können.

Hier sehen wir, was es heissen kann, die zunächst verwirrende und isoliert kaum verständlich Rede von einem „Bewusstsein ohne Träger" zu erläutern: Das Gehirn im Tank gibt detaillierte Auskünfte darüber, aufgrund welcher Konstellation sein Bewusstsein keines *materiellen* Trägers bedarf.

(Und daher geraten wir in unserem augenblicklichen Kontext nicht in Gegensatz zu unserer Weigerung aus Band 1, uns auf Spekulationen über körperlose Geister einzulassen (Band 1, §5.2 bis §5.3). Damals fehlte uns eine klare Vorstellung, was das heissen soll – jetzt haben wir uns eine solche Vorstellung erarbeitet. Wir haben einen langen Weg zurückgelegt, um unseren Möglichkeitssinn zu erweitern).

Der eingetankte Materialist wird gegen die Spekulation aus (17) allerlei Ergebnisse seiner empirischen Tankwissenschaften ins Feld führen und sagen:

(18) Alle unsere biologischen Kenntnisse sprechen eindeutig gegen die Möglichkeit von Gedanken ohne neurophysiologische Basis; und nichts spricht für diese Möglichkeit.

Uns Aussenstehende belustigt dies Credo des Tank-Materialisten, denn wir sehen nur zu gut, wie ihn sein Mangel an metaphysischer Phantasie in die Irre führt. Nach Übersetzung in unsere Sprache hört sich sein Credo einigermassen beschränkt an:

(18ü) Alle unsere bit-biologischen Kenntnisse sprechen eindeutig gegen die Möglichkeit von Gedanken ohne bit-neurophysiologische Basis; und nichts spricht für diese Möglichkeit.

Der eingetankte Materialist macht eindeutig einen Fehler. Sein Fehler besteht darin, zu übersehen, dass es im Prinzip keine empirische Überprüfung der metaphysischen Möglichkeit gibt, die das aufs Weiterleben spekulierende Gehirn in den Blick genommen hat. Alle empirischen Daten, die der Materialist im Tank sammeln kann, sprechen genausowenig für wie gegen die Möglichkeit eines Bewusstseins ohne das, was er „materielle" oder „neurophysiologische Basis" nennt.

Patt

§25.17. Und was wir uns eben anhand des eingetankten Disputes über das Weiterleben nach dem Tod zurechtgelegt haben, gilt auch ausserhalb des Tanks: Wenn *wir* uns das mentale Weiterleben nach unserem biologischen Tod anhand der Möglichkeit eines Über-Gehirns verdeutlichen, dann hilft es unseren materialistischen Gegnern nichts, sich auf die empirischen Wissenschaften zu berufen. *Alle* denkbaren empirischen Daten lassen sich mit dem materialistischen Verzicht auf die Hoffnung des Weiterlebens genausogut vereinbaren wie mit der metaphysischen Spekulation zugunsten dieser Hoffnung. (Denn wir haben unser Gedankenspiel eigens so eingerichtet, dass sich kein einziger empirischer Unterschied zwischen unserem Erleben und dem eines Gehirns im Tank oder eines Über-Gehirns im Über-Tank bemerkbar macht).

Aus diesem Grund wäre es auch nicht richtig zu behaupten, was oft behauptet wird, dass nämlich im Lichte unserer Naturwissenschaften die Möglichkeit des Weiterlebens nach dem biologischen Tod extrem *unwahrscheinlich* wäre.[18] Weit entfernt: Unsere Naturwissenschaften bieten uns nichts, mit dessen Hilfe sich derartige Wahrscheinlichkeiten abschätzen liessen. Unter empirischem Blickwinkel ist die Frage des Weiterlebens völlig offen.

Soweit ich sehe, haben materialistische bzw. szientistische Gegner des Weiterlebens nach dem Tod drei Optionen, mit diesem empirischen Patt umzugehen. Erstens könnten sie darauf verzichten, sich der Frage des Weiterlebens auch nur zu auszusetzen. Zweitens könnten sie

---

[18] Die Behauptung findet sich z.B. bei Russell [DWSD]:89.

25. Selbstverständnis im Lichte metaphysischer Möglichkeiten

die Frage negativ beantworten, indem sie anstelle empirischer Evidenzen apriorische Gegenargumente ins Feld führen. Drittens könnten sie das Patt ausdrücklich hinnehmen und dem Weiterleben einfach ohne Gründe widersprechen.

§25.18. Gehen wir diese drei Optionen der Reihe nach durch. Die erste Option verdient meiner Ansicht nach nicht unser Lob. Natürlich ist es zulässig, sich bestimmten Fragen nicht zu stellen. So würden wir keinem Vorwürfe machen, der sich nicht für die Goldbach-Vermutung interessiert. Aber die Frage des Weiterlebens scheint von anderer Art zu sein. Sie betrifft eines der wichtigsten und jedenfalls ein höchst einschneidendes Ereignis unseres Daseins – den Tod. Wer sich nicht dafür interessiert, ob nach diesem Tod noch etwas kommt, wirkt unreflektiert oder abgebrüht oder abgeklärt oder erschreckend erwachsen. Ich gebe zu, es mag eine Vielzahl sehr verschiedener Geisteshaltungen geben, die zum Erlöschen des Interesses an unserer Frage führen. Hier ist nicht der Ort, alle diese Geisteshaltungen zu beschreiben oder gar zu erörtern. (Vielleicht sind sogar respektable Geisteshaltungen darunter). Für meine Zwecke genügt es, darauf zu beharren, dass man jedenfalls nicht denjenigen ein obskures Hinterweltlertum vorwerfen sollte, die sich der Frage des Weiterlebens stellen. Sie gehört in das Repertoire der Fragen, die sich Menschen der verschiedensten Kulturen in allen Zeiten immer wieder vorgelegt haben. Wer behaupten wollte, dass die Frage keinerlei Aufmerksamkeit verdient, wäre gut beraten, das zu begründen. Und genau dadurch gewönne die Frage bereits die Aufmerksamkeit, die sie angeblich nicht verdient.

Weghören, wegsehen

§25.19. Nun könnte der szientistische Gegner des Weiterlebens nach dem Tod (in der zweiten Option seiner Reaktion auf das empirische Patt) apriorische Gegenargumente ins Spiel bringen. Und der beliebteste Schachzug dieser Art läuft auf die Behauptung hinaus, dass die Hypothese vom Weiterleben nicht wahr sein könne, weil sie in Wirklichkeit unverständlich sei.[19] Da die Hypothese weder aus unverständlichen Worten besteht (wie das „Fümms bö wö tää zää Uu" aus der Ursonate von Kurt Schwitters[20]) noch die Satzbauregeln unserer Sprache

Weiterleben nicht verständlich?

---

[19] Siehe z. B. Ayer [LTL]:117; Geach [MA]:111–117, [GS]:17–29; Flew [LoM]:16–29, 102–106, 111/2, 115/6 *et passim*. Siehe auch Williams in H.D. Lewis et al [LaD]:57–59. Williams argumentiert so ähnlich wie schon Strawson in [I]:87ff, insbes. pp. 97, 102. (Vergl. aber Strawson [I]:115/6).
[20] Schwitters [U]:214.

verletzt (wie Carnaps „Berlin Pferd blau"[21]), dürfte mein szientistischer Gegner am ehesten die Art von Unverständlichkeit im Auge haben, die dem Satze „Meine Cousine ist mein Onkel" zukommt. Ist die Hypothese vom Weiterleben nach dem Tod also vielleicht begrifflich falsch, eine analytische Unmöglichkeit?

Meiner Ansicht nach ist uns diese Option verbaut. Denn jeder analytisch falsche Satz unserer Sprache muss bei wortwörtlicher Wiederholung in der Tanksprache analytisch falsch bleiben. (Analytische Wahrheit und Falschheit sind Eigenschaften von Sätzen, die bereits innensemantisch festgelegt sind, s. o. §23.8). Wenn also das *Gehirn im Tank* sagt:

(16) Selbst nach dem biologischen Ende meines Körpers werde ich irgend etwas denken können,

dann müsste dieser Satz analytisch falsch, also jedenfalls falsch sein. Wir haben aber vorhin gesehen, dass der Satz unter Umständen wahr ist!

Bemerkung. An dieser letzten Wendung unseres Gedankengangs zeichnet sich ein trickreiches Argument ab, mit dessen Hilfe sich gewisse Spielarten materialistischer Reduktionen des Geistigen widerlegen lassen. Wir setzen den reduktionistischen Materialismus voraus (wie seit §25.12), um daraus die Konsequenz abzuleiten, dass der Materialismus jedenfalls nicht als *analytische* Wahrheit verstanden werden kann. Die Details dieses Arguments sind komplizierter, als durch meine knappen Andeutungen hat herauskommen können.

Dissens ohne Anmassung

§25.20. Bleibt dem szientistischen Gegner des Weiterlebens die dritte Option: Er sieht ein, dass sich weder apriori noch empirisch gegen das Weiterleben argumentieren lässt und bleibt bei seiner Ablehnung dieser Idee, ohne sich auf irgendwelche Gründe zu berufen. Diese Option finde ich respektabel – und zwar deshalb, weil sie sich nicht anmasst, konkurrierenden Haltungen zum Weiterleben intellektuell überlegen zu sein. Angesichts fehlender Gründe für und wider darf man mit gleichem Recht ans Weiterleben glauben wie ans Nicht-Weiterleben; und ebensogut darf man sich des Urteils in dieser Frage enthalten. Einerlei, welche dieser Haltungen man einnimmt: in jedem Fall hat man eine Haltung zu einer genuin metaphysischen Frage eingenommen, d. h. zu einer Frage, die im Prinzip über das hinausführt, was uns die empirischen Wissenschaften geben können.

---

[21] Carnap [SiP]:49.

25. Selbstverständnis im Lichte metaphysischer Möglichkeiten

Das Ziel meiner Untersuchung bestand darin, derartigen Fragen zu ihrem Recht zu verhelfen. Ich habe nicht beansprucht, sie zu beantworten; ich wollte lediglich einen neuen Weg weisen, wie man sich solche Fragen *verständlich* machen kann. Und selbst wenn mir das gelungen sein sollte, dann erhebe ich keinen Anspruch darauf, den einzig gangbaren Weg aufgezeigt zu haben.

§ 25.21. War unser Weg vielleicht ganz besonders bizarr? Rekapitulieren wir noch einmal in aller Kürze, was wir aus dem neuen Gedankenspiel vom weiterlebenden Über-Gehirn im Über-Tank über die alte Frage des Weiterlebens nach dem Tod gelernt haben.

Ein erweiterter Möglichkeitssinn

Wir konnten (meiner Ansicht nach: schlagend) zeigen, dass diese Frage keine unverständliche Scheinfrage sein kann. Zudem konnten wir uns *ein* konkretes Modell für das Weiterleben der Seele nach dem Tod zurechtlegen; genauer gesagt: ein Modell für die Möglichkeit, auch nach dem biologischen Tod noch Gedanken zu fassen und Urteile zu fällen. Dieses Modell haben wir anhand des Gehirns im Tank von aussen betrachtet und anhand des Über-Gehirns im Über-Tank sogar von innen, für uns selber.

Ich möchte nicht missverstanden werden: Natürlich meine ich *nicht*, dass unser Modell auch nur in die Nähe dessen käme, was das Weiterleben nach dem Tod sein müsste, wenn die entsprechenden Verheissungen der Religionen wahr wären; dafür ist das von mir angebotene Modell viel zu technokratisch, viel zu konstruiert – und viel zu lieblos. Ich habe wirklich nur ein Modell geliefert, nicht die Sache selbst. Wo liegt aber dann die Funktion dieses Modells? Meiner Ansicht nach kann das Modell als Existenznachweis einer Denk-Möglichkeit dienen. Wenn die Religionen mit Bildern, Metaphern und Andeutungen vom Weiterleben nach dem Tod reden, dann beschleicht uns die Frage, wie diese Hoffnung *überhaupt* sollte eingelöst werden können. *Wie* kann der Satz vom Weiterleben wahr werden?

Eine denkbare Möglichkeit bietet das in diesem Abschnitt durchgespielte Modell, und zwar eine besonders unheilige, ja banale Möglichkeit. Aber immerhin: Mit dieser Möglichkeit haben wir sozusagen den Fuss in der Tür. Und hinter der Tür könnten Zeichen und Wunder geschehen!

Unser Modell eines Über-Gehirns, das nach dem Hirntod weiter urteilt und denkt, hat noch eine weitere Funktion. Anhand dieses Modells lässt sich unsere epistemische Lage hinsichtlich der Frage des Weiterlebens nach dem Tod leicht überblicken. Wir haben gesehen, dass die empirischen Naturwissenschaften keinerlei Evidenz für oder gegen

252   Kapitel VII. Metaphysische Spekulation

unser Modell bieten können, nicht einmal Abschätzungen der Wahrscheinlichkeit. Denn selbst wenn es wahr ist, dass wir kein Über-Gehirn haben und unseren biologischen Tod nicht überleben, unterscheiden sich unsere irdischen empirischen Evidenzen nicht im geringsten von denen eines Gehirns im Tank, dessen Gedanken das überleben, was es seinen „biologischen Tod" nennt.

Ich halte dies Ergebnis für höchst bedeutsam. Es erweitert unseren Möglichkeitssinn.[22] Denn jetzt liegt deutlich zutage, dass das seelische Weiterleben nach dem Tod (schon in seiner banalsten Fassung) erkenntnistheoretisch nicht besser und nicht schlechter dasteht als die Behauptung, dass mit unserem biologischen Tod auch unser mentales Leben endet. Der Glaube an das Weiterleben ist eine echte Option, keine Verrücktheit im Lichte der verfügbaren Evidenzen.

26. Resümee und Ausblick

Verwirrt oder robust gewiss

§ 26.1. Viele von uns fühlen sich zum naturalistischen Weltbild hingezogen, u.a. aufgrund seiner hohen Geschlossenheit. In ihm verschmelzen ontologische, semantische und erkenntnistheoretische Gesichtspunkte zu einer Einheit, deren Anziehungskraft auf den unerhörten Erfolgen der Naturwissenschaften beruht. Auch die Alternative, die ich diesem Weltbild entgegengestellt habe, zollt den Naturwissenschaften Respekt. Sie will die Naturwissenschaften nicht abwerten, sondern andere intellektuelle Tätigkeiten des Menschen aufwerten (die vom Szientisten, aber nicht unbedingt vom praktizierenden Naturwissenschaftler abschätzig behandelt werden).

Der erste Band unserer Untersuchung widmete sich sogar der erkenntnistheoretischen Verteidigung der Naturwissenschaften. Unseren Überlegungen zufolge können wir in den Naturwissenschaften genuine empirische Erkenntnis erwerben – anders als der traditionelle Skeptizismus behauptet. Aber diese Verteidigung der Naturwissenschaften gegen den Skeptizismus beruhte selber nicht auf Empirie. In meiner Alternative zum naturalistischen Weltbild wird der apriorischen, philosophischen Erkenntnis (als Ergänzung und Unterstützung der empirischen Erkenntnis aus den Naturwissenschaften) ein eigenes Gewicht zugesprochen. Die positiven Ergebnisse aus dem ersten Band dieser Untersuchung sind überraschend stark – und allesamt apriori.

---

[22] Den Begriff des Möglichkeitssinns hat Musil geprägt, siehe [MoE]:16–18 *et passim.*

26. Resümee und Ausblick

Zudem habe ich mich (im vorliegenden Band der Untersuchung) für die Formulierbarkeit von Fragen ausgesprochen, die dem Zugriff der Naturwissenschaften entzogen sind und die sich vermutlich überhaupt nicht beantworten lassen. Meiner Ansicht nach gehört die Möglichkeit, solche metaphysischen Fragen zu stellen, zur menschlichen Grundausstattung: so wie die Möglichkeit, Musik zu machen, Mathematik zu treiben, Gebete zu sprechen, Gedichte zu schreiben; *und* (neben vielem anderen) so wie die Möglichkeit, die Welt naturwissenschaftlich zu durchleuchten. Verschiedene Menschen sind verschieden offen für die unterschiedlichen geistigen Aktivitäten, die in ihrer menschlichen Grundausstattung angelegt sind. Mein Ziel bestand darin, unsere Offenheit für die Möglichkeit des metaphysischen Fragens zu vergrössern. Einige dieser Fragen wollte ich mit den Mitteln der modernen sprachanalytischen Philosophie verständlicher machen; ich wollte uns auf den Geschmack für diese Fragen bringen. Dass die Fragen immer noch verwirrend sind und leicht in uns Schwindelgefühle auslösen, will ich nicht leugnen. Das Gefühl der philosophischen Verwirrung hat meiner Erfahrung nach einen eigenen Wert; und einen *ganz* anderen Geschmack als die robuste naturalistische Gewissheit, mit der gesamten Wirklichkeit im reinen zu sein.

§26.2. Das Gefühl dieser Verwirrung kam, so hoffe ich, gleich in der Einleitung auf, als wir uns die skeptische Hypothese vorlegten, ob die gesamte Welt vielleicht auf Computersimulation beruhen könnte. Wir haben uns im vorliegenden Band 2 unserer Untersuchung zwar nicht abermals in allen Details auf Putnams Beweis zur Widerlegung der Hypothese konzentriert (den wir im Band 1 akribisch ausgearbeitet und verteidigt hatten). Dafür haben wir einen Einwand in den Blick genommen, der sich gegen jeden, noch so perfekten antiskeptischen Beweisversuch wenden lässt. Der Einwand besagt, dass das Gehirn im Tank den Beweis wortwörtlich wiederholen könnte und so zu einer falschen Konklusion käme. Dieser Einwand war Thema des Kapitels I. Er hat eine hohe intuitive Kraft, liess sich aber im Rahmen unserer Voraussetzungen kontern. Wenn das eingetankte Gehirn den Beweis in seiner Sprache wiederholt, dürfen die einzelnen Beweisschritte (und die Konklusion) nicht so verstanden werden, als gehörten sie zu unserer Sprache. Sie müssen vielmehr uminterpretiert werden (weil sonst die externalistische Bedingung des kausalen Kontakts zwischen Sprecher und Bezeichnetem verletzt wäre). Und in der richtigen Interpretation verwandelt sich die tanksprachliche Wiederholung des Putnam-Beweises in einen schlüssigen Beweis mit wahrer Konklusion. Auch das

Startpunkt Erkenntnistheorie

Kapitel VII. Metaphysische Spekulation

Gehirn im Tank hat recht, wenn es in seiner Sprache sagt: „Ich bin kein Gehirn im Tank".

<small>Unbehagen bleibt</small>

§26.3. Mit dieser Antwort auf den Einwand haben wir den erkenntnistheoretischen Auftakt des Bands 2 unserer Untersuchung beendet. Dass wir unsere Untersuchung mit der erfolgreichen Loslösung vom erkenntnistheoretischen Skeptizismus nicht abschliessen mochten, lag an einem instinktiven Gefühl der Verwirrung, das der Beweis in uns hinterlässt. Man fühlt sich vom Beweis wie von einem Zaubertrick betrogen – vor allem, nachdem man erfahren hat, dass der Beweis auch aus dem Munde des Gehirns im Tank triftig ist (und dann allerdings etwas anderes besagt als bei uns). Das Ziel des zweiten Teils unserer Untersuchung bestand darin, diesem instinktiven Unbehagen an Putnams Beweis gerecht zu werden.

Schon diese Zielsetzung beruhte auf einer philosophischen Grundeinstellung, die sich nicht argumentativ erzwingen lässt. Statt dem instinktiven Unbehagen nachzugehen, hätten wir uns stur stellen, auf der Wahrheit unserer Prämissen beharren und darauf hinweisen können, dass die Prämissen die gewünschte Konklusion erzwingen. Auf diese Weise hätten wir versuchen können, das Unbehagen mundtot zu machen. Ich wollte demgegenüber unseren philosophischen Instinkt ernster nehmen und seine Folgekosten bestimmen. (Das kann auch von Interesse für diejenigen sein, denen die Folgekosten am Ende zu hoch sind und die sich deshalb doch entscheiden, das Unbehagen mundtot zu machen). Wenn die zentrale These des zweiten Bandes unserer Untersuchung zutrifft, dann sind die Folgekosten des instinktiven Unbehagens mit Putnams Beweis in metaphysischer Münze zu begleichen. Weniger metaphorisch: Der Externalismus hinter Putnams Beweis macht es ausserordentlich schwer, das Unbehagen gegen den Beweis auch nur zu artikulieren; da es sich mit den hergebrachten deskriptiven Mitteln aus Alltag und Wissenschaft nicht artikulieren lässt, müssen neue sprachliche Mittel bereitgestellt werden – sprachliche Mittel, die ohne Magie funktionieren und trotzdem dem Zugriff der externalistischen Uminterpretation entzogen sind. Diese sprachlichen Mittel, so die zentrale These des zweiten Bandes dieser Untersuchung, sind die sprachlichen Mittel der metaphysischen Spekulation. Der Weg hin zu dieser zentralen These war langwierig:

26. Resümee und Ausblick

§ 26.4. Im Kapitel II haben wir festgestellt, dass sich das Gehirn im Tank trotz Putnams Beweis nicht mit seiner misslichen Lage zufriedengeben sollte. Unser Problem reduzierte sich auf die Frage: Was müsste das Gehirn in der eigenen Sprache sagen, um seine missliche Lage im Tank angemessen zu treffen? Es müsste einen Satz formulieren, dessen Wahrheitswert (unter Berücksichtigung eventuell nötiger Uminterpretationen) von der Lage des Sprechers abhängt, der ihn vorbringt. Einen solchen differenzierenden Satz haben wir als Indikator bezeichnet, und wir haben verlangt, dass der gesuchte Indikator zusätzlich informativ sein soll – und nicht etwa vage oder metaphorisch.

Indikatoren und semantische Stabilität

Dass es Indikatoren nur geben kann, wenn gewisse Wörter bei Übersetzung aus der Tanksprache nicht verändert werden müssen, hat uns in Kapitel III dazu bewogen, diese Eigenschaft der semantischen Stabilität näher zu untersuchen. Die ersten Beispiele für semantisch stabile Ausdrücke haben wir in Logik, Mengenlehre und Mathematik aufgetan. Deren Vokabeln funktionieren gewiss nicht magisch, aber sie funktionieren in der Tanksprache nach denselben Regeln wie bei uns und brauchen daher beim Übergang von der einen in die andere Sprache nicht verändert zu werden.

Wichtigere Beispiele für semantische Stabilität sind uns im Kapitel IV begegnet. Die Begriffe der Art, des Spiels und der Situation sind allesamt semantisch stabil: Sie sind so flexibel für neue Anwendungen, sind in so vielen Diskursbreichen zuhause und lassen sich in immer neue Gebiete projizieren (auch in Gebiete, in denen es auf kausalen Kontakt nicht ankommt), dass sie ohne Magie bei uns genauso funktionieren wie im Tank. Trotzdem kann das Gehirn im Tank seine eigene Lage selbst mithilfe dieser Vielzweckwörter immer noch nicht treffen: Wie wir am Ende des Kapitels IV gesehen haben, liegt das daran, dass das Gehirn die materiellen Gegenstände ausserhalb des Simulationscomputers nicht zielgenau herausgreifen kann.

Diese negative These haben wir im Kapitel V eingehender begründet. Sie hängt nicht mit der externalistischen Bedingung für Erfolg beim Bezeichnen zusammen, sondern mit einer neuen Bedingung (mit der Bedingung der Lokalisierbarkeit). Sie besagt: Damit ein Sprecher Erfolg beim Bezeichnen hat, muss der bezeichnete Gegenstand in das räumliche Bezugssystem des Sprechers eingeordnet werden können. Dass diese Bedingung nur für die naturwissenschaftlichen Ausdrücke des Sprechers gilt (und nicht etwa für metaphysische Ausdrücke seiner Sprache), ergab sich anhand der ersten genuin metaphysischen Spekulation, die wir dem eingetankten Gehirn in den Mund legen konnten. Wenn ein Sprecher hinreichend klar herausstellt, dass er den Machtbereich der Naturwissenschaften zu überschreiten wünscht, so kann er z. B. über parallele Welten spekulieren. Im Fall des Gehirns im Tank liefe das auf die Spekulation über einen Nachbarcomputer hinaus, mit dem es nicht verbunden ist. Dieser Sprung in die Metaphysik war der Durchbruch zum Erfolg. Er verhalf dem Gehirn zwar noch nicht zur Selbstbeschreibung seiner Lage im Tank. Aber er schuf den argumentativen Rahmen, in dem sich diese Selbstbeschreibung erarbeiten liess. Eine wichtige Rolle in dieser Überlegung spielte das Prinzip des Wohlwollens. Die eingetankte Spekulation über den Nachbarcomputer ist deshalb kein sinnloses Gerede, weil wir sie in unsere Sprache übersetzen können, wenn wir die Intentionen und die Situation des Sprechers wohlwollend in die Interpretation einbeziehen.

Spekulation nach oben

§ 26.5. In Kapitel VI haben wir die nötigen Vorarbeiten für die eingetankte Selbstbeschreibung geleistet, indem wir die spekulative Richtung aus Kapitel V um neunzig Grad gekippt haben: An die Stelle der horizontalen Spekulation (über *parallele* Welten) soll vertikales Spekulieren (über *höhere* Welten) treten. Als Vehikel für die vertikale Spekulation erwies sich die Bit-Vorsilbe, mit deren Hilfe ein Sprecher den Wirklichkeitsbereich *nach unten* wechseln kann. Dieser sprachliche Wechsel des Wirklichkeitsbereichs ist semantisch stabil und lässt sich umdrehen: für den sprachlichen Wechsel des Wirklichkeitsbereichs *nach oben*.

Im vorliegenden Kapitel VII schliesslich haben wir dem Gehirn im Tank bei dieser Spekulation nach oben zugesehen. Dazu genügen die aufgewiesenen sprachlichen Ressourcen, insbesondere die neue Vorsilbe „Über", die sich durch Umdrehung der Bit-Vorsilbe ergibt. Das Gehirn im Tank kann seine eigene Lage sprachlich angemessen treffen, wenn es sagt:

Ich bin ein Über-Gehirn im Über-Tank.

Dieser Satz ist der informative Indikator, den wir seit Aufkommen unseres Unbehagens mit Putnams Beweis gesucht haben. Er ist wahr aus dem Munde eines Gehirns im Tank, hoffentlich falsch aus unserem Munde und ganz sicher falsch aus dem Munde eines Sprechers, der auf der äussersten Schale der Realität liegt. Anders als die physikalisch-naturalistische Hypothese:

Ich bin ein Gehirn im Tank,

(die mit Putnams Beweis apriori widerlegt wird), lässt sich die metaphysische Hypothese vom Über-Gehirn nicht mit Putnams Beweis ausschalten. (Denn die Vorsilbe „Über" ist semantisch stabil). Wenn

26. Resümee und Ausblick

sie von uns vorgebracht wird, beschreibt die metaphysische Hypothese diejenige Lage, in der zu stecken wir befürchtet haben, seit wir über das Gedankenspiel vom Gehirn im Tank anfingen nachzudenken. Die ursprüngliche Artikulation dieser Befürchtung („Ich bin ein Gehirn im Tank") war unangemessen, da sie auf den Versuch hinauslief, mit den Mitteln der Naturwissenschaft *Meta*physik zu treiben.

§ 26.6. Dass wir mit dieser Diagnose nicht einfach nur ein neues Etikett auf eine alte Flasche geklebt haben, sagte eine der zentralen Thesen unserer Untersuchung: Obwohl wir die metaphysische Möglichkeit, ein Über-Gehirn im Über-Tank zu sein, nicht ausschliessen können (und insofern an Unwissenheit leiden), führt diese Möglichkeit nicht in einen globale Skepsis hinsichtlich unserer Wissensansprüche aus Alltag und Wissenschaft. Im Gegenteil, die antiskeptische Kraft des Beweises von Putnam (gegen die Hypothese vom Gehirn im Tank) wird durch die nun formulierbare metaphysische Hypothese (vom Über-Gehirn im Über-Tank) nicht im geringsten angetastet. Sogar gewinnt Putnams Beweis an Überzeugungskraft, weil er – machtlos gegen die metaphysische Hypothese – nicht länger den misslichen Eindruck erweckt, mehr zu beweisen, als sich beweisen lässt. Der Beweis schliesst nicht alle denkbaren Szenarien aus, die uns angesichts des Gedankenspiels vom Gehirn im Tank in den Sinn kommen mögen (z.B. nicht das metaphysische Szenario, das eine Ebene höher abläuft). Aber das Gedankenspiel vom Gehirn im Tank selber räumt der Beweis endgültig aus der Welt – und im Streit um den erkenntnistheoretischen Skeptizismus ist das die ganze Miete. Der erkenntnistheoretische Skeptizismus betraf unser Wissen über die uns umgebende Natur und konnte, wenn überhaupt, nur mithilfe eines Szenarios in Gang kommen, das auf dieser Ebene angesiedelt war.

Trivial?

So gesehen, könnte man Putnams Beweis wie folgt auf den Punkt bringen: Wir befinden uns auf der Ebene der Wirklichkeit, auf der wir uns befinden; und nicht etwa auf einer Ebene darunter. Das mag trivial klingen. Aber wenn es trivial sein sollte, dann hat die erkenntnistheoretische Skeptikerin den Fehler gemacht, eine Trivialität zu missachten; umso schlimmer für die Skeptikerin. Anderseits haben die Gegner der Skeptikerin die Trivialität lange Zeit auch übersehen. Das ist eine der grössten Gefahren in der Philosophie: zu übersehen, was offen zutage liegt. Es bedurfte eines Genies vom Schlage Putnams, um uns mit seinem Beweis die Augen für die einfache Tatsache zu öffnen, dass wir da leben, wo wir leben.

Kapitel VII. Metaphysische Spekulation

Zielpunkt Metaphysik

§ 26.7. Alles in allem bewegte sich unsere Untersuchung von der Erkenntnistheorie in die Metaphysik. Das Gedankenspiel vom Gehirn im Tank wird üblicherweise mit erkenntnistheoretischem Hintergedanken in die Debatte gebracht: mit dem skeptizistischen Ziel, unsere Wissensansprüche aus Alltag und Wissenschaft zu hinterfragen. Wenn unsere Überlegungen triftig waren, so ist dieser erkenntnistheoretische Blick auf das Gedankenspiel unangemessen. Denn wenn man das Gedankenspiel als Hypothese über unsere Stellung in der natürlichen Welt formuliert (wie man es tun müsste, um uns in den Skeptizismus über diese natürliche Welt zu treiben), dann fällt die Hypothese sofort Putnams wunderbarem Beweis zum Opfer.

Trotzdem hat das Gedankenspiel philosophischen Wert, ausserhalb der Erkenntnistheorie. Es führt uns die Situation eines Subjektes vor Augen, das keinen erkenntnistheoretischen Grund zur Beunruhigung hat – wohl aber einen metaphysischen Grund zur Beunruhigung: Seine Position im Weltganzen ist auf dramatische Weise beschränkt.

Und wenn *wir* uns vorstellen, in einer analogen Lage zu stecken wie dieses eingetankte, von weiten Teilen der Wirklichkeit abgeschnittene Subjekt, dann spielen wir mit einer metaphysischen Denkmöglichkeit von grosser Tragweite für uns. Ob diese Möglichkeit verwirklicht ist oder nicht, darüber werden wir niemals ein gesichertes Urteil fällen können. Die spekulative Metaphysik ist kein Wissensgebiet, sondern ein Gebiet für Vermutungen und Fragen: für verwirrende Fragen, die aufwerfen zu können, einen Teil unseres menschlichen Wesens ausmacht.

Worüber man nichts wissen kann ...

§ 26.8. Was wäre, wenn die metaphysische Denkmöglichkeit, die wir entdeckt haben, verwirklicht wäre? Was wäre, wenn wir in einer analogen Lage wie das Gehirn im Tank steckten, wenn wir also ein Über-Gehirn ausserhalb des physikalischen Raumes hätten? Wäre das bedrohlich?

Auf die letzte Frage haben wir nicht abschliessend geantwortet. Die angemessene Antwort mag für jeden von uns verschieden ausfallen – je nach philosophischem Temperament. Der Szientismus wäre in der Tat von der metaphysischen Möglichkeit bedroht. Ihre Verwirklichung zöge seinem Weltbild den Boden unter den Füssen fort; seine siegesfrohe Gewissheit, mit der gesamten Wirklichkeit im reinen zu sein, wäre eine gigantische Illusion. Daher ist der Szientismus gut beraten, in seiner Feindschaft gegenüber der spekulativen Metaphysik auszuharren und die fragliche Hypothese für sinnlos zu erklären. Was man nicht versteht, kann das eigene Weltbild nicht erschüttern.

26. Resümee und Ausblick

Wer dagegen nicht krampfhaft daran festhalten muss, dass die gesamte Wirklichkeit offen vor ihm liegt, den könnte die aufgewiesene metaphysische Möglichkeit erst erstaunen und dann aufmuntern. Sie dient der Erweiterung unseres Möglichkeitssinns. Wie wir ausgeführt haben, ist sie sogar mit der ermutigenden Möglichkeit des Weiterlebens nach dem Tod verbunden. Die metaphysische Möglichkeit, die im Gedankenspiel vom Gehirn im Tank verborgen ist und die wir mit viel Mühe ans Tageslicht gebracht haben, muss uns nicht bedrohen. Unter anderem beweist diese Möglichkeit – aller szientistischen Feindschaft gegen die metaphysische Spekulation zum Trotz –, dass unser Denken und Sprechen die geheimnisvolle Kraft hat, die Grenzen unserer natürlichen Welt und die Grenzen dessen, wovon wir gesichert wissen können, zu überschreiten. Worüber man nichts wissen kann, darüber kann man sprechen. Und es mag sich sehr wohl lohnen, darüber zu sprechen!

LITERATUR

Ich nenne nur solche Titel, auf die ich mich in diesem Band der Untersuchung explizit beziehe. Falls ein Titel ursprünglich zu einem früheren Zeitpunkt erschienen ist als zu dem von mir genannten Erscheinungsdatum, führe ich am Ende des Eintrages zusätzlich das frühere Erscheinungsdatum auf; die von mir benutzte Version des fraglichen Werkes könnte in diesem Fall von der ursprünglich erschienenen Version abweichen.

Mnemotechnischer Hinweis. Die Kürzel zwischen eckigen Klammern ergeben sich durch folgenden Algorithmus aus den Titeln der fraglichen Schriften: Man streiche alle Vorkommnisse bestimmter und unbestimmter Artikel, beseitige sämtliche Vorkommnisse von ‚and' und ‚und' sowie alle Wörter, die nach einem Punkt oder Doppelpunkt vorkommen; dann verkette man die Anfangsbuchstaben der (maximal) ersten vier verbleibenden Wörter, wobei für Präpositionen kleine Buchstaben zu benutzen sind und für alle anderen Wörter Grossbuchstaben.

Aristoteles [M]: *Metaphysica. The works of Aristotle, Volume VIII.* Aus dem Griechischen ins Englische von W. D. Ross. (Oxford: Clarendon, ²1928).
Austin, John Langshaw [SS]: *Sense and sensibilia. Reconstructed from the manuscript notes by G. J. Warnock.* (Oxford: Clarendon, 1962).
Ayer, Alfred Jules [LTL]: *Language, truth and logic.* (London: Victor Gollancz, second edition, 1946). [Erschien zuerst 1936].
Barnes, Jonathan
- [M]: „Metaphysics". In Barnes (ed) [CCtA]:66–108.
- (ed) [CCtA]: *The Cambridge companion to Aristotle.* (Cambridge: Cambridge University Press, 1995).
Barrett, Robert B./Gibson, Roger F. (eds) [PoQ]: *Perspectives on Quine.* (Cambridge/Mass.: Blackwell, 1990).
Beckermann, Ansgar/Nimtz, Christian (eds) [AA]: *Argument und Analyse – Sektionsvorträge: Ausgewählte Sektionsvorträge des 4. internationalen Kongresses der Gesellschaft für analytische Philosophie, Bielefeld September 2000.* (Erscheint auf CD; Paderborn: Mentis, 2002).
Benacerraf, Paul [WNCN]: „What numbers could not be". *The Philosophical Review* 74 (January 1965), pp. 47–73.
Berne, Eric [GPP]: *Games people play. The psychology of human relationships.* (New York: Grove, 1967). [Erschien zuerst 1964].

Blumenthal, Otto [L]: *Lebensgeschichte*. In Hilbert [GA]/3:388–429.
Brandl, Johannes/Gombocz, Wolfgang L. (eds) [MoDD]: *The mind of Donald Davidson*. (= *Grazer Philosophische Studien* 36 (1989)). (Amsterdam: Rodopi, 1989).
Carnap, Rudolf
- [MCoT]: „The methodological character of theoretical concepts". In Feigl et al (eds) [FoSC]:38–76.
- [OLTL]: „Observational language and theoretical language". In Hintikka (ed) [RCLE]:75–85. [Erschien zuerst deutsch 1958/9].
- [PFoP]: *Philosophical foundations of physics. An introduction to the philosophy of science*. (Martin Gardner (ed); New York: Basic Books, 1966).
- [SiP]: *Scheinprobleme in der Philosophie. Das Fremdpsychische und der Realismusstreit.* (Günther Patzig (ed); Frankfurt/Main: Suhrkamp, 1966). [Erschien zuerst 1928].
- [ÜMdL]: „Überwindung der Metaphysik durch logische Analyse der Sprache". *Erkenntnis* 2 (1931/32), pp. 219–241.
Churchland, Patricia Smith [N]: *Neurophilosophy. Toward a unified science of the mind-brain.* (Cambridge/Mass.: MIT Press, 1986).
Clark, Peter/Hale, Bob (eds) [RP]: *Reading Putnam*. (Cambridge/Mass.: Blackwell, 1994).
Craig, Edward (ed) [REoP]: *Routledge encyclopedia of philosophy*. (10 Bände, London: Routledge, 1998).
Cramer, Konrad [WWWI]: „Was war und was ist Metaphysik?" (Unveröffentlichtes Manuskript einer Vorlesung an der Georg-August-Universität, Göttingen, 20.10.1999).
Dahl, Roald
- [KK]: „Kiss kiss". (Harmondsworth: Penguin, 1962). [Erschien zuerst 1959].
- [WM]: „William and Mary". In Dahl [KK]:19–46.
Davidson, Donald
- [BBoM]: „Belief and the basis of meaning". In Davidson [IiTI]:141–154. [Erschien zuerst 1974].
- [CoT]: „The conditions of thought". In Brandl et al (eds) [MoDD]:193–200.
- [CToT]: „A coherence theory of truth and knowledge". In LePore (ed) [TI]:307–319. [Erschien zuerst 1983].
- [EE]: „Epistemology externalized". *Dialectica* 45, No. 2-3 (1991), pp. 191–202.
- [IiTI]: *Inquiries into truth and interpretation*. (Oxford: Clarendon Press, 1984).
- [IoR]: „The inscrutability of reference". In Davidson [IiTI]:227–241. [Erschien zuerst 1979].
- [KOOM]: „Knowing one's own mind". In Pessin et al (eds) [TEC]:323–341. [Erschien zuerst 1987].

- [RI]: „Radical interpretation". In Davidson [IiTI]:125–139. [Erschien zuerst 1973].
- [TM]: „Truth and meaning". In Davidson [IiTI]:17–36. [Erschien zuerst 1967].
- [TVoK]: „Three varieties of knowledge". In Griffiths (ed) [AJAM]:153–166.

DeWitt, Bryce S./Graham, Neill (eds) [MWIo]: *The many-worlds interpretation of quantum physics.* (Princeton: Princeton University Press, 1973).

Dirac, Paul A.M./Wheeler, John Archibald et al [ODFP]: „Open discussion following papers by J.A. Wheeler and F. Dyson". In Woolf (ed) [SSiP]:381–86.

Everett, Hugh III [RSFo]: „The "relative state" formulation of quantum physics". In DeWitt et al (eds) [MWIo]:141–49. [Erschien zuerst 1957].

Feigl, Herbert/Scriven, Michael (eds) [FoSC]: *The foundations of science and the concepts of psychology and psychoanalysis.* (= Minnesota Studies in the Philosophy of Science I). (Minneapolis: University of Minnesota Press, 1956).

Field, Hartry H.
- [RMM]: *Realism, mathematics and modality.* (Oxford: Blackwell 1989).
- [SwN]: *Science without numbers. A defence of nominalism.* (Princeton: Princeton University Press, 1980).

Flew, Antony [LoM]: *The logic of mortality.* (Oxford: Blackwell, 1987).

Fodor, Jerry A.
- [P]: *Psychosemantics. The problem of meaning in the philosophy of mind.* (Cambridge/Mass.: MIT Press, 1987).
- [ToC]: „A theory of content". In Fodor [ToCO]:51–136.
- [ToCO]: *A theory of content and other essays.* (Cambridge/Mass: MIT Press, 1990).

Franzen, Winfried [GN]: „Grenzen des Naturalismus? Bemerkungen zum Problem des naturalistischen Menschenverständisses". *Gießener Universitätsblätter* Jahrgang XVII, Heft 1 (Mai 1984), pp. 69–77.

Frede, Michael
- [EiAP]: *Essays in ancient philosophy.* (Oxford: Clarendon Press, 1987).
- [UoGS]: „The unity of general and special metaphysics: Aristotle's conception of metaphysics". In Frede [EiAP]:81–95.

Frege, Gottlob
- [BANF]: *Begriffsschrift, eine der arithmetischen nachgebildete Formelsprache des reinen Denkens.* (Halle: Nebert, 1879).
- [FB]: „Funktion und Begriff". In Frege [FBB]:17–39. [Erschien zuerst 1891].
- [FBB]: *Funktion, Begriff, Bedeutung: Fünf logische Studien.* (Günther Patzig (ed); Göttingen: Vandenhoeck, ^{6}1986).
- [GA]: *Die Grundlagen der Arithmetik: Eine logisch-mathematische Untersuchung über den Begriff der Zahl.* (Hildesheim: Georg Olms Verlag, zweite Nachdruckauflage, 1977). [Erschien zuerst 1884].

- [GA]/I: *Grundgesetze der Arithmetik. Begriffsschriftlich abgeleitet. I. Band.* (Jena: Pohle, 1893).
- [GA]/II: *Grundgesetze der Arithmetik. Begriffsschriftlich abgeleitet. II. Band.* (Jena: Pohle, 1903).
- [LiM]: „Logik in der Mathematik". In Frege [SzLS]:92–165. [Erschien zuerst in Auszügen 1956, komplett 1969].
- [SzLS]: *Schriften zur Logik und Sprachphilosophie. Aus dem Nachlaß.* (Gottfried Gabriel (ed); Hamburg: Meiner, ³1990).
- [üBG]: „Über Begriff und Gegenstand". In Frege [FBB]:66–80. [Erschien zuerst 1892].

French, Peter A./Uehling, Theodore E./Wettstein, Howard K. (eds) [MSiP]/II: *Midwest studies in philosophy* II. (University of Minnesota Press, 1977).

Geach, Peter
- [GS]: *God and the soul.* (Bristol: Thoemmes, 1994). [Erschien zuerst 1969].
- [MA]: *Mental acts. Their content and their objects.* (London: Routledge and Kegan Paul, 1957).

Goodman, Nelson
- [FFF]: *Fact, fiction, and forecast.* (Cambridge/Mass.: Harvard University Press, fourth edition 1983). [Erschien zuerst 1954].
- [NRoI]: „The new riddle of induction". In Goodman [FFF]:59–83.
- [PfTo]: „Prospects for a theory of projection". In Goodman [FFF]:84–122.
- [SoA]: *The structure of appearance.* (Dordrecht: Reidel, ³1977). [Erschien zuerst 1951].

Griffiths, Phillips A. (ed) [AJAM]: *A.J. Ayer memorial essays.* (Cambridge: Cambridge University Press, 1991).

Guttenplan, Samuel (ed) [ML]: *Mind and language. Wolfson College lectures 1974.* (Oxford: Clarendon Press, 1975).

Haas-Spohn, Ulrike [VISB]: *Versteckte Indexikalität und subjektive Bedeutung.* (Berlin: Akademie-Verlag, 1995).

Halfwassen, Jens [zETi]: „Zur Entdeckung der Transzendenz in der Metaphysik". *ZiF: Mitteilungen* (2/2002), pp. 6–16.

Helman, David H. (ed) [AR]: *Analogical reasoning. Perspectives of artificial intelligence, cognitive science, and philosophy.* (= *Synthese Library* 197).(Dordrecht: Kluwer, 1988).

Henrich, Dieter
- [FI]: „Fichtes ‚Ich'". In Henrich [S]:57–82. [Erschien zuerst französisch 1967].
- [S]: *Selbstverhältnisse. Gedanken und Auslegungen zu den Grundlagen der klassischen deutschen Philosophie.* (Stuttgart: Reclam, 1982).

Hesse, Mary B.
- [MAiS]: *Models and analogies in science.* (London: Sheed and Ward, 1963).
- [TFRA]: „Theories, family resemblances and analogy". In Helman (ed) [AR]:317–340.

Hilbert, David
- [GA]/3: *Gesammelte Abhandlungen. Dritter Band: Analysis – Grundlagen der Mathematik – Physik – Verschiedenes. Nebst einer Lebensgeschichte.* (Berlin: Springer, 1935).
- [GG]: *Grundlagen der Geometrie.* (Stuttgart: Teubner, ^{9}1962). [Erschien zuerst 1899].

Hintikka, Jaako (ed) [RCLE]: *Rudolf Carnap, logical empirist. Materials and perspectives.* (= *Synthese Library* 73). (Dordrecht: Reidel, 1975).

Hinzen, Wolfram/Rott, Hans (eds) [BM]: *Belief and meaning. Essays at the interface.* (Frankfurt: Hänsel-Hohenhausen, Deutsche Bibliothek der Wissenschaften, 2002).

Hubig, Christoph/Poser, Hans (eds) [CHDW]: *Cognitio Humana – Dynamik des Wissens und der Werte. XVII. Deutscher Kongress für Philosophie, Leipzig 1996.* (Zwei Bände; Leipzig: Allgemeine Gesellschaft für Philosophie, 1996).

Hyslop, A./Jackson, Frank C. [AItO]: „The analogical inference to other minds". *American Philosophical Quarterly* 9, No 2 (April 1972), pp. 168–176.

Jackson, Frank [fMtE]: *From metaphysics to ethics. A defence of conceptual analysis.* (Oxford: Blackwell, 1998).

Kanitscheider, Bernulf [NWW]: „Naturalismus und wissenschaftliche Weltorientierung". *LOGOS*, N.F. I (1994), 184–199.

Kant, Immanuel
- [KPV]: *Kritik der praktischen Vernunft.* Herausgegeben von Karl Vorländer. (Hamburg: Meiner, ^{9}1929; ergänzter Nachdruck 1985). [Erschien zuerst 1788; ich zitiere die Seitenzahlen der Meiner-Ausgabe und füge in Klammern den Verweis auf die Originalausgabe hinzu].
- [KRV]: *Kritik der reinen Vernunft.* Nach der ersten und zweiten Original-Ausgabe neu herausgegeben von Raymund Schmidt. (Hamburg: Meiner, 1926; durchgesehener Nachdruck 1976). [Erschien zuerst 1781 bzw. 1787 (Riga: Hartknoch); ich zitiere die Seitenzahlen der Meiner-Ausgabe und füge in Klammern den Verweis auf die erste (A) bzw. zweite Auflage (B) hinzu)].

Kemmerling, Andreas [GIT]: „Gedanken und ihre Teile". *Grazer Philosophische Studien* 37 (1990), pp. 1–30.

Kitcher, Philip [NR]: „The naturalists return". *The Philosophical Review* 101, No 1 (January 1992), 53–114.

Kripke, Saul A. [NN]: *Naming and necessity.* (Cambridge/Mass.: Harvard University Press, 1980). [Erschien zuerst 1972].

Leibniz, Gottfried Wilhelm [LCB]: *Der Leibniz-Clarke-Briefwechsel.* (Übersetzt und herausgegeben von Volkmar Schüller; Berlin: Akademie-Verlag, 1991). [Die englische Originalausgabe des Briefwechsels erschien zuerst 1717].

LePore, Ernest (ed) [TI]: *Truth and interpretation. Perspectives on the philosophy of Donald Davidson.* (Oxford: Blackwell, 1986).
Lewis, David
- [C]: *Counterfactuals.* (Oxford: Blackwell, 1973).
- [ICC]: „Index, context, and content". In Lewis [PiPL]:21-44. [Erschien zuerst 1980].
- [oPoW]: *On the plurality of worlds.* (Oxford: Blackwell, 1986).
- [PiPL]: *Papers in philosophical logic.* (Cambridge: Cambridge University Press, 1998).
- [RI]: „Radical interpretation". *Synthese* 27 (1974), pp.331-344.
Lewis, Hywel D. et al [LaD]: „Life after death. A discussion. (Anthony Quinton, Hywel D. Lewis, Bernard Williams)". In Hywel Lewis [PLaD]:49-74. [Zuerst teilweise veröffentlicht 1975].
Lewis, Hywel D. [PLaD]: *Persons and life after death. Essays by Hywel D. Lewis and some of his critics.* (London: Macmillan 1978).
Lorenzen, Paul/Lorenz, Kuno [DL]: *Dialogische Logik.* (Darmstadt: Wissenschaftliche Buchgesellschaft, 1978).
Lorenzen, Paul [LA]: „Logik und Agon". In Lorenzen et al [DL]:1-8. [Erschien zuerst 1960].
Meehl, P.E./Sellars Wilfrid [CoE]: „The concept of emergence". In Feigl et al (eds) [FoSC]:239-252.
Moore, George Edward
- [PoEW]: „Proof of an external world". In Moore [PP]:127-150. [Erschien zuerst 1939].
- [PP]: *Philosophical papers.* (London: George Allen & Unwin, 1959).
Müller, Olaf L.
- [EGMS]: „Es gibt mindestens ein synthetisches Urteil apriori! Plädoyer für absolute Apriorität". Vortrag am 29.3.2000 auf dem IX. Internationalen Kant-Kongresses in Berlin. (Erscheint in den Kongressakten).
- [fWfW]: „From within and from without: Two perspectives on analytic sentences". In Hinzen et al (eds) [BM]:229-247.
- [iVSg]: „In vier Schritten gegen die cartesische Skepsis. Mit Putnam, Wright, Davidson und Moore gegen die Hypothese vom Gehirn im Tank". In Beckermann et al (eds) [AA]:224-234.
- [KAaM]: „Kantische Antworten auf die moderne Physik *oder* Sollen wir Kants Apriori mit Michael Friedman relativieren?" *Philosophia naturalis* 37, Heft 1 (2000), pp.97-130.
- [SA]: *Synonymie und Analytizität: Zwei sinnvolle Begriffe. Eine Auseinandersetzung mit W.V.O. Quines Bedeutungsskepsis.* (Paderborn: Schöningh, 1998).
- [TAAS]: „Trivialisiert die Annahme analytischer Sätze den wissenschaftlichen Fortschritt? Zur Trennung von sprachlichem und theoretischem Wandel unter den Bedingungen der Quine/Duhem-These". In Hubig et al (eds) [CHDW], Band 1, pp.603-610.

Musil, Robert [MoE]: *Der Mann ohne Eigenschaften.* (Adolf Frisé (ed); Reinbeck: Rowohlt, verbesserte Ausgabe 1978). [Erschien zuerst nur teilweise 1930ff].

Nagel, Thomas [VfN]: *The view from nowhere.* (New York: Oxford University Press, 1986).

Neumann, John von/Morgenstern, Oskar [ToGE]: *Theory of games and economic behavior.* (Princeton: Pinceton University Press, 1953).

Newborn, Monroe [KvDB]: *Kasparov versus Deep Blue. Computer chess comes of age.* (New York: Springer, 1997).

Nietzsche, Friedrich

- [ASZ]: *Also sprach Zarathustra. Ein Buch für Alle und Keinen.* In Nietzsche [NW]/6.1. [Erschien zuerst 1883 ff].
- [NW]/4.3: *Nietzsches Werke. Kritische Gesamtausgabe. Vierte Abteilung, dritter Band: Menschliches, Allzumenschliches II/Nachgelassene Fragmente, Frühling 1878 bis November 1879.* (Giorgio Colli/Mazzino Montinari (eds); Berlin: de Gruyter, 1967).
- [NW]/6.1: *Nietzsches Werke. Kritische Gesamtausgabe. Sechste Abteilung, erster Band: Also sprach Zarathustra.* (Giorgio Colli/Mazzino Montinari (eds); Berlin: de Gruyter, 1968).
- [VMS]: *Vermischte Meinungen und Sprüche.* (Anhang zu *Menschliches, Allzumenschliches*). In Nietzsche [NW]/4.3:13ff. [Erschien zuerst 1879].

Niiniluoto, Ilkka [ASiS]: „Analogy and similarity in scientific reasoning". In Helman (ed) [AR]:271–298.

Patzig, Günther

- [AzAP]: *Aufsätze zur antiken Philosophie. Gesammelte Schriften III.* (Göttingen: Wallstein, 1996).
- [EoM]: *Ethik ohne Metaphysik.* (Göttingen: Vandenhoeck und Ruprecht, 2. Auflage 1983). [Erschien zuerst 1971].
- [N]: „Nachwort". In Carnap [SiP]:83–136.
- [TOiM]: „Theologie und Ontologie in der „Metaphysik" des Aristoteles". In Patzig [AzAP]:141–174. [Erschien zuerst 1960/61].

Pessin, Andrew/Goldberg, Sanford (eds) [TEC]: *The twin earth chronicles. Twenty years of reflection on Hilary Putnam's "The Meaning of 'Meaning'".* (London: Sharpe, 1996).

Potter, Michael [STDS]: „Set theory, different systems of". In Craig (ed) [REoP]/8:709–716.

Putnam, Hilary

- [CWoB]: „Crispin Wright on the brain-in-a-vat-argument". In Clark et al (eds) [RP]:283–288.
- [DoIR]: „A defense of internal realism". In Putnam [RwHF]/A:30–42.
- [MFoR]: *The many faces of realism. The Paul Carus lectures.* (LaSalle: Open Court, 1987).
- [MLR]: *Mind, language and reality. Philosophical papers, volume 2.* (Cambridge: Cambridge University Press, 1975).

- [MMS]: *Meaning and the moral sciences*. (London: Routledge & Kegan Paul, 1978).
- [MoM]: „The meaning of 'meaning'". In Putnam [MLR]:215-271. [Erschien zuerst 1975].
- [MR]: „Models and reality". In Putnam [RR]/B:1-25. [Erschien zuerst 1980].
- [oNT]: „On negative theology". *Faith and Philosophy* 14, No 4 (October 1997), pp. 407-422.
- [RP]: *Renewing philosophy*. (Cambridge/Mass.: Harvard University Press, 1992).
- [RR]: „Realism and reason". In Putnam [MMS]:123-140. [Erschien zuerst 1977].
- [RR]/A: *Representation and reality*. (Cambridge/Mass.: MIT Press, 1988).
- [RR]/B: *Realism and reason. Philosophical papers, volume 3*. (Cambridge: Cambridge University Press, 1983).
- [RTH]: *Reason, truth and history*. (Cambridge: Cambridge University Press, 1981).
- [RwHF]: „Realism with a human face". In Putnam [RwHF]/A:3-29.
- [RwHF]/A: *Realism with a human face*. (James Conant (ed); Cambridge/Mass.: Harvard University Press, 1990).
- [S]: „Skepticism". In Stamm (ed) [PiSA]:239-268.
- [SNS]: „Sense, nonsense, and the senses. An inquiry into the powers of the human mind". In Putnam [TC]:1-70. [Erschien zuerst 1994].
- [TC]: *The threefold cord. Mind, body, and world*. (New York: Columbia University Press, 1999).
- [TKoS]: „Three kinds of scientific realism". In Putnam [WL]:492-498. [Erschien zuerst 1982].
- [WL]: *Words and life*. (Cambridge/Mass.: Harvard University Press, 1994).
- [WTIR]: „Why there isn't a ready-made world". In Putnam [RR]/B:205-228.

Quine, Willard Van Orman
- [FLDV]: „Free logic, description, and virtual classes". In Quine [SLP]:278-285. [Erschien zuerst 1995].
- [fLPo]: *From a logical point of view*. (Cambridge/Mass.: Harvard University Press, second edition, revised, 1961). [Erschien zuerst 1953].
- [FMoE]: „Five milestones of empiricism". In Quine [TT]:67-72.
- [fStS]: *From stimulus to science*. (Cambridge/Mass.: Harvard University Press, 1995).
- [iPoO]: „In praise of observation sentences". *The Journal of Philosophy* XC, No 3 (March 1993), pp. 107-116.
- [MoL]: *Methods of logic*. (Cambridge/Mass: Harvard University Press, fourth edition 1982).
- [MVD]: „Mind and verbal dispositions". In Guttenplan (ed) [ML]:83-95.
- [NK]: „Natural kinds". In Quine [OROE]:114-138.

- [OR]: „Ontological relativity". In Quine [OROE]:26–68. [Erschien zuerst 1968].
- [OROE]: *Ontological relativity and other essays.* (New York: Columbia University Press, 1969).
- [PoT]: *Pursuit of truth.* (Cambridge/Mass.: Harvard University Press, revised edition 1992). [Erschien zuerst 1990].
- [PPiL]: „Philosophical progress in language theory". *METAPHILOSOPHY* 1 No 1 (January 1970), pp. 2–19.
- [Q]: *Quiddities. An intermittently philosophical dictionary.* (Cambridge/Mass: Harvard University Press, 1987).
- [RoR]: *The roots of reference. The Paul Carus lectures.* (La Salle: Open Court, 1974).
- [SLP]: *Selected logic papers.* (Cambridge/Mass.: Harvard University Press, enlarged edition 1995). [Erschien zuerst 1960].
- [TDoE]: „Two dogmas of empiricism". In Quine [fLPo]:20–46. [Erschien zuerst 1951].
- [TI]: „Three indeterminacies". In Barrett et al (eds) [PoQ]:1–16.
- [TT]: *Theories and things.* (Cambridge/Mass.: Harvard University Press, 1981).
- [TTPi]: „Things and their place in theories". In Quine [TT]:1–23.
- [VEa]: „Variables explained away". In Quine [SLP]:227–235. [Erschien zuerst 1966].
- [WO]: *Word and object.* (Cambridge/Mass.: MIT Press, 1960).

Reiner, Hans
- [EUBN]: „Die Entstehung und ursprüngliche Bedeutung des Namens Metaphysik". *Zeitschrift für philosophische Forschung* VIII (1954), pp. 210–237.
- [PG]: *Das Phänomen des Glaubens: Dargestellt im Hinblick auf das Problem seines metaphysischen Gehalts.* (Halle: Niemeyer, 1934).

Russell, Bertrand
- [DWSD]: „Do we survive death?" In Russell [WIAN]:88–93. [Erschien zuerst 1936].
- [WIAN]: *Why I am not a christian and other essays on religion and related subjects.* (London: Allen & Unwin, 1957).

Schlick, Moritz [AE]: *Allgemeine Erkenntnislehre.* (Berlin: Springer, 1918).

Schwitters, Kurt
- [LW]/I: *Das literarische Werk. Band I: Lyrik.* (Friedhelm Lach (ed); Schauberg: DuMont, 1973).
- [U]: „Ursonate". In Schwitters [LW]/I:214–242. [Entstanden zwischen 1922 und 1932; erste vollständige Veröffentlichung 1932].

Skyrms, Brian [PWPM]: „Possible worlds, physics and metaphysics". *Philosophical Studies* 30 (1976), pp. 323–332.

Stalnaker, Robert C.
- [A]: „Assertion". In Stalnaker [CC]:78–95. [Erschien zuerst 1978].

- [CC]: *Context and content. Essays on intentionality in speech and thought.* (Oxford: Oxford University Press, 1999).

Stamm, Marcelo (ed) [PiSA]: *Philosophie in synthetischer Absicht – Synthesis in mind.* (Stuttgart: Klett-Cotta, 1998).

Stegmüller, Wolfgang [HG]/II: *Haupströmungen der Gegenwartsphilosophie. Eine kritische Einführung. Band II.* (Stuttgart: Kröner, [6]1979).

Strawson, Peter F.
- [I]: *Individuals. An essay in descriptive metaphysics.* (London: Methuen, 1959).
- [SN]: *Skepticism and naturalism. Some varieties. The Woodbridge Lectures 1983.* (London: Methuen, 1985).

Thomas von Aquin [ST]/1: *Summa Theologica. Gottes Dasein und Wesen.* (Band 1 der vollständigen, ungekürzten deutsch-lateinischen Ausgabe, übersetzt von Dominikanern und Benediktinern Deutschlands und Österreichs). (Graz: Styria 1982; fotomechanischer Nachdruck, der 3. Auflage 1934). [1267–1273. Erschien 1473].

Vollmer, Gerhard [WIN]: „Was ist Naturalismus?" *LOGOS*, N.F. I (1994), 200–219.

Wallace, John [OiCo]: „Only in the context of a sentence do words have any meaning". In French et al (eds) [MSiP]/II:144–64.

Wheeler, John Archibald: siehe Dirac et al [ODFP].

Wieland, Wolfgang [PFW]: *Platon und die Formen des Wissens.* (Göttingen: Vandenhoeck, 1982).

Wittgenstein, Ludwig
- [BB]: *Das Blaue Buch.* (Aus dem Englischen von Petra von Morstein). In Wittgenstein [W]/5:15–116. [Entstanden 1933/4. Erschien zuerst englisch 1958].
- [LCoA]: *Lectures and conversations on aethetics, psychology and religious belief. Compiled from notes taken by Yorick Smythies, Rush Rhees and James Taylor.* (Cyril Barrett, ed, Oxford: Blackwell, 1966).
- [LoRB]: „Lectures on religious belief". In Wittgenstein [LCoA]:53–72.
- [PU]: *Philosophische Untersuchungen.* In Wittgenstein [W]/1:225–618. [Erschien zuerst 1953].
- [üG]: *Über Gewissheit.* In Wittgenstein [W]/8:113–257. [Erschien zuerst 1969].
- [W]/1: *Werkausgabe Band 1.* (Frankfurt: Suhrkamp, 1984).
- [W]/5: *Werkausgabe Band 5.* (Frankfurt: Suhrkamp, 1984).
- [W]/8: *Werkausgabe, Band 8.* (Frankfurt: Suhrkamp, 1984).

Wolff, Christian
- [GW]/I.2: *Gesammelte Werke. I. Abteilung: Deutsche Schriften, Band 2. Vernünftige Gedanken (2) (Deutsche Metaphysik).* (Charles A. Corr (ed); Hildesheim: Olms, 1983). [Nachdruck der Ausgabe 1751].

- [VGvG]: *Vernünftige Gedancken von Gott, der Welt und der Seele des Menschen, auch allen Dingen überhaupt*. In Wolff [GW]/I.2. [Erschien zuerst 1719/20].
Woolf, Harry (ed) [SSiP]: *Some strangeness in the proportion. A centennial symposium to celebrate the achievements of Albert Einstein*. (Reading/Mass.: Addison-Wesley, 1980).
Wright, Crispin [oPPT]: „On Putnam's proof that we are not brains in a vat". In Clark et al (eds) [RP]:216–241. [Erschien zuerst 1992].

REGISTER ZU BAND 2

In dem Register sind vier Sorten von Einträgen versammelt:
1) *Personen (mit Ausnahme von Putnam führe ich jede Fundstelle jeder im Text erwähnten Person an);*
2) *Putnams Monographien (unter dem Stichwort „Putnam" finden sich in alphabetischer Folge sämtliche Fundstellen aller von mir zitierten Putnam-Monographien);*
3) *Putnams Aufsätze (unter dem Stichwort „Putnam" finden sich nach den Büchern in alphabetischer Folge sämtliche Fundstellen aller von mir zitierten Putnam-Aufsätze);*
4) *Begriffe (kein lückenloser Nachweis der Begriffswörter: ich weise einerseits nur die wichtigsten Vorkommnisse der Begriffswörter nach; andererseits führe ich auch solche Textstellen auf, in denen der fragliche Begriff eine Rolle spielt, ohne selbst erwähnt zu werden). Ein eingeklammerter Zusatz „(d) " verweist auf eine Fundstelle, wo der fragliche Begriff definiert (oder doch erläutert) wird; dort finden sich z.B. Vereinbarungen zur hier verwendeten Terminologie.*

Die Verweise beziehen sich auf Abschnitts- und Paragraphennummern, z.B. verweist der Eintrag „12.3" auf § 12.3 (im zwölften Abschnitt); ein Eintrag wie „13-15" verweist auf die Abschnitte 13 bis 15. Der Eintrag „3.14n" verweist auf eine oder mehrere Fussnoten in § 3.14; ein Eintrag wie „7.17k" verweist auf kleingedruckte Passagen in § 7.17.

Kommt ein Stichwort sowohl im Haupttext eines Paragraphen als auch in einer zugehörigen Fussnote vor, so wird der Fussnoteneintrag nicht eigens vermerkt; kommt ein Stichwort sowohl im grossgedruckten Text eines Paragraphen als auch im kleingedruckten Text zum selben Paragraphen vor, so wird der Eintrag im Kleingedruckten nicht eigens vermerkt.

Ablehnung und Zustimmung 9.4–9.6
Absolute semantische Stabilität 8.11–8.12 (d)
Abstand 17.3–17.7; 22.16k;
 →Kybernetische Nachbarschaft
Ahrend, Tymon 5.5k
Algorithmus 22.15k
Allquantifikation 10.1–10.6k
Allwissende Interpretin 3.8
Analogie 15.6–15.9; 23.5–23.6k
Analyse →Intrinsische Analyse
Analytischer Satz 16.14–16.16; 23.8k; 25.7k; 25.19
Angewandte Mengenlehre 11.3; 11.5–11.6k; 11.8–11.9

Apriori 1.2k; 2.16; 3.9–3.10k; 19.11k; 19.17k–19.18k; 23.9k; 25.3; 25.19; 26.1
Äquivalenz →Aussagenlogische Äquivalenz; Logische Äquivalenz
Aristoteles 19.10k; 19.18k
Art 7.6k; 13.2–13.12; 13.4–13.5 (d); 14.1; 14.6k; 15.3–15.5; 15.6k; 15.12–15.13; 18.14; 18.16k; 22.5
Artefakt 4.10; 8.11
Artname 4.2k; 15.12–15.13;
 →Externalismus (angewandt auf Namen für natürliche Arten); Primärer Artname

Ausdruck → Informativer Ausdruck/ Satz
Aussagenlogik 9; 11.1; → Konjunktion; Negation
Aussagenlogische Äquivalenz 9.7k
Aussenperspektive → Innen- vs Aussenperspektive
Aussenwelt 3.10k; 4.15k; → Materieller Gegenstand
Äusserste Schale der Wirklichkeit 6.8–6.9; 23.3; 25.4
Äusserung → Satz; Wort
Austin, John Langshaw 16.11n
Autorität der Ersten Person 1.5
Ayer, Alfred Jules 25.19n

Barnes, Jonathan 19.10k
Bedeutung 3.8k; 9.5; → Zweidimensionale Semantik
Bedingung der Lokalisierbarkeit 16.1; 16.15; 17.9–17.12; 18.1; 18.5; 19.2; 19.6–19.7; 20.3–20.6; 22.4–22.5; 26.4
Bedingung der Möglichkeit 19.18k
Begriff 8.1–8.2; 15.6k; 19.18k
Begründung 18.4; 18.20k; → Vermutung
Behauptung 8.5; 16.2–16.6; 18.3k; 18.22; 19.8
Behaviorismus 3.4k; 8.10k
Benacerraf, Paul 19.8n
Beobachtung 4.1; 7.5–7.6
Beobachtungsfeld 4.1
Beobachtungsferner Satz 4.1; 4.8; 4.15k
Beobachtungssatz 3.4k; 3.5–3.10k; 9.4–9.5; 24.3–24.4
Beobachtungsvokabular 22.10
Berne, Eric 14.6k
Beschreibung 7.2k; 15.5; 16.2–16.6; 16.12; 19.8
Beweis → Logisch schlüssiger Beweis; Putnams Beweis
Beweiszweck 2.14
Bewusstsein 1.2k; 6.3k; 22.16k; 25.7k; 25.8; 25.16; → Enger mentaler Zustand; Gedanke; Mentales Leben; Seele
Bezeichnen 3.8k; 4.2k; 9.3; 10.1; 10.11k–10.12k; 11.1; 11.9–11.10; 11.7; 15.10–15.11; 17.8–17.16k;
23.9k; → Externalismus; Unerforschlichkeit des Bezeichnens
Bezeichnen (mithilfe von Artnamen) 4.9k; 7.2k
Bezeichnen (per Beschreibung) 7.2k
Bezugssystem → Räumliches Bezugssystem
Bit- 4.2k; 4.4k; 9.2k; 20.6–20.7; 21
Bit-Bit- 6.8
Bit-Bit-Katze 21.3–21.6
Bit-Bit-Körper 6.3k
Bit-Eisen 17.8–17.10; 17.13–17.15; 18.16k
Bit-Elektron 4.2 (d); 16.11k; 17.5
Bit-Gegenstück → Bit-Relation
Bit-Gehirn im Bit-Tank 4.12; 6.2–6.3k; 6.6; 21.1–21.4; 24.2
Bit-Heliumkern 4.4 (d)
Bit-Nicht 9.2; 10.9k
Bit-Proton 21.4k (d)
Bit-Relation 21.8–21.9k; 22.2–22.4; → Umfassende Bit-Relation
Bit-Tiger 3.3 (d); 4.9k; 16.8
Blumenthal, Otto 11.6n

Carl, Wolfgang 4.16k; 6.1n
Carnap, Rudolf 16.14n; 17.5n; 18.4; 18.23; 25.19
Churchland, Patricia Smith 25.6n
Cramer, Konrad 19.12k

Dahl, Roald 25.10n
Davidson, Donald 1.5k; 3.2; 3.4k; 3.7–3.9; 4.14k; 4.17n; 10.11k; 11.12n; 22.10
Deduktiv korrekt → Logisch schlüssiger Beweis
Definition → Partielle Definition
Deskription → Beschreibung
Deskriptive Metaphysik 18.1; 18.3; 18.3k; 18.5
Determinismus 4.6k
Disquotation 1.1; 1.5k; 2.4
Doppelgänger → Enger Doppelgänger
Droge 3.9
Duhem/Quine-These → Holismus

Eigenschaft 7.6k; 10.11k
Einfachheit 24.8
Elementrelation 11.8–11.12k; 11.16k
Enger Doppelgänger 4.7; 8.7–8.9k; 9.7k; 18.21–18.22; 21.1
Enger mentaler Zustand 5.6
Entfernung → Abstand
Entität 11.15–11.16; 13.10–13.12; 15.11; 18.14; → Gegenstand
Entscheidung 4.7; → Handlung
Ereignis 4.5–4.6k
Erfahrungsstrom → Sinneserfahrung
Erinnerung 25.12; 25.14
Erlebnis → Bewusstsein; Vorstellung
Erste Person 1.2; 4.12; 8.5; 10.12k; 19.17k; → Autorität der Ersten Person; Innen- vs Aussenperspektive
Ethik 13.4; 13.8; 19.13k; 19.16k; 25.7k
Everett, Hugh III 18.20k
Existenz-Präsupposition 12.5; 21.9k
Existenz-Quantifikation 10.7
Explikation 11.16k; 16.14; → Partielle Definition
Extension → Bezeichnen
Externalismus 1.1; 3.2; 3.8k; 17.11–17.12; 22.11; 23.9k
Externalismus (angewandt auf Namen für natürliche Arten) 4.2k; 4.9k; 12.2; 16.10; 19.6k
Externalismus (Erweiterung auf lebensweltliche Wörter) 4.2k; 4.11k
Externalismus (zusätzliche Erweiterungsmöglichkeiten) 1.5k; → Bedingung der Lokalisierbarkeit

Faktum → Kontingentes Faktum
Fallibilismus 7.5; 7.6k
Falsifikationalismus und Verifikationalismus 17.14; 18.18
Familienähnlichkeit 13.1; 13.4
Fichte, Gottlieb 19.17k
Field, Hartry H. 12.5k–12.6k
Flew, Antony 25.19n
Fodor, Jerry A. 23.9k; 25.2n
Franzen, Winfried 25.3n
Frede, Michael 19.10k

Frege, Gottlob 6.5; 8.2n; 10.1n; 10.11k–10.12k; 11.12k; 12.1n
Freiheit 19.13k

Geach, Peter 25.19n
Gebrauch → Sprachgebrauch
Gedächtnis → Erinnerung
Gedanke 25.12–15.15; 25.21
Gegenstand 11.6k; 13.10–13.12; 13.12 (d); 14.1; 15.11; → Entität; Materieller Gegenstand
Gegenstandsbereich 10.4–10.6k
Gehalt → Bedeutung; Bezeichnen
Gehirn 6.3k; 17.16k; 25.8
Gehirn im Tank 8.12k; 24.2
Gelegenheitssatz 3.7k
Genereller Satz → Allquantifikation
Gödelisierung 17.6k
Goodman, Nelson 12.3n; 18.16k
Gott 19.5; 19.11k–19.16k
Gottesstandpunkt 2.10–2.14; 23.8k–23.9k

Haas-Spohn, Ulrike 23.9k
Halfwassen, Jens 19.12k; 19.19k
Halluzination 3.8
Hand 3.9–3.10k; 16.1k
Handlung 5.2; → Kybernetische Handlung
Heidegger, Martin 18.8n; 18.23
Helman, David H. 15.8n
Henrich, Dieter 19.17k
Hesse, Mary B. 15.6k; 15.8n
Hilbert, David 11.6k; 16.14n
Hoffnung 5.7; 6.5; 23.3; 25.21; → Philosophische Sorge
Höhlengleichnis 19.5
Holismus 16.14
Horizontale metaphysische Spekulation 19.4 (d); 19.5–19.6k; 22.7
Hyslop, A. 15.6k

Ich → Erste Person; Innen- vs Aussenperspektive
Ideale Physik 7.6
Idealismus 16.2
Identität 11.14–11.16k
Indexikalität 8.5; 17.2; → Erste Person

Indikator 5.7–5.8; 6; 6.7 (d); 6.9 (d); 7.5;
    23.3–23.4; →Informativer Indikator
Informativer Ausdruck/Satz 5.7; 7.7–7.8;
    11.1; 11.10; 14.1; 15.7; 15.10; 16.5;
    23.5
Informativer Indikator 5.8; 6.1k; 7.3; 7.7;
    8.13; 15.2–15.8; 16.3; 23; 23.4; 23.8k;
    24.6–24.9
Innen- vs Aussenperspektive 1.2; 1.5k;
    5.4; 6.4; 6.8–6.9; 18.5; 18.21–18.22;
    22.6; 23.4; 23.8k; 25.9; 25.13; 25.21
Innensemantik 8.9k–8.10k; 9.7k; 23.8k;
    25.19
Innensyntax 1.3n; 8.6; 9.7k
Innenwelt →Bewusstsein
Inneres Bild →Vorstellung
Intention (bei der Verwendung eines
    Wortes) 22.9–22.10
Intention (beim Klassifizieren) 13.9
Interner Realismus 24.8n
Interpretation→Allwissende Interpretin;
    Übersetzung
Intrinsische Analyse 17.8–17.10; 18.15;
    18.16k; 20.1–20.2
Intuitionen (beim Philosophieren) 5.3
Irrtum 17.15; →Permanenter Irrtum

Jackson, Frank C. 15.6k; 23.9k

Kanitscheider, Bernulf 25.3n
Kant, Immanuel 18.10n; 19.10k;
    19.12k–19.13k; 19.17k–19.18k
Kausalität 1.3; 3.8k; 4.9k; 7.2k; 9.4–9.6;
    11.2; 11.6k; 11.7k; 12.3; 13.3;
    13.6–13.7; 14.8; 16.8; 16.12–16.13;
    17.16k; 19.7; →Determinismus
Kemmerling, Andreas 4.16k; 11.12n
Kennzeichen →Beschreibung
Kitcher, Philip 25.3n
Klassifizieren 13.8–13.9; 14.1; 15.5;
    →Intention (beim Klassifizieren)
Konjunktion 3.7; 9.6; 10.3
Konservativität der Mathematik 12.6k
Kontextualismus 4.17k
Kontingentes Faktum 1.2k
Kontrafaktischer Umstand 13.9
Kopula 10.8–10.10
Kripke, Saul A. 4.9k; 6.9n; 13.2; 13.7;
    20.2

Kybernetische Handlung 4.8 (d); 4.17k;
    5.7; 10.9
Kybernetische Nachbarschaft 4.3 (d);
    4.8; 10.9k; 16.16; 17.2; →Abstand

Lage 14.7–14.8k; 15.4–15.7; 16.3
Lebenswelt 4.2k; 4.11k; 4.16k; 24.4;
    →Hand
Leibniz, Gottfried Wilhelm 17.1n
Lewis, David 4.17n; 18.20k; 23.9k
Lewis, Hywel D. 25.19n
Liger 16.12–16.13; 20.1
Logik 3.7; 14.6k; →Aussagenlogik;
    Prädikatenlogik
Logisch schlüssiger Beweis 2.4–2.5k;
    2.9k; 26.3
Logische Äquivalenz 10.7
Lokalisierbarkeit →Bedingung der
    Lokalisierbarkeit
Lorenzen, Paul 14.6k

Magie 9.3–9.4; 13.6–13.7; 14.8;
    21.2k
Materialismus (in der Philosophie des
    Geistes) 25.9–25.12; 25.16; 25.19
Materieller Gegenstand 7.4; 7.6; 9.2k;
    10.4; 10.12k; 11.5; 13.10–13.12;
    14.3–14.5; 15.13–15.14; 16; 17.1;
    17.3; 17.8–17.12; 17.16k; 22.3–22.4
Mathematik 11.13; 12; 13.4; 13.8; 14.6k;
    15.13; 18.14; 18.18; 19.7–19.8;
    19.16k; 22.15k; 25.3
Meehl, P.E. 16.15n
Meinung →Urteil
Meinungssystem 3.7k
Menge 10.2; 11; 11.2; 12.5–12.6k;
    13.10–13.12; 15.12k; 21.6;
    →Angewandte Mengenlehre; Reine
    Mengenlehre
Mentaler Zustand →Enger mentaler
    Zustand
Mentales Leben 25.11; 25.15;
    →Bewusstsein; Gedanke
Mereologische Summe 4.4; 9.2k; 11.16k;
    13.12; 16.8; 21.9k; 22.3
Metapher 5.6; 7.6k; 15.3; 15.8k; 18.12;
    25.21
Metaphysik 6.1k; 7.6k; 16.1;
    19.9k–19.19k; 25.10; 26.7–26.8;

→ Deskriptive Metaphysik; Horizontale metaphysische Spekulation; Revisionäre Metaphysik; Spekulative Metaphysik; Vertikale metaphysische Spekulation
Metaphysischer Realismus 4.6k; 7.6k
Methodologischer Solipsismus 5.6
Mill, John Stuart 4.15k
Modalität → Kontingentes Faktum; Kontrafaktischer Umstand; Mögliche Welt
Mögliche Welt 6.9k
Möglichkeit → Bedingung der Möglichkeit
Möglichkeitssinn 25.16; 25.21; 26.8
Möglichkeitsstandards 1.3; 4.2k
Mondwelt 2; 6.10k; 7.2k
Moore, George Edward 3.10k; 16.2
Moral → Ethik
Morgenstern, Oskar 14.6k
Musil, Robert 25.21n

Nachbarcomputer 17.10–17.15; 18.5–18.6; 18.11; 18.14–18.17; → Simulationscomputer
Nagel, Thomas 2.12k
Name 10.11k; → Artname
Natur 19.11k
Naturalismus 24.5; 25.2; 25.3 (d); 26.1
Naturgesetz 4.6k; 7.4; 7.6k; 12.5
Natürliche Art 8.11; 13.3; 13.7; 13.10–13.12; 16.2; 16.7–16.13; 18.16k; 19.6k; 22.4; → Tiefenstruktur
Naturwissenschaft 13.3–13.4; 16.15–16.16; 17.12–17.15; 18.1–18.3; 18.5–18.6; 18.9; 18.15; 19.8; 22.4–22.7; 22.9k–22.10; 24.3; 25.2–25.4; 25.16–25.17; 26.1
Naturwissenschaftliche Sprache 7.6k; 18.21; 19.1–19.3; 19.5; 20.3–20.4; 23.4; 23.9k
Negation 9.1–9.5; 16.5; 18.13–18.14
Nervenbahn 3.4k; 4.1; 4.7
Neumann, John von 14.6k
Newborn, Monroe 14.6k
Nicht-Existentes 23.3k
Nietzsche, Friedrich 25.5n; 25.5k

Niiniluoto, Ilkka 23.6n
Nominalismus 12.3–12.6

Objektivität 2.10; 17.14–17.15; 18.3; 19.18k; 25.3
Ontologie 19.10k; 19.11k; 19.13k; 19.18k; 19.19k; 25.3
Ostension 6.10k; 16.11

Parallel-Eisen 18.15 (d); 18.17; 19.6; 22.7
Parallele Welt 18.20; 22.7
Partielle Definition 16.14–16.16; 22.7k
Patzig, Günther 18.23; 19.10k
Permanenter Irrtum 5.1
Person 25.6–25.7k; 25.15n
Perspektive → Innen- vs Aussenperspektive
Phänominalismus 4.15k; 8.10k; 23.9k
Philosophische Sorge 5; 5.5k (d); 5.6; 6.5; 7.7; 15.4; 19.1; 19.3; 24.5; 26.7; → Hoffnung
Physik → Ideale Physik; Naturgesetz
Physikalischer Raum 4.2–4.3; 13.3; 16.1; 17; 18.6–18.15; 20.3–20.20; → Bedingung der Lokalisierbarkeit; Kybernetische Nachbarschaft
Platon 19.5; 19.12k
Platonismus 19.8
Positivismus 17.14
Potter, Michael 11.3n; 11.4k; 11.6k
Prädikatenlogik 9.7k; 10; 11.1; → Logik
Prädikation 10.8.–10.10
Primärer Artname 7.2n (d); 16.12 (d)
Prinzip des Wohlwollens 3.7–3.8; 13.9; 18.21–18.22; 22.9–22.11; 25.13
Projektion 13.8–13.9; 13.12; 14.2; 14.6k; 19.16k; 20.4–20.6; 22.5–22.8; 22.11k; 22.12–22.13; 22.15k–22.16k; 23.6k
Putnam, Hilary
 - *Reason, truth and history* [RTH]: 2.12k; 3.5n; 4.6k; 4.8n; 4.12k; 4.14k–4.17k; 6.3k; 7.1n; 7.2k; 24.1n; 24.7n; 24.8n
 - *Renewing philosophy* [RP]: 19.16n; 23.9n; 25.2n
 - *Representation and reality* [RR]/A: 4.6k
 - *The many faces of realism* [MFoR]: 2.12k; 4.6k

- „A defense of internal realism" [DoIR]: 4.6k
- „Crispin Wright on the brain-in-a-vat-argument" [CWoB]: 3.3n; 3.8k; 4.8n; 4.14k; 7.4n; 7.5n; 7.6n; 7.6k
- „Models and reality" [MR]: 4.6k
- „On negative theology" [oNT]: 19.14k; 19.16k
- „Realism and reason" [RR]: 4.6k; 4.15k; 7.6k; 24.8n
- „Realism with a human face" [RwHF]: 2.12k
- „Sense, nonsense, and the senses" [SNS]: 24.8n
- „Skepticism" [S]: 7.1n; 15.8k; 20.2n; 20.3n; 24.1n; 24.7n
- „The meaning of 'meaning'" [MoM]: 4.9n; 4.11k; 5.6; 8.11n; 12.4n; 22.10n
- „Three kinds of scientific realism" [TKoS]: 23.9n
- „Why there isn't a ready-made world" [WTIR]: 4.6k; 23.9k

Putnams Beweis 19.1
Putnams Beweis (Fassung von C. Wright) 1.1
Putnams Beweis (Trivialität) 26.6
Putnams Beweis (ursprüngliche Fassung) 4.12k; 7.2k; 24.1; 24.7
Putnams Beweis (weitere wasserdichte Fassungen) 4.11k

Quantifikation → Allquantifikation; Existenz-Quantifikation
Quine, Willard Van Orman 3.4k; 3.6–3.7; 4.11k; 4.15k; 4.17n; 8.3; 8.10k; 9.4n; 9.6n; 10.1n; 10.6k; 11.11k–11.12k; 11.15; 12.3n; 12.5; 18.16k; 22.1n; 22.10; 23.5n; 24.5; 25.3n
Quine/Duhem-These → Holismus

Radikale Übersetzung 3.4k
Raum → Physikalischer Raum
Räumliches Bezugssystem 4.10k
Realismus → Metaphysischer Realismus; Wissenschaftlicher Realismus; Interner Realismus
Realitätssinn → Möglichkeitssinn

Reduktion 11.16k; 16.14; 23.9k; 25.19k; → Materialismus (in der Philosophie des Geistes)
Referenz → Bezeichnen
Regel 9.5–9.6; 9.7k; 11.1; 11.4; 13.1; 14.4; → Sprachgebrauch
Reine Mengenlehre 11.3–11.4; 11.6k
Reiner, Hans 19.10k
Reizbedeutung 8.10k; → Bedeutung
Relation 20; 22.1; → Bit-Relation
Relationale Analyse → Intrinsische Analyse
Revisionäre Metaphysik 18.3k
Russell, Bertrand 25.17n

Satz 3.4k; 4.11k; 11.12k; → Beobachtungsferner Satz; Beobachtungssatz; Informativer Ausdruck/Satz; Theoretischer Satz
Schale → Äusserste Schale der Wirklichkeit
Schlick, Moritz 16.14n
Schmidt, Thomas 17.6
Schrödingers Katze 18.20k
Schwitters, Kurt 18.8n; 25.19
Seele 14.5; 19.12n; → Weiterleben (nach dem Tod)
Sekundärer Artname → Primärer Artname
Sellars Wilfrid 16.15n
Semantik → Zweidimensionale Semantik
Semantische Stabilität 7.6k; 7.8 (d); 8; 8.8 (d); 24.3; 26.4; → Absolute semantische Stabilität
Signifikanz → Unsinn
Simulationscomputer 4.1–4.7; 7.6k; 22.15k; → Nachbarcomputer; Universalspeicher
Sinneserfahrung 25.9–25.10; → Beobachtung
Sinnkriterium 18.22–18.23; → Falsifikationismus und Verifikationismus; Unsinn
Sinnlos → Unsinn
Situation → Lage
Skeptizismus 3.6; 15.7; 24; 24.7; 26.1–26.3; 26.6
Skeptizismus (Argument zugunsten von) 5.6

Skyrms, Brian 18.20k
Solipsismus →Methodologischer Solipsismus; Seele
Sorge →Philosophische Sorge
Spekulative Metaphysik 18.3–18.5; 18.17–18.23; 19.2–19.8
Spiel 14.3–14.6k; 15.3–15.4; 18.2; 20.4; 22.15k; 23.9k; 25.7k
Spieler 15.10–15.11
Sprache 23.9k; 25.7k; →Naturwissenschaftliche Sprache
Spracherwerb 23.8k
Sprachgebrauch 3.4k; 8.2; 8.9k–8.10k; 9.3–9.5; 11.4–11.5; 16.2; 16.5; 17.12; 17.15; 18.19
Sprachmissbrauch →Unsinn
Sprachunterricht 8.9k; 16.2; →Spracherwerb
Stalnaker, Robert C. 23.9k
Stegmüller, Wolfgang 6.9n
Strawson, Peter F. 18.1; 18.3k; 25.3n; 25.6; 25.19n
Synthetisch →Analytischer Satz
Szientismus 12.4–12.5; 18.2–18.3; 22.5; 24.5; 25.2; 25.5–25.6

Taufakt 13.7; 16.11–16.12
Theologie 19.10k
Theoretischer Satz 3.7k
Theoretischer Term 4.11k; 16.14k; →Holismus; Tiefenstruktur
Thomas von Aquin 15.6k
Tiefenstruktur 4.2k; 4.9k; 4.11k; 8.11; 13.2; 16.11k; 20.1–20.2
Tod 5.2; 14.5; 25.9; 25.18; →Weiterleben (nach dem Tod)
Transzendentales Argument →Bedingung der Möglichkeit
Trivialität →Putnams Beweis (Trivialität)
Turing-Test 6.3k

Über-Gehirn im Über-Tank 23.1–23.2; 24; 25.4; 25.6; 25.7k
Über-Katze 22.13 (d); 23.6k
Übernatürliche Art 13.3
Übernatürliche Welt 24.6
Übernatürliches →Gott; Naturalismus; Weiterleben (nach dem Tod)

Übersetzung 3; 3.2–3.4; 4.1; 4.8; 4.10–4.15k; 8.2–8.3; 8.5; 9.7k; →Allwissende Interpretin; Radikale Übersetzung; Unbestimmtheit der Übersetzung
Überzeugung →Urteil
Umfassende Bit-Relation 22.5–22.8; 22.12
Unbestimmtheit der Übersetzung 4.11k; 8.3
Unerforschlichkeit des Bezeichnens 4.11k; 8.3; 11.12k
Universalspeicher 4.2 (d); 4.4.–4.5; 7.4; 7.7; 13.8; 16.8; 16.10; 17.5–17.7; 18.1; 18.10–18.11; 21.3–21.4k; 21.9k; 22.2–22.3
Unsinn 4.16k.4.17k; 18.4; 18.8–18.11; 18.18; 24.5; 25.3; 25.19
Unsterblichkeit →Weiterleben (nach dem Tod)
Urelement 11.5–11.6k
Ursache →Kausalität
Urteil 10.10–10.11k; 25.13; 25.21

Variable 10.6k
Verdikt →Ablehnung und Zustimmung
Vergangenheit →Erinnerung; Zeit
Verifikationalismus →Falsifikationismus und Verifikationalismus
Vermutung 17.7; 18.4; 18.17–18.18; 18.22; 19.8; 19.13k; 22.8; 26.7–26.8
Verstehen 1.5; 3.8; 4.17k; 6.5; →Unsinn
Vertikale metaphysische Spekulation 19.4 (d); 19.5; 19.7–19.8; 20.6–20.7; 22.8–22.9; 22.12; 26.5
Vielzweckwort 13.1 (d); 13–15; 13.9; 13.12; 19.16k
Virtuelle Menge 11.11k–11.12k
Vollmer, Gerhard 25.2n; 25.3n
Voraussage 4.17k
Vorstellbares →Möglichkeitsstandards
Vorstellung 4.14k–4.15k; 23.9k

Wachsmuth, Oliver 6.2n
Wahrheit 2.10; 3.1–3.3; 3.5; 3.8; 17.13–17.15; 18.4; 18.17
Wahrheitsbedingung 3.3; 3.4k; 4.11k; 8.3
Wahrheitswertfähigkeit 4.15k–4.17k

Wahrnehmung 4.14k–4.16k;
→ Beobachtung; Sinneserfahrung
Wahrscheinlichkeit 25.17; 25.21
Wallace, John 11.12n
Weiterleben (nach dem Tod) 19.12n;
19.13k; 25.10–25.21
Wheeler, John Archibald 18.20k
Wieland, Wolfgang 19.12k
Williams, Bernard 25.19n
Wirklichkeit 5.1–5.2; 5.4; 6.8–6.9; 7.6k;
19.8; 19.13k–19.16k; 22.16k; 24.3;
→ Äusserste Schale der Wirklichkeit
Wirklichkeitssinn → Möglichkeitssinn
Wirrwitz, Christian 4.2k
Wissenschaftlicher Realismus 4.11k;
22.10n
Wittgenstein, Ludwig 4.16k–4.17k; 13.1;
13.4n; 14.3; 14.6k; 14.9n; 16.1–16.6;
18.18n; 19.16k; 23.9k
Wohlwollen → Prinzip des Wohlwollens
Wolff, Christian 19.12n
Wort → Artname; Äusserung; Innensyntax; Name; Vielzweckwort
Wright, Crispin 2.5k; 7.4n; 7.6k

Zahl 12.1
Zeichen → Äusserung; Innensyntax
Zeit 22.16k; 25.11; → Erinnerung
Zweidimensionale Semantik 23.9k
Zweisen 8.11
Zwerde → Zwillingserde
Zwillingserde 8.11; 12.4; 23.9k
Zwingend → Logisch schlüssiger Beweis